NomosEinführung

Julia Möller-Klapperich
Technische Universität Bergakademie Freiberg

Energierecht

Einführung

Nomos

Die Deutsche Nationalbibliothek verzeichnet diese Publikation in der Deutschen Nationalbibliografie; detaillierte bibliografische Daten sind im Internet über http://dnb.d-nb.de abrufbar.

ISBN 978-3-8487-7989-5 (Print)
ISBN 978-3-7489-2381-7 (ePDF)

1. Auflage 2021

Vorwort

Das vorliegende Lehrbuch richtet sich an Studierende der Rechtswissenschaften, aber auch der Wirtschafts-, Natur- oder Ingenieurswissenschaften. Das Thema Energie hat einen hohen Stellenwert in Wirtschaft und Gesellschaft. Die Regulierungen, über die das Buch Aufschluss geben soll, berühren gleichermaßen Unternehmer, Privatpersonen und Wissenschaftler. Daher sei auch Berufsträgern und interessierten Verbrauchern die Lektüre ans Herz gelegt.

Das Buch soll, neben der niedrigschwelligen und anwendungsorientierten Vermittlung der Rechtsregeln für die Gewinnung, den Transport und die Lieferung der leitungsgebundenen Energien – Strom und Gas – anhand der aktuellen Rechtsprechung, auch die Grundlagen der Recherche und Fallbearbeitung in Rechtswissenschaft und Rechtspraxis vermitteln. Das Energierecht eignet sich aufgrund der unterschiedlichen Fallgestaltungen und seiner als modernes Rechtsgebiet fortgeschrittenen Systematik hervorragend, rechtswissenschaftliche Techniken zu erlernen und zu vertiefen.

Beim Energierecht handelt es sich um eine vielschichtige Materie, die sowohl privatrechtliche – zB Energielieferverträge – als auch öffentlich-rechtliche Fallgestaltungen – zB Genehmigungs- und Anzeigepflichten – beinhaltet. Anhand des Energierechts ist es daher besonders gut möglich, zu analysieren, wie das Zusammenspiel verschiedener Rechtsnormen und Regelungssysteme eine zweckgerichtete Ordnung für einen Wirtschaftszweig ergeben kann.

Die vorliegende Auflage basiert auf meiner Lehrveranstaltung zum Energierecht im Corona-Semester 2020 an der TU Bergakademie Freiberg. Die einzelnen Kapitel unterteilen sich jeweils in einen Wissensteil, der kurz und prägnant die wichtigsten Inhalte der energierechtlichen Regelungen darstellt. Darauf folgen Aufgaben, Fragen und Fälle, die eine Wiederholung und Vertiefung der vorher vermittelten Inhalte sowie deren konkrete Anwendung an echten Fallgestaltungen ermöglichen.

Das Energierecht befindet sich in einem stetigen Wandlungsprozess. Das Buch erhebt daher nicht den Anspruch, sämtlichen Regelungen detailliert darzustellen. Vielmehr soll Lesern ein grundsätzliches Verständnis des Rechtsgebiets und der zugehörigen Informationsquellen vermittelt werden.

Ergänzend werden deshalb innerhalb der Fallübungen rechtswissenschaftliche Techniken, Lernmethoden und Hinweise gegeben. Diese sollen dem Leser helfen, das erlernte Wissen in Klausurfällen richtig anzuwenden. Zahlreiche Literaturhinweise in den Fußnoten ermöglichen eine interessengeleitete Vertiefung der Inhalte und stellen eine Anregung auch zur wissenschaftlichen Auseinandersetzung dar.

Ich freue mich über Anregungen, Hinweise und auch (wohlwollend formulierte) Kritik, welche mich per Mail unter Julia.Klapperich@rewi.tu-freiberg.de erreicht.

Freiberg, 29.4.2021 *Julia Möller-Klapperich*

Inhaltsübersicht

Inhalt

A. Einführung in die Fallbearbeitung

Das folgende Kapitel soll ausgewählte allgemeine und methodische Grundlagen für das Studium der regulierten Märkte, insbesondere im Bereich der Energiewirtschaft, vermitteln und richtet sich dabei an Studierende ohne juristische Vorkenntnisse. Die Ausführungen bieten zudem eine Grundlage für die Vertiefung juristischer Arbeitsweisen in den folgenden Kapiteln. 1

I. Grundlagen der Rechtswissenschaften und Methodenlehre

Exemplarisch werden im Folgenden Grundlagen und Grundbegriffe für die juristische Fallbearbeitung vorgestellt. Diese sollen dem Leser in gebotener Kürze ein Verständnis für die in den Übungsfällen angewandten Begriffe und Methoden vermitteln. Bei Verständnisfragen und zu Übungszwecken sei auf die einschlägige rechtswissenschaftliche Literatur in den Fußnoten verwiesen. 2

1. Die Unterscheidung zwischen öffentlichem und privatem Recht

Das Privatrecht regelt die Rechtsbeziehungen zwischen Personen im **Gleichordnungsverhältnis.** Dazu gehören das **allgemeine Privatrecht** und das Sonderprivatrecht. Regelungen finden sich im BGB und in Nebengesetzen (zB WEG, ProdHG). Sie gelten teilweise im Verhältnis zwischen jedermann, teilweise aber auch nur zwischen Unternehmer (§ 14 Abs. 1 BGB) und **Verbraucher** (§ 13 BGB). Das **Sonderprivatrecht** umfasst insbesondere das Handelsrecht (HGB), das Gesellschaftsrecht und das Arbeitsrecht. Sieht das Sonderprivatrecht keine speziellere Regelung vor, finden auch hier die Regeln des allgemeinen Privatrechts Anwendung.[1] 3

Das **öffentliche Recht** regelt das Verhältnis zwischen Bürgern und dem Staat in seiner hoheitlichen Funktion. Das Verfassungsrecht normiert die grundlegenden Rechte des Einzelnen gegenüber dem Staat sowie zentrale Wertentscheidungen für die Wirtschafts-, Rechts- und Sozialordnung. Außerdem umfasst es das **Staatsorganisationsrecht** (zB Gesetzgebungsverfahren). Das öffentliche Recht findet grundsätzlich Anwendung, wenn der Staat dem Bürger hoheitlich, dh in einem **Hierarchieverhältnis** bzw. auf Grundlage staatlicher Befugnisse, gegenübertritt. Treffen sich Bürger und Staat im Gleichordnungsverhältnis, kann auch eine privatrechtliche Beziehung vorliegen. Das Verwaltungsrecht regelt die **Kompetenzen der Verwaltung** in verschiedenen Lebensbereichen. Dazu gehören beispielsweise das Sozialrecht, das Baurecht, das Polizeirecht und das Gewerberecht (besonderes Verwaltungsrecht). Zum öffentlichen Recht zählen außerdem das Strafrecht, das Steuerrecht, das Prozessrecht, das Völkerrecht und das Staatskirchenrecht.[2] 4

Für die verschiedenen Lebensbereiche verwendet der Gesetzgeber oftmals sowohl privatrechtliche als auch öffentlich-rechtliche Instrumente, um ein bestimmtes **Regelungsziel** zu erreichen, so insbesondere im Wettbewerbs- und im Regulierungsrecht. 5

1 *Köhler* BGB Allgemeiner Teil, 43. Auflage 2019, § 2 Rn. 8 ff.
2 *Köhler* BGB Allgemeiner Teil, 43. Auflage 2019, § 2 Rn. 12.

Beispiel: Kartellverbot § 1 GWB

- Nichtigkeit der Absprache § 1 GWB iVm § 134 BGB (privatrechtliche Sanktion)
- Untersagung der Vertragsdurchführung durch Kartellbehörde § 32 GWB (verwaltungsrechtliche Sanktion)
- Androhung von Bußgeldern § 81 Abs. 2 Nr. 1 GWB (strafrechtliche Sanktion)

6 Die **Verzahnung** von öffentlichem und privatem Recht ergibt sich hier dadurch, dass an die Verletzung einer öffentlich-rechtlichen Vorschrift (§ 1 GWB) eine privatrechtliche Rechtsfolge geknüpft wird. Umgekehrt wird die **privatrechtliche Handlungsfreiheit**, also der Gebrauch von Freiheit und Eigentum im öffentlichen Interesse beschränkt. In welchem Umfang Sachverhalte öffentlich-rechtlich (Aufsicht und Regulierung durch staatliche Organe) oder privatrechtlich (freier Interessenausgleich zwischen Individuen) geregelt werden ist innerhalb der verfassungsmäßigen Ordnung eine **politische Entscheidung** des jeweiligen Gesetzgebers.[3]

2. Wichtige Begriffe und grundlegende Unterscheidungen

7 Recht im objektiven Sinne bezeichnet die Rechtsordnung, dh die Gesamtheit der die Lebenssachverhalte ordnenden Normen. Als **positives Recht** bezeichnet man das Recht, welches in einem Bereich tatsächlich verbindlich (durchsetzbar) gilt. Zu diesen Normen gehört sowohl das durch die staatlichen und supranationalen Organisationen gesetzte Recht (**Gesetze** etc), als auch das durch langjährige Übung herausgebildete Recht (**Gewohnheitsrecht**).

8 **Subjektives Recht** meint die Möglichkeit des Einzelnen, aus dem **objektiven Recht** unmittelbar eine Befugnis abzuleiten. Die subjektiven Rechte gliedern sich in Herrschaftsrechte, Ansprüche und Gestaltungsrechte. Man unterscheidet dabei wiederum **absolute Rechte** (zB Eigentum, Urheberrecht), die gegenüber jedermann wirken, und **relative Rechte** (zB Schadenersatzansprüche), die sich nur gegen bestimmte Personen richten.

9 Ein **Anspruch** ist das Recht, von einem Dritten ein Tun oder Unterlassen zu verlangen (§ 194 Abs. 1 BGB). **Gestaltungsrechte** ermöglichen dem Berechtigten, subjektive Rechte zu begründen, zu verändern oder aufzuheben (zB Kündigung).

10 Normen, die der Ordnung der tatsächlichen Rechtslage dienen, bezeichnet man als **materielles Recht.** Außerdem sehen die Gesetze Regelungen vor, die der Durchsetzung dieses materiellen Rechts dienen (**formelles Recht**). Dazu gehören beispielsweise das Zivil- und das Verwaltungsprozessrecht.

11 Weiterhin unterscheidet man Rechtsnormen, von deren Inhalt – beispielsweise durch vertragliche Vereinbarung – abgewichen werden darf (**ius dispositivum**), und zwingendes Recht[4] (**ius cogens**).[5]

3. Rechtssubjekte und rechtlich relevantes Handeln

12 Die **Rechtsfähigkeit** – also die Fähigkeit, Träger von Rechten und Pflichten zu sein – kommt nach § 1 BGB jedem Menschen von Geburt an zu. Davon zu unterscheiden ist die Fähigkeit, durch eigenes Handeln Rechte und Pflichten zu begründen. Zu dieser

---

3 *Köhler* BGB Allgemeiner Teil, 43. Auflage 2019, § 2 Rn. 14 ff.
4 ZB die Regeln zur Produkthaftung, vgl. § 14 ProdHaftG.
5 *Groh* in *Weber* (Hrsg.): Creifelds Rechtswörterbuch, 24. Edition 2020, „Recht" Nr. 1–3.

rechtlichen Handlungsfähigkeit gehört im Privatrecht die **Geschäftsfähigkeit** (§ 104 ff. BGB) und im Prozessrecht die **Prozessfähigkeit** (§§ 51, 52 ZPO). Die **Stellvertretung** (§ 164 BGB) ermöglicht die Zurechnung von rechtserheblichen Handlungen einer Person (zB der Mutter) gegenüber einer anderen Person (zB dem Kind). Diese Möglichkeit, Rechte und Pflichten für einen anderen zu begründen (Vertretungsmacht), beruht grundsätzlich auf einem Gesetz (zB §§ 1626 Abs. 1, 1629 BGB) oder einer Vereinbarung (zB Vollmacht § 167 BGB).

Neben natürlichen Personen spricht die Rechtsordnung auch der **„Juristischen Person“**, einem unter besonderen Voraussetzungen (vgl. zB §§ 1–12 GmbHG) zustande gekommenen Verband von natürlichen Personen, die Rechtsfähigkeit zu (zB § 13 GmbHG). Rechtlich handlungsfähig wird die juristische Person durch einen **Vertreter** (zB Geschäftsführer § 35 GmbHG). 13

Rechtsfolgen können sich sowohl aus schlichten Handlungen (zB Komposition eines Musikstücks) als auch durch rechtsgeschäftliches Handeln (Willenserklärung/Vertragsschluss) ergeben.[6] 14

4. Die Gesetze und Rechtsquellen

Die Falllösung erfordert die Beantwortung einer Rechtsfrage anhand der einschlägigen Rechtsnorm. Hierzu müssen zunächst die einschlägigen Normen gefunden und sodann ihre Übereinstimmung mit dem Sachverhalt geprüft werden.[7] 15

a) Art und Aufbau von Normen

Grundsätzlich folgt der Aufbau von Normen dem Schema: 16

Tatbestand → Rechtsfolge ⇨ wenn A → dann B

Die Normen müssen zur Prüfung in Tatbestand und Rechtsfolge zerlegt werden. Tatbestand und Rechtsfolge lassen sich grundsätzlich ermitteln, indem man die Norm in einen Wenn-Dann-Satz umformt. Der Tatbestand bildet die Voraussetzung für die Anwendung der Norm, also für den Eintritt der Rechtsfolge. Tatbestand und Sachverhalt müssen also übereinstimmen, damit die Rechtsfolge eintritt. Die Prüfung, ob der Tatbestand und der Sachverhalt übereinstimmen, bezeichnet man als **Subsumtion.** Manche Normen enthalten **ungeschriebene Tatbestandsmerkmale,** also solche die sich nicht ohne Weiteres aus dem Wortlaut der eigentlich geprüften Norm ergeben. Weiterhin enthalten die Normen oftmals **auslegungsbedürftige Begriffe.** Diese werden entweder durch Hilfsnormen (zB Definitionen) konkretisiert oder müssen nach den allgemeinen Regeln ausgelegt werden. In vielen Fällen gibt es dazu bereits gefestigte Rechtsprechung, die in Kommentaren nachgelesen werden kann.

▶ Beispiel:

§ 280 Abs. 1 BGB – *Verletzt der Schuldner eine Pflicht* aus dem *Schuldverhältnis*, so kann der Gläubiger Ersatz des hierdurch entstehenden *Schadens* verlangen. Dies gilt nicht, wenn der Schuldner die Pflichtverletzung nicht zu *vertreten* hat.

---

6 *Zippelius*: Einführung in das Recht, 7. Auflage 2017, S. 51 ff.

7 Ausführlich: *Tettinger/Mann* in *Mann*, Einführung in die juristische Arbeitstechnik, 5. Auflage 2015, Rn. 59 ff.

Tatbestand
- Pflichtverletzung
- Schuldverhältnis
- Vertretenmüssen
- Schaden
- Zurechnung

Rechtsfolge
Ersatz des Schadens

Konkretisierung/Auslegung
- Pflichtverletzung ⇨ Hauptleistungspflichten zB § 433 Abs. 1 BGB oder Schutzpflicht § 241 Abs. 2 BGB
- Schuldverhältnis ⇨ § 241 BGB
- Vertretenmüssen ⇨ § 267 Abs. 1 BGB → Vorsatz/Fahrlässigkeit § 267 Abs. 2 BGB
- Schaden ⇨ § 249 BGB
- Zurechnung ⇨ Kausalität und objektive Zurechnung (aus Rechtsprechung)[8] ◀

17 Im öffentlichen Recht verbleibt dem Rechtsanwender (idR **Behörde**) oftmals ein Spielraum bei der Auslegung und Anwendung der Normen, der den sachnahen Behörden ermöglichen soll, einzelfallgerechte Entscheidungen zu treffen. Einen Spielraum im Tatbestand nennt man **Beurteilungsspielraum**, einen Spielraum bei der Rechtsfolge nennt man **Ermessen**. Für die Ausübung der Spielräume gibt es Regeln, die im öffentlichen Recht oft Gegenstand der Prüfung sind.[9] Auch im bürgerlichen Recht stellen die Rechtsnormen oftmals nur eine gesetzliche Grundform dar, von der die Parteien im Rahmen ihrer **Privatautonomie** abweichen können.[10]

b) Normenhierarchie und Gesetzeskollision

18 Die konsequente Anwendung der Normen führt jedoch nicht immer zu eindeutigen Ergebnissen. Sind mehrere Normen zur Lösung eines Sachverhaltes vorhanden und führt dies zu widersprüchlichen Ergebnissen, so sind diese nach den folgenden Regeln aufzulösen:

- **Lex superior** derogat legi inferiori
  → Das ranghöhere Gesetz geht dem Rangniedrigeren vor.
- **Lex specialis** derogat legi generali
  → Das speziellere Gesetz geht dem allgemeineren Gesetz vor.
- **Lex posterior** derogat legi priori
  → Das spätere Gesetz geht dem Früheren vor.[11]

19 Der Rang eines Gesetzes (Normenhierarchie) ergibt sich grundlegend aus den Regelungen in der Verfassung und dem Kompetenzgefüge[12]. Es gilt grundsätzlich die folgende

8 Siehe dazu *Ernst* in Münchner Kommentar zum BGB, § 280 Rn. 146–150 mwN.
9 *Detterbeck*, Allgemeines Verwaltungsrecht, 18. Auflage 2020, § 8 Rn. 303 ff; zum Spielraum der BNetzA, siehe *Bacher*, WM 2021 Sonderbeilage Nr. 1, S. 23 f.
10 *Stadler*, Allgemeiner Teil des BGB, 19 Auflage 2017, § 3 Rn. 1 ff.
11 *Tettinger/Mann* in *Mann*, Einführung in die juristische Arbeitstechnik, 5. Auflage 2015, Rn. 87–96.
12 *Tettinger/Mann* in *Mann*, Einführung in die juristische Arbeitstechnik, 5. Auflage 2015, Rn. 89–91.

Rangfolge, wobei das Verhältnis von Verfassungsrecht und europäischem Recht noch umstritten[13] ist:

- Europäisches Recht (vgl. Art. 23 GG)
- Grundgesetz
- Gesetz (Bund)
- Verordnung (Bund)
- Landesrecht
- Satzung
- Einzelakt[14]

c) Die Auslegungsmethoden

Da die Rechtsnormen Sprache als Medium verwenden und diese naturgemäß Ungenauigkeiten aufweist, bedarf es der Auslegung, um zu ermitteln, ob und wie genau die Rechtsnorm auf einen konkreten Fall anzuwenden ist. Dazu gibt es vier Methoden, die sich wechselseitig ergänzen: 20

- Sprachlich-grammatische Auslegung (Wortlaut)
- Systematische Auslegung (Sinnzusammenhang der Norm im Gesetz)
- Historische Auslegung (Entstehungsgeschichte der Norm)
- Teleologische Auslegung (Zweck des Gesetzes)[15]

Hinzu kommt die mit dem Erfordernis der Vereinbarkeit mit höherrangigem Recht 21
korrespondierende europarechtskonforme Auslegung.[16]

Die größte Bedeutung erlangt dabei in der Regel die teleologische Auslegung. Sie fragt, 22
welche Zwecke der Gesetzgeber mit dem Erlass der betroffenen Regelung verfolgt und gebietet die Auslegung der Norm in der Weise, dass diese Zwecke optimal zur Geltung kommen. Moderne Gesetze enthalten oftmals einen speziellen Paragrafen, der den **Zweck des Gesetzes** (zB § 1 EnWG) festlegt.

▶ *Beispiel:* Der Begriff „Überlassen" in § 46 Abs. 2 Satz 2 EnWG 2005

Bis zur gesetzgeberischen Klarstellung im Jahr 2011 war lange umstritten, ob § 46 Abs. 2 S. 2 EnWG 2005 eine Pflicht zur Übertragung des Eigentums statuiert oder ob eine reine Besitzüberlassung (zB Verpachtung) ausreicht. Eine Auslegung nach den vier benannten Methoden könnte wie folgt aussehen:

a) *Wortlaut* – Nach dem Wortlaut ist jeweils der alte Konzessionsnehmer dazu verpflichtet die Verteilungsanlagen dem neuen Konzessionsnehmer gegen ein angemessenes Entgelt zu „überlassen". Würde dabei nicht das Eigentum übertragen, könnte der neue Konzessionsnehmer aber seinerseits nach Ende des Konzessionsvertrages dieser Pflicht gegenüber dem darauffolgenden Konzessionsnehmer nicht nachkommen und die gesetzliche Konzeption ginge nicht auf.

---

13 Siehe dazu beispielhaft den Streit um den EZB-Anleihekauf: BVerfG Urt. v. 5.5.2020 – 2 BvR 859/15 ua – NJW 2020, 1647; EuGH Urt. v. 11.12.2018 – C-493/17 – JuS 2019, 181 mit Anmerkung *Ruffert*; BT-Drs. 19/20621.

14 Siehe dazu *Lepsius* JuS 2018, 950 (951).

15 *Köhler* BGB Allgemeiner Teil, 43. Auflage 2019, § 4 Rn. 14 ff.

16 *Immenga/Mestmäcker* in *Immenga/Mestmäcker*: Wettbewerbsrecht, 6. Auflage 2020, Einleitung Rn. 43 ff.

b) *Systematik* – Aus den § 21 Abs. 2 EnWG und §§ 7 StromNEV/GasNEV geht hervor, dass der Gesetzgeber von der Eigentümerstellung eines Netzbetreibers ausgeht, da hierdurch festgelegt ist, dass der wirtschaftliche Gewinn eines Netzbetreibers sich nahezu ausschließlich aus der Eigenkapitalverzinsung ergibt. Dem Einheitsgedanken der Rechtsordnung folgend, ist daher im Grundsatz auch in § 46 EnWG 2005 von einer gesetzgeberisch gewollten Eigentümerstellung des Konzessionsnehmers auszugehen.

c) *Historie* – Schon vor Einführung der benannten Regelung wurde grundsätzlich eine Pflicht der Gemeinde zur Eigentumsübertragung an den Konzessionsnehmer angenommen, obwohl theoretisch auch eine Vermietung oder Verpachtung möglich gewesen wäre. Es ist deshalb davon auszugehen, dass der Gesetzgeber bei der Konzeption der Regelung ebenfalls davon ausging.

d) *Teleologische Auslegung* – Würde man keine Pflicht zur Eigentumsübertragung statuieren, so könnte der Gesetzeszweck, einen Wettbewerb um die Netze zu sichern, nicht hinreichend erfüllt werden und es drohte ein Erstarren der Versorgungsstrukturen. Gerade dies sollte durch die Regelung vermieden werden.

Ergebnis: Der Begriff „Überlassen" in § 46 Abs. 2 S. 2 EnWG 2005 meint die Übertragung des Eigentums.[17] ◀

5. Falllösung und Gutachtenstil

23 Das korrekte **Erfassen des Sachverhalts** ist eine der wichtigsten Fähigkeiten für die Juristische Fallbearbeitung. Um dies zu erlernen benötigt es ein wenig Übung an Fällen[18]. Nur so kann man die Fähigkeit entwickeln, rechtserhebliche von unwichtigen Informationen zu trennen. Einer der häufigsten Fehler in Klausuren ist es, dass Informationen in den Sachverhalt hineingelesen werden. Es ist daher besonders darauf zu achten, den Sachverhalt gründlich und vollständig zu erfassen.

24 Der Sachverhalt sollte dafür zunächst zweimal gründlich und genau gelesen werden. Auch die im Sachverhalt zitierten Gesetze sind nachzulesen. Details sollten möglichst korrekt erfasst werden. Wichtige Informationen sollten beim zweiten Lesen mit verschiedenen Farben unterstrichen werden, dazu zählen:

- Beteiligte Personen und zu den Personen gehörende Informationen (zB Alter)
- Zeitablauf, Daten, Fristen
- Motive, Rechtsansichten und Interessen der Beteiligten
- Sonstige potenziell **rechtserhebliche Tatsachen**

25 Grundsätzlich kann es sinnvoll sein, sich bereits während des Lesens Notizen zu machen, denn spontane Einfälle haben oftmals einen richtigen Kern. Die von den Beteiligten beschriebenen Rechtsansichten sind zwar nicht immer richtig, deuten jedoch stark darauf hin, welche rechtlichen Fragen in jedem Fall geprüft werden sollten.

---

17 *Theobald* in *Theobald/Kühling*, Energierecht 105. EL 2020, § 46 Rn. 44–58 mit weiteren Argumenten und Nachweisen.

18 Zum Einstieg sehr zu empfehlen ist die Reihe „AchSo! – Lernen mit Fällen" von *Winfried Schwabe*, welche im Boorberg Verlag erscheint und an einfacheren Fallgestaltungen das materielle Recht der unterschiedlichen Grundlagengebiete und seine konkrete Anwendung im Gutachten vermittelt.

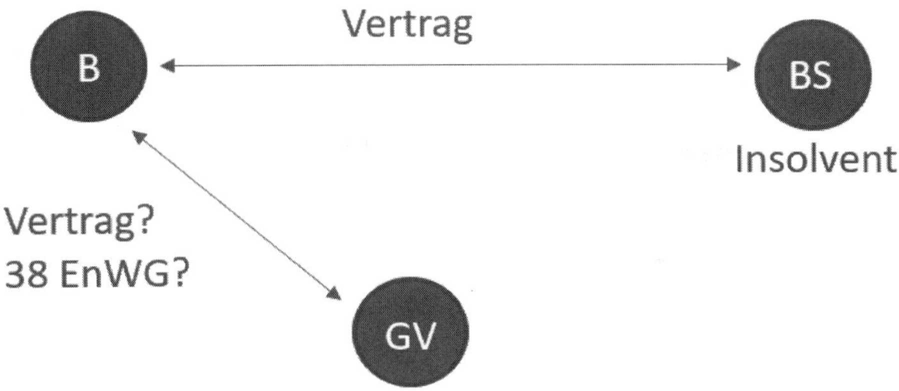

Bei komplizierten Sachverhalten mit mehreren Personen lohnt es sich meistens, eine 26
Skizze der Beteiligten mit deren (potenziellen) Rechtsbeziehungen anzufertigen. Die Falllösung im deutschen Recht erfolgt grundsätzlich in Zwei-Personen-Verhältnissen.

Enthält der Sachverhalt viele Daten, kann es sinnvoll sein, die Ereignisse durch einen 27
Zeitstrahl darzustellen, um den Ablauf der Geschehnisse ordentlich zu erfassen und sich in der rechtlichen Prüfung daran zu orientieren.

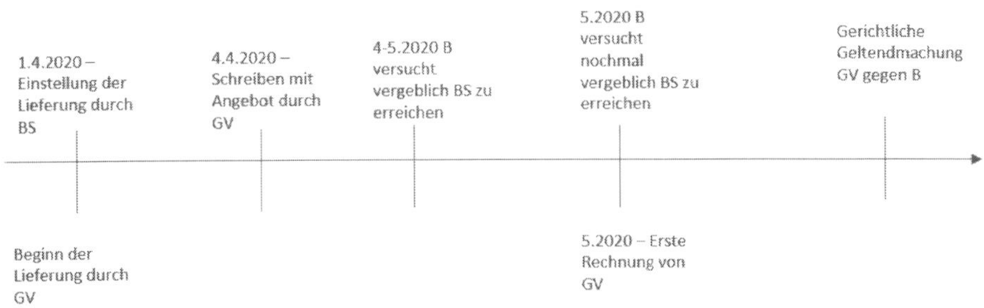

Aus der optimalen Aufbereitung des Sachverhalts kann dann eine grobe **Gliederung** für 28
die gutachterliche Lösung der **Fallfrage** abgeleitet werden. Eine weitere Fehlerquelle stellt allerdings die Interpretation der Fallfrage dar. Von konkreten Fallfragen sollte nicht abgewichen werden. Befinden sich in Anfängerklausuren mehrere Fallfragen, so sind diese der Reihe nach zu beantworten. Besonders schwierig für Anfänger sind auslegungsbedürftige Fallfragen[19], wie beispielsweise:

- **„Wie ist die Rechtslage?"** → Grundsätzliche Klärung aller im Sachverhalt aufgeworfenen Rechtsfragen → Als Orientierung dienen die im Sachverhalt beschriebenen Begehren und die Interessen der Beteiligten → Was würden die jeweiligen Beteiligten hier sinnvollerweise von einem Anwalt wissen wollen?
- **„Hat die Klage/ das Verfahren Aussicht auf Erfolg?"** → Neben materiellen Aspekten (Begründetheit einer Klage) müssen hier auch die prozessualen Erfolgsaussichten geprüft werden (Zulässigkeit einer Klage).

Auslegungsbedürftige Fallfragen lassen sich oftmals in Teilfragen untergliedern. Wich- 29
tig ist im Zivilrecht die Unterteilung des Sachverhaltes in 2-Personen-Verhältnisse.

19 *Tettinger/Mann* in *Mann*, Einführung in die juristische Arbeitstechnik, 5. Auflage 2015, Rn. 182, 183.

Auch im Verwaltungsrecht sind die Begehren der einzelnen Beteiligten grundsätzlich getrennt zu prüfen. Aus der Konkretisierung der Fallfrage müssen die **Obersätze** für die gutachterliche Prüfung abgeleitet werden.

30 Für die Lösung von Klausuren verwendet man sodann grundsätzlich den **Gutachtenstil.** Dabei wird zunächst die Frage aufgeworfen, ob ein bestimmter Sachverhalt unter Anwendung einer bestimmten Rechtsnorm (Tatbestand) die gewünschte Rechtsfolge ergibt (Obersatz). Der Gutachtenstil dient dabei einer möglichst **präzisen Prüfung** der Rechtslage:

1. Obersatz → Bildung von der Rechtsfolge (=Begehren) her!
2. Definition → Im Gesetz oder durch Auslegung zu finden!
3. Subsumtion → Vergleich von Sachverhalt und Tatbestand der Norm
4. Ergebnis → Rechtsfolge tritt ein/ tritt nicht ein.

31 Im Obersatz wird die Frage aufgeworfen, ob und wodurch (Sachverhalt!) die Voraussetzungen der zu prüfenden Norm erfüllt sein könnten. Die Definition stammt entweder aus Hilfsnormen oder wurde von der Rechtsprechung entwickelt und muss gelernt werden. Die Subsumtion bedeutet die argumentative Zuordnung der Informationen im Sachverhalt zu den definierten Voraussetzungen einer Norm. Wichtig ist, dass der Sachverhalt dabei genau wiedergegeben und nichts hinzugedichtet wird. In einem letzten Schritt wird die im Obersatz aufgeworfene Frage beantwortet.

32 Tatsachen, die sich aus dem Sachverhalt unstreitig oder eindeutig ergeben, sollten im **Feststellungsstil** abgehandelt werden, um Bearbeitungszeit zu sparen. Dabei wird das Vorliegen der zu prüfenden Voraussetzung in einem Satz unter Bezugnahme auf die maßgeblichen Tatsachen im Sachverhalt festgestellt. Je mehr Unklarheiten sich hinsichtlich eines Prüfungspunktes aus dem Sachverhalt ergeben, desto gründlicher muss der Gutachtenstil eingehalten werden.[20]

II. Die Falllösung im Zivilrecht

33 In typischen zivilrechtlichen Fallgestaltungen geht es immer um Ansprüche der Beteiligten in Zwei-Personen-Verhältnissen (relative Rechte!). Um das Vorliegen eines Anspruchs zwischen zwei Beteiligten anhand der Ereignisse des Sachverhaltes zu prüfen, bedarf es zunächst einer Anspruchsgrundlage. Die Anspruchsgrundlage ergibt sich entweder aus einer vertraglichen Vereinbarung der Beteiligten (Privatautonomie) und/oder aus einem Gesetz. Die Falllösung beginnt folglich nach Erfassen von Sachverhalt und Fallfrage mit der Suche nach einer geeigneten Anspruchsgrundlage. Geeignet ist eine Anspruchsgrundlage grundsätzlich dann, wenn sie dem Beteiligten – korrespondierend mit der Fallfrage – einen seinem Begehren entsprechenden Anspruch als Rechtsfolge gewährt und die Tatbestandsvoraussetzungen des Anspruchs eine gewisse Ähnlichkeit mit dem vorliegenden Sachverhalt aufweisen. Um die Anspruchsgrundlage zu finden muss folgende Frage anhand des Sachverhaltes beantwortet werden:

20 Weiterführend siehe *Tettinger/Mann* in *Mann*, Einführung in die juristische Arbeitstechnik, 3. Teil Rn. 155 ff.

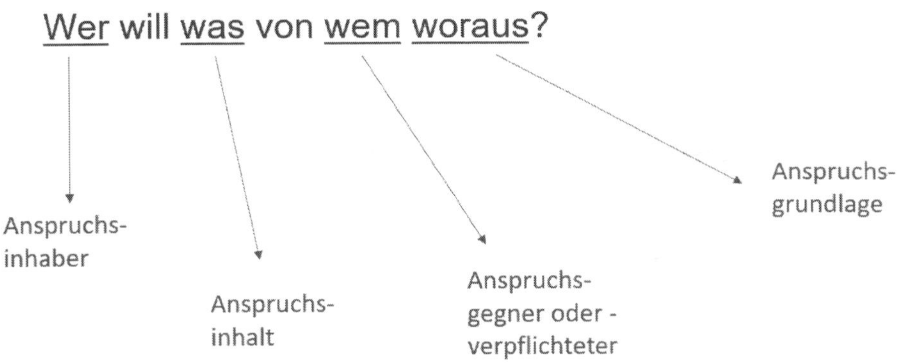

Die verschiedenen zivilrechtlichen Ansprüche lassen sich jeweils unterschiedlichen Ka- 34
tegorien zuordnen und sollten dementsprechend in dieser Reihenfolge geprüft werden:

Art des Anspruchs	*Beispiele*
Primärvertragliche Ansprüche	Kaufvertrag iVm § 433 Abs. 1 BGB
Sekundärvertragliche Ansprüche	Schadenersatz §§ 280 ff. BGB
Quasivertragliche Ansprüche	C.i.c., GoA, § 179 BGB, § 38 I EnWG
Dingliche Ansprüche	§§ 985 ff. BGB, §§ 859, 860 BGB
Deliktische Ansprüche	§ 823 Abs. 1, 2 BGB, § 2 HaftPflG
Bereicherungsrechtliche Ansprüche	§ 812 ff. BGB

Die primär- und sekundärvertraglichen Ansprüche ergeben sich alle aus einem vorher 35
geschlossenen Vertrag[21]. Es handelt sich hier entweder um die Hauptleistungspflichten (**Primärvertragliche Ansprüche**) oder um Schadenersatzansprüche *statt* der Hauptleistung oder *neben* der Hauptleistung (**Sekundärvertragliche Ansprüche**). **Quasivertragliche Ansprüche** ähneln diesen in ihrem Inhalt, sind aber in Situationen einschlägig, in denen ein Vertragsschluss nicht zustande kommt, fehlerhaft ist oder gänzlich fehlt.

Dingliche Ansprüche sind solche Ansprüche, die sich aus der Rechtsposition einer Per- 36
son als Eigentümer einer Sache oder aus einer eigentumsähnlichen Stellung (zB Besitz) ergeben. **Deliktische Ansprüche** knüpfen an unerlaubte oder gefährliche Handlungen an und gewähren einem Geschädigten Schadenersatz. Das **Bereicherungsrecht** dient als Auffangtatbestand, wenn eine Person etwas ohne Rechtsgrund erlangt hat.

Die möglichen Anspruchsgrundlagen sind dann einzeln und der Reihe nach im Gut- 37
achtenstil zu prüfen. Dazu wird zunächst der **Obersatz** gebildet.

▶ ***Beispielfall:***

Sachverhalt: A bietet B an, dessen Fahrrad zum Preis von 200 Euro zu kaufen. B willigt ein.

Fallfrage: Hat A einen Anspruch gegen B auf Zahlung des Kaufpreises?

Der Obersatz muss die Informationen *wer, was, von wem woraus* will enthalten.

21 Dazu *Zippelius*, Einführung in das Recht, 7. Auflage 2017, S. 61 ff.

Hier will A (wer) von B (wem) 200 Euro (was) aus § 433 Abs. 2 BGB iVm dem Kaufvertrag (woraus = Anspruchsgrundlage). Der Obersatz lautet also:

„A könnte gegen B einen Anspruch auf Zahlung von 200 Euro aus § 433 Abs. 2 BGB iVm dem Kaufvertrag haben." ◀

38 Danach ist zu prüfen, ob der Anspruch entstanden ist, also ob die Tatbestandsvoraussetzungen der Anspruchsgrundlage vorliegen bzw. vorgelegen haben und ggf. ob keine **rechtsverhindernden Einwendungen** einschlägig sind. Diese Prüfung erfolgt grundsätzlich im **Gutachtenstil.**

▶ – „I. Anspruch entstanden

Voraussetzung für den Anspruch aus § 433 Abs. 2 BGB iVm dem Kaufvertrag ist ein wirksam geschlossener Kaufvertrag zwischen A und B. Voraussetzung dafür sind zwei übereinstimmende Willenserklärungen, Antrag/Angebot und Annahme (§§ 145 ff. BGB).

(... Subsumtion und Ergebnis ...)

II. Anspruch erloschen/ III. Anspruch durchsetzbar

Mangels Angaben im Sachverhalt ist davon auszugehen, dass der Anspruch nicht erloschen und auch durchsetzbar ist." ◀

39 Ist der Anspruch wirksam entstanden, so kann es dennoch sein, dass er wieder erloschen ist (zB, weil er bereits erfüllt wurde). In einem zweiten Schritt muss also das Vorliegen von **rechtsvernichtenden Einwendungen** geprüft werden (II. Anspruch erloschen). Dies jedoch nur, wenn sich im Sachverhalt Anhaltspunkte für das Vorliegen einer solchen Einwendung ergeben. In einem dritten Schritt wird dann geprüft, ob der Durchsetzung des entstandenen und nicht erloschenen Anspruchs **rechtshemmende Einreden** entgegenstehen (III. Anspruch durchsetzbar).[22] Einwendungen und Einreden ergeben sich grundsätzlich aus gesetzlichen Regelungen.

▶ ***Übersicht:* Wichtige Einwendung und Einreden**

Rechtsverhindernde Einwendungen

- Mangelnde Geschäftsfähigkeit (§§ 104 ff. BGB)
- Verletzung einer Formvorschrift (§ 134 BGB iVm Formvorschrift)
- Anfechtung (§ 142 BGB)
- Sittenwidrigkeit/Wucher (§ 138 BGB)
- Anfängliche, objektive Unmöglichkeit (§ 311 a Abs. 2, 275 Abs. 1 BGB)
- Verstoß gegen Treu und Glauben (§ 242 BGB)

Rechtsvernichtende Einwendungen

- Erfüllung (§ 362 BGB)
- Hinterlegung (§ 372 BGB)
- Aufrechnung (§ 387 ff. BGB)
- Rücktritt (§ 346 BGB), etc.

Rechtshemmende Einreden

22 *Köhler* BGB Allgemeiner Teil, 43. Auflage 2019, Anhang. Technik der Fallbearbeitung, Rn. 11.

- Verjährung (§ 214 BGB)
- Zurückbehaltungsrecht (§ 273 BGB)
- Einrede des nicht erfüllten Vertrages (§ 320 BGB) ◀

Eine Besonderheit der zivilrechtlichen Prüfung liegt darin, dass die Rechtslage nicht nur durch die gesetzlichen Normen, sondern auch durch die rechtgeschäftlichen Handlungen der Beteiligten (**Willenserklärungen**) geprägt wird (Privatautonomie). Die vertraglichen Ansprüche entstehen nur dann, wenn die beteiligten Rechtssubjekte sich willentlich in einem **Vertrag** dahingehend verpflichten. Voraussetzung für sämtliche vertraglichen Ansprüche ist, dass ein Vertrag zwischen den Beteiligten zustande gekommen ist. Das gilt auch für die sekundärvertraglichen Ansprüche. Ein Vertrag kommt durch zwei aufeinander bezogene, inhaltlich übereinstimmende Erklärungen zustande (**Willenserklärung**). Die Erklärungen der Beteiligten erfordern in der Regel ebenso wie die Normen des Gesetzes eine Auslegung.[23] 40

Der Tatbestand der Willenserklärung beinhaltet einen subjektiven und einen objektiven Tatbestand. Der **subjektive Tatbestand** umfasst Handlungswille, Erklärungsbewusstsein und Rechtsbindungswille. Irrtümer ermöglichen die Anfechtung des Vertrages (§ 142 Abs. 1, §§ 119, 120, 123 BGB). Der **objektive Tatbestand** ist der Inhalt der Willenserklärung, wie ihn ein objektiver Empfänger nach Treu und Glauben unter Berücksichtigung der Verkehrssitte (Auslegung von Willenserklärungen §§ 133, 157 BGB) verstehen würde. Es muss sich um die Kundgabe eines Rechtsfolgewillens handeln. Unter diesen Voraussetzungen ist eine Willenserklärung auch durch **schlüssiges Verhalten** möglich (konkludente Willenserklärung). Die Willenserklärungen zum Vertragsschluss sind **empfangsbedürftig**, dh sie müssen wirksam abgegeben werden und dem Empfänger auch wirksam zugehen (§§ 130–132 BGB). **Abgabe und Zugang** rechtserheblicher Erklärungen setzen grundsätzlich die Geschäftsfähigkeit voraus (§§ 104 ff. BGB). Die Regeln der **Stellvertretung** ermöglichen die Zurechnung von Willenserklärungen auch zu anderen Personen (§ 164 Abs. 1 S. 1 BGB). Für bestimmte Verträge sieht das Gesetz zudem **Formvorschriften** vor (§ 125 BGB), diese können konstitutiv (Wirksamkeitsvoraussetzung) oder deklaratorisch (nur zu Beweiszwecken) sein.[24] 41

▶ ***Übersicht:* Prüfung einer empfangsbedürftigen Willenserklärung**

(1) Subjektiver Tatbestand
   a. Handlungswille
   b. Erklärungsbewusstsein
   c. Rechtsbindungswille
(2) Objektiver Tatbestand (Auslegung §§ 133, 157 BGB)
(3) Abgabe = Willentliches Inverkehrbringen der Erklärung
(4) Zugang = Eintritt in den Machtbereich des Empfängers, so dass er unter normalen Umständen Kenntnis erlangen würde ◀

Zu den Zulässigkeitsvoraussetzungen zivilrechtlicher Klagen siehe Lösung zu Fall 15.

23 *Köhler* BGB Allgemeiner Teil, 43. Auflage 2019, § 9 Rn. 1 ff.
24 *Köhler* BGB Allgemeiner Teil, 43. Auflage 2019, § 6 Rn. 1 ff.

III. Die Falllösung im öffentlichen Recht

42 Die Falllösung im öffentlichen Recht kann hier nicht vollumfänglich dargestellt werden, daher sollen die für die energierechtliche Fallbearbeitung interessanten Grundlagen herausgegriffen werden. Dies sind die Prüfung von Grundrechtseingriffen, insbesondere in die Berufsfreiheit (Art. 12 Abs. 1 GG) und in das Eigentum (Art. 14 GG) sowie die Anfechtung von Verwaltungsakten im behördlichen Verfahren und im Wege der Anfechtungsklage.

1. Die Verletzung von Grundrechten

43 Das Grundgesetz gewährt dem einzelnen Bürger **Abwehrrechte** gegen den Staat, die dieser bei jeder Rechtsanwendung beachten muss. Auch die Gesetze dürfen nicht gegen die Grundrechte verstoßen, müssen also mit der Verfassung in Einklang stehen. Die Prüfung, ob ein bestimmtes Grundrecht im Einzelfall verletzt ist, erfolgt in drei Schritten. Dabei ist zunächst zu prüfen, ob der Schutzbereich des Grundrechts eröffnet ist, ob die zu prüfende Maßnahme einen Eingriff in den Schutzbereich darstellt und ob dieser Eingriff verfassungsrechtlich gerechtfertigt ist.

▶ ***Übersicht:* Grundrechtsprüfung**

I. Schutzbereich
   1. Sachlicher Schutzbereich
   2. Persönlichen Schutzbereich

II. Eingriff

III. Verfassungsrechtliche Rechtfertigung
   1. Schranke
   2. Schranken-Schranken (Verhältnismäßigkeit und Art. 19 Abs. 1, 2 GG) ◀

44 Der **Schutzbereich** der einzelnen Grundrechte wurde durch die Auslegungspraxis des Bundesverfassungsgerichtes schon weitreichend konkretisiert und kann daher in der einschlägigen Kommentierung nachgelesen werden. Grundsätzlich ist der Schutzbereich jedes Grundrechtes **weit auszulegen.** Ist kein spezielles Grundrecht einschlägig, verbleibt der Schutz der allgemeinen Handlungsfreiheit (Art. 2 Abs. 1 GG) als Auffangtatbestand.

45 Der Schutzbereich unterteilt sich in einen sachlichen Schutzbereich und einen persönlichen Schutzbereich.

- In den **persönlichen Schutzbereich** fallen die im Grundrecht bezeichneten Personen sowie unter den Voraussetzungen des Art. 19 Abs. 3 GG (wesensgemäße Anwendbarkeit) auch (inländische) juristische Personen. Die Berufsfreiheit erfasst „alle Deutschen“, während das Eigentum auch ausländische natürliche Personen erfasst.[25]
- Der **sachliche Schutzbereich** von Art. 12 Abs. 1 GG erfasst jede auf Dauer angelegte Tätigkeit, die zur Schaffung und Erhaltung einer Lebensgrundlage beiträgt. Art. 14 GG schützt jede vermögenswerte Rechtsposition, die dem Einzelnen vom Gesetzge-

25 *Axer* in *Epping/Hillgruber*, BeckOK Grundgesetz, 43. Edition 2019, GG Art. 14 Rn. 37 ff.; *Ruffert* in *Epping/Hillgruber*, BeckOK Grundgesetz, 43. Edition 2019, GG Art. 12, Rn. 33 ff.

ber zu einem bestimmten Zeitpunkt im Sinne eines Ausschließlichkeitsrechts gewährt wird.[26]

Ein **Eingriff** liegt grundsätzlich dann vor, wenn ein staatliches Handeln dem Einzelnen ein grundrechtlich geschütztes Verhalten erschwert oder unmöglich macht. Für einen Eingriff in die Berufsfreiheit muss das staatliche Handeln eine subjektiv und objektiv berufsregelnde Tendenz haben, darf also die berufliche Sphäre nicht nur zufällig berühren.[27] 46

Die Eigentumsgarantie sieht zwei Arten von Eingriffen vor: 47

- **Inhalts- und Schrankenbestimmungen** (Art. 14 Abs. 1 S. 2 GG) = abstrakt-generelle Eigentumsdefinition
- **Enteignung** (Art. 14 Abs. 3 GG) = finale, konkrete, individuelle Entziehung eigentumsrechtlicher Rechtspositionen zur Inanspruchnahme für öffentliche Zwecke, die eine Güterbeschaffung zugunsten der öffentlichen Hand oder eines anderen Enteignungsbegünstigten bewirkt.[28]

Grundsätzlich sind Eingriffe in Grundrechte zwar rechtswidrig, sie können jedoch im Einzelfall verfassungsrechtlich gerechtfertigt und damit legal sein. Bei der Prüfung der **verfassungsrechtlichen Rechtfertigung** ist zunächst zu untersuchen, unter welchen Umständen das Grundgesetz einen Eingriff in das betroffene Grundrecht zulässt (**Schranke**). Dies ergibt sich aus dem Wortlaut. Sodann ist zu prüfen, ob der Eingriff tatsächlich eine verfassungsmäßige Konkretisierung dieser Schranke ist (**Schranken-Schranke**). 48

Einige Grundrechte können „durch oder aufgrund eines Gesetzes" eingeschränkt werden (**einfacher Gesetzesvorbehalt**). Stellt der Verfassungsgeber besondere Anforderungen an ein solches Gesetz, so handelt es sich um einen **qualifizierten Gesetzesvorbehalt.** Bestimmte Grundrechte gelten unbeschränkt, dh sie können nur durch kollidierendes Verfassungsrecht eingeschränkt werden. Bewegt sich der Eingriff im Rahmen des grundrechtlichen Vorbehaltes, so ist weiter zu prüfen, ob die Anforderungen des Art. 19 Abs. 1, 2 GG erfüllt sind und ob der Eingriff **verhältnismäßig** ist. Ein Eingriff ist verhältnismäßig, wenn er: 49

1. Einen legitimen Zweck verfolgt (= jeder legale Zweck)
2. Geeignet (= jedes legale Mittel, das den Zweck wenigstens fördert),
3. Erforderlich (mildestes unter den geeigneten Mitteln) und
4. Angemessen ist.

Die Angemessenheit ergibt sich aus einer **Interessenabwägung** der betroffenen Grundrechtsposition. Für manche Grundrechte prüft das Bundesverfassungsgericht die Verhältnismäßigkeit nach einem besonderen Schema. 50

▶ *Beispiel:* Verfassungsrechtliche Rechtfertigung eines Eingriffs in die Berufsfreiheit

Die Berufsfreiheit steht unter einem einfachen Gesetzesvorbehalt. Die Verhältnismäßigkeit eines Eingriffs prüft das BVerfG[29] nach der 3-Stufen-Theorie je nach Intensität des Eingriffs:

26 *Axer* in *Epping/Hillgruber*, BeckOK Grundgesetz, 43. Edition 2019, GG Art. 14 Rn. 42 ff.; *Ruffert* in *Epping/Hillgruber*, BeckOK Grundgesetz, 43. Edition 2019, GG Art. 12, Rn. 40 ff.

27 *Manssen*, Staatsrecht II, 17. Auflage 2020, § 7 Rn. 173.

28 *Manssen*, Staatsrecht II, 17. Auflage 2020, § 28 Rn. 730 ff.

29 BVerfG, Urt. v. 11.6.1958, 1 BvR 596/56, BVerfGE 7, 377 ff., Apothekenurteil.

Stufe 1) Berufsausübungsregelungen → Rechtfertigung durch vernünftige Erwägungen des Allgemeinwohls.

Stufe 2) Berufswahlregelungen mit subjektiven Zulassungsvoraussetzungen (zB Kenntnissen, Zuverlässigkeit etc) → Rechtfertigung zum Schutz eines wichtiges Gemeinschaftsgutes.

Stufe 3) Berufswahlregelungen mit objektiven (vom Bewerber nicht beeinflussbaren) Zulassungsvoraussetzungen → Rechtfertigung zur Abwehr nachweisbarer oder höchstwahrscheinlicher schwerer Gefahren für ein überragend wichtiges Rechtsgut. ◀

51 Im Energierecht schränkt beispielsweise der Genehmigungsvorbehalt für den Netzbetrieb (§ 4 EnWG) die Berufsfreiheit der betroffenen Unternehmer ein. Das Eigentumsgrundrecht ist beispielsweise durch die Vorschriften zur Entflechtung[30] und durch die Vorschriften zur Enteignung (§ 45 EnWG) berührt.[31]

2. Allgemeines Verwaltungsrecht

52 In verschiedensten Konstellationen tritt der Staat dem Bürger in Form der Verwaltung gegenüber. Die Verwaltung ist (wie die Regierung) Teil der **Exekutive.** Die Verwaltungstätigkeit besteht im **Vollzug der Gesetze.** In der Regel darf die Verwaltung nur im Rahmen und aufgrund eines Gesetzes tätig werden (**Vorrang und Vorbehalt des Gesetzes**). Die bedeutsamste Handlungsform der Verwaltung ist der Verwaltungsakt.

> **§ 35 S. 1 VwVfG**
>
> „Verwaltungsakt ist jede Verfügung, Entscheidung oder andere hoheitliche Maßnahme, die eine Behörde zur Regelung eines Einzelfalls auf dem Gebiet des öffentlichen Rechts trifft und die auf unmittelbare Rechtswirkung nach außen gerichtet ist.“

53 Die Verwaltungsakte entstehen in einem formalisierten und geregelten Verfahren (**Verwaltungsverfahren** §§ 9 ff. VwVfG). Die Einhaltung der Verfahrensvorschriften ist dabei die Voraussetzung der **formellen Rechtmäßigkeit** eines Verwaltungsaktes. Grundsätzlich ist das einfache Verwaltungsverfahren durchzuführen (§ 10 VwVfG), wenn nicht das Gesetz die Durchführung eines förmlichen Verfahrens, insbesondere eines Planfeststellungsverfahrens (§ 72 Abs. 1 VwVfG), explizit vorsieht. Das VwVfG regelt grundsätzlich die formalen Anforderungen an die Durchführung des Verwaltungsrechts. Besonders prüfungsrelevant ist hier das Recht auf eine **Anhörung** (§ 28 VwVfG) und die Möglichkeit der **Wiedereinsetzung** in den vorherigen Stand (§ 32 VwVfG).

54 Die **materielle Rechtmäßigkeit** richtet sich nach Vorrang und Vorbehalt des Gesetzes. Für jeden Verwaltungsakt bedarf es also einer gesetzlichen Grundlage (**Ermächtigungsgrundlage**), die im konkreten Fall dann auch erfüllt sein muss (Tatbestand + Rechtsfolge). Prüfungsrelevant ist hierbei besonders, ob die Behörde den durch die Ermächtigungsgrundlage eingeräumten Beurteilungs- oder Ermessensspielraum richtig ausgefüllt hat. Mögliche **Ermessensfehler** sind:

- Verstoß gegen Grundrechte und allgemeine Rechtssätze (zB Art. 3 GG)
- Ermessensnichtgebrauch

30 Dazu *Mitto*, Energierecht, 2. Auflage 2019, S. 19 Rn. 60–61.

31 Siehe beispielsweise BGH Beschl. v. 26.1.2016 – EnVR 51/14, in EnWZ 2016, 262; weiterführend *Hoffmann* BB 1995, 53; *Schmidt-Preuß* EuR 2006, 463; kritisch *Becker* RdE 2000, 7.

- Ermessenunterschreitung/-überschreitung
- Ermessensfehlgebrauch = Zweckverfehlung, Abwägungsdefizit, Ermessensmissbrauch[32]

Gegen unrechtmäßige Verwaltungsakte kann sich der Bürger auf dem **Verwaltungsrechtsweg** im Wege der Anfechtungsklage wehren. Es gelten **allgemeine Zulässigkeitsvoraussetzungen** für alle Klagearten im Verwaltungsrecht: 55

- Zulässigkeit des Verwaltungsrechtsweges (§ 40 Abs. 1 VwGO)
- Zuständigkeit des Gerichtes (45 ff. VwGO)
- Richtiger Beklagter (§ 78 VwGO)
- Beteiligtenfähigkeit (§ 61 VwGO)
- Prozessfähigkeit (§ 62 VwGO)
- Rechtsschutzbedürfnis (Klage darf nicht sinnlos oder missbräuchlich sein und dem Kläger darf kein einfacherer Weg zur Zielerreichung zur Verfügung stehen)

Hinzu kommen je nach Klageart **besondere Zulässigkeitsvoraussetzungen**. Für die Anfechtungsklage, also die Klage gegen einen Verwaltungsakt sind dies: 56

- Statthaftigkeit (Klage für Ziel des Klägers geeignet)
- Klagebefugnis (Rechtsverletzung tatsächlich möglich, § 42 Abs. 2 VwGO)
- Vorverfahren (Widerspruchsverfahren, §§ 68 ff. VwGO)
- Klagefrist (§ 74 Abs. 1 VwGO)

Begründet ist die Klage, wenn der Kläger durch den angefochtenen Verwaltungsakt tatsächlich in seinen Rechten verletzt wird (§ 113 Abs. 1 VwGO). Zu prüfen ist: 57

- Vorliegen einer ordnungsgemäßen Ermächtigungsgrundlage (EGL)
- Formelle Rechtmäßigkeit (Verwaltungsverfahren)
- Materielle Rechtmäßigkeit
  → Tatbestand der EGL
  → Rechtsfolge der EGL (Ermessensfehler!)
- Verletzung des Klägers in eigenen Rechten[33]

Die Prüfung von **Rechtsakten der Bundesnetzagentur** ist Teil des besonderen Verwaltungsrechts. Das bedeutet, dass der grundsätzliche Prüfungsaufbau dem im allgemeinen Verwaltungsrecht entspricht, dabei aber die **verfahrensrechtlichen Besonderheiten** zu berücksichtigen sind, die sich aus den Vorschriften des EnWG ergeben. 58

IV. Typologie energierechtlicher Fälle

Fälle im Bereich des Energiewirtschaftsrechts lassen sich im Wesentlichen in zwei Bereiche unterteilen. Die Regulierungsvorgaben und ihre Durchsetzung durch die Bundesnetzagentur unterfallen dem Bereich des öffentlichen Wirtschaftsrechts, während die Vertragsbeziehungen unter den Marktteilnehmern zivilrechtlich ausgestaltet sind. Dabei stehen öffentlich-rechtliche und privatwirtschaftliche Regulierungstechniken in einer Wechselwirkungsbeziehung. So wirken verschiedene öffentlich-rechtliche Vorgaben in das Privatrechtsverhältnis der Marktteilnehmer hinein. Andersherum eröffnet 59

32 *Detterbeck*, Allgemeines Verwaltungsrecht, 18. Auflage 2020, § 10 Rn. 420 ff.
33 *Detterbeck*, Allgemeines Verwaltungsrecht, 18. Auflage 2020, § 30 Rn. 1319 ff., § 31 Rn. 1350 -1378.

das EnWG auch Unternehmern und Verbrauchern die Möglichkeit durch private Rechtsdurchsetzung den öffentlich-rechtlichen Vorgaben der Energieordnung zur Geltung zu verhelfen.

1. Öffentliches Recht und Rechtsschutz gegen Public Enforcement

60 Im öffentlich-rechtlichen Bereich beziehen sich die Fallgestaltungen häufig auf eine Konstellation, in der ein Unternehmen Rechtsschutz gegen eine Maßnahme der Regulierungsbehörde begehrt. Im Kern handelt es sich hier um die Prüfung der Rechtmäßigkeit von Verwaltungsakten, dies jedoch unter den besonderen Voraussetzungen der energierechtlichen Regelungen.

Ein zweiter Themenkreis im öffentlichen Energierecht ist die Vergabe von Wegenutzungsrechten durch die Gemeinden.

Letztlich zählt auch der Rechtsschutz gegen Enteignungen zur Durchführung von Vorhaben zum Zwecke der Energieversorgung zum öffentlich-rechtlichen Teil.

2. Private Enforcement, Versorgung und Haftung

61 Auch die privatrechtlich ausgestalteten Beziehungen der Beteiligten auf dem Energiemarkt können zu rechtlichen Problemen führen. Dazu gehören Leistungsstörungen und Haftung im Rahmen von Lieferverträgen, Bilanzkreisverträgen, Netzanschlussverträgen uÄ. Ein weiterer Themenkreis ist die Haftung bei Unfällen im Zusammenhang mit dem Netzbetrieb und mit Erzeugungsanlagen.

Eine energierechtliche Besonderheit sind die Kontrahierungszwänge und andere weitreichende Einschränkungen der privatautonomen Vertragsgestaltung im Zusammenhang mit der Monopolstellung des Netzbetreibers.

3. Wettbewerbs- und Regulierungsrecht

62 Zentrale Bedeutung für die Energiewirtschaft hat schließlich das Wettbewerbs- und das Regulierungsrecht. Der Netzbetrieb als **marktzugangsrelevantes natürliches Monopol** unterliegt einer umfangreichen Regulierung und Kontrolle, insbesondere im Sinne des Wettbewerbs auf den vor- und nachgelagerten Marktstufen (Erzeugung und Vertrieb). Grundlegend hierfür ist die dem Wettbewerbsrecht (Art. 102 AEUV – Missbrauch einer marktbeherrschenden Stellung) entstammende Essential-Facilities-Doktrin.[34] Der Veranschaulichung dient folgender Fall:

Fall 1) „Essential Facility"

63 Die privaten TV-Anbieter A, B und C geben über eine gemeinsame Tochtergesellschaft die TV Time GmbH (T) einen auf ihr eigenes Programm begrenzten Programmführer heraus. Dritten gestatten sie die Veröffentlichung ihres Programms nur jeweils tagesaktuell. Die Magische TV-Guide GmbH (M) plant die Herausgabe eines umfangreichen Programmheftes für Gesamtdeutschland und Österreich. Dieses soll wöchentlich erscheinen und Informationen zum Programm sämtlicher relevanter TV-Sender für eine ganze Woche enthalten. Bisher war ein solches Programmheft nicht auf dem Markt. A, B und C können von einem Großteil der Haushalte in Österreich und Deutschland

34 Siehe *Fuchs* in *Immenga/Mestmäcker*, Wettbewerbsrecht, 6. Auflage 2019, AEUV Art. 102 Rn. 331 ff.

empfangen werden, lehnen jedoch die Veröffentlichung ihres Programms unter Hinweis auf ihre Urheberrechte ab.

Die M wendet sich daraufhin mit einer Beschwerde an die Europäische Kommission, um feststellen zu lassen, das A, B und C bzw. die T durch ihr Verhalten ihre marktbeherrschende Stellung missbrauchen. Die Kommission stellt daraufhin in einem formell rechtmäßigen Beschluss den Missbrauch einer marktbeherrschenden Stellung fest und weist A, B und C bzw. die T an, die Zuwiderhandlung dadurch abzustellen, Dritten auf Anfrage ihre wöchentlichen Programmvorschauen auf nichtdiskriminierender Basis und zu angemessenen Lizenzgebühren zur Verfügung zu stellen und die Wiedergabe durch Dritte zu gestatten.

A und B wollen jeweils rechtlich gegen den Beschluss vorgehen. Sie halten ihr Verhalten nicht für einen Missbrauch iSd Artikel 102 AEUV, zudem sei der Handel zwischen den Mitgliedsstaaten nicht beeinträchtigt und der Zwang, Dritten die geforderten Informationen zum Zwecke der Veröffentlichung zur Verfügung zu stellen, verstoße gegen ihre Urheberrechte.

Hat die ordnungsgemäß vor dem EuG erhobene Klage der A GmbH Aussicht auf Erfolg?

Lösung Kapitel A

Fall 1) ist dem Urteil des EuGH 6.4.1995 – C-241/91 P – „Magill TV Guide" nachempfunden, in dem der Europäische Gerichtshof die Essential-Facilities-Doktrin für das europäische Recht angewandt hat. Die Prüfung entspricht im Wesentlichen der Prüfung einer Anfechtungsklage – allerdings auf europäischer Ebene (Nichtigkeitsklage nach Art. 263 AEUV). 64

▶ ***Übersicht* – Europäisches Kartellverwaltungsverfahren**

→ Grundsätzlich parallele **Zuständigkeit** von nationalen Kartellbehörden und EU-KOM (Art. 4, 5 VO (EG) Nr. 1/2003[35]) – die KOM kann das Verfahren jedoch an sich ziehen (Art. 11 Abs. 6 VO 1/2003)

→ Für die **Eröffnung des Verfahrens** gilt der Opportunitätsgrundsatz, dh die Behörde hat – auch im Falle von Beschwerden durch Mitbewerber – ein Ermessen, ob sie das Verfahren eröffnet. Die Ausübung des Ermessens ist jedoch durch das Gemeinschaftsinteresse an der Verfolgung beschränkt.[36]

→ **Adressaten** und Beteiligte des Verfahrens sind Unternehmen/Unternehmensvereinigungen iSd Art. 101, 102 AEUV, gegen die sich das Verfahren richtet (Art. 27 Abs. 1 VO 1/2003).[37]

→ Der KOM stehen verschiedene **Instrumente** zur Verfügung, um wettbewerbswidriges Verhalten zu unterbinden (Ermittlungsbefugnisse Art. 17–19 ff. VO 1/2003; Sanktionen Art. 23 VO 1/2003; Entscheidungsbefugnisse Art. 7 ff. 1/2003)[38]

---

35 Kartellverordnung VO (EG) Nr. 1/2003 v. 16.12.2002, ABl. EG Nr. L001 S. 1 ff.

36 EuGH Urt. v. 4.3.1999 – C-119/97 P – Ufex; EuG Urt. v. 25.5.2000 – T 77/95 – Ufex II; zusammenfassend *Hoch* in *Haucap/ Hoch*: Praxishandbuch Energiekartellrecht, 1. Auflage 2018, S. 482 Rn. 5–8.

37 *Hoch* in *Haucap/ Hoch*: Praxishandbuch Energiekartellrecht, 1. Auflage 2018, S. 482 f. Rn. 9–12.

38 Ausführlich *Hoch* in *Haucap / Hoch*: Praxishandbuch Energiekartellrecht, 1. Auflage 2018, S. 483 ff. Rn. 13–28.

→ **Rechtsmittel** gegen Verbotsverfügungen (Art. 7 VO 1/2003) und Bußgeldentscheidungen (Art. 23 VO 1/2003) ist die Nichtigkeitsklage (Art. 256 Abs. 1 iVm Art. 263 Abs. 4 AEUV) vor dem EuG.[39] ◀

Neben der Musterlösung finden sich Erläuterungen zu den einzelnen Punkten, die das Vorgehen bei der Falllösung zusätzlich erörtern sollen.

Die Klage der A hat Aussicht auf Erfolg, wenn sie zulässig und begründet ist.	= Obersatz
A. Zulässigkeit *I. Zuständigkeit* Sachlich zuständig ist gem. Art. 263 Abs. 1 AEUV die Unionsgerichtsbarkeit. Funktionell zuständig ist für natürliche und juristische Personen iSd Art. 263 Abs. 4 AEUV nach Art. 256 Abs. 1 AEUV das EuG.[40]	Die Nichtigkeitsklage ist in Art. 263 AEUV geregelt. Nach Abs. 4 steht auch natürlichen und juristischen Personen dieser Weg offen.
II. Beteiligtenfähigkeit Grundsätzlich sind natürliche und juristische Personen gem. Art. 263 Abs. 4 AEUV beteiligtenfähig, wobei sich deren Rechtsfähigkeit nach nationalem Recht beurteilt.[41] Die A GmbH ist eine juristische Person (§ 13 GmbHG) und damit aktiv beteiligtenfähig. Die KOM ist nach Art. 263 Abs. 1 AEUV passiv beteiligtenfähig.	Die Beteiligtenfähigkeit muss jeweils für Kläger und Beklagten festgestellt werden.
III. Klagegegenstand Tauglicher Klagegegenstand sind Maßnahmen von Unionsorganen, die verbindlichen Charakter haben und Rechtswirkungen nach außen entfalten.[42] Der Beschluss der KOM ist tauglicher Klagegegenstand.	Dass der Beschluss der KOM verbindlich ist und Außenwirkung entfaltet, ist selbstverständlich und muss hier nicht weiter begründet werden.
IV. Klagebefugnis A ist als Adressat eines Beschlusses ohne Weiteres klagebefugt.[44]	Die Klagebefugnis setzt grundsätzlich voraus, dass die angegriffene Maßnahme unmittelbar und individuell gegen den Kläger wirkt.[43]
V. Ordnungsgemäße Klageerhebung Laut Angaben im Sachverhalt ist die Klageerhebung ordnungsgemäß.	Die ordnungsgemäße Klageerhebung umfasst die Einhaltung der zweimonatigen Klagefrist sowie einige formale Anforderungen.[45]
VI. Zwischenergebnis Die Klage der A ist zulässig.	

39 *Hoch* in *Haucap/ Hoch*: Praxishandbuch Energiekartellrecht, 1. Auflage 2018, S. 489 Rn. 29, 30.
40 *Schroeder*, Grundkurs Europarecht, 6. Auflage 2019, § 9 Rn. 32.
41 *Schroeder*, Grundkurs Europarecht, 6. Auflage 2019, § 9 Rn. 32, 33.
42 *Schroeder*, Grundkurs Europarecht, 6. Auflage 2019, § 9 Rn. 35.
43 Bezüglich Dritter vgl. EuGH Urt. v. 15.7.1963 – 25/62 – Plaumann; *Hoch* in *Haucap / Hoch*: Praxishandbuch Energiekartellrecht, 1. Auflage 2018, S. 489 Rn. 30; ausführlich *Schroeder*, Grundkurs Europarecht, 6. Auflage 2019, § 9 Rn. 36–44.
44 *Schroeder*, Grundkurs Europarecht, 6. Auflage 2019, § 9 Rn. 38.
45 *Schroeder*, Grundkurs Europarecht, 6. Auflage 2019, § 9 Rn. 45.

B. Begründetheit

Die Klage ist begründet, wenn einer der in Art. 263 Abs. 2 AEUV genannten Nichtigkeitsgründe vorliegt. Das Vorliegen der Gründe beurteilt sich anhand der Rechtsgrundlage (Art. 7 VO 1/2003 iVm Art. 102 AEUV).

Nach Art. 7 VO 1/2003 kann die KOM, wenn sie zB auf eine Beschwerde hin eine Zuwiderhandlung gegen Art. 102 AEUV feststellt, die beteiligten Unternehmen zur Abstellung der Zuwiderhandlung verpflichten. Fraglich ist zunächst, ob ein Verstoß gegen Art. 102 AEUV vorliegt.

Ähnlich wie die Verwaltung auf nationaler Ebene benötigt auch die KOM für Maßnahmen gegenüber Bürgern zum Vollzug der unionsrechtlichen Vorschriften (hier Art. 102 AEUV) eine rechtliche Grundlage. Nach Art. 7 VO 1/2003 kann die KOM bei Verstößen gegen die wettbewerbsrechtlichen Vorschriften die notwendigen Maßnahmen ergreifen. Zu prüfen ist auch hier, ob die Maßnahme im konkreten Fall eine rechtmäßige Konkretisierung der Befugnisse der RGL darstellt. Die Nichtigkeitsgründe im europäischen Recht entsprechen im Wesentlichen auch den Prüfungspunkten im deutschen Verwaltungsrecht (Anfechtungsklage)

- „Unzuständigkeit" und „Verletzung wesentlicher Formvorschriften" → „Formellen Rechtmäßigkeit"
- Die „Verletzung der Verträge..." und der „Ermessenmissbrauch" entsprechen der materiellen Rechtmäßigkeit.[46]

I. Verstoß gegen Art. 102 AEUV

Die Weigerung der A, ihr Programm zu veröffentlichen bzw. Dritten zur Verfügung zu stellen, könnte einen Missbrauch einer marktbeherrschenden Stellung iSd Art. 102 AEUV darstellen.

1. Marktbeherrschendes Unternehmen

Die A ist ein Unternehmen.[47] Fraglich ist, ob A eine marktbeherrschende Stellung iSd Art. 102 AEUV innehat.

Eine marktbeherrschende Stellung ist eine „wirtschaftliche Machstellung eines Unternehmens (...), die dieses in die Lage versetzt, die Aufrechterhaltung eines wirksamen Wettbewerbs auf dem relevanten Markt zu verhindern, indem sie ihm die Möglichkeit verschafft, sich seinen Wettbewerbern, seinen Abnehmern und letztlich den Verbrauchern gegenüber in einem nennenswerten Umfang unabhängig zu verhalten. Eine solche Stellung schließt im Gegensatz zu einem Monopol oder einem Quasi-Monopol einen gewissen Wettbewerb nicht aus, versetzt aber die begünstigte Firma in die Lage, die Bedingungen, unter denen sich dieser Wettbewerb entwickeln kann, zu bestimmen oder wenigstens merklich zu beeinflussen, jedenfalls aber weitgehend in ihrem Verhalten hierauf keine Rücksicht nehmen zu müssen, ohne dass ihr dies zum Schaden gereichte."[48]

---

46 *Schroeder*, Grundkurs Europarecht, 6. Auflage 2019, § 9 Rn. 46.

47 Hier unstreitig; zum Unternehmensbegriff im europäischen Kartellrecht siehe *Fuchs* in *Immenga/Mestmäcker*, Wettbewerbsrecht, 6. Auflage 2019, AEUV Art. 102 Rn. 19–21.

48 EuGH, Urt. v. 13.2.1979 – 85/76, Slg 1979, 461, Rn. 38 f. – Hoffmann-La Roche; *Fuchs* in *Immenga/Mestmäcker*, Wettbewerbsrecht, 6. Auflage 2019, AEUV Art. 102 Rn. 76.

Das Urheberrecht an den Programmvorschauen beinhaltet das ausschließliche Recht, diese zu vervielfältigen und auf den Markt zu bringen. Das Innehaben eines Urheberrechts allein vermag aber noch keine marktbeherrschende Stellung zu begründen. Diese liegt nur dann vor, wenn das Recht dem Inhaber die Möglichkeit gibt, den einschlägigen Markt effektiv zu kontrollieren.[49]

Es folgt die Subsumtion des Sachverhaltes unter die vorher zitierte Definition eines marktbeherrschenden Unternehmens.

Ihr Urheberrecht ermöglicht es der A, B und C in der durch die T herausgegebenen Zeitschrift das Monopol hinsichtlich der wöchentlichen Programmvorschauen zu sichern. Durch die Verweigerung der Herausgabe der Informationen an die M entzieht sich die Klägerin jeglichem wirksamen Wettbewerb auf dem Markt der Informationen über wöchentliche Programme. Die M befindet sich folglich hinsichtlich ihres Markteintritts in einer wirtschaftlichen Abhängigkeitsposition zur Klägerin. Damit kann die A aufgrund ihres Urheberrechts den nachgelagerten Markt für Programmzeitschriften kontrollieren.[50]

2. Missbrauch

Fraglich ist jedoch, ob die nach nationalem Recht rechtmäßige Ausübung der Urheberrechte einen Missbrauch einer marktbeherrschenden Stellung darstellen kann. Dies ist nur dann der Fall, wenn die Geschäftsverweigerung nicht rechtmäßig iSd. Art. 36 AEUV ist. Wettbewerblich unzulässig ist eine solche Geschäftsverweigerung in jedem Fall dann, wenn sie dazu dient, die Entstehung eines nachgelagerten Marktes zu verhindern.[52] Da die A hier offensichtlich ihre Tochtergesellschaft T vor Mitbewerbern auf dem Markt für Fernsehprogramme schützen will, liegt ein Missbrauch einer marktbeherrschenden Stellung vor.

Die Informationen über das Programm sind für den Zugang zum nachgelagerten Markt notwendige Voraussetzung. Nach der „Essential Facilities"-Doktrin besteht daher in der Geschäftsverweigerung ein Missbrauch einer marktbeherrschenden Stellung nach der Generalklausel des Art. 102 S. 1 AEUV, was faktisch zu einem Kontrahierungszwang für die Inhaber der Essential Facility führt.[51]

3. Zwischenstaatlichkeit

Der Missbrauch einer marktbeherrschenden Stellung durch die A muss geeignet sein, den Handel zwischen den Mitgliedsstaaten zu beeinträchtigen. Bei Auswirkungen auf zwei oder mehr Mitgliedsstaaten kann von einer Beeinträchtigungsgeeignetheit ausgegangen werden.[54] Hier ist der Markt für Fernsehprogrammhefte in Deutschland und Österreich betroffen, demnach ist Art. 102 AEUV anwendbar.

Die Maßnahme muss geeignet sein die wettbewerbliche Struktur auf dem Binnenmarkt zu beeinflussen, zB durch Marktabschottung.[53] Liegt die Zwischenstaatlichkeit nicht vor, so greift grundsätzlich das nationale Kartellrecht ein.

4. Zwischenergebnis

Es liegt ein Missbrauch einer marktbeherrschenden Stellung durch A vor.

II. Zuständigkeit

Die KOM ist gem. Art. 4 VO 1/2003 zuständig.

49 *Fuchs* in *Immenga/Mestmäcker*, Wettbewerbsrecht, 6. Auflage 2019, AEUV AEUV Art. 102 Rn. 81.
50 EuGH Urt. v. 6.4.1995 – C-241/91 P – „Magill TV-Guide", Rn. 46, 47; *Fuchs* in *Immenga/Mestmäcker*, Wettbewerbsrecht, 6. Auflage 2019, AEUV AEUV Art. 102 Rn. 81.
51 *Fuchs* in *Immenga/Mestmäcker*, Wettbewerbsrecht, 6. Auflage 2019, AEUV Art. 102 Rn. 331 ff.; siehe auch EuGH Urt. v. 26.11.1998 – C-7/97 – „Bronner", Rn. 38 ff.
52 *Fuchs* in *Immenga/Mestmäcker*, Wettbewerbsrecht, 6. Auflage 2019, AEUV Art. 102 Rn. 359.
53 *Fuchs* in *Immenga/Mestmäcker*, Wettbewerbsrecht, 6. Auflage 2019, AEUV Art. 102 Rn. 22.
54 *Fuchs* in *Immenga/Mestmäcker*, Wettbewerbsrecht, 6. Auflage 2019, AEUV Art. 102 Rn. 22–24.

III. Einhaltung wesentlicher Formvorschriften

Laut Angaben im Sachverhalt war der Beschluss der KOM formal rechtmäßig, dh die Formvorschriften wurden eingehalten.

IV. Ermessen

Nach Art. 7 VO 1/2003 hat die KOM einen Spielraum mit welchen Maßnahmen sie die Zuwiderhandlung beendet. Die Maßnahme der KOM scheint weder ungeeignet noch unverhältnismäßig. Die Verpflichtung, die Informationen gegen Zahlung angemessener Lizenzgebühren zur Verfügung zu stellen, war in diesem Fall die einzige effektive Möglichkeit, um den Missbrauch zu beenden.[55]

V. Zwischenergebnis

Ein Nichtigkeitsgrund liegt nicht vor.

C. Ergebnis

Die Klage der A ist zulässig, aber nicht begründet.

Der Beispielfall soll zeigen, dass wenngleich die privatautonome Freiheit besteht, Verträge und Geschäfte nach eigenem Belieben abzuschließen oder zu verweigern (**Kontrahierungsfreiheit**), der Erhalt der wettbewerblichen Ordnung, einen Zwang zum Geschäftsabschluss (**Kontrahierungszwang**) notwendig machen kann. Monopolähnliche Machtstellungen können missbraucht werden, um Wettbewerbern den Zugang zu Märkten zu verwehren, was schließlich zu einer Verfälschung des Wettbewerbs und auch zu einer Verminderung der für die Verbraucher positiven Effekte dieses Wettbewerbs (zB Wahlfreiheit, Verbesserungsanreize durch Preis- und Qualitätswettbewerb) führt. 65

Ergibt sich eine Machtstellung aus der Inhaberschaft von Infrastruktur, Leitungssystemen und sonstigen Ressourcen, welche für den Zugang auf einen vor- oder nachgelagerten Markt unbedingt notwendig sind („essential facility"), muss der Inhaber Zugang zu dieser Infrastruktur zu angemessenen Bedingungen auch Dritten gewähren. Eine solche „essential facility" für den Handel mit Strom/Gas stellt das Strom- bzw. das Gasnetz dar. 66

55 EuGH Urt. v. 6.4.1995 – C-241/91 P – „Magill TV-Guide", Rn. 91.

B. Einführung in das Energierecht

67 Für ein Verständnis der energierechtlichen Normen ist es notwendig, sich mit der Entwicklung der deutschen und europäischen Energiewirtschaft auseinanderzusetzen.[1] Zentral ist dabei die politische Entscheidung zur Reduktion des staatlichen Einflusses in Bereichen der Daseinsvorsorge hin zu einer **privatwirtschaftlich-wettbewerblichen** Organisation mit **staatlicher Gewährleistungsverantwortung.**[2] Wichtige Rahmenbedingungen für die Regulierung ergeben sich außerdem aus den physikalisch-technischen Eigenschaften der Energie, insbesondere der **Leitungsgebundenheit** und den Anforderungen der Netzstabilität. Schließlich stellt das gesamte Energiewirtschaftsrecht eine Konkretisierung der in § 1 EnWG benannten **Ziele** dar, deren Hintergrund im letzten Teil dieses Kapitels näher beschrieben wird.

▶ **§ 1 Zweck und Ziele des Gesetzes**

(1) Zweck des Gesetzes ist eine möglichst sichere, preisgünstige, verbraucherfreundliche, effiziente und umweltverträgliche leitungsgebundene Versorgung der Allgemeinheit mit Elektrizität und Gas, die zunehmend auf erneuerbaren Energien beruht.

(2) Die Regulierung der Elektrizitäts- und Gasversorgungsnetze dient den Zielen der Sicherstellung eines wirksamen und unverfälschten Wettbewerbs bei der Versorgung mit Elektrizität und Gas und der Sicherung eines langfristig angelegten leistungsfähigen und zuverlässigen Betriebs von Energieversorgungsnetzen.

(3) Zweck dieses Gesetzes ist ferner die Umsetzung und Durchführung des Europäischen Gemeinschaftsrechts auf dem Gebiet der leitungsgebundenen Energieversorgung.

(4) Um den Zweck des Absatzes 1 auf dem Gebiet der leitungsgebundenen Versorgung der Allgemeinheit mit Elektrizität zu erreichen, verfolgt dieses Gesetz insbesondere die Ziele,

1. die freie Preisbildung für Elektrizität durch wettbewerbliche Marktmechanismen zu stärken,
2. den Ausgleich von Angebot und Nachfrage nach Elektrizität an den Strommärkten jederzeit zu ermöglichen,
3. dass Erzeugungsanlagen, Anlagen zur Speicherung elektrischer Energie und Lasten insbesondere möglichst umweltverträglich, netzverträglich, effizient und flexibel in dem Umfang eingesetzt werden, der erforderlich ist, um die Sicherheit und Zuverlässigkeit des Elektrizitätsversorgungssystems zu gewährleisten, und
4. den Elektrizitätsbinnenmarkt zu stärken sowie die Zusammenarbeit insbesondere mit den an das Gebiet der Bundesrepublik Deutschland angrenzenden Staaten sowie mit dem Königreich Norwegen und dem Königreich Schweden zu intensivieren. ◀

I. Historische Entwicklung

68 Die Energie- und Gaswirtschaft entstand in Deutschland um das Jahr 1885. Sie unterlag zunächst den allgemeinen zivil- und verwaltungsrechtlichen Vorschriften und war

1 Dazu *Säcker* in *Säcker*, Berliner Kommentar zum Energierecht, 4. Auflage 2019, vor § 1 Rn. 1–84.
2 *Säcker* EnWZ 2015, 531 (533); siehe dazu auch *Pielow*, Jus 2006, 692.

monopolistisch organisiert (**Gebietsmonopole**).[3] Das EnWG 1935 sah bereits eine **Anschluss- und Versorgungspflicht** sowie eine gemeinwohlorientierte Preisaufsicht für die Strom- und Gaspreise vor.[4] Mit Einführung des GWB 1958 kam eine **kartellrechtliche Missbrauchsaufsicht** hinzu.[5] Die Entwicklung des gemeinsamen europäischen Binnenmarktes begann bereits mit der Entstehung der Montanunion 1951.[6] Mit den römischen Verträgen und der Einheitlichen Europäischen Akte wurde sodann der Grundstein für einen europäischen **Binnenmarkt** für Energie gelegt.[7] Die ersten Richtlinien folgten in den Jahren 1990/91.[8] Bereits im Jahr 1990 wurde mit dem Stromeinspeisegesetz[9] eine gesetzliche Grundlage für eine Privilegierung von Energie aus erneuerbaren Quellen geschaffen.[10]

Die **Liberalisierung** der Energiewirtschaft begann mit der im Zusammenhang mit dem ersten Energiebinnenmarktpaket erlassenen Elektrizitätsbinnenmarktrichtlinie 96/92/EG[11] und deren Umsetzung im Energiewirtschaftsgesetz von 1998[12]. Zentral für das erste Energiebinnenmarktpaket war die Überwindung der Netzmonopole.[13] 69

▶ *Übersicht:* Errungenschaften des Ersten Energiebinnenmarktpaketes[14]

- Wettbewerb auf Erzeugerebene
- (buchhalterische, informationelle und operationelle) Entflechtung
- Third Party Access[15] ◀

3 *Pritzsche/Vacha,* Energierecht, 1. Auflage 2017, S. 15 Rn. 4, 5; detailliert *Haucamp/Heimeshoff* in *Haucamp/Hoch*, Praxishandbuch Energiekartellrecht, 1. Auflage 2018, S. 1 f. Rn. 2,3; zur Entwicklung energierechtlicher Regelungen vor dem EnWG 1935 siehe zusammenfassend *Danner* in *Theobald/Kühling*, Energierecht, 108. EL 2020, EnWG, Einführung, Rn. 54 f.

4 *Pritzsche/Vacha,* Energierecht, 1. Auflage 2017, S. 15 Rn. 5, 6; detailliert *Danner* in *Theobald/Kühling*, Energierecht, 108. EL 2020, EnWG, Einführung, Rn 56 ff.

5 *Pritzsche/Vacha,* Energierecht, 1. Auflage 2017, S. 15 Rn. 8; *Danner* in *Theobald/Kühling*, Energierecht, 108. EL 2020, EnWG, Einführung, Rn. 61; zur Bereichsausnahme für bestimmte Verträge im Energiebereich siehe auch BGH, Urt. v. 19.6.1975, KZR 10/74, NJW 1975, 2065.

6 *Pritzsche/Vacha,* Energierecht, 1. Auflage 2017, S. 15 f. Rn. 9; *Gundel* in *Theobald/Kühling*, Energierecht, 108. EL 2020, Europäisches Energierecht, Rn. 2; zur Entwicklung im Europäischen Primärrecht *Ludwigs* in *Ruffert*, Europäisches Sektorales Wirtschaftsrecht, § 5 Rn. 1 f.

7 *Pritzsche/Vacha,* Energierecht, 1. Auflage 2017, S. 16 Rn. 10–12.

8 *Pritzsche/Vacha,* Energierecht, 1. Auflage 2017, S. S. 20 Rn. 27–29; *Herdegen*, Europarecht, 21. Auflage 2019, § 22 Rn. 58–63; *Gundel* in *Theobald/Kühling*, Energierecht, 108. EL 2020, Europäisches Energierecht, Rn. 7; detailliert *Gundel* in *Dauses/Ludwigs*, Handbuch des EU-Wirtschaftsrechts, 51. EL 2020, Energierecht, Rn. 47 ff.

9 BGBl. I 1990, S. 2633.

10 *Fischerauer* in *Theobald/Kühling*, Energierecht, 108. EL 2020, EEG 2017 § 40, Rn. 29 f.

11 Richtlinie 96/92/EG des Europäischen Parlaments und des Rates v. 19.12.1996 betreffend gemeinsame Vorschriften für den Elektrizitätsbinnenmarkt, ABl. EG Nr. L 27, S. 20 v. 30.1.1997; siehe auch Erdgasbinnenmarktrichtlinie 98/30/EG des europäischen Parlamentes und des Rates v. 22.6.1998 betreffend gemeinsame Vorschriften für den Erdgasbinnenmarkt, ABl. EG Nr. L 204, S. 1 v. 21.7.1998.

12 Energiewirtschaftsgesetz vom 29.4.1998, BGBl. 1998 S. 730; *Danner* in *Theobald/Kühling*, Energierecht, 108. EL 2020, EnWG, Einführung, Rn. 79 ff.; *Haucamp/Heimeshoff* in *Haucamp/Hoch*, Praxishandbuch Energiekartellrecht, 1. Auflage 2018, S. 2 Rn. 4; zur Diskussion um eine Reform des EnWG bis zum Jahr 1998 siehe *Danner* in *Theobald/Kühling*, Energierecht, 108. EL 2020, EnWG, Einführung, Rn. 63 ff.

13 *Ludwigs* in *Ruffert*, Europäisches Sektorales Wirtschaftsrecht, § 5 Rn. 6

14 *Ludwigs* in *Ruffert*, Europäisches Sektorales Wirtschaftsrecht, § 5 Rn. 7; *Pritzsche/Vacha,* Energierecht, 1. Auflage 2017, S. 20 f. Rn. 30 ff.; *Gundel* in *Dauses/Ludwigs*, Handbuch des EU-Wirtschaftsrechts, 51. EL 2020, Energierecht, Rn. 50 ff.

15 Die Mitgliedsstaaten hatten bei der inhaltlichen Ausgestaltung noch die Wahl zwischen verhandeltem und reguliertem Netzzugang, *Ludwigs* in *Ruffert*, Europäisches Sektorales Wirtschaftsrecht, § 5 Rn. 6.

70 Auf die teilweise schwierige und diskussionsreiche Umsetzung[16] folgte bereits im Jahr 2003 eine umfangreiche Revision der gemeinschaftsrechtlichen Vorschriften durch das Zweite Energiebinnenmarktpaket[17]. Schwerpunkte des Pakets waren die gesellschaftsrechtliche Entflechtung, die Festlegung des regulierten Netzzugangs und die Einrichtung von Regulierungsbehörden.[18] Das im Jahr 2000 eingeführte Gesetz zur Förderung erneuerbarer Energien (**EEG**)[19] wurde aufgrund umfangreicher Diskussionen über die richtigen Fördermechanismen oftmals grundlegend novelliert.[20] Die nächste bedeutende Revision des innerstaatlichen Rechts erfolgte sodann durch das EnWG 2005[21], welches eine umfassende **Ex-Ante-Regulierung**[22] sowie eine umfangreiche Beteiligung der Landesregulierungsbehörden vorsah und zudem eine Vielzahl von Verordnungsermächtigungen enthielt.[23] Diese bildeten bereits die Grundlage zahlreicher heute noch relevanter Verordnungen, insbesondere der **Anreizregulierungsverordnung** (ARegV).[24] Mit dem Dritten Energiebinnenmarktpaket[25] folgte im Juli 2009 die Förderung von **Energiebörsen**, eine Überwachungsbehörde für den **grenzüberschreitenden Stromhandel** und die zunächst umstrittenen[26] Vorschriften zur (eigentumsrechtlichen) **Entflech-**

16 *Pritzsche/Vacha*, Energierecht, 1. Auflage 2017, S. 21 Rn. 33–36.

17 Sog. Beschleunigungsrichtlinien: RL 2003/54/EG des Europäischen Parlaments und des Rates über gemeinsame Vorschriften für den Elektrizitätsbinnenmarkt und zur Aufhebung der RL 96/92/EG v. 26.6.2003, ABl. L 176, S. 37; RL 2003/55/EG des Europäischen Parlaments und des Rates über gemeinsame Vorschriften für den Erdgasbinnenmarkt und zur Aufhebung der RL 98/30/EG v. 26.6.2003, ABl. L 176, S. 57; und zugehörige Verordnungen: VO (EG) Nr. 1228/2003 des Europäischen Parlaments und des Rates über die Netzzugangsbedingungen für den grenzüberschreitenden Stromhandel v. 26.6.2003, ABl. L 176, S. 1; VO (EG) Nr. 1775/2005 des Europäischen Parlaments und des Rates vom 28.9.2005 über die Bedingungen für den Zugang zu den Erdgasfernleitungen, ABl. L 289, 1; *Kühling/Rasbach/Busch*, Energierecht, 4. Auflage 2018, S. 21 f. Rn. 13, 14; ausführlich *Gundel* in *Dauses/Ludwigs*, Handbuch des EU-Wirtschaftsrechts, 51. EL 2020, Energierecht, Rn. 55 ff.; *Pritzsche/Vacha*, Energierecht, 1. Auflage 2017, S. 23 Rn. 46–51; zusammenfassend *Gundel* in *Theobald/Kühling*, Energierecht, 108. EL 2020, Europäisches Energierecht, Rn. 9.

18 *Ludwigs* in *Ruffert*, Europäisches Sektorales Wirtschaftsrecht, § 5 Rn. 8 f.

19 BGBl. I 305;

20 *Pritzsche/Vacha*, Energierecht, 1. Auflage 2017, S. 22 Rn. 37–41; ausführlich zu den einzelnen Novellen bis 2017 *Oschmann* in *Theobald/Kühling*: Energierecht, 108. EL 2020, EEG, Einführung Rn. 8 ff.

21 Energiewirtschaftsgesetz v. 7.7.2005, BGBl. I 2005, S. 1970, 3621.

22 Siehe hierzu *Säcker* EnWZ 2015, 531.

23 *Kühling/Rasbach/Busch*, Energierecht, 4. Auflage 2018, S. 24 f. Rn. 18, 19; *Pritzsche/Vacha*, Energierecht, 1. Auflage 2017, S. 24 Rn. 52 f.; *Danner* in *Theobald/Kühling*, Energierecht, 108. EL 2020, EnWG, Einführung, Rn. 91 ff.

24 *Danner* in *Theobald/Kühling*, Energierecht, 108. EL 2020, EnWG, Einführung, Rn. 96 ff.2; *Kühling/Rasbach/Busch*, Energierecht, 4. Auflage 2018, S. 25 Rn. 20, 21.

25 RL 2009/72/EG des Europäischen Parlaments und des Rates v. 13.7.2009 über gemeinsame Vorschriften für den Elektrizitätsbinnenmarkt und zur Aufhebung der RL 2003/54/EG, ABl L 211/55; RL 2009/72/EG des Europäischen Parlaments und des Rates v. 13.7.2009 über gemeinsame Vorschriften für den Erdgasbinnenmarkt und zur Aufhebung der RL 2003/55/EG, ABl. L 211/94; Stromhandelsverordnung VO (EG) Nr. 714/2009 des Europäischen Parlaments und des Rates v. 13.7.2009 über die Netzzugangsbedingungen für den grenzüberschreitenden Stromhandel und zur Aufhebung der VO (EG) Nr. 1228/2003, ABl L 211/15; Erdgaszugangsverordnung VO (EG) Nr. 715/2009 EG des Europäischen Parlaments und des Rates v. 13.7.2009 über die Bedingungen für den Zugang zu den Erdgasfernleitungsnetze und zur Aufhebung der VO (EG) Nr. 1775/2005, ABl L 211/36; ACER-VO (EG) Nr. 713/2009 des Europäischen Parlaments und des Rates v. 13.7.2009 zur Gründung einer Agentur für die Zusammenarbeit der Energieregulierungsbehörden, ABl. L 211/1; REMIT-VO (EU) Nr. 1227/2011 des Europäischen Parlaments und des Rates v. 25.11.2011 über die Integrität und Transparenz des Energiegroßhandelsmarkt, ABl. L 326/16.

26 Siehe beispielsweise *Storr*, EuZW 2007, 232; *Müller-Terpitz/Weigl*, EuR 2009, 348; *Gundel* in *Theobald/Kühling*, Energierecht, 108. EL 2020, Europäisches Energierecht, Rn. 49 ff.; *Ludwigs* in *Ruffert*, Europäisches Sektorales Wirtschaftsrecht, § 5 Rn. 13.

tung der Netzbetreiber.[27] Die Umsetzung erfolgte im EnWG 2011[28], welches zusätzlich eine Regulierung der Investitionen durch Einführung des **Netzentwicklungsplans** vorsah.[29] In den folgenden Jahren rückte vor allem die Umstellung auf erneuerbare Energien (**Energiewende**[30]) und der Klimaschutz[31] (zB **Pariser Klimaschutzabkommen**[32]) ins Zentrum der regulatorischen Diskussionen.[33] Das dadurch entstandene Energieumweltrecht ist von der Formulierung quantifizierter Klimaschutzziele (z. B. konkrete Verringerung des Kohlenstoffdioxidausstoßes oder der Erderwärmung) geprägt.[34] Im Mittelpunkt der Neuregelung des EnWG 2013 stand die Stromerzeugung auf hoher See (Offshore-Anlagen). Zugleich erfolgte auch eine notwendige Weiterentwicklung der **Bedarfsplanung.**[35] In den Jahren 2016/17 kam es weiterhin zu zahlreichen Anpassungen im Sinne der Energiewende, der **Versorgungssicherheit** und der **Energieeffizienz.**[36] Das Gesetzespaket zur Neuausrichtung des deutschen Energiemarktes (Strommarktgesetz, Digitalisierungsgesetz, EEG 2017) stellt eine der größten Reformen im deutschen Energierecht dar.[37]

Ende 2016 veröffentlichte die Kommission mit dem „**Winterpaket**" (Clean energy for all Europeans)[38] die Grundlage für die zukünftige Energiepolitik und -gesetzgebung in der Europäischen Union.[39] Die Schwerpunkte liegen im Bereich der Energieeffizienz, im Einsatz erneuerbarer Technologien und in einer Erhöhung der Fairness für Energieverbraucher.[40] Aus dem Energiebinnenmarkt wird die Energieunion.[41] 71

27 *Kühling/Rasbach/Busch*, Energierecht, 4. Auflage 2018, S. 25 ff. Rn. 22–24; zusammenfassend zur eigentumsrechtlichen Entflechtung *Scholz* in *Wiedemann*, Handbuch des Kartellrechts, 4. Auflage 2020, § 34 Rn. 50 f.

28 Mit dem Gesetz zur Neuregelung energiewirtschaftlicher Vorschriften vom 26.7.2011, BGBl. I 1554.

29 *Kühling/Rasbach/Busch*, Energierecht, 4. Auflage 2018, S. 27 Rn. 25; zur Reform des deutschen Energierechts 2011 (sog. Energiewende) *Theobald/Gey-Kern*, EUZW 2011, 896; zu den Anfängen der Netzentwicklungsplanung (Strom) zusammenfassend *Ruge*, EnWZ 2015, 497; zur Energiewende zusammenfassend *Danner* in *Theobald/Kühling*, Energierecht, 108. EL, Einführung, Rn. 32 ff.

30 *Pritzsche/Vacha*, Energierecht, 1. Auflage 2017, S. 7 ff. Rn. 38–44.

31 *Pritzsche/Vacha*, Energierecht, 1. Auflage 2017, S. 26 ff. Rn. 70–81.

32 ABl. 2016 L 282/4; dazu *Nückel*, ZUR 2017, 525.

33 Siehe hierzu *Mitto*, Energierecht, 2. Auflage 2019, S. 1 f. Rn. 2.

34 *Ludwigs* in *Ruffert*,Europäisches Sektorales Wirtschaftsrecht, § 5 Rn. 17; *Gundel* in Theobald/Kühling, Energierecht, 108. EL 2020, Europäische Energierecht, Rn. 12 f.

35 *Kühling/Rasbach/Busch*, Energierecht, 4. Auflage 2018, S. 27 Rn. 26; *Kupfer* in *Schoch/Schneider*, Verwaltungsverfahrensgesetz, Vorbemerkung § 72 Rn. 88.

36 *Kühling/Rasbach/Busch*, Energierecht, 4. Auflage 2018, S. 28 ff. Rn. 27 ff.; zum europarechtlichen Hintergrund siehe *Ludwigs* in *Ruffert*, Europäisches Sektorales Wirtschaftsrecht, § 5 Rn. 33 ff.

37 *Pritzsche/Vacha*, Energierecht, 1. Auflage 2017, S. 29 ff. Rn. 82–88; *Danner* in *Theobald/Kühling*, Energierecht, 108. EL, Einführung, Rn. 47 ff.

38 RL (EU) 2019(944 des Europäischen Parlaments und des Rates v. 5.6.2019 mit gemeinsamen Vorschriften für den Elektrizitätsbinnenmarkt und zur Änderung der Richtlinie 2012/27/EU, ABl. L 158/125; VO (EU) 2019/943 des Europäischen Parlaments und des Rates v. 5.6.2019 über den Elektrizitätsbinnenmarkt, ABl. 2019 L 158/54; VO (EU) 2019(942 des Europäischen Parlaments und des Rates v. 5.6.2019 zur Gründung einer Agentur der Europäischen Union für die Zusammenarbeit der Energieregulierungsbehörden, ABl. L 158/22; VO (EU) 2019/941 des Europäischen Parlaments und des Rates v. 5.6.2019 über die Risikovorsorge im Elektrizitätssektor und zur Aufhebung der RL 2005/89/EG, ABl. 158/1; siehe dazu die Mitteilung der Kommission: COM(2016) 860 final.

39 Dazu *Säcker* in *Säcker*, Berliner Kommentar zum Energierecht, 4. Auflage 2019, vor § 1 Rn. 39–47.

40 *Goldberg* in *Grebe/Boewe*, BeckOK EEG, 10. Edition 2019, EEG 2017 Vorbemerkung Rn. 48.

41 Dazu ausführlich *Logan*, Energieunion; *Winkler/Baumgart/Ackermann*, Europäisches Energierecht, Teil I, Rn. 15 ff.

▶ ***Übersicht* – Schwerpunkte des „Winterpakets“**[42]

- Energieeffizienz
- Erneuerbare Energien in der Gesetzgebung
- Elektrizitätsmärkte
- Versorgungssicherheit
- Neue Steuerungsregeln für Elektrizität in der EU ◀

72 Durch die **EEG-Novelle 2021**[43] ist als neues verbindliches Ziel die Treibhausgasneutralität für in Deutschland erzeugten und verbrauchten Strom bis spätestens 2050 vorgesehen (§ 1 Abs. 3 EEG). Der Anteil erneuerbarer Energien an der Stromerzeugung soll bis 2030 auf 65 Prozent steigen (§ 1 Abs. 2 EEG). Dazu wurden die Ausbauvolumina erhöht, Anreize für eine dezentrale Erzeugung erneuerbarer Energien (Eigenanlagen, Mieterstrom) und für eine erhöhte Akzeptanz der erneuerbaren Energien durch eine finanzielle Beteiligung der Kommunen geschaffen. Den Umstieg von der finanziellen Förderung von Erneuerbaren Energien Anlagen hin zu einem wettbewerbsgetriebenen Ausbau will die Regierung bis 2027 erarbeiten.[44]

Verbindliche Vorgaben zur Reduzierung von Treibhausgasemissionen („Klimagesetz“) werden derzeit auch auf europäischer Ebene diskutiert.[45] Die Anpassung des nationalen Energierechts an die Vorgaben des Winterpakets befindet sich im Gesetzgebungsverfahren.[46] Geplant ist außerdem eine Regulierung reiner Wasserstoffnetze im EnWG.[47]

II. Technischer Hintergrund

73 Die Erzeugung von Strom (Sekundärenergie) aus **Primärenergieträgern** (Wasserkraft, Windkraft, Kernenergie, Sonnenenergie, Biomasse, Kohle, Erdöl und Erdgas) erfolgt entweder unmittelbar durch Gewinnung von Energie aus einer anderen Energieform (Fotovoltaik, Brennstoffzellen, Wind- und Wasserkraftwerke) oder durch den Einsatz von Generatoren (zB wasserdampfbetriebene Turbinen).[48]

74 Erdgas ist ein brennbares Naturgas, welches hauptsächlich aus **Methan** besteht und aus unterirdischen Lagerstätten gewonnen wird. Die Gasarten werden nach ihrem En-

---

42 *Goldberg* in *Grebe/Boewe*, BeckOK EEG, 10. Edition 2019, EEG 2017 Vorbemerkung Rn. 50; vertiefend *Ludwigs* in *Ruffert*, Europäisches Sektorales Wirtschaftsrecht, § 5 Rn. 15.

43 Gesetz zur Änderung des Erneuerbare-Energien-Gesetzes und weiterer energierechtlicher Vorschriften v. 21.12.2020 (BGBl. I S. 3138).

44 *Bundesregierung*, Entwurf eines Gesetzes zur Änderung des Erneuerbare-Energien-Gesetzes und weiterer Energierechtlicher Vorschriften vom 23.9.2020.

45 Siehe den Vorschlag der EU-Kommission für ein Klimagesetz: *EU-Kommission*, Vorschlag für eine Verordnung des Europäischen Parlaments und des Rats zur Schaffung des Rahmens für die Verwirklichung der Klimaneutralität und zur Änderung der Verordnung (EU) 2018/1999 (Europäisches Klimagesetz) vom 4.3.2020 COM(2020) 80 final; *EU-Kommission*, Geänderter Vorschlag für eine Verordnung des Europäischen Parlaments und des Rats zur Schaffung des Rahmens für die Verwirklichung der Klimaneutralität und zur Änderung der Verordnung (EU) 2018/1999 (Europäisches Klimagesetz) vom 17.9.2020 COM(2020)563; zur Vorgeschichte siehe zusammenfassend *Ludwigs* in *Ruffert*, Europäisches Sektorales Wirtschaftsrecht, § 5 Rn. 17 ff.

46 BT-Drs. 19/27522.

47 Dazu *Stelter/Länger*, EnWZ 2021, 99.

48 *Kühling/Rasbach/Busch*, Energierecht, 4. Auflage 2018, S. 33 Rn. 37; *Pritzsche/Vacha*, Energierecht, 1. Auflage 2017, S. 48 f. Rn. 7–15 und S. 51 f. Rn. 23–25.

ergiegehalt unterschieden (L-Gas und H-Gas).[49] Bei Gas und Strom handelt es sich um leitungsgebundene Energieträger, dh sie können nur durch spezielle Übertragungs- und Verteilersysteme transportiert werden (Netze).[50] Eine Ausnahme im Gasbereich stellt das **Liquified Natural Gas** (LNG[51]) dar. Durch Stickstoff und Druck kann Erdgas verflüssigt und in Tanks transportiert werden. Eine Schwierigkeit beim Transport von Gas und Strom in Leitungen ist das Erfordernis gleichbleibenden Drucks bzw. gleichbleibender Spannung im Netz (**Netzstabilität**), welches aufgrund fehlender bzw. im Gasbereich begrenzter Speichermöglichkeiten eine Just-in-time-Produktion trotz Schwankungen im Verbrauch erforderlich macht.[52] Eine besondere Herausforderung im Gasbereich ist die Abhängigkeit Deutschlands von **Importen** aus außereuropäischen Ländern.[53]

Aufgrund der Erfordernisse der Energiewende (Treibhausgasneutralität bis 2050) rückt Wasserstoff als neuer klimafreundlicher Energieträger in den Fokus der regulierungspolitischen Diskussion.[54] Die direkte Nutzung von Wasserstoff verursacht keine schädlichen Treibhausgase. Er ist vielseitig in Verkehr und Industrie einsetzbar und kann außerdem zur Herstellung von synthetischen Kraftstoffen aus Kohlenstoffdioxid verwendet werden. Die überschießende Produktion von Strom aus Erneuerbaren Energien könnte zu Herstellung von Wasserstoff verwendet werden. Wasserstoff hat also das Potential als Energiespeicher für den Ausgleich der Produktions- und Nachfrageschwankungen im Energiesektor eingesetzt zu werden. Dies erfordert allerdings den Ausbau einer Infrastruktur für sog. „Grünen Wasserstoff". Investitionen in Forschung, Produktionsanlagen und Leitungssysteme sind in großem Umfang notwendig, damit das Dekarbonisierungspotential von Wasserstoff vollständig genutzt werden kann. Der Umbau zukünftig nicht mehr benötigter Erdgas-Infrastrukturen birgt hier großes Potential. Die Regulierung von Wasserstoffnetzen soll in den kommenden Monaten im EnWG verankert werden.[55] Im EEG 2021 wurde bereits eine Privilegierung von zur Wasserstoffherstellung verwendetem Strom eingeführt.[56] 75

III. Ziel und Zweck des Energierechts

Gegenstand des Energiewirtschaftsrechts ist die Versorgung mit den leitungsgebundenen Energien Strom und Gas. Der Energiesektor unterteilt sich in drei **Marktebenen:** 76

- **Energieerzeugung/-gewinnung**
- **Vertrieb**
- **Netzbetrieb/Transport**[57]

49 *Kühling/Rasbach/Busch*, Energierecht, 4. Auflage 2018, S. 34 Rn. 38, 39.
50 *Kühling/Rasbach/Busch*, Energierecht, 4. Auflage 2018, S. 35 Rn. 40.
51 Zur (vergleichsweise schlechten) Marktanbindung Deutschlands siehe *Pritzsche/Vacha*, Energierecht, 1. Auflage 2017, S. 9 Rn. 48.
52 Siehe auch *Kühling/Rasbach/Busch*, Energierecht, 4. Auflage 2018, S. 37 f. Rn. 45 ff.; *Pritzsche/Vacha*, Energierecht, 1. Auflage 2017, S. 6 Rn. 31.
53 Siehe dazu *BNetzA*, Verbraucherkennzahlen Monitoringbericht 2020, S. 32 ff; *Pritzsche/Vacha*, Energierecht, 1. Auflage 2017, S. 9 Rn. 45 ff.
54 Siehe ausführlich *BMWI*, Die Nationale Wasserstoffstrategie, Juni 2020.
55 Siehe BT-Drs. 19/27453; dazu *Stelter/Schieferdecker/Länge*, EnWZ 2021, 99.
56 Dazu *Große/Lehnert*, EnWZ 2021, 55; zum beihilferechtlichen Rahmen *Burgi/Zimmermann*, ZUR 2021, 212.
57 *Kühling/Rasbach/Busch*, Energierecht, 4. Auflage 2018, S. 19 Rn. 8; Gliederung in vier Stufen (Erzeugung, Transport, Handel, Vertrieb) bei *Pritzsche/Vacha*, Energierecht, 1. Auflage 2017, S. 3 Rn. 15; Teilweise wird auch die Messung als eigene Marktebene bezeichnet.

77 Die Energienetze sind für den Transport der Energie unverzichtbar, haben aber zugleich den Charakter eines **natürlichen Monopols**, dh die Nachfrage kann am wirtschaftlichsten von nur einem Anbieter erfüllt werden.[58] Die Kosten, um ein konkurrierendes Netz aufzubauen, stehen in keinem angemessenen Verhältnis zu den zu erwartenden Gewinnen durch einen Wettbewerb der Netze – weder aus Sicht des potenziellen Netzbetreibers noch aus volkswirtschaftlicher Sicht. Die Förderung **wettbewerblicher Vielfalt** im Bereich der Netzleistungen ist also wirtschaftlich in aller Regel nicht sinnvoll. Daher akzeptiert die Rechtsordnung die Monopolstellung des Netzbetreibers und schafft einen strengen rechtlichen Rahmen für den Netzbetrieb, dessen Hauptziele ein diskriminierungsfreier **Zugang Dritter zum Netz**[59] und ein bedarfsgerechter **Netzausbau**[60] sind. Dadurch können Verbraucher von den Vorteilen des privatwirtschaftlichen Wettbewerbs auf den vor- und nachgelagerten Energiemärkten profitieren, ohne dem Einfluss des Netzmonopolisten ausgesetzt zu sein.

1. Rechtsquellen

78 Das **EnWG** dient der Umsetzung und Durchführung des **Unionsrechts**[61] und regelt die Grundlagen des Energiewirtschaftsrechts. Bei der Auslegung der Normen des nationalen Energierechts sind deshalb die **europarechtlichen Grundlegungen** zu berücksichtigen. Zahlreiche Verordnungen (zB StromNZV[62]) konkretisieren die im EnWG geregelten Instrumente.[63] Verschiedene Nebengesetze (zB **EEG**[64], **NABEG**[65]) ergeben im Zusammenspiel mit den Grundsätzen des EnWG die Energieordnung in Deutschland. An deren Gestaltung sind zudem das Bundeswirtschaftsministerium, die Bundesnetzagentur und das Bundeskartellamt beteiligt.[66]

58 *Mitto*, Energierecht, 2. Auflage 2019, S. 9 Rn. 27; *Pritzsche/Vacha*, Energierecht, 1. Auflage 2017, S. 5 Rn. 24.
59 *Pritzsche/Vacha*, Energierecht, 1. Auflage 2017, S. 5 Rn. 24.
60 *Pritzsche/Vacha*, Energierecht, 1. Auflage 2017, S. 6 f. Rn. 28 ff.
61 Siehe *Pritzsche/Vacha*, Energierecht, 1. Auflage 2017, S. 4 f. Rn. 17–21.
62 Stromnetzzugangsverordnung v. 25.7.2005 (BGBl. I S. 2243), zuletzt geändert durch Artikel 3 des Gesetzes v. 21.12.2020 (BGBl. I S. 3138).
63 *Pritsche/Vacha*, Energierecht, 1. Auflage 2017, S. 40 Rn. 43, 44.
64 Erneuerbare-Energien-Gesetz v. 21.7.2014 (BGBl. S. 1066) zuletzt geändert durch Artikel 1 des Gesetzes v. 21.12.2020 (BGBl. I, S. 3138).
65 Netzausbaubeschleunigungsgesetz Übertragungsnetz v. 28.7.2011 (BGBl. I, S. 1690), zuletzt geändert durch Artikel 4 des Gesetzes v. 25.2.2021 (BGBl. I S. 298).
66 *Pritsche/Vacha*, Energierecht, 1. Auflage 2017, S. 40 f. Rn. 45–48.

Normenhierarchie/ Rechtsquellen	*Beispiele*
Europäisches Recht	RL (EU) 2019/944; RL 2009/73/EG; VO Nr. 715/2009
Bundesgesetze	EnWG; EEG
Verordnungen	StromGVV; NAV;
Sektorspezifische Instrumente und sog. „Soft law“[67]	Festlegungen der BNetzA[68]; Auslegungsgrundsätze, Leitfänden, Stellungnahmen und Positionspapiere von BNetzA/BKartA.[69]
	Selbstverpflichtungen; Kooperationsvereinbarungen[70]

2. Aufgaben des Energiewirtschaftsrechts

Aufgabe des Energiewirtschaftsrechts ist eine sichere, preisgünstige, verbraucherfreundliche, effiziente und umweltfreundliche Versorgung der Allgemeinheit mit Energie, die zunehmend auf erneuerbaren Energien beruht (§ 1 Abs. 1 EnWG).[71] Im Zentrum steht die **Regulierung der Netze.** Statt einen Wettbewerb um die Netze zu erzwingen, soll im Wege der Netzregulierung Kosteneffizienz, Bedarfsorientierung und Preisgünstigkeit hergestellt werden, **als ob** ein **Wettbewerb** bestehen würde. Die anderen Marktebenen werden zudem vom Netzbetrieb getrennt, um hier einen wirksamen Wettbewerb zu ermöglichen.[72] Neben der wettbewerblichen Regulierung müssen weitere **versorgungspolitische Ziele** berücksichtigt werden. Dazu zählen die Ziele der Energiewende, die Versorgungssicherheit sowie die Gefahrenabwehr.[73] 79

Zusammenfassend baut das Energieregulierungsrecht also auf folgenden Prämissen auf: 80

▶ *ÜBERSICHT* – PRÄMISSEN DES ENERGIERECHTS

- Ein unverfälschter Wettbewerb[74] fördert Kosteneffizienz, Bedarfsorientierung und Preisgünstigkeit der angebotenen Leistung.
- Bei den Netzen handelt es sich um natürliche Monopole. Deshalb ist ein Wettbewerb auf dieser Marktebene nicht bzw. nur sehr eingeschränkt möglich.
- Netze sind eine Essential Facility, dh sie sind technisch für die Wirtschaft auf vor- und nachgelagerten Märkten – Energieproduktion, Vertrieb und Messwessen – notwendig. Die Monopolstellung des Netzbetreibers erstreckt sich damit potenziell auch auf die vor- und nachgelagerten Märkte.

Die Netzregulierung soll deshalb sicherstellen, dass

67 *Mitto*, Energierecht, 2. Auflage 2019, S. 8 Rn. 25.
68 Siehe BGH Beschl. v. 29.4.2008 – KVR 20/07; OLG Stuttgart Beschl. v. 16.2.2009 – 202 EnWG 96/07 (PS); *Pritsche/Vacha*, Energierecht, 1. Auflage 2017, S. 401 Rn. 44.
69 *Mitto*, Energierecht, 2. Auflage 2019, S. 8 Rn. 21–25.
70 Siehe dazu *Mitto*, Energierecht, 2. Auflage 2019, S. 6 f. Rn. 18–20.
71 Ausführlich zu den Zielen und dem Aufbau des EnWG *Pritzsche/Vacha*, Energierecht, 1. Auflage 2017, S. 38 ff. Rn. 32–44.
72 *Mitto*, Energierecht, 2. Auflage 2019, S. 9 f. Rn. 26–30.
73 *Kühling/Rasbach/Busch*, Energierecht, 4. Auflage 2018, S. 17 ff. Rn. 1, 3, 4.
74 Siehe dazu *Hoch* in *Haucap/Hoch*: Praxishandbuch Energiekartellrecht, 1. Auflage 2018, S. 26.

- der Wettbewerb auf den vor- und nachgelagerten Märkten nicht durch den Monopolisten verfälscht wird.
- die Preise und Qualität der Leistungen des Monopolisten so gestaltet sind, als ob ein Wettbewerb um die Netze bestehen würde.
- Ein (insbesondere im Hinblick auf die Energiewende) bedarfsgerechter Netzausbau erfolgt. ◀

81 Sowohl die verschiedenen Zielsetzungen als auch die Vielzahl an Akteuren führen zu zahlreichen Ziel- und Interessenkonflikten, welche in umfangreichen energiepolitischen Diskussionen immer wieder zu neuen Kompromissen führen.[75] Einen Teil dieser Akteursvielfalt stellt die Zuständigkeitsvielfalt sowohl auf ministerieller als auch auf behördlicher und gerichtlicher Ebene dar.[76]

82 Die Regulierung als solche ist allerdings eine Voraussetzung für die Liberalisierung – also die privatautonome Gestaltung der Rechtsbeziehungen – des Energiemarktes.[77] Die Durchsetzung der als Ergebnis des politischen Diskussionsprozesses gewollten Energieordnung erfolgt deshalb durch ein Zusammenspiel von privat- und öffentlich-rechtlichen Regelungsinstrumenten. So soll sowohl die Akzeptanz der Bürger als auch die Innovationsfähigkeit der Energieordnung, insbesondere bei der Verwirklichung der klimapolitischen Ziele erhalten werden.

▶ ***Übersicht* – Aufgaben des Energiewirtschaftsrechts**

- **Versorgungssicherheit**, zB durch Zugangsrechte der Endkunden, Förderung erneuerbarer Energien, etc.
- **Unverfälschter Wettbewerb**, zB durch Zugangs- und Entgeltregulierung, Entflechtung, etc.
- **Gefahrenabwehr**, zB durch Anzeige- und Genehmigungspflichten für Energieversorgungsunternehmen
- **Klimaschutz**, z. B. durch Förderung erneuerbarer Energien

Durchsetzung: Mischung aus Public und Private Enforcement

- **Behördliche Eingriffs- und Kontrollbefugnisse**
- **Subjektive Rechte** für Kunden und Unternehmen in der Energiewirtschaft. ◀

IV. Aufgaben

1. Was ist Energie im Rechtssinn und wo wird dies definiert?
2. Welche Marktebenen unterscheidet das EnWG und wo ist dies geregelt?
3. Warum ist das Übertragungsnetz ein natürliches Monopol?
4. Welche Risiken bringt ein Monopol mit sich und warum?
5. Wo finden sich auf europäischer Ebene Regelungen zum Energiebinnenmarkt?
6. Wieso lässt sich Klimaschutz nicht ohne Weiteres marktwirtschaftlich abbilden?

---

75 Beispielhaft *Mitto*, Energierecht, 2. Auflage 2019, S. 2 ff. Rn. 3 ff.
76 *Mitto*, Energierecht, 2. Auflage 2019, S. 4 ff.
77 *Mitto*, Energierecht, 2. Auflage 2019, S. 9 f. Rn. 26 ff.

Fall 2) „Privatisierungsverbot“

In dem EU-Mitgliedstaat L befinden sich aktuell sämtliche Unternehmen, die Elektrizitäts- und Gasverteilernetze betreiben, zu 100 % im Eigentum der öffentlichen Hand. Die privatisierungskritische Regierung möchte, dass dies auch so bleibt und entwirft daher ein Gesetz, in dem unter anderem eine Regelung mit folgendem Wortlaut vorgesehen ist: 83

> *„§ 11 EVU-Eigentumsordnung*
>
> *Die Übertragung von Geschäftsanteilen an Unternehmern in L, die Gas- oder Elektrizitätsverteilernetze betreiben, ist nur an Unternehmen möglich, die sich zu 100 % in öffentlicher Trägerschaft befinden.“*

Verstößt die vorliegende Regelung gegen europäisches Recht?

Lösung Kapitel B

1. Was ist Energie im Rechtssinn und wo wird dies definiert?

Nach § 3 Nr. 14 EnWG ist Energie Elektrizität und Gas, soweit diese zur leistungsgebundenen Energieversorgung verwendet werden. Durch das geplante Gesetz zur Umsetzung unionsrechtlicher Vorgaben und zur Regelung reiner Wasserstoffnetze im Energiewirtschaftsrecht, soll die Verwendung von Wasserstoff als leitungsgebundener Energieträger im EnWG geregelt werden. Wasserstoff soll deshalb in die Definition in § 3 Nr. 14 EnWG aufgenommen werden.[78] 84

Auch bei der Fernwärme[79] handelt es sich technisch um leitungsgebundene Energie. Eine überregionale Versorgung ist jedoch aufgrund der Übertragungsverluste nicht möglich, wodurch der Fernwärmemarkt jeweils punktuell durch einzelne Gebietsversorger bedient wird. Der Fernwärmemarkt ist im Unterschied zum Strom- und Gasmarkt nicht im EnWG geregelt. Es gelten allerdings teilweise Sonderregelungen (ABV-FernWärmeV).[80]

2. Welche Marktebenen unterscheidet das EnWG und wo ist dies geregelt?

Die zentralen Stufen der Wertschöpfungskette im Energiesektor sind nach § 3 Nr. 36 EnWG: 85

- Erzeugung
- Transport/Netzbetrieb
- Lieferung

78 *Bundesregierung*, Entwurf eines Gesetzes zur Umsetzung unionsrechtlicher Vorgaben und zur Regelung reiner Wasserstoffnetze im Energiewirtschaftsrecht v. 9.3.2021, BT-Drs. 19/27453, S. 8.

79 Zum Marktmachtmissbrauch von Fernwärmeversorgern siehe BGH, Beschl. v. 9.7.2019 – KZR 110/18.

80 Siehe weiterführend zum Fernwärmemarkt *Pritsche/Vacha*, Energierecht, 1. Auflage 2017, S. 265 ff.; *Wollenschläger* in *Theobald/Kühling*, Energierecht, 105. Ergänzungslieferung 2020, AVBFernwärmeV.

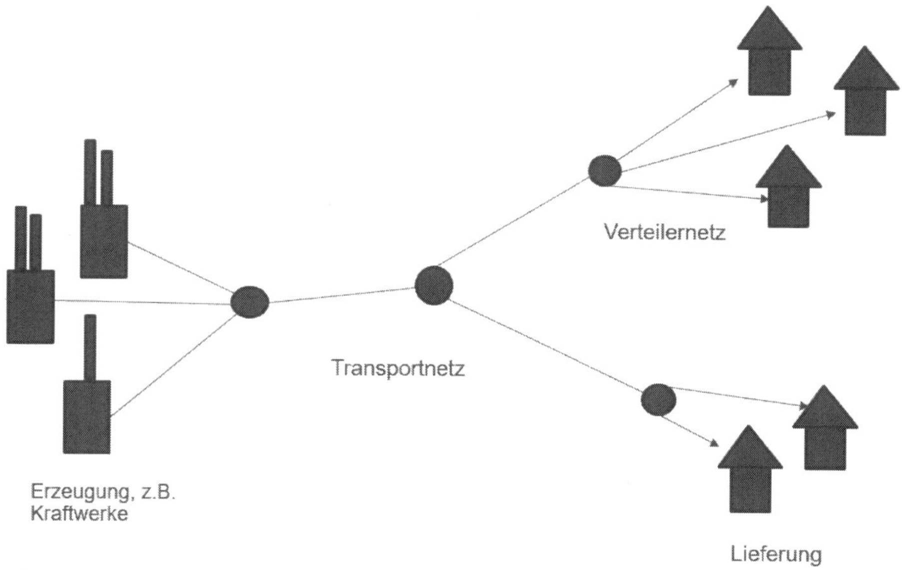

Hinzu kommt der Handel mit Energie, die Messung und im Bereich Erdgas die Speicherung.

3. Warum ist das Übertragungsnetz ein natürliches Monopol?

86 Ein natürliches Monopol im volkswirtschaftlichen Sinne liegt vor, wenn die Nachfrage nach einer Leistung am wirtschaftlichsten durch einen Anbieter erfüllt werden kann (Subadditivität).

87 Die Energieversorgungsnetze können am kostengünstigsten durch ein einzelnes Unternehmen betrieben werden, da sich die Kosten einer Reproduktion dieser Infrastruktur nicht ohne Weiteres im Wettbewerb mit dem Betreiber vorhandener Infrastruktur erwirtschaften lassen. Die Amortisationskosten für den Bau des Netzes sind so hoch, dass der Markteintritt für Wettbewerber kaum möglich ist. Der Grund dafür sind Bündelungsvorteile: Die Vergrößerung einer vorhandenen Leitung zur Versorgung einer größeren Zahl von Verbrauchern ist günstiger als die Verlegung neuer Leitungen.[81]

4. Welche Risiken bringt ein Monopol mit sich und warum?

88 Die Risiken eines Monopols resultieren aus der Macht, die der Monopolist auf den betroffenen Märkten innehat. Kunden können im Falle von überhöhten Preisen oder schlechter Qualität nicht zu einem Wettbewerber wechseln (fehlender Qualitäts- und Preiswettbewerb). Für den Monopolisten fehlt es daher im Gegenzug an Anreizen zur Verbesserung seines Angebotes. Mögliche Folgen sind:

- Überhöhte Preise
- Keine Kosteneffizienz
- Generelle Monopolträgheit

81 *Mitto*, Energierecht, 2. Auflage 2019, S. 9 f. Rn. 27–29.

- Fehlende Investitionsanreize
- Diskriminierung

Bei Infrastrukturnetzen drohen diese Nachteile zusätzlich auch für die vor- und nachgelagerten Märkte, da sich durch die Notwendigkeit der Netznutzung für die Tätigkeit auf den vor- und nachgelagerten Märkten die Macht des Netzinhabers ebenfalls auswirken kann. Aufgrund der Bedeutung der Energieversorgung für die Daseinsvorsorge sind die Monopolrisiken besonders gravierend. Verbraucher könnten auch bei absolut inakzeptablen Bedingungen und Preisen nicht auf die Leistung des Netzbetreibers verzichten. Wirtschaftlich sinnvolle Alternativen zur leitungsgebundenen Stromversorgung gibt es nach dem derzeitigen Stand der Technik nicht. 89

5. Wo finden sich auf Europäischer Ebene Regelungen zum Energiebinnenmarkt?

a) Europäisches Primärrecht

Die EU besitzt eine **Regelungskompetenz** zur Verwirklichung der energiepolitischen Zielsetzungen der Union (Art. 194 Abs. 2 AEUV)[82]. In der Zeit vor dem Vertrag von Lissabon wurden energierechtliche Regelungen auf die Binnenmarktkompetenz (Art. 114 AEUV) gestützt.[83] Die Kompetenznormen enthalten jeweils Angaben zu den Regelungsgegenständen und den zugehörigen Gesetzgebungsverfahren. 90

▶ Art. 194 AEUV

(1) Die Energiepolitik der Union verfolgt im Geiste der Solidarität zwischen den Mitgliedstaaten im Rahmen der Verwirklichung oder des Funktionierens des Binnenmarkts und unter Berücksichtigung der Notwendigkeit der Erhaltung und Verbesserung der Umwelt folgende Ziele:
   a) Sicherstellung des Funktionierens des Energiemarkts;
   b) Gewährleistung der Energieversorgungssicherheit in der Union;
   c) Förderung der Energieeffizienz und von Energieeinsparungen sowie Entwicklung neuer und erneuerbarer Energiequellen und
   d) Förderung der Interkonnektion der Energienetze.

(2) Unbeschadet der Anwendung anderer Bestimmungen der Verträge erlassen das Europäische Parlament und der Rat gemäß dem ordentlichen Gesetzgebungsverfahren die Maßnahmen, die erforderlich sind, um die Ziele nach Absatz 1 zu verwirklichen. Der Erlass dieser Maßnahmen erfolgt nach Anhörung des Wirtschafts- und Sozialausschusses und des Ausschusses der Regionen.

   Diese Maßnahmen berühren unbeschadet des Artikels 192 Absatz 2 Buchstabe c nicht das Recht eines Mitgliedstaats, die Bedingungen für die Nutzung seiner Energieressourcen, seine Wahl zwischen verschiedenen Energiequellen und die allgemeine Struktur seiner Energieversorgung zu bestimmen.

(3) Abweichend von Absatz 2 erlässt der Rat die darin genannten Maßnahmen gemäß einem besonderen Gesetzgebungsverfahren einstimmig nach Anhörung des Europäischen Parlaments, wenn sie überwiegend steuerlicher Art sind. ◀

82 Erläuterungen bei *Pritzsche/Vacha*, Energierecht, 1. Auflage 2017, S. 32 f. Rn. 3–5.

83 So beispielsweise die Richtlinie 2009/73/EG; zu sonstigen energierechtlich relevanten Kompetenzen im EU-Primärrecht siehe *Winkler/Baumgart/Ackermann*. Europäisches Energierecht, Teil I, Rn. 96 ff.

b) Europäisches Sekundärrecht

91 Auf dieser Basis hat die Europäische Union zahlreiche Richtlinien und Verordnungen zur Umsetzung eines den Zielen des Art. 194 Abs. 1 AEUV entsprechenden Energiemarktes in der EU erlassen.

▶ ***Übersicht*** **– Rechtsquellen im Europäischen Recht**[84]

Primärrecht

- Gründungsverträge, zB AEUV
- Protokolle zu den Verträgen
- Allgemeine Rechtsgrundsätze des Unionsrechts
- Charta der Grundrechte (siehe insbesondere Art. 16 und 17 GrCH)

Weiteres Völkerrecht[85] (vgl. Art. 216 Abs. 2 AEUV)

- Verpflichtungen aus der UN-Charta
- Völkerrechtliche Abkommen
- Regeln des allgemeinen Völkerrechts
- Gewohnheitsrecht
- Allgemeine Rechtsgrundsätze des Völkerrechts

Sekundärrecht

- Verordnungen
- Richtlinien
- Beschlüsse
- Empfehlungen ◀

Beispiele für Richtlinien sind[86]:

- RL 2009/73/EG (Gas)
- RL 2018/2001 (Erneuerbare Energien)
- RL 2018/2001 zur Änderung der RL 2012/27/EU (Energieeffizienz)
- RL 2019/944 (Strombinnenmarktrichtlinie)

Beispiele für Verordnungen sind:

- VO 2019/943 (Elektrizitätsbinnenmarkt) aus VO 714/2009 (Stromhandelsverordnung[87])
- VO 2018/1999 (Governance-System für Energieunion und Klimaschutz)

6. Wieso lässt sich Klimaschutz nicht ohne Weiteres marktwirtschaftliche abbilden?

92 Klimaschädliches Verhalten wirkt sich in der Regel nicht direkt bei den Verantwortlichen aus (sog. externe Kosten[88]). Die Auswirkungen treten meist zeitlich versetzt und

84 Nach *Herdegen*, Europarecht, 21. Auflage 2019, § 8 Rn. 1–3.

85 Weiterführend zu internationalen Abkommen siehe *Pritzsche/Vacha*, Energierecht, 1. Auflage 2017, S. 43 ff. Rn. 56–61; ausführlich zur völkerrechtlichen Regulierung des Energiehandels *Winkler/Baumgart/Ackermann*. Europäisches Energierecht, Teil III Rn. 1 ff.

86 Für weitere europäische Rechtsakte siehe *Pritzsche/Vacha*, Energierecht, 1. Auflage 2017, S. 35 ff. Rn. 21 ff.

87 Dazu *Pritzsche/Vacha*, Energierecht, 1. Auflage 2017, S. 33 f. Rn. 15–20.

88 *Winkler/Baumgart/Ackermann*, Europäisches Energierecht, 1. Auflage 2021, Teil 2 Rn. 118.

oftmals auch räumlich weit entfernt ein. Die wirtschaftliche Verantwortung für Klimaschäden trägt deshalb oftmals die Gesamtgesellschaft und nicht der Verursacher selbst. Daher ist es wahrscheinlich, dass klimaschädliches Verhalten im Rahmen einer Kosten-Nutzen-Abwägung gewinnbringend erscheint. Auch werden positive Auswirkungen von klimafreundlichem Verhalten nicht monetär sichtbar, so dass Investitionen in klimafreundliche Techniken aus wirtschaftlicher Sicht für den Einzelnen (jedenfalls mittelfristig) unattraktiv erscheinen können. Anreize für klimafreundliches Verhalten müssen daher von staatlicher Seite gesetzt werden - dies entweder durch entsprechende ordnungsrechtliche Maßnahmen (z. B. Auflagen), durch Investitionsförderung (Subventionen) oder durch die Bepreisung des klimaschädlichen Verhaltens (z. B. Emissionshandel) oder andere Maßnahmen fiskalischer Steuerung[89].

Fall 2)

In diesem Fall geht es im Wesentlichen um die Frage, ob die Regelung, welche die Regierung in L vorgesehen hat, mit den Prinzipien des **Europäischen Binnenmarktes** vereinbar sind. 93

▶ *Übersicht* – Die Grundfreiheiten in der EU[90]

Die Grundfreiheiten sind die wesentlichen Elemente der Wirtschaftsverfassung der EU und müssen von den Mitgliedsstaaten bei der Behandlung grenzüberschreitender Sachverhalte beachtet werden.[91] Nach Art. 26 Abs. 2 AEUV umfasst der Binnenmarkt „einen Raum ohne Binnengrenzen, in dem der freie Verkehr von Waren, Personen, Dienstleistungen und Kapital gemäß den Bestimmungen der Verträge gewährleistet ist."

Freier Warenverkehr – Art. 28–37 AEUV	**Freier Personenverkehr – Art. 45 – 55 AEUV**
Die Warenverkehrsfreiheit verbietet in der EU die Erhebung von Zöllen, die mengenmäßige Einfuhrbeschränkung für Waren aus den Ländern, die Teil des Binnenmarktes sind, sowie Maßnahmen gleicher Wirkung.[92]	Der freie Personenverkehr umfasst die Arbeitnehmerfreizügigkeit für Arbeitnehmer und ihr Pendant für Selbstständige – die Niederlassungsfreiheit. Sie umfasst im Wesentlichen das Recht von EU-Bürgern in andere EU-Staaten zur Ausübung einer Tätigkeit umzuziehen und dort unter bestimmten Voraussetzungen den Inländern gleichgestellt zu werden.[93]

89 *Winkler/Baumgart/Ackermann*, Europäisches Energierecht, 1. Auflage 2021, Teil 2 Rn. 117.

90 Zum Bezug der Grundfreiheiten zum Handel mit Strom und Gas ausführlich *Winkler/Baumgart/Ackermann*. Europäisches Energierecht, Teil II, Rn. 114 ff.

91 *Schroeder*, Grundkurs Europarecht, 6. Auflage 2019, § 14 Rn. 1, 4.

92 Zur Prüfung siehe *Hakenberg*, Europarecht, 8. Auflage 2018, 5. Teil Rn. 323–370; zur Wareneigenschaft von Strom siehe EuGH, Urt. v. 27.4.1994 – C-393/92, Rn. 27 f.; zum Verhältnis von Primär- uns Sekundärrecht bei der Förderung erneuerbarer Energien siehe EuGH, Urt. v. 13.3.2001 – C-379/98 in EuZW 2001, 242; EuGH, Urt. v. 1.7.2014 – C-573/12 in EnWZ 2014, 366; zur Rechtfertigung eines Eingriffs siehe auch EuGH, Urt. v. 10.7.1984 – C-72/83; EuGH, Urt. v. 13.12.1991 – C-18/88 in EuZW 1992, 250; EuGH, Urt. v. 2.4.1998 – C-213/96; EuGH, Urt. v. 11.9.2014 – C-204/12 bis C-208/12 in EnWZ 2014, 511; für eine gute und kompakte Darstellung siehe *Winkler/Baumgart/Ackermann*. Europäisches Energierecht, Teil I Rn. 114 ff.

93 *Haug*, Öffentliches Recht für den Bachelor, 1. Auflage 2014, S. 69 f. Rn. 240 f.

Dienstleistungsfreiheit – Art. 56 – 62 AEUV	**Freier Kapitalverkehr – Art. 63 – 66 AEUV**
Die Dienstleistungsfreiheit ist ein Auffangtatbestand für alle jene Tätigkeiten, die nicht von den anderen Grundfreiheiten erfasst werden. Sie garantiert Rechte für diejenigen Personen, deren Ausgangspunkt (im Sinne wirtschaftlicher und sozialer Integration) eine Tätigkeit im Heimatsstaat ist, die Dienstleistungen aber in einem anderen EU-Mitgliedstaat erbringen.[94]	Die Kapitalverkehrsfreiheit schützt einseitige Wertübertragungen, die primär zu Anlagezwecken erfolgen, in einem grenzüberschreitenden Kontext.[95]

Die Regelung des § 11 EVU-Eigentumsordnung könnte gegen die in Art. 63 AEUV niedergelegte **Freiheit des Kapitalverkehrs** verstoßen.

Die Regelung verbietet die Übertragung von Geschäftsanteilen an netzbetreibenden Unternehmen an private oder teil-private Gesellschaften. Fraglich ist, ob ein solches Privatisierungsverbot in den Anwendungsbereich des Art. 63 AEUV fällt.

Art. 345 AEUV

Die Verträge lassen die Eigentumsordnung in den verschiedenen Mitgliedsstaaten unberührt.

Bei der vorliegenden Regelung könnte es sich um einen Teil der „**Eigentumsordnung**" von L iSd § 345 AEUV handeln. Art. 345 AEUV erfasst die Zuordnung des Eigentums durch den Mitgliedsstaat und postuliert eine Neutralität der Verträge gegenüber diesen Zuordnungen. Dies gilt auch für den Fall einer ausschließlichen Zuordnung von Eigentum zur öffentlichen Hand. Damit ist auch ein solches Privatisierungsverbot grundsätzlich von Art. 345 AEUV erfasst.[96]

Fraglich ist, ob eine solche, der Eigentumsordnung iSd Art. 345 AEUV zuzuordnende, nationale Vorschrift der Anwendung des Unionsrechts entzogen ist. Zwar spricht die historische Auslegung für ein solches Verständnis der Norm[97], doch ist nach teleologischen Gesichtspunkten Art. 345 AEUV dahin gehend auszulegen, dass nur eine diskriminierungsfreie Eigentumszuordnung erfasst wird.[98] Die Anwendung des Art. 345 AEUV bedeutet folglich nicht, dass die Regelung den *Grundprinzipien* des AEUV, wie der Kapitalverkehrsfreiheit, entzogen ist.[99]

Daher ist die Zulässigkeit der Regelung des § 11 EVU-Eigentumsordnung anhand der Kapitalverkehrsfreiheit zu messen.

94 *Haug*, Öffentliches Recht für den Bachelor, 1. Auflage 2014, S. 71 ff. Rn. 247 ff.
95 *Haug*, Öffentliches Recht für den Bachelor, 1. Auflage 2014, S. 74 Rn. 256.
96 EuGH Urt. v. 22.10.2013 – C-105/12; C-106/12; C-107/12 in EnWZ 2013, 550 Rn. 29 ff.
97 *Kingreen* in *Callies/Ruffert*, EUV/AEUV, 5. Auflage 2016 Rn. 2.
98 *Kingreen* in *Callies/Ruffert*, EUV/AEUV, 5. Auflage 2016 Rn. 10 ff.
99 EuGH Urt. v. 22.10.2013 – C-105/12; C-106/12; C-107/12 in EnWZ 2013, 550 Rn. 36 mwN; *Kingreen* in *Callies/Ruffert*, EUV/AEUV, 5. Auflage 2016 Rn. 7, 8.

Übersicht – Aufbau der Prüfung der Grundfreiheiten[100]

1. **Schutzbereich**
   a. Personell
   b. Sachlich
2. **Voraussetzungen**
   a. Hoheitliches Gegenüber
   b. Markt- oder Wettbewerbsbezug
   c. Grenzüberschreitender Charakter
   d. Keine originär hoheitliche Tätigkeit (zB Polizei, Justiz)
3. **Keine Rechtfertigung**
   a. Schranken, zB ordre public-Vorbehalt
   b. Immanente Schranken, zB Verbraucherschutz, Umweltschutz
   c. Schranken-Schranken, insbesondere Verhältnismäßigkeit

Fraglich ist, ob das Privatisierungsverbot den Kapitalverkehr zwischen den Mitgliedsstaaten einschränkt. Kapitalbewegungen iSd Art. 63 Abs. 1 AEUV sind unter Anderem Investitionen in der Form einer Beteiligung an einem Unternehmen durch den Besitz von Geschäftsanteilen. Eine Beschränkung liegt vor, wenn eine Regelung den Erwerb von Geschäftsanteilen durch Investoren aus anderen Mitgliedsstaaten einschränkt.[101] Durch das Privatisierungsverbot können private Investoren aus anderen Mitgliedsstaaten keine Geschäftsanteile an den Netzbetreibern erwerben. Folglich liegt eine Beschränkung des Art. 63 Abs. 1 AEUV vor.[102]

Die Beschränkung könnte jedoch aus zwingenden Gründen des Allgemeinwohls gerechtfertigt sein. Zwingende Gründe des Allgemeinwohls sind der Schutz der Verbraucher[103] und der Versorgungssicherheit[104]. Die Regelung ist grundsätzlich geeignet, um einen Missbrauch des Netzmonopols durch einzelne private Unternehmer zu verhindern und damit den Verbraucherschutz durch den Erhalt des Wettbewerbs auf den vor- und nachgelagerten Märkten zu fördern. Gleiches gilt für den Schutz der Versorgungssicherheit. Der Gefahr von mangelnden Investitionsanreizen kann die öffentliche Hand als Eigentümer entgegenwirken, da damit die öffentliche Hand selbst Herr über die zu tätigenden Investitionen und den Netzausbau ist.

Fraglich ist allerdings, ob das Privatisierungsverbot hinsichtlich der verfolgten Zielsetzung auch angemessen und erforderlich ist. Zur Sicherung des Wettbewerbs sind auch wirksame Maßnahmen denkbar, die einen weniger intensiven Eingriff in die Grundfreiheit darstellen. Eine solche Maßnahme ist beispielsweise eine angemessene Regelung zur Entflechtung. Auch für den Schutz der Versorgungssicherheit kann das Instrument der Anreizregulierung und eine staatlich kontrollierte Netzausbauplanung ein milderes Mittel sein, dieses Ziel ebenso wirksam zu erreichen. Das Privatisierungsverbot ist folglich nicht erforderlich, um den zwingenden Gründen des Allgemeinwohls Rechnung zu tragen.

100 *Haug*, Öffentliches Recht für den Bachelor, 1. Auflage 2014, S. 67 Rn. 234; S. 64 Rn. 222–226; S. 66 f. Rn. 230–232.
101 EuGH Urt. v. 22.10.2013 – C-105/12; C-106/12; C-107/12 in EnWZ 2013, 550 Rn. 40, 41.
102 EuGH Urt. v. 22.10.2013 – C-105/12; C-106/12; C-107/12 in EnWZ 2013, 550 Rn. 43, 47.
103 EuGH Urt. v. 22.10.2013 – C-105/12; C-106/12; C-107/12 in EnWZ 2013, 550 Rn. 58 mwN.
104 EuGH Urt. v. 22.10.2013 – C-105/12; C-106/12; C-107/12 in EnWZ 2013, 550 Rn. 59.

Der § 11 EVU-Eigentumsordnung ist mit dem höherrangigen Europäischen Primärrecht nicht vereinbar.

94 Die im vorliegenden Fall skizzierte Problematik findet sich auch im Rahmen von Privatisierungsprozessen bei Unternehmen der Daseinsvorsorge, wie sie in den 1980er und 1990er Jahren vermehrt erfolgten. Um trotz des Übergangs von kommunalen Unternehmen in private Hände den ausländischen Einfluss auf strukturrelevante oder politisch besonders wichtige Unternehmen einzuschränken, schufen mehrere Regierungen jeweils spezielle Aktien mit Sonderrechten für solchen Unternehmen – die sog. „Goldenen Aktien“.[105] Solche staatlichen Sonderrechte beeinträchtigen die ausländischen Geldanleger gegenüber normalen privatrechtlichen Beteiligungen, wodurch der Schutzbereich der Kapitalverkehrsfreiheit eröffnet ist.[106] Eine Rechtfertigung kann sich allerdings aus dem Schutz der Daseinsvorsorge ergeben.[107]

105 *Ruge* EuZW 2002, 421.
106 *Haug*, Öffentliches Recht für den Bachelor, 1. Auflage 2014, S. 74 Rn. 258.
107 EuGH Urt. v. 4.6.2002 – Rs. C-503/99 Kommission der EG/Königreich Belgien; EuGH Urt. v. 4.6.2002 – Rs. C-483/99 Kommission der EG/Französische Republik; EuGH Urt. v. 4.6.2002 – Rs. C-367/98 Kommission der EG/Portugiesische Republik – sämtliche Entscheidungen abgedruckt in EuZW 2002, 429 ff.

C. Versorgungssicherheit und Pflichten von Unternehmen in der Energiewirtschaft

Aufgrund der großen Bedeutung der Energieversorgung für Wirtschaft, Staat und Gesellschaft und auch aufgrund der Gefährlichkeit der im Zusammenhang mit der Energieversorgung betriebenen Anlagen, hat der Gesetzgeber den Unternehmen im Bereich der Energiewirtschaft zahlreiche Verpflichtungen auferlegt. Diese sollen zum Teil sicherstellen, dass die mit der Energieversorgung betrauten Personen über die dafür notwendigen Eigenschaften und Kenntnisse verfügen und die Anlagen den technischen Vorschriften entsprechen. Außerdem bilden sie auch die Grundlage für eine staatliche Aufsicht über die Energiewirtschaft, die bundesweite Planung des Netzausbaus und die Sicherstellung der Systemstabilität. 95

I. Versorgungssicherheit

In Wirtschaftsbereichen der gemeinwohlverpflichteten Daseinsvorsorge – zu denen auch die Energiewirtschaft zählt[1] – findet ein Abbau staatlicher **Erfüllungsverantwortung** (Wohlfahrtsstaat) statt.[2] Da die Energieversorgung eine infrastrukturelle Voraussetzung für das Funktionieren von Wirtschaft und Gesellschaft ist, verbleibt für den Staat jedoch eine **Gewährleistungsverantwortung**[3] im Sinne einer Auffangverantwortung, wenn die private bzw. wettbewerbliche Energiewirtschaft versagt.[4] 96

Der Begriff der Versorgungssicherheit umfasst: 97

- Die flächendeckende, sozialverträgliche und angemessene Deckung des Verbraucherbedarfs auf allen Wertschöpfungsstufen und
- Die (System-)Sicherheit im technischen Sinne.[5]

Der Staat muss die notwendigen rechtlichen und tatsächlichen Rahmenbedingungen schaffen, um die Versorgungssicherheit nach den Zwecken in § 1 EnWG zu sichern (grundlegende Gemeinwohlverpflichtung im Energiesektor) und dabei die sektorspezifischen Besonderheiten beachten: 98

- Leitungsbindung der Belieferung
- Begrenzte Speicherbarkeit
- Hohe Investitionskosten[6]

In § 1 Abs. 4 EnWG konkretisiert der Gesetzgeber die Maßnahmen, die zur Erreichung der Ziele des § 1 EnWG vorrangig anzuwenden sind: 99

- Wettbewerbliche Preisbildung
- Ausgleich von Angebot und Nachfrage am Strommarkt
- Umwelt- und netzverträglicher sowie effizienter und flexibler Einsatz von Erzeugungs- und Speicherkapazitäten sowie Lasten
- Stärkung des Elektrizitätsbinnenmarktes[7]

1 BVerfG Beschl. v. 11.10.1994 – 2 BvR 633/86, Rn. 93.
2 *Säcker* EnWZ 2015, 531 (533).
3 *Kühling/Rasbach/Busch*, Energierecht, 4. Auflage 2018, S. 197 Rn. 1.
4 *Säcker* EnWZ 2015, 531 (533).
5 *Kühling/Rasbach/Busch*, Energierecht, 4. Auflage 2018, S. 197 Rn. 1.
6 *Kühling/Rasbach/Busch*, Energierecht, 4. Auflage 2018, S. 197 Rn. 4.
7 Siehe hierzu BT-Drs. 18/7317, S. 75 f.

100 Auch auf europäischer Ebene nimmt die Versorgungssicherheit einen hohen Stellenwert ein.[8] Ein wichtiges Ziel der europäischen Energiepolitik ist die Senkung der Importabhängigkeit im Energiesektor.[9] Zentral ist dabei die Steigerung der Energieeffizienz sowie eine bessere Sicherstellung der Netzstabilität mittels eines verbesserten Bedarfs- und Einspeisungsausgleichs, ermöglicht durch intelligente Messsysteme.[10] Neben der Grundversorgungspflicht des § 36 EnWG sieht das Gesetz einige Regelungen zum Erhalt und zur Überwachung der Versorgungssicherheit vor. Europäisches Beihilferecht[11] kann allerdings staatliche Maßnahmen zur Verbesserung der Versorgungssicherheit begrenzen.[12]

1. Anforderungen an Energieversorgungsanlagen

101 Energieanlagen sind Anlagen zur Erzeugung, Speicherung, Fortleitung oder Abgabe von Energie (§ 3 Nr. 15 EnWG). Sie sind nach § 49 EnWG so zu errichten und zu betreiben, dass die technische Sicherheit gewährleistet ist. Maßgeblich sind hierfür die anerkannten Regeln der Technik.[13] Bestimmten verbandsrechtlichen Regelungen spricht der Gesetzgeber in § 49 Abs. 2 S. 1 EnWG eine Vermutungswirkung[14] hinsichtlich der Einhaltung der Regeln der Technik zu. Diese verbandsrechtlichen Regelungen sind dadurch zwar nicht rechtsverbindlich[15], erleichtern allerdings den Nachweis, dass eine Anlage die technischen Anforderungen erfüllt. Greifen diese also, beispielsweise bei sehr modernen Anlagen, nicht, bedeutet dies für die Betreiber einen erheblichen Nachweisaufwand.[16]

102 In § 49 Abs. 4 EnWG wird das Bundesministerium für Wirtschaft und Energie ermächtigt, Verordnungen zur Konkretisierung der Anforderungen zu erlassen.[17] Zuständig für die Einhaltung der Anforderungen ist die nach Landesrecht zu bestimmende Behörde, welche zu diesem Zweck mit umfangreichen Befugnissen[18] ausgestattet ist (vgl. § 49 Abs. 6, 7 EnWG).

8 Dazu *Ludwigs* in *Ruffert*, Europäisches Sektorales Wirtschaftsrecht, 2. Auflage 2020, § 5 Rn. 270 ff.
9 Zur Versorgungssicherheit im europäischen Kontext siehe *Ludwigs* in *Ruffert*, Europäisches Sektorales Wirtschaftsrecht, § 5 Rn. 39 ff.
10 Siehe hierzu *Kühling/Rasbach/Busch*, Energierecht, 4. Auflage 2018, S. 198 f. Rn. 5; *Winkler/Baumgart/Ackermann*, Rn. 104 ff.
11 Siehe dazu Kapitel I. „Energieerzeugung und Klimaschutz" II 1; *Winkler/Baumgart/Ackermann*. Europäisches Energierecht, Teil I Rn. 174 ff.
12 Siehe dazu EU-KOM, Abschlussbericht zur Sektoruntersuchung über Kapazitätsmechanismen COM(2016) 752; *Wieckowski*, EuZW 2015, 859; *Pritzsche/Vacha*, Energierecht, 1. Auflage 2017, S. 11 f. Rn. 57.
13 *Kühling/Rasbach/Busch*, Energierecht, 4. Auflage 2018, S. 199 Rn. 7; dazu *van Rienen/Wasser* in *Theobald/Kühling*, Energierecht, 108. EL 2020, EnWG § 49 Rn. 12 f.
14 Siehe hierzu BGH Urt. v. 14.4.2015 – EnVR 45/13, Rn. 26 ff.
15 *van Rienen/Wasser* in *Theobald/Kühling*, Energierecht, 108. EL 2020, EnWG § 49 Rn. Rn. 45 ff.
16 *Kühling/Rasbach/Busch*, Energierecht, 4. Auflage 2018, S. 200 Rn. 7.
17 ZB Verordnung über Gashochdruckleitungen (GasHDrLtgV) v. 18.5.2011 (BGBl. I S. 928), zuletzt geändert durch Art. 100 des Gesetzes vom 29.3.2017 (BGBl. I S. 626); Verordnung zur Gewährleistung der technischen Sicherheit und Systemstabilität des Elektrizitätsversorgungsnetzes (SysStabV) v. 20.7.2012 (BGBl. I S. 1635), zuletzt geändert durch Art. 2 der Verordnung v. 14.9.2016 (BGBl S. 2147); zum Umfang der Verordnungsermächtigung siehe *van Rienen/Wasser* in *Theobald/Kühling*, Energierecht, 108. EL 2020, EnWG § 49 Rn. 63 ff.
18 *van Rienen/Wasser* in *Theobald/Kühling*, Energierecht, 108. EL 2020, EnWG § 49 Rn. 101 ff.

Für den Netzbetreiber (§ 3 Nr. 27 EnWG) sieht § 11 EnWG die Verpflichtung vor, ein sicheres, zuverlässiges und leistungsfähiges Energieversorgungsnetz zu betreiben[19], zu warten und auszubauen. Hinzu tritt die Systemverantwortung[20] nach §§ 13 ff. EnWG. 103

2. Vorratshaltung

Das Bundeswirtschaftsministerium kann Rechtsverordnungen erlassen, die Energiever- 104
sorgungsunternehmen verpflichten, im Rahmen ihrer betrieblichen Leistungsfähigkeit Vorräte an Materialien zur Energieversorgung für den Fall von Versorgungsengpässen bereitzuhalten (§ 50 EnWG).[21] Die praktische Relevanz ist jedoch gering, nicht zuletzt aufgrund des § 13 e EnWG, der die Übertragungsnetzbetreiber zur Vorhaltung einer Kapazitätsreserve verpflichtet.[22]

3. Monitoring der Versorgungsicherheit und des Lastmanagements

Das Monitoring im Bereich Strom und Gas richtet sich nach den Vorgaben des § 51 105
EnWG. Es betrifft umfangreich verschiedene Aspekte der Versorgungssicherheit und Fragen der Verfügbarkeit von Primärenergieträgern und Erzeugungskapazitäten (§ 51 Abs. 3 S. 1 EnWG).[23] Die Methodik des Monitorings ist für die Elektrizitätsversorgung in § 51 Abs. 4 EnWG geregelt. Eine Datenweitergabe ist unter den Voraussetzungen des § 51 Abs. 5 S. 2,3 EnWG möglich. Nach § 51 a EnWG kann die Bundesnetzagentur ein eigenständiges Monitoring des Lastmanagements durchführen. Dessen Ergebnisse fließen in den vom Bundesministerium für Wirtschaft und Energie herausgegebenen Bericht zur Versorgungssicherheit mit ein.[24] Für Maßnahmen hinsichtlich der im Zusammenhang mit dem Monitoring festgestellten Mängel bilden die §§ 50, 50 a EnWG jedoch keine rechtliche Grundlage.[25] Die nach den Vorschriften des EnWG zu erstellenden Berichte sind nach den Vorgaben des § 63 EnWG zu veröffentlichen.[26]

4. Meldepflicht der Versorgungsnetzbetreiber

Die Versorgungsnetzbetreiber müssen Versorgungsstörungen bei der Regulierungsbe- 106
hörde jährlich in einem zum 30. April vorzulegenden Bericht melden (§ 52 EnWG). Der Bericht muss Dauer, Ausmaß und Ursache der Unterbrechung enthalten sowie die vom Versorger ergriffenen Maßnahmen zur künftigen Verhinderung solcher Unterbrechungen beschreiben.[27] Der Bericht ermöglicht eine Schwachstellenanalyse und den in-

19 Konkretisierend *van Rienen/Wasser* in *Theobald/Kühling*, Energierecht, 108. EL 2020, EnWG § 49 Rn. 13 ff.
20 Siehe dazu BT-Drs. 15/3917, S. 56 f.
21 *Kühling/Rasbach/Busch*, Energierecht, 4. Auflage 2018, S. 200 Rn. 8.
22 *Kühling/Rasbach/Busch*, Energierecht, 4. Auflage 2018, S. 200 Rn. 9; siehe auch BT-Drs. 19/5523, S. 112.
23 *Kühling/Rasbach/Busch*, Energierecht, 4. Auflage 2018, S. 200 f. Rn. 10, 11.
24 *Kühling/Rasbach/Busch*, Energierecht, 4. Auflage 2018, S. 201 Rn. 12; das Monitoring zur Versorgungssicherheit in den Bereichen Strom und Gas soll in den nächsten Jahren gestuft vom BMWI an die BNetzA übergehen, siehe *Bundesregierung*, Entwurf eines Gesetzes zur Reduzierung und zur Beendigung der Kohleverstromung und zur Änderung weiterer Gesetze (Kohleausstiegsgesetz), S. 182 f.
25 *Kühling/Rasbach/Busch*, Energierecht, 4. Auflage 2018, S. 202 Rn. 13.
26 *Theobald/Werk* in *Theobald/Kühling*, Energierecht, 108. EL 2020, EnWG § 63 Rn. 21 ff.
27 *Kühling/Rasbach/Busch*, Energierecht, 4. Auflage 2018, S. 202 Rn. 14; zum Schutz von Betriebs- und Geschäftsgeheimnissen in diesem Zusammenhang siehe auch BGH, Urt. v. 8.10.2019 – EnVR 12/18, Rn. 13.

ternationalen Vergleich hinsichtlich des Standes der Versorgungssicherheit.[28] Die Bundesnetzagentur hat die Anforderungen an die Berichte konkretisiert.[29]

5. Steuerungsmaßnahmen

107 Nach § 53 EnWG können zur Sicherung einer flächendeckenden Versorgung mit Elektrizität Ausschreibungen für neue Erzeugungskapazitäten oder Energieeffizienz- und Nachfragesteuerungsmaßnahmen durchgeführt werden. Es handelt sich um eine Verordnungsermächtigung, welche allerdings nachweislich vorhandene oder drohende Versorgungssicherheitsdefizite voraussetzt.[30] Durch die Regelungen in den §§ 11, 13 ff. EnWG hat sich jedoch die praktische Bedeutung des § 53 EnWG deutlich verringert.[31]

6. Sicherung der Gasversorgung für Haushaltskunden

108 Auch bei Versorgungsunterbrechungen und außergewöhnlich hoher Nachfrage[32] müssen die Energieversorgungsunternehmen im Rahmen der wirtschaftlichen Zumutbarkeit für eine Versorgung der Haushaltskunden mit Gas sorgen (§ 53 a EnWG).

II. Pflichten der Netzbetreiber

109 Dem Begriff „Stromnetz“ unterfallen im allgemeinen Sprachgebrauch sämtliche technischen Systeme zur Übertragung und Verteilung von Elektrizität.[33] Für die Reichweite der regulatorischen Anforderungen an Netzbetreiber ist die Definition im § 3 Nr. 16 EnWG maßgeblich.[34] Das Energieversorgungsnetz nach § 3 Nr. 16 EnWG umfasst die Gesamtheit der Leitungen, die Energie vom Erzeugungsort zu den Verbrauchern bringen. Energienetze der allgemeinen Versorgung iSd § 3 Nr. 17 EnWG sind Netze, die zur Verteilung von Energie an unbestimmte Letztverbraucher dienen.[35] Ausgenommen sind ausdrücklich die Kundenanlagen nach § 3 Nr. 24 a EnWG.[36]

110 In Europa sind die Stromnetze zum grenzüberschreitenden Austausch über Grenzkuppelstellen verbunden (Europäisches Verbundnetz).[37] Bezüglich des nationalen Marktgebiets unterscheidet man Übertragungs- und Verteilernetze. Das Übertragungsnetz ist in vier Teilgebiete, die sog. Regelzonen aufgeteilt. Der Stromtransport erfolgt in Höchstspannung (220–380 kV) und Hochspannung (60–220 kV).[38] Die Verbindung

---

28 *Kühling/Rasbach/Busch*, Energierecht, 4. Auflage 2018, S. 202 Rn. 14.

29 BNetzA, Allgemeinverfügung Gas v. 17.12.2008 – Az. 607/891; BNetzA, Allgemeinverfügung Strom v. 22.2.2006 – Az. 605/8135.

30 *Däuper* in *Theobald/Kühling*, Energierecht, 108. EL, EnWG § 53 Rn. 7.

31 *Kühling/Rasbach/Busch*, Energierecht, 4. Auflage 2018, S. 203 Rn. 15; die Versorgungssicherheit ist derzeit gewährleistet, *BMWI*, Monitoringbericht nach § 63 i.V.m. § 51 EnWG, Stand Juni 2019, S. 2.

32 *Kühling/Rasbach/Busch*, Energierecht, 4. Auflage 2018, S. 203 Rn. 16; siehe weiterführend Verordnung (EU) Nr. 994/2010 des Europäischen Parlaments und des Rates v. 20.10.2010 über Maßnahmen zur Gewährleistung der sicheren Erdgasversorgung und zur Aufhebung der Richtlinie 2004/67/EG des Rates, ABl. 295, S. 1 v. 12.11.2010.

33 *Pritzsche/Vacha*, Energierecht, 1. Auflage 2017, S. 95 Rn. 217; zum Begriff des Netzes siehe BGH, Urt. v. 18.10.2011 – EnVR 68/10, Rn. 9.

34 *Theobald* in *Theobald/Kühling*, Energierecht, 108. EL 2020, EnWG § 3 Rn. 126.

35 *Pritzsche/Vacha*, Energierecht, 1. Auflage 2017, S. 96 Rn. 218.

36 *Theobald* in *Theobald/Kühling*, Energierecht, 108. EL 2020, EnWG § 3 Rn. 127-131; zur Abgrenzung OLG Düsseldorf, Beschl. v. 26.2.2020 – 3 Kart 726/19, EnWZ 2020, 234; BGH, Beschl. v. 12.11.2019 – EnVR 65/18, EnWZ 2020, 265.

37 Zur Einbindung des deutschen in den europäischen Strommarkt siehe *Pritzsche/Vacha*, Energierecht, 1. Auflage 2017, S. 176 ff. Rn. 566 ff.

38 *Pritzsche/Vacha*, Energierecht, 1. Auflage 2017, S. 96 f. Rn. 222–224.

zwischen Übertragungsnetz und Verbrauchern bildet das Verteilernetz (Mittelspannung 6–60 kV und Niederspannung 0,23–0,4 kV).[39]

Den Netzbetreibern kommen je nach Art der Netze unterschiedliche Pflichten zu. Weniger streng reguliert sind die geschlossenen Verteilernetze (§ 110 Abs. 2 EnWG).[40] Eine Sonderstellung nimmt außerdem das vom sonstigen Stromnetz weitgehend getrennte Bahnstromnetz ein.[41] 111

1. Aufnahme des Betriebs eines Energieversorgungsnetzes § 4 EnWG

Das EnWG sieht in § 4 Abs. 1, 2 eine Genehmigungspflicht für den Fall vor, dass ein Unternehmen den Betrieb eines Energieversorgungsnetzes aufnehmen möchte.[42] Sie dient der Kontrolle der Unabhängigkeit, Leistungsfähigkeit und Zuverlässigkeit des Betreibers einer solchen essenziellen Infrastruktur. Insbesondere ein diskriminierungsfreier Netzzugang Dritter und die Versorgungssicherheit sollen damit gewährleistet werden. Für den Betrieb eines Transportnetzes[43] gelten strengere Regelungen als für den Betrieb eines Verteilernetzes (vgl. §§ 4 a ff. EnWG).[44] 112

▶ Anspruch auf die Erteilung einer Genehmigung[45]

I. Betreiber eines Energieversorgungsnetzes (§ 3 Nr. 27 iVm § 3 Nr. 2–7, 10 EnWG)

II. Aufnahme des Betriebs (= erstmalige Ausübung ggf. auch nach Einstellung des Betriebs)

III. Kein Versagungsgrund nach § 4 Abs. 2 EnWG („darf" → abschließend)
   1. Persönliche Leistungsfähigkeit (Kompetenz von Leitung und Personal)
   2. Technische Leistungsfähigkeit (vgl. § 49 EnWG)
   3. Wirtschaftliche Leistungsfähigkeit (zB Eigenkapitalquote)
   4. Zuverlässigkeit (vgl. § 35 Abs. 1 GewO; zB keine Schwarzarbeit) ◀

Die Nachweispflicht für das Vorliegen der Voraussetzungen trifft den Antragsteller. Die Genehmigung ist höchstpersönlich (*Personalkonzession*; Ausnahme: § 4 Abs. 3 EnWG).[46] Ein Verstoß gegen die Genehmigungspflicht ist bußgeldbewährt. Nach § 95 Abs. 1 Nr. 1, 2 S. 1 EnWG können bis zu 100.000 Euro fällig werden.[47] 113

Bei der Genehmigung handelt es sich um einen gebundenen begünstigenden Verwaltungsakt[48] (vgl. § 4 Abs. 2 EnWG). Nebenbestimmungen bezüglich der Genehmigung 114

---

39 *Pritzsche/Vacha*, Energierecht, 1. Auflage 2017, S. 97 f. Rn. 225–227.

40 *Pritzsche/Vacha*, Energierecht, 1. Auflage 2017, S. 100 f. Rn. 230 f.; dazu *Mitto*, Energierecht, 2. Auflage 2019, S. 33 f. Rn. 95–97.

41 *Pritzsche/Vacha*, Energierecht, 1. Auflage 2017, S. 101 Rn. 233; BGH Beschl. v. 9.11.2010 – EnVR 1/10.

42 *Kühling/Rasbach/Busch*, Energierecht, 4. Auflage 2018, S. 40 Rn. 3.

43 Zum Anwendungsbereich des Zertifizierungserfordernisses *Theobald* in *Theobald/Kühling*, Energierecht, 108. EL 2020, EnWG § 4 a Rn. 2.

44 *Kühling/Rasbach/Busch*, Energierecht, 4. Auflage 2018, S. 40 Rn. 3 ff.; dazu *Mitto*, Energierecht, 2. Auflage 2019, S. 21 f. Rn. 68–70.

45 Nach *Kühling/Rasbach/Busch*, Energierecht, 4. Auflage 2018, S. 41 ff. Rn. 8–15.

46 *Kühling/Rasbach/Busch*, Energierecht, 4. Auflage 2018, S. 43 Rn. 16; im Fall der Gesamtrechtsnachfolge bzw. der Rechtsnachfolge nach Umwandlungsgesetz kann die Genehmigung dennoch übergehen, *Theobald* in *Theobald/Kühling*, Energierecht, 108. EL 2020, EnWG § 4 Rn. 32.

47 *Kühling/Rasbach/Busch*, Energierecht, 4. Auflage 2018, S. 44 Rn. 19, 20; *Theobald* in *Theobald/Kühling*, Energierecht, 108. EL 2020, EnWG § 4 Rn. 31.

48 Zur Rechtsnatur der Genehmigung siehe *Theobald* in *Theobald/Kühling*, Energierecht, 108. EL 2020, EnWG § 4 Rn. 22 ff.

sind nur zulässig, wenn sie dazu dienen, die Genehmigungsvoraussetzungen herbeizuführen (§ 36 Abs. 1 Alt. 2 VwVfG). Zuständig ist die Landesbehörde.[49] Diese ist nicht notwendig identisch mit der Regulierungsbehörde.[50] Rücknahme und Widerruf der Genehmigung richten sich nach §§ 48, 49 VwVfG.[51]

115 Rechtsschutz bei Versagung oder Nichterteilung der Genehmigung ist im Wege der Anfechtungs- bzw. Verpflichtungsklage (§ 42 Abs. 1 VwGO) möglich. Nicht statthaft ist die Beschwerde nach § 75 EnWG, da die für die Genehmigung zuständigen Landesbehörden im Genehmigungsverfahren nicht als Regulierungsbehörden tätig werden. Dritte können (bei drohender Gefahr) nur im Rahmen des allgemeinen Polizeirechts gegen eine Genehmigung vorgehen.[52]

2. Aufgaben der Netzbetreiber

116 Die Betreiber von Energieversorgungsnetzen haben eine Reihe von Aufgaben. § 11 EnWG verpflichtet sie allgemein, den Betrieb, die Wartung und den Ausbau eines sicheren, zuverlässigen und leistungsfähigen Netzes sicherzustellen. Basierend auf der Verordnungsermächtigung in § 17 Abs. 3 EnWG bzw. § 18 Abs. 3 EnWG[53] sehen § 18 NAV bzw. § 18 NDAV Regelungen zur Haftung bei Versorgungsausfällen vor.[54] Nach § 12 EnWG müssen die Übertragungsnetzbetreiber neben dem Transport des Stroms:

- die Energieübertragung regeln,
- Informationen für einen sicheren und effizienten Betrieb und Ausbau der Netze bereitstellen und
- Sicherstellen, dass das Netz die Nachfrage nach der Stromübertragung dauerhaft zuverlässig befriedigen kann.[55]

117 Die §§ 12a-12f, 15a, 15b, 17a-17d EnWG regeln die Verpflichtungen zum Netzausbau.[56] Die Bedeutung Deutschlands als Transitland für den europäischen Energiebinnenmarkt und die Erreichung der klimapolitischen Ziele bringen einen hohen Investitionsbedarf mit sich. Die Kapazitäten des Stromnetzes entsprechen aktuell nicht den zukünftigen Anforderungen.[57] Statt des einfachen Ausbaus der Netze ist auch die Weiterentwicklung zu sog. lastensteuernden „Smart Grids“[58] möglich, um den Anforderungen der Energiewende besser gerecht werden zu können. Da der Netzausbau nicht mit der notwendigen Geschwindigkeit voranschreitet, sind beispielsweise Vereinfachungen bei der Planung und Genehmigung von Ausbauvorhaben immer wieder Gegenstand der Gesetzgebung.[59]

---

49 *Pritzsche/Vacha*, Energierecht, 1. Auflage 2017, S. 403 Rn. 50.
50 *Theobald* in *Theobald/Kühling*, Energierecht, 108. EL 2020, EnWG § 4 Rn. 21.
51 *Kühling/Rasbach/Busch*, Energierecht, 4. Auflage 2018, S. 40 Rn. 7.
52 *Kühling/Rasbach/Busch*, Energierecht, 4. Auflage 2018, S. 43 f. Rn. 17; *Theobald* in *Theobald/Kühling*, Energierecht, 108. EL 2020, EnWG § 4 Rn. 30; differenzierend *Antweiler/Nieberding*, NJW 2005, 3673.
53 *Hartmann* in *Theobald/Kühling*, Energierecht, 108. EL 2020, EnWG § 17 Rn. 163.
54 Dazu *Mitto*, Energierecht, 2. Auflage 2019, S. 35 f. Rn. 100, 101.
55 Eine Übersicht aller Aufgaben bei *Pritzsche/Vacha*, Energierecht, 1. Auflage 2017, S. 102 Rn. 241.
56 *Kühling/Rasbach/Busch*, Energierecht, 4. Auflage 2018, S. 47 ff. Rn. 31–42.
57 *Pritzsche/Vacha*, Energierecht, 1. Auflage 2017, S. 128 Rn. 355; in Zahlen *Mitto*, Energierecht, 2. Auflage 2019, S. 45 f. Rn. 124, 125.
58 Siehe dazu *Pritzsche/Vacha*, Energierecht, 1. Auflage 2017, S. 138 f. Rn. 401–402; *Mitto*, Energierecht, 2. Auflage 2019, S. 59 f. Rn. 155–168; *Lange/Möllnitz*, EnWZ 2016, 448.
59 *Leidinger*, NVwZ 2020, 1377; *Franke/Karrenstein*, EnWZ 2019, 195; siehe Netzausbaubeschleunigungsgesetz Übertragungsnetz (NABEG) v. 28.7.2011 (BGBl. I S. 1690), zuletzt geändert durch Art. 4 des Gesetzes v. 25.2.2021 (BGBl. I 298).

Netzausbau der Stromnetze

- **Szenariorahmen** der ÜNB mit Regelzonenverantwortung alle zwei Jahre (§ 12 a EnWG) + Anhörungs- und Genehmigungsverfahren durch die Regulierungsbehörde
- Auf Basis des genehmigten Szenarionrahmens → **Netzentwicklungsplan** der ÜBN (§ 12 b EnWG) + Anhörungs- und Genehmigungsverfahren, anschließend Feststellung durch Regulierungsbehörde (§ 12 c EnWG)
- Umsetzungsbericht der ÜNB (§ 12 d EnWG)
- Umweltbericht § 17 b EnWG
- **Bundesbedarfsplan** auf Basis des Netzentwicklungsplans durch Beschlussfassung des Bundestages (§ 12 e EnWG)

Weitere Netze

- **Netzausbau Offshore** §§ 17 a ff. EnWG
- **Netzentwicklungsplan** Gas-Fernleitungsnetzbetreiber §§ 15 a, 15 b EnWG

Die im Netzentwicklungsplan vorgesehenen Investitionen sind für die Transportnetzbetreiber verpflichtend und können von der Regulierungsbehörde mittels § 65 Abs. 2 a EnWG durchgesetzt werden.[60] 118

In §§ 12 Abs. 1, 2 EnWG werden die Übertragungsnetzbetreiber an die Ziele der §§ 1, 2 EnWG gebunden und zum Austausch mit anderen Verbundnetzen (zB zur Bereitstellung von Ausgleichenergie) zu diesem Zwecke verpflichtet. Die §§ 12 Abs. 3, 4 EnWG dienen der **Versorgungssicherheit.** § 12 g EnWG betrifft den Schutz vor terroristischen Anschlägen und Naturereignissen.[61] Die Pflichten in §§ 13–13 k EnWG stehen in Zusammenhang mit der **Systemverantwortung** der Netzbetreiber.[62] 119

Im Falle von Störungen oder konkreter Gefährdung

- Anspruch auf Redispatch-Maßnahmen[63] (§ 13 a EnWG)
- Anspruch auf Anpassung der Stromerzeugung, -transite oder -bezüge (§ 13 Abs. 2 EnWG)
- Information der Regulierungsbehörde (§ 13 Abs. 8 EnWG) → ggf. Maßnahmen nach Energiesicherungsgesetz[64]
- Prävention
- Schwachstellenanalyse (§ 13 Abs. 9 EnWG)
- Anzeigepflicht bei Absicht zur Stilllegung von Anlagen (§ 13 b)
- bußgeldbewährt (§ 95 Abs. 1 Nr. 3 e, Abs. 2 S. 1 EnWG)
- Prüfung der Systemrelevanz (Definition § 13 b Abs. 2 S. 2 EnWG)
- Stilllegungsverbot (Abs. 4, 5)
- ÜNB kann Ausweisung als systemrelevante Anlage bei BNetzA beantragen → Erhaltungspflicht (§ 13 b Abs. 5 EnWG für Strom; § 13 f EnWG bei Gas)

---

60 *Theobald/Werk* in *Theobald/Kühling*, Energierecht, 108. EL 2020, EnWG § 63 Rn. 30 ff.; weiterführend zum Netzausbau *Pritzsche/Vacha*, Energierecht, 1. Auflage 2017, S. 128 ff. Rn. 355–383; ausführlich und mit Bezügen zum öffentlichen Recht auch *Mitto*, Energierecht, 2. Auflage 2019, S. 46 ff. Rn. 126–154.

61 *Kühling/Rasbach/Busch*, Energierecht, 4. Auflage 2018, S. 52 f. Rn. 43–46.

62 *Kühling/Rasbach/Busch*, Energierecht, 4. Auflage 2018, S. 53 ff. Rn. 48–66; *Mitto*, Energierecht, 2. Auflage 2019, S. 34 f. Rn. 98.

63 Weiterführend *Ruttloff/Kindler* EnWZ 2015, 401; BNetzA, Beschluss v. 10.10.2018 – BK8–18/0007-A.

64 Das Energiesicherheitsgesetz v. 20.12.1974 (BGBl. I S. 3681) ist aktuell (bisher) praktisch nicht relevant, *Schulte-Beckhausen* in *Theobald/Kühling*, Energierecht, 108. EL 2020, EnSiG Einführung, Rn. 11.

- Vorläufige Stilllegung (§ 13 c EnWG)
- Kapazitätsreserve (§ 13 e EnWG)
- Stilllegung von Braunkohlekraftwerken (13 g EnWG) ◀

120 Die Aufgaben der Verteilernetzbetreiber (§ 3 Nr. 3 bzw. 7 EnWG) sind in §§ 14 ff. EnWG geregelt. Die §§ 15, 16 EnWG treffen für Fernleitungsnetzbetreiber (§ 3 Nr. 5 EnWG) den §§ 12 ff. EnWG entsprechende Regelungen zur Sicherstellung der Versorgungssicherheit, Interoperabilität und Handhabung der Systemverantwortung (§§ 16 a, 14 b EnWG bei Gas).[65]

III. Aufgaben von Energieversorgungsunternehmen

▶ **§ 2 EnWG – Aufgaben der Energieversorgungsunternehmen**

(1) Energieversorgungsunternehmen sind im Rahmen der Vorschriften dieses Gesetzes zu einer Versorgung im Sinne des § 1 verpflichtet.

(2) Die Verpflichtungen nach dem Erneuerbare-Energien-Gesetz und nach dem Kraft-Wärme-Kopplungsgesetz bleiben vorbehaltlich des § 13, auch in Verbindung mit § 14, unberührt. ◀

1. Grundsätze

121 Der § 2 Abs. 1 EnWG verpflichtet Energieversorgungsunternehmen (§ 3 Nr. 18 EnWG)[66] auf die in § 1 EnWG niedergelegten Ziele. Die Norm hat praktische Bedeutung, insbesondere als Auslegungsmaßstab für die restlichen Normen des EnWG.[67] Aus § 2 Abs. 1 EnWG ergibt sich eine Versorgungspflicht auch auf den Marktebenen der Erzeugung und des Vertriebs, allerdings nur im Rahmen der ohnehin durch das EnWG statuierten Pflichten (z. B. Grundversorgungspflicht § 36 EnWG).[68] Der zweite Absatz ermöglicht es dem Netzbetreiber im Falle von Systemstörungen eine Anpassung der Einspeisung auch aus EEG- und KWK[69]-Anlagen zu verlangen.[70]

2. Anzeige der Tätigkeit der Energiebelieferung § 5 EnWG

122 Anzeigepflichtig ist die Aufnahme der Energiebelieferung von Haushaltskunden (§ 3 Nr. 22 EnWG), die Beendigung des Betriebs und auch eine Änderung der Firma. Dabei sind die Eignungsaspekte (wie im Falle des § 4) darzulegen, ansonsten ist eine Untersagung möglich (§ 5 S. 4 EnWG). Zuständig ist die Regulierungsbehörde.[71] Ein Verstoß gegen die Anzeigepflicht ist bußgeldbewährt (§ 95 Abs. 1 Nr. 2 EnWG).[72] Die Anzeigepflicht setzt eine Beteiligung am Energieliefervertrag bzw. die tatsächliche Übertragung

---

65 *Pritzsche/Vacha*, Energierecht, 1. Auflage 2017, S. 103 Rn. 242.
66 Zum Anwendungsbereich siehe *Theobald* in *Theobald/Kühling*, Energierecht, 108. EL 2020, EnWG § 2 Rn. 6 f.
67 Kühling/Rasbach/Busch, Energierecht, 4. Auflage 2018, S. 46 Rn. 26,27; weiterführend zum Stromvertrieb siehe *Pritzsche/Vacha*, Energierecht, 1. Auflage 2017, S. 154 ff. Rn. 472–175.
68 *Theobald* in *Theobald/Kühling*, Energierecht, 108. EL 2020, EnWG § 2 Rn. 8 ff.
69 Kraft-Wärme-Kopplung.
70 *Theobald* in *Theobald/Kühling*, Energierecht, 108. EL 2020, EnWG § 2 Rn. 13 f.
71 *Pritzsche/Vacha*, Energierecht, 1. Auflage 2017, S. 158 Rn. 485.
72 *Kühling/Rasbach/Busch*, Energierecht, 4. Auflage 2018, S. 44 f. Rn. 21–24; *Theobald* in *Theobald/Kühling*, Energierecht, 108. EL 2020, EnWG § 5 EnWG Rn. 25 f.

von Energie voraus, sie gilt also nicht für Makler, Handelsvertreter oder Broker (Strombörse).[73]

IV. Das allgemeine Aufsichtsverfahren § 65 EnWG

Wenn die Energieversorgungsunternehmen die ihnen obliegenden Pflichten nicht einhalten, kann die Regulierungsbehörde ein Verfahren nach § 65 EnWG einleiten. Sie kann damit ein den Vorschriften des EnWG entgegenstehendes Verhalten abstellen oder Maßnahmen zur Einhaltung der Vorschriften anordnen. Auch eine Ex-post-Feststellung des Fehlverhaltens ist möglich, wenn ein berechtigtes Interesse besteht. Die Behörde kann das Verfahren auf Antrag oder von Amts wegen einleiten (§ 66 EnWG) und verfügt über umfassende Befugnisse zur Ermittlung (§ 69 EnWG). Es gilt der Untersuchungsgrundsatz (§ 68 EnWG). Im Verfahren müssen alle Beteiligten die Gelegenheit zur Stellungnahme erhalten (§ 67 EnWG). Die Entscheidung ist dem regulierten Unternehmen zuzustellen und muss eine Rechtsmittelbelehrung enthalten (§ 73 Abs. 1 S. 1 EnWG). Gegen die Entscheidung der Regulierungsbehörde ist die Beschwerde am zuständigen OLG zulässig (§ 75 Abs. 1 EnWG). Darauffolgend kann mittels Rechtsbeschwerde der BGH angerufen werden (§§ 86 ff. EnWG).[74] 123

V. Aufgaben

1. Was ist ein Energieversorgungsnetz und wo steht das? 124
2. Welche Tätigkeiten sind für Energieversorgungsunternehmen anzeigepflichtig?
3. Wie wird sichergestellt, dass ein bedarfsgerechter Netzausbau erfolgt?
4. Wann ist eine Anlage „systemrelevant" iSd § 13 b EnWG?

Fall 3) „Energieversorgungsunternehmen"

Das im Energiebereich tätige Unternehmen C bewirbt sich selbst als „Energiedienstleister", der Privatkunden mit „Nutzenergie" versorge. Bei Nutzenergie handle es sich zB um Licht, Kraft, Wärme und Kälte. In den mit den Kunden geschlossenen Verträgen wird, neben der Lieferung von Nutzenergie, die „Beistellung" der im Haushalt der Kunden befindlichen Anlagen zur Erzeugung solcher Nutzenergie (zB Haushaltsgeräte) vereinbart. Weiterhin erwirbt C Energie von Drittunternehmen, welche er dann – nach eigener Angabe – mit den beigestellten Geräten der Kunden in Nutzenergie umwandelt und diesen nach kWh in Rechnung stellt. 125

Nach § 5 Abs. 1 EnWG muss eine Tätigkeit, die in der Belieferung von Haushaltskunden mit Energie besteht, bei der Bundesnetzagentur angezeigt werden. C meint, er sei, da er nur Nutzenergie und keine Endenergie liefere, nicht von der Vorschrift erfasst. Die BNetzA verlangt die ausstehende Anzeige unter Androhung eines Zwangsgeldes. Zu Recht?

Lösung Kapitel C

1. Was ist ein Energieversorgungsnetz und wo steht das?

▶ § 3 Nr. 16 EnWG – Energieversorgungsnetze

126

73 *Theobald* in *Theobald/Kühling*, Energierecht, 108. EL 2020, EnWG § 5 Rn. 14 ff.
74 *Kühling/Rasbach/Busch*, Energierecht, 4. Auflage 2018, S. 276 ff. Rn. 3–28.

Elektrizitätsversorgungsnetze und Gasversorgungsnetze über eine oder mehrere Spannungsebenen oder Druckstufen mit Ausnahme von Kundenanlagen im Sinne der Nummern 24 a und 24 b,

§ 3 Nr. 17 EnWG – Energieversorgungsnetze der allgemeinen Versorgung

Energieversorgungsnetze, die der Verteilung von Energie an Dritte dienen und von ihrer Dimensionierung nicht von vornherein nur auf die Versorgung bestimmter, schon bei der Netzerrichtung feststehender oder bestimmbarer Letztverbraucher ausgelegt sind, sondern grundsätzlich für die Versorgung jedes Letztverbrauchers offen stehen ◀

Die Definition des § 3 Nr. 16 EnWG definiert Energieversorgungsnetze als Elektrizitäts- und Gasversorgungsnetze mit Ausnahme von Kundenanlagen. Der Begriff des „Netzes“ ist im Gesetz jedoch nicht definiert. Legt man den Begriff anhand der Zielsetzung der Netzregulierung (§ 1 EnWG) aus, kommt es entscheidend auf das Merkmal der Versorgung Dritter an.[75] Ausmaß und Gestaltung des Netzes sind hierbei nicht entscheidend.[76] Der Begriff des Stromnetzes umfasst also sämtliche Einrichtungen, die zur Übertragung und Verteilung elektrischer Energie notwendig sind.[77]

2. Welche Tätigkeiten sind für Energieversorgungsunternehmen anzeigepflichtig?

127 Die wichtigsten Anzeigepflichten für Energieversorgungsunternehmen bestehen bei:

- Aufnahme des Betriebs eines Energieversorgungsnetzes § 4 EnWG
- Aufnahme der Tätigkeit der Energiebelieferung § 5 EnWG
- Absicht zur Stilllegung von Anlagen § 13 b EnWG
- Störung oder konkreter Gefährdung § 13 Abs. 8 EnWG

Daneben gibt es eine Vielzahl von speziellen Anzeigepflichten, wie beispielsweise § 4 c EnWG[78] oder auch §§ 5 Abs. 1, 4 S. 2 LSV[79], die hier nicht abschließend aufgezählt werden können.

3. Wie wird sichergestellt, dass ein bedarfsgerechter Netzausbau erfolgt?

128 Das EnWG verpflichtet in § 11 die Betreiber von Energieversorgungsnetzen zum bedarfsgerechten Ausbau. Hinzu kommen Regelungen zum Netzausbau in den §§ 12a-12 f, 15 a, 15 b, 17a-17 d EnWG, insbesondere:

- Zusammenwirken der Netzbetreiber
- Anhörungs- und Genehmigungsverfahren durch die Regulierungsbehörde
- Umsetzungsberichte

---

75 BGH, Urt. v. 18.10.2011 – EnVR 68/10, Rn. 9.

76 *Boesche* in *Säcker*, Berliner Kommentar zum Energierecht, 4. Auflage 2019, § 3 Nr. 16 Rn. 57.

77 *Pritzsche/Vacha*, Energiewirtschaftsrecht, 1. Auflage 2017, S. 93 Rn. 209; zu den technischen Eigenschaften des Stromnetzes siehe *Pritzsche/Vacha*, Energiewirtschaftsrecht, 1. Auflage 2017, S. 94 ff. Rn. 211–228; siehe weiterführend BGH, Beschl. v. 18.10.2011 – EnVR 68/10; BGH, Beschl. v. 12.11.2019 – EnVR 66/18; BGH, Beschl. v. 12.11.2019 – EnVR 65/18.

78 Meldepflicht der Transportnetzbetreiber bei zertifizierungsrelevanten Veränderungen, siehe dazu *Hendrich* in *Theobald/Kühling*, Energierecht, 108. EL 2020, EnWG § 4 c Rn. 2 f.

79 Verordnung über technische Mindestanforderungen an den sicheren und interoperablen Aufbau und Betrieb von öffentlich zugänglichen Ladepunkten für Elektromobile (Ladesäulenverordnung) v. 9.3.2016 (BGBl. I S. 457), zuletzt geändert durch Artikel 1 der Verordnung vom 1.6.2017 (BGBl. I S. 1520).

- Bundesbedarfsplanung unter Einbezug des Bundestages[80]
- Besondere Förderung des Offshorebereichs

4. Wann ist eine Anlage „systemrelevant“ iSd § 13 b EnWG?

Der § 13 b EnWG ermöglicht zugunsten der Versorgungssicherheit ein Verbot für die Stilllegung von „systemrelevanten“ Anlagen. Unter welchen Voraussetzungen eine Anlage systemrelevant ist, ergibt sich zunächst aus § 13 b EnWG selbst. 129

▶ Systemrelevante Anlage § 13 b Abs. 2 S. 2 EnWG
Eine Anlage ist **systemrelevant**, wenn ihre Stilllegung mit hinreichender Wahrscheinlichkeit zu einer nicht unerheblichen **Gefährdung oder Störung der Sicherheit oder Zuverlässigkeit** des Elektrizitätsversorgungssystems führen würde und diese Gefährdung oder Störung nicht durch andere angemessene Maßnahmen beseitigt werden kann. ◀

Doch auch diese Definition enthält noch nicht hinreichend konkretisierte Merkmale. Fraglich bleibt, wann eine „nicht unerhebliche Gefährdung oder Störung der Sicherheit oder Zuverlässigkeit des Elektrizitätsversorgungssystems“ vorliegt. Ein Blick in die umliegenden Vorschriften hilft, die Definition weiter zu konkretisieren. 130

▶ Gefährdung der Sicherheit oder Zuverlässigkeit § 13 Abs. 4 EnWG
Eine Gefährdung der Sicherheit oder Zuverlässigkeit des Elektrizitätsversorgungssystems in der jeweiligen Regelzone liegt vor, wenn örtliche **Ausfälle des Übertragungsnetzes** oder kurzfristige **Netzengpässe** zu besorgen sind oder zu besorgen ist, dass die **Haltung von Frequenz, Spannung oder Stabilität** durch die Betreiber von Übertragungsnetzen nicht im erforderlichen Maße gewährleistet werden kann. ◀

Eine Anlage ist folglich systemrelevant, wenn ihre Stilllegung die Gefahr von Ausfällen des Netzes oder kurzfristigen Netzengpässen mit sich bringt oder die Gewährleistung der notwendigen Frequenz, Spannung oder Stabilität durch den Netzbetreiber nicht ohne die Anlage möglich ist. Die Prüfung obliegt dem systemverantwortlichen Übertragungsnetzbetreiber (§ 13 b Abs. 2 S. 1 EnWG). 131

Fall 3) „Wie löse ich einen Fall?“

▶ 1. Sachverhalt erfassen 132
2. Relevante Normen finden und lesen
3. Lösungsskizze schreiben
4. Lösung aufschreiben ◀

Schritt 1)

Um den Sachverhalt zu erfassen, muss dieser genau gelesen und die relevanten Informationen unterstrichen und ggf. herausgeschrieben oder graphisch aufbereitet werden.

> Das im *Energiebereich* tätige Unternehmen C bewirbt sich selbst als *„Energiedienstleister“*, der *Privatkunden* mit *„Nutzenergie“ versorge*. Bei Nutzenergie handle es sich zB um *Licht, Kraft, Wärme und Kälte*. In den mit den Kunden geschlossenen Verträgen wird, neben der *Lieferung von Nutzenergie*, die *„Beistellung“* der *im Haushalt der Kunden be-*

80 Siehe Gesetz über den Bundesbedarfsplan (BBPlG) v. 23.7.2013 (BGBl. I 2543; 2014 I S. 148, 271), zuletzt geändert durch Art. 1 des Gesetzes v. 25.2.2021 (BGBl. I S. 298).

findlichen Anlagen zur Erzeugung solcher Nutzenergie (zB Haushaltsgeräte) vereinbart. Weiterhin *erwirbt C Energie von Drittunternehmen*, welche er dann – nach eigener Angabe – mit den beigestellten Geräten der Kunden *in Nutzenergie umwandelt* und diesen *nach kWh in Rechnung* stellt.

Nach § 5 Abs. 1 EnWG muss eine Tätigkeit, die in der Belieferung von Haushaltskunden mit Energie besteht, bei der Bundesnetzagentur angezeigt werden. C *meint, er sei*, da er nur Nutzenergie und *keine Endenergie* liefere, *nicht von der Vorschrift erfasst.* Die *BNetzA* verlangt die ausstehende *Anzeige* unter Androhung eines *Zwangsgeldes.* Zu Recht?

Schritt 2)

Dazu gehört außerdem die richtige Interpretation der **Fallfrage.**

Nach § 5 Abs. 1 EnWG muss eine Tätigkeit, die in der Belieferung von Haushaltskunden mit Energie besteht bei der Bundesnetzagentur angezeigt werden. C meint, er sei, da er nur Nutzenergie und keine Endenergie liefere nicht von der Vorschrift erfasst. Die BNetzA verlangt die ausstehende Anzeige unter Androhung eines Zwangsgeldes. *Zu Recht?*

Der Bearbeiter hat also die Frage: **„Ist die Maßnahme der BNetzA rechtmäßig?"** zu beantworten.

Schritt 3)

Aus der Fallfrage wird der **Obersatz** abgeleitet, so zunächst:

„Fraglich ist, ob die Maßnahme der Bundesnetzagentur rechtmäßig ist."

Schritt 4)

Um die Fallfrage zu beantworten, müssen die einschlägigen Normen im Gesetz gefunden und gründlich gelesen werden. Eine grobe Skizze der zu lösenden Rechtsfragen kann hierbei hilfreich sein:

Formelle Rechtmäßigkeit?

- Verstoß gegen EnWG? → Allgemeines Aufsichtsverfahren § 65 EnWG
- Anordnung → § 65 Abs. 2 EnWG
- Zwangsgeld → § 94 EnWG, § 6 VwVG

Materielle Rechtmäßigkeit?

- Verstoß gegen Anzeigepflicht bei Belieferung von Haushaltskunden mit Energie → § 5 EnWG
- Ermessensausübung vgl. § 114 VwGO

Der grundlegende Aufbau bei der Prüfung von Aufsichtsmaßnahmen bei Verstößen gegen das EnWG ergibt sich aus § 65 EnWG. Neben den formalen Voraussetzungen des Verfahrens, zu denen im Fall wenige Informationen vorliegen, ergibt sich der zentrale Prüfungspunkt bei der materiellen Rechtmäßigkeit, konkret bei der Frage, ob hier das Unternehmen tatsächlich gegen das EnWG verstößt. Zentral für die Lösung des Falls ist also § 5 EnWG, der eine Anzeigepflicht für die Belieferung von Haushaltskunden statuiert. Aus der Norm ergeben sich die zu prüfenden Voraussetzungen für die im Fall von der BNetzA durchzusetzende Verpflichtung.

> **§ 5 EnWG – Anzeige der Energiebelieferung**
>
> Energieversorgungsunternehmen, die **Haushaltskunden mit Energie beliefern,** müssen die Aufnahme und Beendigung der Tätigkeit sowie Änderungen ihrer Firma bei der Regulierungsbehörde unverzüglich anzeigen; ausgenommen ist die Belieferung von Haushaltskunden ausschließlich **innerhalb einer Kundenanlage oder eines geschlossenen Verteilernetzes** sowie über **nicht auf Dauer** angelegte Leitungen. (...)

Schritt 5)

Aus der grundlegenden Gliederung für die Lösung öffentlich-rechtlicher Fragestellungen und den Voraussetzungen der einschlägigen Normen kann die Lösungsskizze erarbeitet werden, welche die Grundlage für die Niederschrift der Lösung bildet.

Obersatz: Fraglich ist, ob die Maßnahme der BNetzA rechtmäßig ist.

Voraussetzung: Die Maßnahme der BNetzA (...) ist rechtmäßig, wenn sie formell und materiell rechtmäßig ist.

A. Formelle Rechtmäßigkeit
  I. Zuständigkeit – „Regulierungsbehörde“ § 54 Abs. 1 EnWG (+)
  II. Verfahren, Form – §§ 66 ff. EnWG (anzunehmen)
B. Materielle Rechtmäßigkeit
  I. Tatbestand: Verstoß gegen EnWG? → § 5 S. 1 EnWG
    1. Belieferung von Haushaltskunden mit Energie (?)
    2. Keine Ausnahme nach § 5 S. 2 EnWG (+)
    3. Unterlassen der Anzeige (+)
  II. Rechtsfolge → „kann Unternehmen (...) verpflichten“ (+)
C. Ergebnis

Beim Erstellen der Lösungsskizze wird sofort klar, dass der Schwerpunkt der Aufgabe hier bei der Frage liegt, ob das betroffene Unternehmen tatsächlich Haushaltskunden mit Energie beliefert oder nicht.

Schritt 6)

Beginnend mit dem Obersatz folgt nun die Niederschrift anhand der vorher erstellten Gliederung. Die Anforderung an den Bearbeiter besteht hier darin, die Schwerpunkte des Falles gründlich im Gutachtenstil zu lösen. Außerhalb des Aufgabenschwerpunktes sollte durch geschickte Reduzierung des Gutachtenstils bis hin zum Feststellungsstil für selbstverständliche bzw. nicht fragliche Prüfungspunkte Zeit gespart werden, zB:

„Zuständige Regulierungsbehörde ist gem. § 54 Abs. 1 EnWG die Bundesnetzagentur.“

Schweigt der Sachverhalt zu bestimmten, für einen Prüfungspunkt relevanten Tatsachen, können diese angenommen werden. Es darf dabei aber der Sachverhalt nicht ausgeschmückt oder etwas hinzugedichtet werden.

„Mangels Anhaltspunkten im Sachverhalt ist davon auszugehen, dass die Regulierungsbehörde das ihr eingeräumte Ermessen im vorliegenden Fall fehlerfrei ausgeübt hat.“

Der Schwerpunkt im vorliegenden Fall liegt bei der „Belieferung von Haushaltskunden". Dieser Prüfungspunkt sollte also ordentlich im Gutachtenstil gelöst werden:

1. Belieferung von Haushaltskunden mit Energie

Obersatz: Fraglich ist, ob es sich bei C um ein Energieversorgungsunternehmen handelt, das Energie an Haushaltskunden liefert.

Definition:

- Energieversorgungsunternehmen § 3 Nr. 18 EnWG
- Energie § 3 Nr. 14 EnWG
- Primärenergie, Sekundärenergie, Nutzenergie, Endenergie → Physik

Subsumtion:

→ Vergleich der Informationen aus dem Sachverhalt mit Anforderungen der Norm (Definitionen).

Die ordnungsgemäße Subsumtion der im Sachverhalt vorhandenen Tatsachen unter die Voraussetzungen der Norm erfolgt auf der Grundlage der vorher gründlich erfassten Sachverhaltsinformationen:

Sachverhalt:

→ Erwerb von Energie bei Drittunternehmen

→ Umwandlung in Nutzenergie „Licht, Kraft, Wärme, Kälte"

→ Nutzung der „beigestellten" Geräte im Haushalt des Kunden

→ Abrechnung in kWh

Die Voraussetzungen der Norm sind durch Auslegung zu ermitteln und dann mit den Informationen aus dem Sachverhalt zu vergleichen. Die Frage, ob es sich bei der Tätigkeit der C um eine Energielieferung an Haushaltskunden handelt, ist dabei argumentativ zu beantworten. In dem Beschluss, welcher der Fallgestaltung zugrunde liegt[81], argumentiert das OLG Düsseldorf:

→ „behauptete Beistellung reine Fiktion"

→ „weder tatsächliche Sachherrschaft (...) noch führt sie reale Umwandlung durch (...) keinerlei zusätzliches wirtschaftliches Risiko"

→ „erkennbare Wille der Kunden darauf gerichtet, diejenige Energieform zu erhalten, die ihm den selbstständigen Gebrauch der in seinem Haushalt vorhandenen Geräte ermöglicht"

→ „Abrechnungsform (...) typisch für Lieferung elektrischer Energie"

Im Ergebnis handelt es sich also um eine Belieferung von Haushaltskunden, was schließlich im weiteren Verlauf der Prüfung dazu führt, dass die Maßnahme der BNetzA rechtmäßig ist.

81 OLG Düsseldorf Beschl. v. 17.6.2015 – VI-3 Kart 190/14.

Gutachten:

Die Anordnung zur Anzeige der Tätigkeit nach § 5 EnWG der Bundesnetzagentur und die Androhung des Zwangsgeldes gegenüber der C sind rechtmäßig, wenn sie den formellen und materiellen Anforderungen des § 65 EnWG entsprechen.

A. Formelle Rechtmäßigkeit

Voraussetzung für die formelle Rechtmäßigkeit ist, dass die Bundesnetzagentur zuständig ist und die in den §§ 66 ff. EnWG normierten Vorschriften zu Verfahren und Form eingehalten worden sind.

I. Zuständigkeit

Zuständig iSd § 65 EnWG ist die „Regulierungsbehörde“. Nach § 54 Abs. 1 EnWG ist „Regulierungsbehörde“ die Bundesnetzagentur.

II. Verfahren, Form

Mangels Angaben im Sachverhalt ist davon auszugehen, dass die Verfahrens- und Formvorschriften von der BNetzA eingehalten wurden.

B. Materielle Rechtmäßigkeit

Voraussetzung für die materielle Rechtmäßigkeit ist, dass die Voraussetzungen des allgemeinen Aufsichtsverfahrens vorliegen und die Maßnahme der Behörde sich im Rahmen der Rechtsfolge bewegt.

I. Tatbestand des § 65 EnWG

Voraussetzung für das aufsichtsrechtliche Einschreiten der Bundesnetzagentur nach § 65 EnWG ist, dass das betroffene Unternehmen einen Verstoß gegen Vorschriften des EnWG begangen hat.

Das Unterlassen einer Anzeige der Belieferung von Haushaltskunden durch die C könnte gegen § 5 EnWG verstoßen. Voraussetzung dafür ist, dass C nach § 5 EnWG zur Anzeige verpflichtet wäre. Dies setzt wiederum voraus, dass die C Haushaltskunden mit elektrischer Energie beliefert, keine Ausnahme nach § 5 S. 2 EnWG vorliegt und die C die Anzeige dennoch unterlassen hat.

1. *Belieferung von Haushaltskunden mit Energie*

Fraglich ist, ob die Tätigkeit der C eine Belieferung von Haushaltskunden mit Energie iSd § 5 S. 1 EnWG darstellt.

Laut Sachverhalt erwirbt die C elektrische Energie von Dritten und wandelt diese nach eigener Aussage mit den im Haushalt ihrer Kunden befindlichen, ihr „beigestellten“ Geräten in Nutzenergie, zB Wärme, Kälte, Kraft und Licht um. Die Abrechnung der gelieferten Nutzenergie erfolgt allerdings in kWh.

Zwar sind Wärme, Kälte, Kraft und Licht physikalisch dem Begriff der Energie zuzuordnen. Es handelt sich hierbei jedoch nicht um Energie im Sinne des EnWG, da dieses nur die Lieferung der leitungsgebundenen Energien Strom und Gas umfasst. Fraglich ist allerdings, ob es sich bei der Energielieferung der C gegenüber ihren Kunden tatsächlich lediglich um eine Lieferung solcher Nutzenergie handelt. Dagegen spricht zunächst, dass die Abrechnung in der für Stromlieferung typischen Einheit (kWh) erfolgt. Ferner ergeben sich auch erhebliche Zweifel an der von der C geschilderten Beistellung. Aus dem Sachverhalt ist nicht ersichtlich, dass die C eine tatsächliche Sachherrschaft über die in den Kundenhaushalten befindlichen Geräte ausübt und tatsächlich in irgendeiner Form an der Umwandlung von Strom in Nutzenergie beteiligt ist. Mithin ist davon auszugehen, dass die Kunden ihre Geräte selbstständig und nach eigenen Wünschen betreiben möchten und dafür von der C den Strom beziehen. Die Beistellung ist somit reine Fiktion, um zu verschleiern, dass die C tatsächlich Strom an ihre Haushaltskunden liefert.

Es liegt also eine Belieferung von Haushaltskunden mit elektrischer Energie durch die C vor.

2. *Keine Ausnahme*

Laut Sachverhalt ergeben sich keine Anhaltspunkte einer Ausnahme. Die Lieferung erfolgt auf Dauer angelegt und nicht lediglich innerhalb einer Kundenanlage oder eines geschlossenen Verteilernetzes.

3. *Keine Anzeige*

Laut Sachverhalt ist die C ihrer Anzeigepflicht nicht nachgekommen.

4. *Zwischenergebnis*

Durch das Unterlassen der Anzeige ihrer Tätigkeit hat die C gegen § 5 EnWG verstoßen.

II. Rechtsfolge des § 65 EnWG

Fraglich ist, ob die BNetzA die richtige Rechtsfolge gewählt hat, insbesondere ob sie das ihr in § 65 EnWG eingeräumte Ermessen fehlerfrei ausgeübt hat.

Nach § 65 EnWG kann die Bundesnetzagentur alle erforderlichen und verhältnismäßigen Abhilfemaßnahmen verhaltensorientierter Art vorschreiben. Kommt das Unternehmen dem nicht nach, kann die Regulierungsbehörde die Maßnahmen zur Einhaltung der Verpflichtung auch anordnen. Die BNetzA hat die C unter Androhung eines Zwangsgeldes zur Anzeige aufgefordert. Die Anzeige ist eine Maßnahme verhaltensorientierter Art, die erforderlich ist, um den Verstoß abzustellen. Sie stellt für die C auch keine unzumutbare Belastung dar und ist mithin verhältnismäßig. Da C der Anzeigepflicht nicht nachkommen möchte, kann die BNetzA diese nach § 65 Abs. 2 EnWG anordnen und mittels eines Zwangsgeldes (§ 94 EnWG) auch durchsetzen. Mangels Anhaltspunkten im Sachverhalt ist davon auszugehen, dass die Regulierungsbehörde das ihr eingeräumte Ermessen im vorliegenden Fall fehlerfrei ausgeübt hat.

Die BNetzA hat folglich die richtige Rechtsfolge gewählt.

III. Zwischenergebnis

Die Maßnahme der BNetzA ist materiell rechtmäßig.

C. Ergebnis

Die Maßnahme der BNetzA ist rechtmäßig. ◀

D. Energieaufsicht und Verfahren

Neben den materiellen Regelungen kommt im Energierecht den behördlichen Strukturen[1] der Energieaufsicht und dem Verfahren vor den Regulierungsbehörden eine besondere Bedeutung zu. Auch im Bereich des gerichtlichen Verfahrens ergeben sich energierechtliche Besonderheiten. Die klare Trennung zwischen privatem und öffentlichem Recht wird im Bereich des Energierechts aufgrund der Übertragung von Daseinsvorsorgeaufgaben auf die Privatwirtschaft verwischt. Dies schlägt sich auch in der Gestaltung des Verfahrensrechtes nieder.[2] 133

I. Energieaufsicht

Neben der privatrechtlichen Durchsetzung der energierechtlichen Regeln durch Verbraucher und Wettbewerber der Energieversorgungsunternehmer hat der Gesetzgeber spezielle institutionelle Strukturen erdacht, welche die Überwachungs- und Verwaltungsaufgaben im Zusammenhang mit dem EnWG und den daraus folgenden Regelungen[3] (z. B. Verordnungen) übernehmen. 134

1. Institutionelle Ausgestaltung der Energieaufsicht

Das EnWG teilt die Kompetenzen zur Aufsicht über die Energiewirtschaft verschiedenen Institutionen zu. Dazu zählen[4]: 135

- Die Bundesnetzagentur für Elektrizität, Gas, Telekommunikation, Post und Eisenbahnen (BNetzA)[5]
- Die Landesregulierungsbehörden
- Die Europäische Agentur für die Zusammenarbeit der Energieregulierungsbehörden (ACER)[6]
- Die Kartellbehörden (vgl. § 111 Abs. 1 S. 2 EnWG), zB Europäische Kommission[7] und Bundeskartellamt[8]
- Die „nach Landesrecht zuständige Behörde“ (zB § 4 Abs. 1 EnWG und § 36 Abs. 2 EnWG)[9]
- Die Monopolkommission (§ 62 EnWG)
- Das Bundesministerium für Wirtschaft und Energie[10]
- Die Schlichtungsstelle Energie eV[11]

---

1 Beispielhaft siehe die Abbildung bei *Pritzsche/Vacha*, Energierecht, 1. Auflage 2017, S. 393 Rn. 2 über die behördlichen Verflechtungen im Zusammenhang mit der Netzregulierung.

2 *Pritzsche/Vacha*, Energierecht, 1. Auflage 2017, S. 366 f. Rn. 3–6.

3 Eine hilfreiche Auflistung bei *Pritzsche/Vacha*, Energierecht, 1. Auflage 2017, S. 368 f. Rn. 14.

4 *Kühling/Rasbach/Busch*, Energierecht, 4. Auflage 2018, S. 254 Rn. 2–6; zu den nationalen Behörden siehe *Pritzsche/Vacha*, Energierecht, 1. Auflage 2017, S. 398 ff. Rn. 32–54.

5 *Pritzsche/Vacha*, Energierecht, 1. Auflage 2017, S. 40 f. Rn. 47.

6 Zusammenfassend *Winkler/Baumgart/Ackermann*, Europäisches Energierecht, Teil 1 Rn. 28 f.; ausführlich *Ludwigs* in *Ruffert*, Europäisches Sektorales Wirtschaftsrecht, § 5 Rn. 136 ff.; zu europäischen Behörden und Institutionen siehe *Pritzsche/Vacha*, Energierecht, 1. Auflage 2017, S. 33 Rn. 6–10 und ausführlich S. 392 ff. Rn. 1–31.

7 Zur Rolle de KOM *Ludwigs* in *Ruffert*, Europäisches Sektorales Wirtschaftsrecht, § 5 Rn. 158 ff.

8 *Pritzsche/Vacha*, Energierecht, 1. Auflage 2017, S. 33 Rn. 6; S. 41 Rn. 48.

9 *Pritzsche/Vacha*, Energierecht, 1. Auflage 2017, S. 403 Rn. 50.

10 *Pritzsche/Vacha*, Energierecht, 1. Auflage 2017, S. 40 Rn. 45.

11 *Ahnis* in *Theobald/Kühling*, Energierecht, 108. EL 2020, EnWG §§ 111 a bis 111 c Vorb. Rn. 22 ff.

Dem Institutionellen Gefüge zuzuordnen sind außerdem die Europäischen Verbünde der Strom-und Gasfernleitungsnetzbetreiber (ENTSO Strom bzw. Gas)[12], die (neu zu schaffende) Europäische Organisation der Verteilernetzbetreiber (EU-VNBO) und die *Regional Coordination Centres*[13] (RCC).[14]

136 Das EnWG weist die Aufgaben einer oder mehrerer dieser Institutionen teilweise explizit zu. Findet sich im Gesetz keine Zuweisung, hat die BNetzA eine **Auffangzuständigkeit** (§ 54 Abs. 3 EnWG).[15]

a) „Regulierungsbehörde“

137 Die der Regulierungsbehörde zugewiesenen Aufgaben teilt sich die Bundesnetzagentur mit den Landesregulierungsbehörden.[16] Grundsätzlich zuständig ist die BNetzA, wenn nicht die Voraussetzungen des § 54 Abs. 2 EnWG vorliegen: Die Landesregulierungsbehörde ist im Rahmen bestimmter Materien zuständig für „kleine Unternehmen“. Die betroffenen Sachgebiete sind in § 54 Abs. 2 Nr. 1 ff. EnWG abschließend aufgelistet.[17]

▶ Zuständigkeit der Landesregulierungsbehörde § 54 Abs. 2 EnWG

- Kleines Unternehmen
  - Weniger als 100 000 mittelbar und unmittelbar angeschlossene Kunden[18] (Stichtag ist der 31.12. des Vorjahres[19]; keine Anwendung der Konzernklausel)
  - Netz reicht nicht über die Grenzen des Bundeslandes hinaus

UND

- Sachliche Zuständigkeit (§ 54 Abs. 2 Nr. 1 ff. EnWG)

UND

- Kein Fall des § 54 Abs. 3 S. 2–3 EnWG (Zuständigkeit der BNetzA zur Wahrung gleichwertiger wirtschaftlicher Verhältnisse im Bundesgebiet erforderlich) ◀

138 In Berlin, Brandenburg, Bremen, Schleswig-Holstein und Thüringen ist aufgrund von Verwaltungsabkommen über Organleihe die BNetzA auch als Landesregulierungsbehörde zuständig. In den übrigen Bundesländern sind eigene Regulierungsbehörden geschaffen worden, die in der Regel den für die Energiewirtschaft zuständigen Ministerien angegliedert sind.[20] Zuständig für Beschwerden gegen Beschlüsse der beliehenen BNetzA ist das OLG am Sitz der entleihenden Landesbehörde.[21]

---

12 Siehe dazu *Winkler/Baumgart/Ackermann*, Europäisches Energierecht, Teil 1 Rn. 30 ff.

13 Dazu auch *Winkler/Baumgart/Ackermann*, Europäisches Energierecht, Teil 1 Rn. 33.

14 *Ludwigs* in *Ruffert*, Europäisches Sektorales Wirtschaftsrecht, § 5 Rn. 135; 150 ff.

15 *Kühling/Rasbach/Busch*, Energierecht, 4. Auflage 2018, S. 254 Rn. 5.

16 *Kühling/Rasbach/Busch*, Energierecht, 4. Auflage 2018, S. 255 Rn. 7; *Theobald/Werk* in *Theobald/Kühling*, Energierecht, 108. EL 2020, EnWG § 54 Rn. 40.

17 *Kühling/Rasbach/Busch*, Energierecht, 4. Auflage 2018, S. 255 ff. Rn. 8–11; *Pritzsche/Vacha*, Energierecht, 1. Auflage 2017, S. 403 Rn. 49.

18 Gemeint sind hier die Inhaber von Netzabschlüssen, *Theobald/Werk* in *Theobald/Kühling*, Energierecht, 108. EL 2020, EnWG § 54 Rn. 61 ff.; zum Begriff des Kunden siehe auch *Mitto*, Energierecht, 2. Auflage 2019, S. 23 Rn. 73, 74.

19 *Theobald/Werk* in *Theobald/Kühling*, Energierecht, 108. EL 2020, EnWG § 54 Rn. 58.

20 *Kühling/Rasbach/Busch*, Energierecht, 4. Auflage 2018, S. 257 f. Rn. 13–16; *Pritzsche/Vacha*, Energierecht, 1. Auflage 2017, S. 402 Rn. 45.

21 *Theobald/Werk* in *Theobald/Kühling*, Energierecht, 108. EL 2020, EnWG § 54 Rn. 106; a.A. OLG Düsseldorf, Urt. v. 28.11.2007 – 3 Kart 200/07; weiterführend *Schmidt*, NVwZ 2006, 907.

Aufgrund der in Art. 35 RL 2009/72/EG (Art. 57 RL (EU) 2019/944) bzw. Art. 39 RL 2009/73/EG geforderten **Unabhängigkeit** der Regulierungsbehörden müssen diese unparteiisch und transparent arbeiten, dh insbesondere rechtlich getrennt und funktional unabhängig von anderen öffentlichen und privaten Einrichtungen. Sie dürfen also nicht dem ministeriellen Weisungsrecht der Behörde, an der sie angegliedert sind, unterliegen.[22] 139

In § 64 a EnWG ist die **unterstützende Zusammenarbeit** der Regulierungsbehörden unabhängig von der jeweiligen Verfahrenszuständigkeit vorgesehen. Der Sicherstellung einer ausreichenden Abstimmung dient der bei der Bundesnetzagentur eingerichtete Länderausschuss (§ 8 BEGTPG[23]).[24] 140

b) Weitere Zuständigkeiten

Bestimmte Aufgaben werden gesetzlich explizit der **Bundesnetzagentur** zugewiesen, dazu zählen: 141

- Vollzug des Unionsrechts und Zusammenarbeit mit anderen europäischen Regulierungsbehörden (§§ 56 ff. EnWG)[25]
- Berichterstattung an die EU-KOM[26] und ACER (§ 63 Abs. 3 EnWG)[27]

Die **Europäische Agentur für die Zusammenarbeit der Energieregulierungsbehörden (ACER)** soll einen Rahmen für die Zusammenarbeit der nationalen Regulierungsbehörden schaffen und kann sogar bezüglich des Zugangs zu grenzüberschreitender Infrastruktur eine Regulierungsentscheidung treffen[28], wenn sich die beteiligten nationalen Regulierungsbehörden nicht einigen können. Zentrales Tätigkeitsfeld ist außerdem die Überwachung der Verbände europäischer Übertragungsnetzbetreiber, der Verteilernetzbetreiber und die regionalen Koordinierungszentren.[29] Zudem unterstützt und berät die Agentur die Europäische Kommission.[30] 142

Der Aufgabenbereich der **Kartellbehörden** bleibt nach § 111 Abs. 1 S. 2 EnWG unberührt. Die §§ 19, 20, 29 GWB sind jedoch nicht mehr anzuwenden, sofern das EnWG oder aufgrund des EnWG erlassenen Rechtsverordnungen eine ausdrücklich abschließende Regelung getroffen haben, wie beispielsweise im Bereich der Regulierung des Netzbetriebs (vgl. auch § 111 Abs. 2 EnWG).[31] Außerhalb dessen bleibt die Kartellbehörde Missbrauchsaufsicht (zB für Energiepreise, nicht aber für Netzentgelte[32]). Den 143

22 *Ludwigs* in *Ruffert*, Europäisches Sektorales Wirtschaftsrecht, § 5 Rn. 172; *Kühling/Rasbach/Busch*, Energierecht, 4. Auflage 2018, S. 257 Rn. 15; *Pritzsche/Vacha*, Energierecht, 1. Auflage 2017, S. 402 Rn. 44.

23 Gesetz über die Bundesnetzagentur für Elektrizität, Gas, Telekommunikation, Post und Eisenbahn v. 7.7.2005 (BGBl. I S. 2009), zuletzt geändert durch Art. 2 des Gesetzes vom 17.7.2017 (BGBl. I S. 2503).

24 *Kühling/Rasbach/Busch*, Energierecht, 4. Auflage 2018, S. 262 Rn. 27, 28.

25 *Kühling/Rasbach/Busch*, Energierecht, 4. Auflage 2018, S. 259 ff. Rn. 21–23.

26 Siehe zur Energiepolitik der Kommission *Ludwigs* in *Ruffert*, Europäisches Sektorales Wirtschaftsrecht, § 5 Rn. 158 ff.; *Pritzsche/Vacha*, Energierecht, 1. Auflage 2017, S. 392 ff. Rn. 3–14.

27 *Kühling/Rasbach/Busch*, Energierecht, 4. Auflage 2018, S. 261 Rn. 24.

28 Zum Streit hinsichtlich der Vereinbarkeit der Kompetenzen von ACER mit dem Primärrecht siehe *Ludwigs* in *Ruffert*, Europäisches Sektorales Wirtschaftsrecht, § 5 Rn. 145 ff.

29 *Ludwigs* in *Ruffert*, Europäisches Sektorales Wirtschaftsrecht, § 5 Rn. 142; *Kühling/Rasbach/Busch*, Energierecht, 4. Auflage 2018, S. 262 f. Rn. 29–34; *Pritzsche/Vacha*, Energierecht, 1. Auflage 2017, S. 395 f. Rn. 18, 19.

30 *Ludwigs* in *Ruffert*, Europäisches Sektorales Wirtschaftsrecht, § 5 Rn. 142.

31 *Mitto*, Energierecht, 2. Auflage 2019, S. 31 Rn. 89.

32 Ein privatrechtliches Vorgehen (Billigkeitskontrolle nach § 315 BGB) bleibt dennoch möglich. Die Genehmigung des Entgelts führt allerdings zu einer Beweislastumkehr zulasten des Verbrauchers, BGH, Urt. v. 6.10.2015 – EnZR 72/14.

Abstimmungserfordernissen an den Schnittstellen zwischen Netzregulierung und Wettbewerb trägt § 58 EnWG Rechnung, der gegenseitige Stellungnahmen in bestimmten Verfahren vorschreibt und einen sehr weitreichenden Informationsaustausch ermöglicht.[33] Das Bundeskartellamt befasst sich im Bereich der Energiewirtschaft vorrangig mit der Fusionskontrolle und der Bekämpfung des Missbrauchs einer marktbeherrschenden Stellung von Versorgungsunternehmen außerhalb des Netzbetriebs.[34]

144 Das **Bundesministerium für Wirtschaft und Energie** ist Adressat einer Reihe von Verordnungsermächtigungen sowie einer Vielzahl von Monitoring-, Evaluierungs- und Berichterstattungspflichten (Versorgungssicherheit, Kapazitätsreserve, Kohlendioxideinsparung durch Kohleausstieg, Ausgleichsregelungen für Windkraftanlagen, etc).[35]

145 Die **Monopolkommission** wacht über die Entwicklung eines funktionsfähigen Wettbewerbs auf den Märkten für leitungsgebundene Energie (§ 62 EnWG).[36]

146 Die **Schlichtungsstelle für Energie eV** bietet ein rechtlich nicht bindendes außergerichtliches Schlichtungsverfahren[37] für Streitigkeiten zwischen Verbrauchern (§ 13 BGB) und Unternehmen der Energiewirtschaft an[38]:

▶ Verfahren von der Schlichtungsstelle:

1. Beschwerde beim Unternehmen (§ 111 a EnWG)
2. Stellungnahme des Unternehmens binnen vier Wochen (mit Begründung)
3. Anruf der Schlichtungsstelle – Teilnahme des Unternehmens ist verpflichtend (§ 111 b EnWG)
4. Verfahren nach §§ 11–23 VSBG[39] (§ 111 b Abs. 8 S. 2 EnWG) – aber: Vorrang behördlicher Aufsichtsverfahren (§ 111 c EnWG)
5. Schlichtungsvorschlag § 19 Abs. 1, 2 VSBG (unverbindlich)
6. Verfahrensende: Übermittlung des Ergebnisses § 21 Abs. 1 VSBG
7. Kosten § 111 b Abs. 6 EnWG ◀

2. Die Bundesnetzagentur

147 Organisation und Struktur der Bundesnetzagentur regelt das BEGTPG[40]. Sie ist eine selbstständige Bundesbehörde und verfügt über **gesteigerte Unabhängigkeit** gegenüber

---

33 *Kühling/Rasbach/Busch*, Energierecht, 4. Auflage 2018, S. 264 ff. Rn. 35–41.

34 *Pritzsche/Vacha*, Energierecht, 1. Auflage 2017, S. 402 Rn. 46; ausführlich zur Bedeutung des Wettbewerbsrechts in der Energiewirtschaft *Pritzsche/Vacha*, Energierecht, 1. Auflage 2017, S. 297 ff. Rn. 1–293; *Hoch/Haucap*, Praxishandbuch Energiekartellrecht, 1. Auflage 2018.

35 *Kühling/Rasbach/Busch*, Energierecht, 4. Auflage 2018, S. 265 Rn. 43; *Pritzsche/Vacha*, Energierecht, 1. Auflage 2017, S. 399 Rn. 37, 38.

36 *Kühling/Rasbach/Busch*, Energierecht, 4. Auflage 2018, S. 265 Rn. 44; *Pritzsche/Vacha*, Energierecht, 1. Auflage 2017, S. 403 Rn. 51.

37 Zur Digitalisierung der außergerichtlichen Streitbeilegung siehe *Deichsel* VuR 2020, 283; *Mitto*, Energierecht, 2. Auflage 2019, S. 26 f. Rn. 80, 81.

38 *Kühling/Rasbach/Busch*, Energierecht, 4. Auflage 2018, S. 268 f. Rn. 45–50; weiterführend *Wolst* EnWZ 2013, 455.

39 Gesetz über die alternative Streitbeilegung in Verbrauchersachen (Verbraucherstreitbeilegungsgesetz) v. 19.2.2016 (BGBl. I S. 254, 1039), zuletzt geändert durch Art. 2 Abs. 3 des Gesetzes vom 25.6.2020 (BGBl. I S. 1474).

40 Gesetz über die Bundesnetzagentur für Elektrizität, Gas, Telekommunikation, Post und Eisenbahnen v. 7.7.2005 (BGBl. I 2005, S. 1970), das zuletzt durch Art. 2 des Gesetzes zur Neuregelung energiewirtschaftlicher Vorschriften v. 26.7.2011 (BGBl. I 2011 S. 1554) geändert worden ist.

der ihr übergeordneten Behörde (Bundeswirtschaftsministerium).[41] So verbietet § 61 EnWG in europarechtskonformer Auslegung Weisungen hinsichtlich der Regulierungsbefugnisse.[42] Zudem wird die grundsätzlich dem Minister zustehende Organisationshoheit für nachgeordnete Behörden (Art. 86 S. 2, Art. 65 S. 2 GG) durch die organisationsrechtlichen Vorgaben des BEGTPG (zB § 3 Abs. 1) eingeschränkt.[43]

Organe der BNetzA sind der **Präsident** (§ 3 Abs. 1 S. 1, 2 BEGTPG) und die **Beschlusskammern** (§ 3 Abs. 1 S. 3 BNetzA iVm § 59 EnWG). Der Präsident vertritt die BNetzA und ist für die Geschäftsverteilung und den Erlass einer Geschäftsordnung zuständig.[44] Die **Beschlusskammern** treffen mit Ausnahme der in § 59 Abs. 1 S. 2 EnWG genannten Inhalte alle Entscheidungen der BNetzA. Um unabhängige Entscheidungen zu gewährleisten, gelten bestimmte Voraussetzungen für die Mitglieder der Beschlusskammern (vgl. § 59 Abs. 2 S. 2, Abs. 3 EnWG). Die Fachabteilungen arbeiten dabei den Beschlusskammern zu, indem sie technische, rechtliche und ökonomische Expertise zur Verfügung stellen.[45] 148

Im Hinblick auf die Energieregulierung sind die Beschlusskammern 4 und 6–9 von Bedeutung. Sie befassen sich im Einzelnen jeweils mit: 149

- EEG-Umlage, Investitionsmaßnahmen und -bedingungen, Sonderformen Netznutzung
- Regulierung Elektrizitätsnetze
- Regulierung Gasnetze
- Netzentgelte Strom
- Netzentgelte Gas

Die Fachabteilung 6 (Energieregulierung) unterteilt sich in zwei Unterabteilungen (Ökonomie und Recht sowie Anlagen und Netzbetrieb), welche wiederum in verschiedene Referate unterteilt sind[46]: 150

- Wirtschaftliche Grundsatzfragen der Energieregulierung
- Anreizregulierung, Vergleichsverfahren
- Netzentgelte Elektrizität
- Netzentgelte Gas
- Markttransparenzstelle für Großhandel mit Strom und Gas; Aufgaben nach REMIT, SMARD Strommarktdaten
- Marktbeobachtung, Monitoring Elektrizität/Gas
- Rechtsfragen der Energieregulierung und der Erneuerbaren Energien, Entflechtung, Grundsatzfragen der Energieverbraucher
- Umsetzung Ausschreibungsverfahren

---

41 Aktuell ist unter dem Aktenzeichen C-718/18 ein Verfahren am EuGH anhängig, in dem die Eu-KOM die Umsetzung der Energie- und Erdgasbinnenmarktrichtlinien hinsichtlich der Unabhängigkeit der BNetzA als unzureichend umgesetzt rügt.

42 Siehe auch Art. 57 Abs. 4 S. 2 lit. b ii) RL 2019/944; zur Vereinbarkeit mit den europäischen Richtlinien einerseits und dem Demokratieprinzip andererseits siehe *Ludwigs* in *Ruffert*, Europäisches Sektorales Wirtschaftsrecht, § 5 Rn. 172 ff.

43 *Kühling/Rasbach/Busch*, Energierecht, 4. Auflage 2018, S. 270 f. Rn. 3, 4.

44 *Kühling/Rasbach/Busch*, Energierecht, 4. Auflage 2018, S. 271 f. Rn. 5–7.

45 *Kühling/Rasbach/Busch*, Energierecht, 4. Auflage 2018, S. 272 f. Rn. 8–12.

46 *Kühling/Rasbach/Busch*, Energierecht, 4. Auflage 2018, Abbildung auf S. 275.

- Elektrizitätsverteilernetze, technische Grundsatzfragen der Versorgungsqualität, Digitalisierung, E-Mobilität
- Gasverteilernetze, technischen Grundsatzfragen, Versorgungsqualität, KWK-Ausschreibungen
- Zugang zu Elektrizitätsverteilernetzen, grenzüberschreitender Stromhandel, EU-Angelegenheiten Strom
- Zugang zu Gasverteilernetzen, Gasfernleitungsnetzen, Internationales, Netzentwicklung Gas, Versorgungssicherheitsmonitoring, EU-Angelegenheiten Gas
- Netzentwicklung Stromübertragungsnetz
- IT-gestützte Datenverarbeitung, Wahrnehmung der Aufgaben nach dem EEG
- Versorgungssicherheit Strom
- Krisenvorsorge, Resilienz, Cybersicherheit

151 Weitere Gremien sind der Beirat (§ 5 Abs. 1 BEGTPG; § 60 EnWG) und der Länderausschuss (§ 8 BEGTPG; § 60 a EnWG). Auf der Basis von § 64 EnWG kann die BNetzA wissenschaftliche Beratung in Anspruch nehmen.

II. Behördliche und gerichtliche Verfahren

152 Die behördlichen und gerichtlichen Verfahren[47] dienen der Umsetzung des materiellen Energierechts. Für die Entscheidungen der Regulierungsbehörde und daran ggf. anschließende Gerichtsverfahren sind in den §§ 65–108 EnWG formelle Regelungen festgelegt.[48] Um die Wirksamkeit der energierechtlichen Regelungen zu beurteilen und im Einzelfall deren Folgen für die Unternehmen, die Wirtschaft, die Verbraucher oder die Gesellschaft abschätzen zu können, bedarf es einer Kenntnis des Verfahrensrechts. Von Bedeutung sind neben den Rechten im behördlichen Verfahren und den Rechtsschutzmöglichkeiten, außerdem die Regeln zur Vollstreckung behördlicher und gerichtlicher Entscheidungen, denn erst diese ermöglichen eine tatsächliche Umsetzung der rechtskräftig festgestellten materiellen Rechtslage.

1. Verfahren vor den Regulierungsbehörden

153 Die Verfahren vor den Regulierungsbehörden sind in den §§ 65 ff. EnWG geregelt[49]. Ergänzend hierzu finden die allgemeinen Vorschriften des Verwaltungsrechts (VwVfG) Anwendung.[50] Für den Bereich der Zugangs- und Entgeltregulierung finden sich in den §§ 29 ff. EnWG besondere Verfahrensvorschriften und Befugnisse. Die Vollstreckung der Entscheidungen der Regulierungsbehörde ist in den §§ 94 ff. EnWG vorgesehen.[51]

a) Allgemeines Aufsichtsverfahren nach § 65 EnWG

154 Wenn die Energieversorgungsunternehmen die ihnen obliegenden Pflichten nicht einhalten, kann die Regulierungsbehörde ein Verfahren nach § 65 EnWG einleiten. Sie

47 Zu den Verfahren auf europäischer Ebene siehe *Pritzsche/Vacha*, Energierecht, 1. Auflage 2017, S. 384 ff. Rn. 88–118.

48 *Kühling/Rasbach/Busch*, Energierecht, 4. Auflage 2018, S. 276 Rn. 1.

49 *Kühling/Rasbach/Busch*, Energierecht, 4. Auflage 2018, S. 276 Rn. 2.

50 *Pritzsche/Vacha*, Energierecht, 1. Auflage 2017, S. 369 Rn. 15; *Kühling/Rasbach/Busch*, Energierecht, 4. Auflage 2018, S. 276 Rn. 2.

51 *Pritzsche/Vacha*, Energierecht, 1. Auflage 2017, S. 369 Rn. 15; *Kühling/Rasbach/Busch*, Energierecht, 4. Auflage 2018, S. 276 Rn. 2.

kann damit ein den Vorschriften des EnWG entgegenstehendes Verhalten abstellen oder Maßnahmen zur Einhaltung der Vorschriften anordnen. Auch eine nachträgliche Feststellung des Fehlverhaltens ist möglich, wenn ein berechtigtes Interesse besteht.[52]

Die Behörde kann das Verfahren dann **auf Antrag oder von Amts wegen einleiten** (§ 66 EnWG). Bei Antragsverfahren gem. § 65 EnWG kommt der Behörde idR ein Aufgreifermessen zu.[53] 155

Beteiligt am Verfahren sind: 156

- ggf. der Antragsteller (§ 66 Abs. 2 Nr. 1 EnWG)[54],
- diejenigen natürlichen und juristischen Personen, gegen die sich das Verfahren richtet (66 Abs. 2 Nr. 2 EnWG; „betroffene Personen“[55] oder „Adressat des Verfahrens“[56]),
- durch die Regulierungsbehörden (Ermessen[57]) Beigeladene, deren Interessen durch die Entscheidung erheblich berührt sind (§ 66 Abs. 2 Nr. 3 EnWG), zB Verbraucherverbände[58],
- die Regulierungsbehörde (§ 66 Abs. 3 EnWG) bei von der Behörde nach Landesrecht eröffneten Verfahren (= idR BNetzA bei Verfahren von Landesregulierungsbehörde[59] aber auch bei Verfahren von nach Landesrecht zuständigen Behörden[60])

Die im Verfahren Beteiligten müssen die Möglichkeit zur Stellungnahme erhalten (**Anhörung** § 67 EnWG).[61] Die Rechte aus § 67 Abs. 1 EnWG umfassen auch ein Recht auf Information, z. B. durch (teilweise) Akteneinsicht (§ 29 VwVfG) oder Informations- und Erörterungsveranstaltungen der Regulierungsbehörden.[62] 157

Die Behörde ermittelt den Sachverhalt von Amts wegen (§ 24 VwVfG; **Untersuchungsgrundsatz** § 68 EnWG) und verfügt dabei über umfangreiche Ermittlungsbefugnisse (§ 69 EnWG).[63] Das heißt, die Behörde muss alle Ermittlungen durchführen, die erforderlich sind. Sie muss also dabei jeweils das mildeste effektive Mittel wählen.[64] Besteht ein hinreichender Anfangsverdacht für einen Verstoß gegen das EnWG oder darauf beruhende Verordnungen, kann die Regulierungsbehörde förmlich **Auskunft** über alle er- 158

52 *Kühling/Rasbach/Busch*, Energierecht, 4. Auflage 2018, S. 276 f. Rn. 3, 4.
53 *Kühling/Rasbach/Busch*, Energierecht, 4. Auflage 2018, S. 277 f. Rn. 5, 6; *Pritzsche/Vacha*, Energierecht, 1. Auflage 2017, S. 370 f. Rn. 20.
54 Dazu ausführlich *Theobald/Werk* in *Theobald/Kühling*, Energierecht, 108. EL 2020, EnWG § 66 Rn. 33 ff.; *Kühling/Rasbach/Busch*, Energierecht, 4. Auflage 2018, S. 278 Rn. 8.
55 *Kühling/Rasbach/Busch*, Energierecht, 4. Auflage 2018, S. 279 Rn. 9; dazu aktuell BGH, Beschl. v. 9.7.2019 – EnVR 5/18, EnWZ 2019, 403.
56 Nur unmittelbar betroffene Personen, also beispielsweise nicht Gesellschafter von juristischen Personen oder weitere Unternehmen im Konzernverbund, sofern sie nicht in eigenen Rechten betroffen sind, *Theobald/Werk* in *Theobald/Kühling*, Energierecht, 108. EL 2020, EnWG § 66 Rn. 36 f.
57 Siehe dazu OLG Düsseldorf, Beschl. v. 7.4.2006 – VI-3 Kart 162/06 (V)-, juris; OLG Düsseldorf, Beschl. v. 6.6.2006 – VI-3 Kart 144 – 149/06 -, juris; OLG Düsseldorf, Beschl. v. 2.11.2006 – VI-3 Kart 165/06 (V) -, juris; zusammenfassend *Theobald/Werk* in *Theobald/Kühling*, Energierecht, 108. EL 2020, EnWG § 66 Rn. 50 f.
58 *Kühling/Rasbach/Busch*, Energierecht, 4. Auflage 2018, S. 279 Rn. 10, 11.
59 BGH, Beschl. v. 13.11.2007 – KVR 23/07, BGHZ 174, 324; *Kühling/Rasbach/Busch*, Energierecht, 4. Auflage 2018, S. 279 f. Rn. 12, 13.
60 *Theobald/Werk* in *Theobald/Kühling*, Energierecht, 108. EL 2020, EnWG § 66 Rn. 60 f.
61 *Kühling/Rasbach/Busch*, Energierecht, 4. Auflage 2018, S. 280 Rn. 14, 15.
62 *Theobald/Werk* in *Theobald/Kühling*, Energierecht, 108. EL 2020, EnWG § 67 Rn. 9 ff.; siehe dazu auch OLG Stuttgart, Beschl. v. 19.1.2012 – 202 EnWG 21/08; OLG Brandenburg, Beschl. v. 20.10.2011 – Kart W 10/09.
63 *Pritzsche/Vacha*, Energierecht, 1. Auflage 2017, S. 369 Rn. 17.
64 *Theobald/Werk* in *Theobald/Kühling*, Energierecht, 108. EL 2020, EnWG § 68 Rn. 6 ff.

forderlichen Informationen verlangen.[65] Die Beteiligten triff eine Mitwirkungsobliegenheit (§ 26 Abs. 2 VwVfG).[66]

159 Dem besonderen Schutz von **Betriebs- und Geschäftsgeheimnissen**[67] trägt dabei der im Vergleich zu § 30 VwVfG weitergehende § 71 EnWG Rechnung. Demnach darf die Regulierungsbehörde die vom Unternehmen als Geheimnisse gekennzeichneten Inhalte Dritten nicht ohne Weiteres vorlegen. Für die nicht gekennzeichneten Inhalte gilt die (widerlegliche) Vermutung eines Einverständnisses mit der Weitergabe an andere Verfahrensbeteiligte.[68] Ergibt sich aus den Ermittlungen der Verdacht einer **Straftat**, so ist die Bundesnetzagentur berechtigt, Daten an die Staatsanwaltschaft zu übermitteln. Bei Fällen von Marktmanipulation und Insiderhandel (§§ 95 a, b EnWG)[69] ist sie zur Anzeige verpflichtet. Die Entscheidung über die Einleitung eines Strafverfahrens obliegt der Staatsanwaltschaft.[70]

160 Bis zur endgültigen Entscheidung kann die Regulierungsbehörde, sofern dies im öffentlichen Interesse oder im überwiegenden Interesse der Beteiligten zur Abwendung schwerer oder wesentlicher Nachteile erforderlich ist, **vorläufige Anordnungen** treffen.[71]

161 Die **endgültige Entscheidung** ist dem regulierten Unternehmen zuzustellen und muss eine Begründung und eine Rechtsmittelbelehrung enthalten (§ 73 Abs. 1 S. 1 EnWG).[72] Sie ergeht in der Form eines Verwaltungsaktes (§ 35 S. 1 VwVfG).[73] Im allgemeinen Aufsichtsverfahren kann die Regulierungsbehörde:

- Unternehmen verpflichten, ein gegen das EnWG oder Folgebestimmungen verstoßendes Verhalten abzustellen (**Abstellungsverfügung**),
- Maßnahmen anordnen, wenn ein Unternehmen seinen Verpflichtungen aus den EnWG nicht nachkommt (**Maßnahmenanordnung**),
- Unternehmen zur Umsetzung der bundesweiten Netzplanung zu einer Investition verpflichten (**Investitionsverpflichtung**).[74]

162 Bei Festlegungen, die eine Gruppe von Netzbetreibern betreffen, reicht die **Bekanntmachung** auf der Internetseite und im Amtsblatt der Bundesnetzagentur (§ 73 Abs. 1 a S. 2 EnWG).[75] Hierbei handelt es sich um **Allgemeinverfügungen** (§ 35 S. 2 VwVfG; § 60 Abs. 2 S. 1 EnWG).[76]

---

65 *Kühling/Rasbach/Busch*, Energierecht, 4. Auflage 2018, S. 281 f. Rn. 18–21.

66 *Theobald/Werk* in *Theobald/Kühling*, Energierecht, 108. EL 2020, EnWG § 68 Rn. 10 ff.; siehe dazu auch OLG Düsseldorf, Beschl. v. 17.2.2016 – VI-3 Kart 245/12 (V), NJOZ 2016, 936, Rn. 117 ff.

67 Zum Begriff siehe *Theobald/Werk* in *Theobald/Kühling*, Energierecht, 108. EL 2020, EnWG § 71 Rn. 5.

68 *Kühling/Rasbach/Busch*, Energierecht, 4. Auflage 2018, S. 282 Rn. 22, 23; *Theobald/Werk* in *Theobald/Kühling*, Energierecht, 108. EL 2020, EnWG § 71 Rn. 17 ff.

69 Siehe dazu für den Großhandel mit Strom und Gas die REMIT-VO 1227/2011.

70 *Kühling/Rasbach/Busch*, Energierecht, 4. Auflage 2018, S. 283 Rn. 24.

71 *Kühling/Rasbach/Busch*, Energierecht, 4. Auflage 2018, S. 283 Rn. 25.

72 *Kühling/Rasbach/Busch*, Energierecht, 4. Auflage 2018, S. 283 f. Rn. 26, 27; ausführlich *Theobald/Werk* in *Theobald/Kühling*, Energierecht, 108. EL 2020, EnWG § 73 Rn. 11 ff.

73 *Pritzsche/Vacha*, Energierecht, 1. Auflage 2017, S. 369 Rn. 18.

74 *Pritzsche/Vacha*, Energierecht, 1. Auflage 2017, S. 371 Rn. 23.

75 *Theobald/Werk* in *Theobald/Kühling*, Energierecht, 108. EL 2020, EnWG § 73 Rn. 27.

76 *Pritzsche/Vacha*, Energierecht, 1. Auflage 2017, S. 369 Rn. 18.

Die **Kosten** der Beweiserhebung kann die Regulierungsbehörde nach billigem Ermessen den Beteiligten auferlegen. Es gilt im Übrigen das Verwaltungskostengesetz des Bundes[77] bzw. der Länder (siehe auch § 91 EnWG).[78] 163

Gegen die Entscheidung der Regulierungsbehörde ist die Beschwerde am zuständigen OLG zulässig (§ 75 Abs. 1 EnWG), ein vorheriger Widerspruch nach §§ 68 ff. VwGO ist nicht erforderlich (§ 68 Abs. 1 Nr. 1 VwGO).[79] Darauffolgend kann mittels Rechtsbeschwerde der BGH angerufen werden (§§ 86 ff. EnWG).[80] 164

b) Besondere Verfahren im Rahmen der Zugangs- und Entgeltregulierung

Im Bereich der Netzregulierung stellt die Festlegung eine Besonderheit des Verwaltungsverfahrens dar. Sie ermöglicht, grundsätzliche Fragen außerhalb von Einzelfallentscheidungen vorab gegenüber allen Netzbetreibern verbindlich zu klären.[81] 165

aa) Verfahren zur Festlegung und Genehmigung (§ 29 EnWG)

Nach § 29 Abs. 1 EnWG ist die Regulierungsbehörde befugt, Entscheidungen in den in diesem Gesetz benannten Fällen über die **Bedingungen und Methoden für den Netzzugang oder den Netzanschluss** nach der KraftNAV, StromNZV, GasNZV, StromNEV, GasNEV und ARegV durch **Festlegung** gegenüber einem oder mehreren Netzbetreibern bzw. sonstigen in der Vorschrift Verpflichteten oder durch **Genehmigung** gegenüber dem Antragsteller zu treffen.[82] Die Regulierungsbehörde kann dabei die vorgenannten Rechtverordnungen im Wege behördlicher Entscheidung inhaltlich ergänzen, soweit sie keine abschließenden Regelungen enthalten (§§ 17 Abs. 3, 21 a Abs. 4, 24 EnWG).[83] Die Aufhebung und Ersetzung vorhandener Festlegungen ist gem. § 29 Abs. 2 S. 1 EnWG unabhängig von den Voraussetzungen der §§ 48, 49 VwVfG möglich.[84] Die Bundesregierung ist ermächtigt, das Verfahren für Festlegungen näher auszugestalten.[85] 166

bb) Missbräuchliches Verhalten eines Netzbetreibers (§ 30 EnWG)

Die Regulierungsbehörde hat nach § 30 EnWG die Befugnis, missbräuchliches Verhalten von Unternehmen zu unterbinden. Regelbeispiele für einen Missbrauch finden sich in § 30 Abs. 1 S. 2 EnWG. Eine marktbeherrschende Stellung ist dabei tatbestandlich nicht vorausgesetzt. Die Eingriffsbefugnisse der Behörde bei einem missbräuchlichen Verhalten listet § 30 Abs. 2 EnWG auf.[86] 167

---

77 Zum starren Verweis auf das überholte Gesetz *Boos* in *Theobald/Kühling*, Energierecht, 108. EL 2020, EnWG § 91 Rn. 63 f.

78 *Kühling/Rasbach/Busch*, Energierecht, 4. Auflage 2018, S. 284 Rn. 28.

79 *Pritzsche/Vacha*, Energierecht, 1. Auflage 2017, S. 371 Rn. 21.

80 *Kühling/Rasbach/Busch*, Energierecht, 4. Auflage 2018, S. 291 Rn. 55.

81 *Pritzsche/Vacha*, Energierecht, 1. Auflage 2017, S. 368 Rn. 12, 13; Grundsatzentscheidung zur Rechtsstaatlichkeit der Festlegung: BGH Beschl. v. 20.4.2008 – KVR 20/07.

82 *Kühling/Rasbach/Busch*, Energierecht, 4. Auflage 2018, S. 284 f. Rn. 30.

83 *Kühling/Rasbach/Busch*, Energierecht, 4. Auflage 2018, S. 285 Rn. 31; siehe weiterführend zum Ermessens- und Beurteilungsspielraum der Behörde BGH, Beschl. v. 21.1.2014 – EnVR 12/12, EnWZ 2014, 378; BGH, Beschl. v. 22.7.2014 – EnVR 58/12; BGH, Beschl. v. 13.12.2016 – EnVR 34/15; BGH, Beschl. v. 15.5.2017 – EnVR 40/15.

84 *Kühling/Rasbach/Busch*, Energierecht, 4. Auflage 2018, S. 285 Rn. 32; zum Rechtscharakter der Festlegung *Boos* in *Theobald/Kühling*, Energierecht, 108. EL 2020, EnWG § 29 Rn. 13 ff.

85 *Kühling/Rasbach/Busch*, Energierecht, 4. Auflage 2018, S. 285 Rn. 33.

86 *Kühling/Rasbach/Busch*, Energierecht, 4. Auflage 2018, S. 285 f. Rn. 34–36.

cc) Besonderes Missbrauchsverfahren (§ 31 EnWG)

168 Personen und Vereinigungen, deren Interessen von einem Verhalten eines Netzbetreibers erheblich beeinträchtigt werden, können gem. § 31 EnWG mit einem förmlichen Antrag die Einleitung des besonderen Missbrauchsverfahrens bei der Regulierungsbehörde erwirken. Der Antrag muss alle in § 31 Abs. 2 EnWG aufgeführten Informationen enthalten. Die Regulierungsbehörde hat, sofern die Angaben vollständig sind, *kein* Aufgreifermessen. Das Missbrauchsverfahren beschränkt sich inhaltlich auf Verstöße gegen die §§ 17–28 a EnWG[87] und den auf dieser Basis erlassenen Verordnungen.[88]

dd) Unterlassungs- und Schadenersatzanspruch (§ 32 EnWG)

169 Bei einem Verstoß gegen die §§ 17–28 a EnWG oder auf deren Grundlage erlassener Verordnungen hat der Betroffene einen eigenständigen zivilrechtlichen Anspruch auf Beseitigung der Beeinträchtigung, auf Unterlassung bei Wiederholungsgefahr und auch bei drohender Beeinträchtigung. Dieser ist auch bei Mitwirkung des Betroffenen nicht ausgeschlossen und kann auch von einschlägigen rechtsfähigen Verbänden[89] geltend gemacht werden. Bei vorsätzlichem oder fahrlässigem Verstoß besteht außerdem ein Schadenersatzanspruch (§ 32 Abs. 3 EnWG).[90] Das Zivilgericht ist bei seiner Entscheidung grundsätzlich an die Feststellungen der Regulierungsbehörde gebunden.[91]

ee) Vorteilsabschöpfung (§ 33 EnWG)

170 Ferner kann bei mindestens fahrlässigem Verstoß (§ 276 Abs. 1 S. 2 BGB) die Regulierungsbehörde einen dadurch erlangten wirtschaftlichen Vorteil abschöpfen. Schadenersatz, Bußgelder und eingezogene Taterträge mindern dabei allerdings den Vorteil.[92] Die Vorteilsabschöpfung ist auch bei Verstößen gegen Art. 3 und 5 der REMIT-VO (Insiderhandel und Marktmanipulation) möglich.[93]

c) Vollstreckung

171 Die Regulierungsbehörde kann gem. § 94 EnWG ihre eigenen Anordnungen nach den Vorschriften der Verwaltungsvollstreckungsgesetze durchsetzen. Möglich ist ggf. die Ersatzvornahme oder ein Zwangsgeld.[94] Die Höhe des Zwangsgeldes bewegt sich dabei zwischen 1.000 und 10 Millionen Euro.

d) Bußgeldverfahren

172 In § 95 EnWG sind Ordnungswidrigkeitentatbestände geregelt, bei deren Vorliegen die Regulierungsbehörde (§ 54 EnWG, § 36 Abs. 1 Nr. OWiG) befugt ist, ein Bußgeld fest-

---

87 *Kühling/Rasbach/Busch*, Energierecht, 4. Auflage 2018, S. 286 f. Rn. 37–40; *Boos* in *Theobald/Kühling*, Energierecht, 108. EL 2020, EnWG Rn. 1.
88 *Boos* in *Theobald/Kühling*, Energierecht, 108. EL 2020, EnWG § 31 Rn. 7.
89 *Boos* in *Theobald/Kühling*, Energierecht, 108. EL 2020, EnWG § 32 Rn. 25 ff.
90 *Kühling/Rasbach/Busch*, Energierecht, 4. Auflage 2018, S. 287 Rn. 41.
91 *Boos* in *Theobald/Kühling*, Energierecht, 108. EL 2020, EnWG § 32 Rn. 35 ff.
92 *Kühling/Rasbach/Busch*, Energierecht, 4. Auflage 2018, S. 287 f. Rn. 42.
93 *Boos* in *Theobald/Kühling*, Energierecht, 108. EL 2020, EnWG § 33 Rn. 33.
94 *Pritzsche/Vacha*, Energierecht, 1. Auflage 2017, S. 371 f. Rn. 25; *Kühling/Rasbach/Busch*, Energierecht, 4. Auflage 2018, S. 288 Rn. 45.

zusetzen. Die Bußgelder können bis zu 5 Mio. Euro betragen.[95] Der Rechtsschutz richtet sich grundsätzlich nach den Vorgaben des Ordnungswidrigkeitengesetzes.[96]

2. Gerichtsverfahren gegen Entscheidungen der Regulierungsbehörden

Gegen Entscheidungen der Regulierungsbehörde ist gem. § 75 Abs. 1 EnWG die Beschwerde zulässig. Sie kann auch auf neue Tatsachen und Beweise gestützt werden. Möglich sind ausdrücklich eine Anfechtungs- und Verpflichtungs – sowie nach § 83 Abs. 2 S. 2 EnWG auch die Fortsetzungsfeststellungsbeschwerde. Die Zulässigkeit weiterer Beschwerdearten in entsprechender Anwendung der Vorschriften der VwGO wird diskutiert.[97] 173

Beschwerdebefugt sind alle am Verfahren vor den Regulierungsbehörden Beteiligte. Dritte sind beschwerdebefugt, wenn sie erhebliche wirtschaftliche Interessen geltend machen und beispielsweise aus prozessökonomischen Gründen nicht am Verfahren vor der Regulierungsbehörde beteiligt worden sind. § 75 Abs. 2 EnWG ist insofern allerdings nicht abschließend.[98] 174

Beschwerdegericht ist das für den Sitz der Regulierungsbehörde zuständige OLG. Im Falle der BNetzA ist es das OLG Düsseldorf (Kartellsenate, § 106 EnWG).[99] 175

Die Beschwerde hat grundsätzlich **keine aufschiebende Wirkung** (§§ 76, 77 EnWG), dh die Entscheidungen der Regulierungsbehörde können sofort vollzogen werden, auch wenn ein Gerichtsverfahren gegen die jeweilige Maßnahme angestrebt wird. Einzige Ausnahme sind die Anordnungen zur rechtlichen, operationellen und eigentumsrechtlichen Entflechtung. Ferner kann die Regulierungsbehörde die sofortige Vollziehung aussetzen, wenn sie für den Betroffenen eine nicht durch überwiegende öffentliche Interessen zu rechtfertigende unbillige Härte darstellt. Daneben kann der Betroffene die aufschiebende Wirkung beim Beschwerdegericht beantragen, wenn er Tatsachen darlegt, die ernstliche Zweifel an der Rechtmäßigkeit der angefochtenen Entscheidung begründen, also die Aufhebung des Bescheides überwiegend wahrscheinlich wird.[100] Eine weitere Möglichkeit, den Vollzug der regulierungsbehördlichen Entscheidungen zu verhindern, ist der einstweilige Rechtsschutz (§§ 80 Abs. 5, 123 VwGO).[101] 176

Beschwerdefrist ist ein Monat ab Zustellung der Entscheidung der Regulierungsbehörde. Die Beschwerde ist schriftlich abzugeben und zu begründen (§ 78 Abs. 4 EnWG).[102] 177

Das Beschwerdegericht entscheidet durch begründeten Beschluss und stellt diesen den Beteiligten zu (§ 83 EnWG).[103] Die Entscheidung des Beschwerdegerichts darf die Situation für den Beschwerdeführer nicht zum Schlechteren verändern („Reformatio in peius"). Sind Teile der Regulierungsentscheidung noch nicht bestandskräftig geworden, da sie Gegenstand des Verfahrens (§ 78 Abs. 4 Nr. 1 EnWG) waren, kann die Re- 178

95 *Kühling/Rasbach/Busch*, Energierecht, 4. Auflage 2018, S. 288 f. Rn. 45–47.
96 Zusammenfassend *Boos* in *Theobald/Kühling*, Energierecht, 108. EL 2020, EnWG § 95 Rn. 59.
97 *Boos* in *Theobald/Kühling*, Energierecht, 108. EL 2020, EnWG § 75 Rn. 27 ff.
98 *Kühling/Rasbach/Busch*, Energierecht, 4. Auflage 2018, S. 289 Rn. 49; *Boos* in *Theobald/Kühling*, Energierecht, 108. EL 2020, EnWG § 75 Rn. 35 ff.
99 *Kühling/Rasbach/Busch*, Energierecht, 4. Auflage 2018, S. 289 f. Rn. 50.
100 *Kühling/Rasbach/Busch*, Energierecht, 4. Auflage 2018, S. 290 Rn. 51 f.
101 *Pritzsche/Vacha*, Energierecht, 1. Auflage 2017, S. 383 f. Rn. 84–87.
102 *Kühling/Rasbach/Busch*, Energierecht, 4. Auflage 2018, S. 290 Rn. 53.
103 *Kühling/Rasbach/Busch*, Energierecht, 4. Auflage 2018, S. 290 Rn. 54.

gulierungsbehörde selbst allerdings eine Verschlechterung zulasten des Beschwerdeführers herbeiführen.[104]

179 Gegen die in der Hauptsache erlassenen Beschlüsse des OLG ist die **Rechtsbeschwerde** zum BGH statthaft, wenn das OLG sie zugelassen hat (§§ 86 ff. EnWG). Die Nichtzulassung der Rechtsbeschwerde kann durch Nichtzulassungsbeschwerde angefochten werden.[105]

3. Bürgerlich-rechtliche Streitigkeiten

180 Für bürgerlich-rechtliche Streitigkeiten, die sich aus dem EnWG ergeben, sehen die §§ 102, 103 Abs. 1 S. 1 EnWG eine vom normalen Zivilrechtsweg abweichende Zuständigkeit vor.[106] Das zuständige Landgericht hat dann die Regulierungsbehörde zu unterrichten.[107] Ein Vertreter der Regulierungsbehörde darf dem Prozess beiwohnen und kann sogar Erklärungen abgeben. Unter welchen Voraussetzungen sich eine Streitigkeit aus dem EnWG ergibt, ist teilweise umstritten.[108]

III. Aufgaben

181
1. B ist Mitglied einer Beschlusskammer der BNetzA. Er möchte sich in seinem Heimatort A zur Wahl als Bürgermeister stellen und außerdem einige Ersparnisse in Aktien des Netzbetreibers C-AG anlegen. Sehen Sie hier Probleme?
2. Wie bewerten Sie die Angemessenheit der in § 33 EnWG getroffenen Regelung im Hinblick auf das Unternehmensinteresse und das Interesse von Öffentlichkeit und Verbrauchern?
3. Was ist der Unterschied zwischen einem Zwangsgeld und einem Bußgeld? Nennen Sie jeweils ein Beispielszenario, in dem ein Unternehmen der Energiewirtschaft ein Zwangsgeld oder ein Bußgeld aufgrund des EnWG zu zahlen hat.
4. Weshalb ist der § 95 Abs. 1 Nr. 4 EnWG im Hinblick auf den Bestimmtheitsgrundsatz (§ 3 OWiG und Art. 103 Abs. 2 GG) problematisch?
5. Handelt es sich bei Rechtsstreitigkeiten aus Energielieferverträgen um Rechtsstreitigkeiten, die sich aus den Vorschriften des EnWG ergeben (§ 102 EnWG)?
6. Der Energielieferant X möchte zur Belieferung seiner Kunden das Netz der C-AG nutzen. Leider können sich die C-AG und X vertraglich nicht einigen. X ist der Meinung, dass C ein überhöhtes Entgelt verlangen würde. X möchte einen Zugang zum Netz der C zu angemessenen Bedingungen erhalten. Welche Verfahren stehen ihm zur Erreichung seines Ziels zur Verfügung?
7. Lesen Sie BGH 6.11.2012 – KVR 54/11, Rn. 12 ff. – Warum ist hier nach Ansicht des BGH, die Anwendung der §§ 19, 20 GWB nicht durch § 111 Abs. 1 EnWG ausgeschlossen?

---

104 *Boos* in *Theobald/Kühling*, Energierecht, 108. EL 2020, EnWG § 83 Rn. 23.

105 *Kühling/Rasbach/Busch*, Energierecht, 4. Auflage 2018, S. 290 Rn. 55; siehe dazu auch BGH, Beschl. v. 11.11.2008 – EnVR 1/08.

106 *Kühling/Rasbach/Busch*, Energierecht, 4. Auflage 2018, S. 291 Rn. 56.

107 *Kühling/Rasbach/Busch*, Energierecht, 4. Auflage 2018, S. 291 Rn. 58.

108 *Kühling/Rasbach/Busch*, Energierecht, 4. Auflage 2018, S. 291 Rn. 57; *Theobald/Werk* in *Theobald/Kühling*, Energierecht, 108. EL 2020, EnWG § 102 Rn. 4 ff.; weiterführend zur Zivilgerichtsbarkeit siehe *Pritzsche/Vacha*, Energierecht, 1. Auflage 2017, S. 378 ff. Rn. 53–74.

Lösung Kapitel D

1. **B ist Mitglied einer Beschlusskammer der BNetzA. Er möchte sich in seinem Heimatort A zur Wahl als Bürgermeister stellen und außerdem einige Ersparnisse in Aktien des Netzbetreibers C-AG anlegen. Sehen Sie hier Probleme?**

Die Frage zielt darauf ab, dass die BNetzA als Regulierungsbehörde einen sehr großen Einfluss auf die Energiewirtschaft in Deutschland hat. Mitglieder in den Beschlusskammern sollten daher möglichst keine Interessenkonflikte bei der Wahrnehmung ihrer Aufgaben haben. Ein solcher Interessenkonflikt ergibt sich insbesondere, wenn ein Mitglied der BNetzA auch selbst als Teilnehmer am Energiemarkt von den dortigen Entwicklungen profitieren würde. Deshalb hat der Gesetzgeber in § 59 Abs. 3 EnWG eine sog. „**Inkompatibilitätsregelung**" getroffen. 182

§ 59 EnWG Organisation

(...)

(3) Die Mitglieder der Beschlusskammern dürfen weder ein Unternehmen der Energiewirtschaft innehaben oder leiten noch dürfen sie Mitglied des Vorstandes oder Aufsichtsrates eines Unternehmens der Energiewirtschaft sein oder einer Regierung oder einer gesetzgebenden Körperschaft des Bundes oder eines Landes angehören.

Eine Auslegung nach dem Sinn und Zweck der Norm ergibt, dass die Aufzählung in § 59 Abs. 3 EnWG hinsichtlich der inkompatiblen Funktionen innerhalb von Unternehmen der Energiewirtschaft weit auszulegen und nicht abschließender Natur ist. Die bezweckte **Vermeidung persönlicher Interessenkonflikte** gebietet auch die Erfassung von Geschäftsführern, Prokuristen, Gesellschaftern einer oHG und Komplementären einer KG.[109]

Ob es für die Anwendung von § 59 Abs. 3 EnWG bereits ausreicht, wenn der B einige Aktien eines lokalen Energiekonzerns erwirbt, lässt sich nicht pauschal sagen. Legt man die europäische Richtlinie bei der Auslegung der Norm zugrunde, so sieht diese eine völlige Unabhängigkeit der Entscheidungsfindung in der Regulierungsbehörden von den Interessen der Energiewirtschaft vor.[110] Vor diesem Hintergrund erscheint es problematisch, wenn B als Mitglied einer Beschlusskammer von den Markteinflüssen durch die Entscheidungen potenziell profitiert, da er auf dem Energiemarkt Geld angelegt hat. Allerdings greift § 59 Abs. 3 EnWG in grundrechtliche geschützte Rechtspositionen ein. Eine derart extensive Auslegung kann folglich nicht gerechtfertigt sein, wenn sie nicht erforderlich ist. Ergeben sich im Einzelfall Interessenkonflikte aufgrund des Aktienbesitzes, verbleibt die Anwendung der §§ 20, 21 VwVfG.[111] Diese ist mithin ausreichend, um im Einzelfall eine von Interessenkonflikten geprägte Entscheidung auszuschließen. Es ist damit nicht erforderlich, den B gänzlich von Investitionen in der Energiewirtschaft auszuschließen. Positionen unterhalb der Führungsebene sind folglich von der Regelung des § 59 Abs. 3 EnWG nicht erfasst.[112]

Ob die Kandidatur bzw. Ausübung eines Bürgermeisteramtes gegen § 59 Abs. 3 EnWG verstößt, muss ebenfalls durch Auslegung ermittelt werden. Nach dem Wortlaut sind

109 *Theobald/Werk* in *Theobald/Kühling*, Energierecht, 108. EL 2020, EnWG § 59 Rn. 45.
110 Art. 39 RL 2009/73/EG; Art. 57 RL 2019/944.
111 *Theobald/Werk* in *Theobald/Kühling*, Energierecht, 108. EL 2020, EnWG § 59 Rn. 47.
112 *Schmidt-Preuß* in *Säcker*, Berliner Kommentar zum Energierecht, 4. Auflage 2019, EnWG § 59 Rn. 10.

hier zunächst nur Mitglieder von Regierungen oder gesetzgebenden Körperschaften des Bundes oder eines Landes betroffen. Ein Bürgermeister als Teil der kommunalen Vertretung ist hier nicht erfasst. Fraglich ist, ob auch hier die Aufzählung als nicht abschließend zu bewerten ist.

> ***Kommentierung zu § 59 Abs. 3 EnWG:***
>
> „(…) Demgemäß dürfen Mitglieder der Beschlusskammern der BNetzA nunmehr auch kein Mitglied einer Regierung oder eines Parlaments des Bundes oder eines Landes sein. Der neu eingefügte Halbsatz stellt klar, dass die von der Norm bezweckte Unabhängigkeit der Beschlusskammermitglieder effektiv nur dann gewährleistet werden kann, wenn **persönlich-funktionelle Verflechtungen** nicht nur mit der Energiewirtschaft, sondern **auch mit Gesetzgebungsorganen ausgeschlossen sind.**“[113]

Demnach ist ein Bürgermeisteramt für die Arbeit in der Beschlusskammer unschädlich. Ergeben sich im Einzelfall dennoch Interessenkonflikte verbleibt auch hier die Anwendung der §§ 20, 21 VwVfG.[114]

▶ § 21 VwVfG – Besorgnis der Befangenheit

(1) Liegt ein Grund vor, der geeignet ist, Misstrauen gegen eine unparteiische Amtsausübung zu rechtfertigen, oder wird von einem Beteiligten das Vorliegen eines solchen Grundes behauptet, so hat, wer in einem Verwaltungsverfahren für eine Behörde tätig werden soll, den Leiter der Behörde oder den von diesem Beauftragten zu unterrichten und sich auf dessen Anordnung der Mitwirkung zu enthalten. Betrifft die Besorgnis der Befangenheit den Leiter der Behörde, so trifft diese Anordnung die Aufsichtsbehörde, sofern sich der Behördenleiter nicht selbst einer Mitwirkung enthält.

(2) Für Mitglieder eines Ausschusses (§ 88) gilt § 20 Abs. 4 entsprechend. ◀

2. Wie bewerten Sie die Angemessenheit der in § 33 EnWG getroffenen Regelung im Hinblick auf das Unternehmensinteresse und das Interesse von Öffentlichkeit und Verbrauchern?

183 Um ein Regelungsinstrument zu beurteilen muss zunächst einmal die Regelung in ihrer Tragweite erfasst werden. Sodann stellt sich die Frage nach den hinter der Regelung stehenden Interessen. Für die Beurteilung der Angemessenheit kommt es darauf an, ob alternative Regelungen zum selben Zweck die beteiligten Interessen besser zum Ausgleich bringen und ob, falls dies nicht der Fall ist, die Regelung dennoch betroffene Stakeholder unangemessen benachteiligt.

▶ § 33 EnWG Vorteilsabschöpfung durch die Regulierungsbehörde

(1) Hat ein Unternehmen **vorsätzlich oder fahrlässig** gegen eine Vorschrift der Abschnitte 2 und 3, eine aufgrund der Vorschriften dieser Abschnitte erlassene Rechtsverordnung oder eine auf Grundlage dieser Vorschriften ergangene Entscheidung der Regulierungsbehörde verstoßen und **dadurch einen wirtschaftlichen Vorteil erlangt**, kann die Regulierungsbehörde die Abschöpfung des wirtschaftlichen Vorteils anordnen und dem Unternehmen die Zahlung des entsprechenden Geldbetrags auferlegen. (…) ◀

113 *Theobald/Werk* in *Theobald/Kühling*, Energierecht, 108. EL 2020, EnWG § 59 Rn. 46.
114 *Theobald/Werk* in *Theobald/Kühling*, Energierecht, 108. EL 2020, EnWG § 59 Rn. 47.

Entsteht einem Unternehmen durch einen Verstoß gegen die Netzregulierungsregeln ein wirtschaftlicher Vorteil, so kann die Regulierungsbehörde diesen vereinnahmen:

- Schon bei Fahrlässigkeit (Abs. 1)
- Bis zu fünf Jahre seit Beendigung der Zuwiderhandlung (Abs. 5)
- Höhe kann geschätzt werden (Abs. 4)
- Einschränkung bei unbilliger Härte (Abs. 3)
- Gegenrechnung bereits geleisteten Schadenersatzes, Einziehung von Taterträgen und Bußgeldern (Abs. 2)

Die Regelung kann aus verschiedenen Blickwinkeln betrachtet werden. Hinter der Regelung steht der Gedanke, dass Unternehmen keine Vorteile aus Verstößen erlangen sollen, die Bußgelder allerdings zu niedrig sind und sich daher Verstöße auch unter Einberechnung der Bußgelder lohnen können. Geschädigte Unternehmen nehmen zudem ihre Schadenersatzansprüche oftmals nicht wahr, daher sehen auch § 34 GWB oder § 43 TKG eine ähnliche Regelung vor.[115]

Für die Unternehmen ist die Regelung ein tiefer Eingriff in ihre Handlungsflexibilität. Der Fahrlässigkeitsmaßstab stellt ein erhebliches Risiko für Unternehmen dar.[116]

Mögliche Alternativen sind die Vorteilsabschöpfung durch Verbraucherverbände oder eine Abstellungsverfügung mit der Vorgabe individueller Rückerstattung an die betroffenen Netzkunden (§ 30 Abs. 2 EnWG). In der Praxis hat die Norm nur geringe Bedeutung, da bei überhöhten Netzentgelten in der Regel die Saldierung mit den Netzentgelten der Folgeperiode zur Anwendung kommt (§ 23 a EnWG).[117]

3. Was ist der Unterschied zwischen einem Zwangsgeld und einem Bußgeld? Nennen Sie jeweils ein Beispielszenario, in dem ein Unternehmen der Energiewirtschaft ein Zwangsgeld oder ein Bußgeld aufgrund des EnWG zu zahlen hat.

Ein Bußgeld ist eine „Strafe" für die Begehung einer Ordnungswidrigkeit.[118] Ein 184
Zwangsgeld ist ein im Vollstreckungsverfahren genutztes Druckmittel.[119] Aus diesem Unterschied in der Zweckrichtung ergeben sich auch Unterschiede in der Handhabung.

Beispielsweise muss ein Zwangsgeld zunächst von der Behörde angedroht werden, um dem betroffenen Unternehmen die Möglichkeit zu geben, sein Verhalten abzustellen.[120] Reagiert das Unternehmen im Sinne der Behörde, braucht es das Zwangsgeld dann nicht zu bezahlen.

Das Bußgeld kann die Behörde bei einem festgestellten Verstoß im Rahmen ihres gesetzlich eingeräumten Ermessens verhängen. Es ist unabhängig davon zu zahlen, ob das Unternehmen die Zuwiderhandlung einstellt oder nicht. Voraussetzung ist allerdings ein Verschulden (Vorsatz oder Fahrlässigkeit), in den Fällen des § 95 Abs. 1 a und Abs. 1 c EnWG sogar gesteigerte Fahrlässigkeit („leichtfertig") seitens des Unternehmens.[121]

115 *Boos* in *Theobald/Kühling*, Energierecht, 108. EL 2020, EnWG § 33 Rn. 8 – 11.
116 *Kühling/Rasbach/Busch*, Energierecht, 4. Auflage 2018, S. 287 f. Rn. 42.
117 *Boos* in *Theobald/Kühling*, Energierecht, 108. EL 2020, EnWG § 33 Rn. 8 – 11.
118 *Pritzsche/Vacha*, Energierecht, 1. Auflage 2017, S. 372 Rn. 26.
119 *Pritzsche/Vacha*, Energierecht, 1. Auflage 2017, S. 371 Rn. 25.
120 *Theobald/Werk* in *Theobald/Kühling*, Energierecht, 108. EL 2020, EnWG § 94 Rn. 1–8.
121 *Boos* in *Theobald/Kühling*, Energierecht, 108. EL 2020, EnWG § 95 Rn. 12 ff.

Auch wenn bei verschiedensten Verstößen gegen das EnWG sowohl ein Bußgeld als auch ein Zwangsgeld denkbar ist und beide von der gleichen Behörde festgesetzt werden, handelt es sich um gänzlich unterschiedliche Instrumente.

Das EnWG enthält Tatbestände von Ordnungswidrigkeiten (§ 95 EnWG) und sogar Straftatbestände (§§ 95 a, b EnWG), die dem Ordnungswidrigkeitenrecht bzw. dem Wirtschaftsstrafrecht zuzuordnen sind. Die Zuständigkeit für Bußgelder nach EnWG ergibt sich aus § 36 Abs. 1 Nr. 1 OWiG und § 54 EnWG.

▶ § 36 OWiG – Sachliche Zuständigkeit der Verwaltungsbehörde

(1) Sachlich zuständig ist
   1. die Verwaltungsbehörde, die durch Gesetz bestimmt wird,
   2. mangels einer solchen Bestimmung (...) ◀

Das Zwangsgeld (§ 94 EnWG) ist Teil des verwaltungsrechtlichen Vollstreckungsverfahrens. Die Zuständigkeit der Regulierungsbehörde für die Vollstreckung der Verwaltungsmaßnahmen ist direkt in § 94 EnWG festgelegt.

4. Weshalb ist der § 95 Abs. 1 Nr. 4 EnWG im Hinblick auf den Bestimmtheitsgrundsatz (§ 3 OWiG und Art. 103 Abs. 2 GG) problematisch?

185 Ein „Missbrauch der Marktstellung", wie in § 95 Abs. 1 Nr. 4 EnWG benannt, liegt nach § 30 Abs. 1 S. 2 Nr. 1 EnWG bereits vor, wenn ein Unternehmen gegen eine der Vorschriften der Abschnitte 2 und 3 des Teils 3 des EnWG oder der hierauf ergangenen Rechtsverordnungen verstößt. Nach dieser Auslegung handelt es sich um eine **Blankettvorschrift.**[122]

> *Aus der Rechtsprechung zur Zulässigkeit von Blankettvorschriften*
>
> "Der Gesetzgeber ist verpflichtet, die Voraussetzungen einer Ordnungswidrigkeit so konkret zu beschreiben, dass Tragweite und Anwendungsbereich der Tatbestände zu erkennen sind und sich durch Auslegung ermitteln lassen. **Jedermann soll voraussehen** können, welches Verhalten verboten und mit einem Bußgeld bedroht ist. Weiterhin soll sichergestellt werden, dass der **Gesetzgeber** und nicht die Verwaltungsbehörde über die Bußgeldvoraussetzungen entscheidet."[123]
>
> „(...) Verwendet der Gesetzgeber, wie im vorliegenden Fall, sogenannte Blankettvorschriften, muss der Tatbestand so hinreichend beschrieben sein, dass die Ahndbarkeit schon aufgrund des Blanketts in Verbindung mit der gesetzlichen Ermächtigungsnorm vorausgesehen werden kann. Er darf nicht so weit gefasst sein, dass für den Normadressaten nicht mehr abschätzbar ist, wann und wodurch er sich ordnungswidrig verhält. (...) Die einzelnen Gebots- und Verbotsnormen, die von der Bußgeldvorschrift erfasst werden sollen, hätten (...) im Einzelnen aufgeführt werden müssen."[124]

Daraus folgt, dass § 95 Abs. 1 Nr. 4 EnWG restriktiv dahin gehend auszulegen ist, dass es durch den Verstoß gegen die Vorschriften der Abschnitte 2 und 3 des Teils 3 des

---

122 *Kühling/Rasbach/Busch,* Energierecht 4. Auflage 2017, S. 288 Rn. 47; *Boos* in *Theobald/Kühling,* Energierecht, 108. EL2020, EnWG § 95 Rn. 33.
123 OLG Frankfurt a.M. Beschl. v. 15.2.2000 – 2 WS (B) 75/00 OWiG, NStZ-RR 2000, 246 (246) mwN.
124 OLG Frankfurt a.M. Beschl. v. 15.2.2000 – 2 WS (B) 75/00 OWiG, NStZ-RR 2000, 246 (247).

EnWG eindeutig zur Manifestation eines Missbrauchs von Marktmacht gekommen sein muss.[125]

5. Handelt es sich bei Rechtsstreitigkeiten aus Energielieferverträgen um Rechtsstreitigkeiten, die sich aus den Vorschriften des EnWG ergeben (§ 102 EnWG)?

Die Vorschrift des § 102 EnWG verweist privatrechtliche Streitigkeiten, die sich aus dem EnWG ergeben, an die Landgerichte. 186

§ 102 EnWG Ausschliessliche Zuständigkeit der Landgerichte

(1) Für bürgerliche Rechtsstreitigkeiten, die sich **aus diesem Gesetz ergeben**, sind ohne Rücksicht auf den Wert des Streitgegenstandes die Landgerichte ausschließlich zuständig. (...)

Die Auslegung von „aus diesem Gesetz" ist umstritten. Fraglich ist, ob einfache Bezüge zum EnWG ausreichend sind, wie sie beispielsweise im Falle von Energielieferverträgen vorliegen. Die Anspruchsgrundlage stammt hier aus dem besonderen Schuldrecht im BGB. Allerdings sind bei der Gestaltung und auch bei der späteren rechtlichen Beurteilung der Verträge umfangreich die Normen des EnWG bzw. von Verordnungen, die aus dem EnWG folgen (zB §§ 36 ff. EnWG, StromGVV), anzuwenden.

Nach einer Ansicht (wohl h.M.) ist § 102 EnWG streng am Wortlaut auszulegen und erfasst damit nur Streitigkeiten, bei denen die streitentscheidende Norm direkt dem EnWG entstammt.

> „(...) Rechtsstreitigkeit **„aus diesem Gesetz"** ergeben muss. Aufgrund dieses eindeutigen Wortlauts sind damit nur solche Rechtsstreitigkeiten erfasst, die sich aus dem EnWG ergeben. Mithin muss sich die anspruchsbegründende Norm des Klagebegehrens aus dem EnWG ergeben und zwar direkt und unmittelbar. Es ist nicht ausreichend, wenn der Rechtsstreit bloße Berührungspunkte mit dem EnWG hat (...)"[126]

Dagegen spricht allerdings die teleologische Auslegung, insbesondere im Hinblick auf die europarechtliche Grundlegung des EnWG. Es spricht einiges dafür, dass der Gesetzgeber mit § 102 EnWG die Anwendung und Prüfung des EnWG aufgrund der gewichtigen Bedeutung der Energieversorgung unabhängig vom Streitwert den Landgerichten zuweisen wollte. Es ist vor diesem Hintergrund nicht verständlich, warum zwar Streitigkeiten bezüglich der Ersatzversorgung auf der Grundlage des § 38 EnWG dem Landgericht zugewiesen sind, vertragliche Streitigkeiten über die Lieferung von Energie allerdings nicht.[127]

---

125 *Kühling/Rasbach/Busch,* Energierecht 4. Auflage 2017, S. 288 Rn. 47; kritisch *Boos* in *Theobald/Kühling*, Energierecht, 108 EL2020, EnWG § 95 Rn. 33 f.

126 *Theobald/Werk* in *Theobald/Kühling*, Energierecht, 108 EL2020, EnWG § 102 Rn. 4 mwN.

127 Ähnlich siehe *Salje* NJW 2010, 2762.

6. Der Energielieferant X möchte zur Belieferung seiner Kunden das Netz der C-AG nutzen. Leider können sich die C-AG und X vertraglich nicht einigen. X ist der Meinung, das C ein überhöhtes Entgelt verlangen würde. X möchte einen Zugang zum Netz der C zu angemessenen Bedingungen erhalten. Welche Verfahren stehen ihm zur Erreichung seines Ziels zur Verfügung?

187 Der Fall zeigt, wie im Bereich des Energierechts privatrechtliche und aufsichtsrechtliche Instrumente eingesetzt werden können, um die Durchsetzung der materiellen Rechtslage zu erreichen. Die C-AG kann ihren Anspruch selbst durchsetzen oder sich an die Regulierungsbehörde wenden. Mithin hat sie die folgenden Möglichkeiten:

- Privatrechtliche Geltendmachung des Zugangsanspruchs aus § 20 Abs. 1 EnWG sowie des Anspruchs aus § 32 EnWG beim zuständigen Landgericht.
- Antrag auf Einleitung des allgemeinen Missbrauchsverfahren nach § 65 EnWG.
- Einleitung des besonderen Missbrauchsverfahrens bei der Regulierungsbehörde nach § 31 EnWG.[128]

7. Lesen Sie BGH 6.11.2012 – KVR 54/11, Rn. 12 ff. – Warum ist hier nach Ansicht des BGH, die Anwendung der §§ 19, 20 GWB nicht durch § 111 Abs. 1 EnWG ausgeschlossen?

188 *Sachverhalt*: Ein in kommunaler Hand befindlicher Gasversorgungsnetzbetreiber rechnete unzulässig überhöhte Konzessionsabgaben dem Netznutzungsentgelt hinzu. Die Kartellbehörde leitete daraufhin auf § 32 GWB gestützte Maßnahmen gegen den Netzbetreiber ein.

Problem: Nach § 111 Abs. 1 EnWG regeln Vorschriften des EnWG den Missbrauch einer Stellung als Netzbetreiber abschließend. Fraglich ist daher, ob die Regeln des GWB in diesem Fall überhaupt angewendet werden können.

Aber: In Fällen, in denen ein Netzbetreiber nicht seine Stellung als Netzbetreiber, sondern eine *andere* marktbeherrschende Stellung missbräuchlich ausnutzt, bleibt das GWB anwendbar. Dies ist vorliegend der Fall, da die Kommune hier nicht ihre Stellung als Netzbetreiber, sondern ihre Stellung als Inhaber des kommunalen Wegerechts[129] ausnutzt.

> „Gemäß § 130 Abs. 3 GWB (Fassung v. 26.6.2013) stehen die Vorschriften des Energiewirtschaftsgesetzes der Anwendung der §§ 19, 20 und 29 GWB **nicht entgegen, soweit in § 111 EnWG keine andere Regelung getroffen ist.** Nach § 111 Abs. 1 EnWG sind die kartellrechtlichen Vorschriften nicht anzuwenden, soweit durch das Energiewirtschaftsgesetz oder aufgrund dieses Gesetzes erlassene Rechtsverordnungen **ausdrücklich abschließende Regelungen** getroffen werden. Um solche abschließenden Regelungen handelt es sich nach § 111 Abs. 2 EnWG bei den **Bestimmungen des dritten Teils** des Energiewirtschaftsgesetzes und den auf ihrer Grundlage erlassenen Rechtsverordnungen.“[130]

> „Die Anforderungen an den Netzbetreiber nach den §§ 11 bis 28 a EnWG wie auch die Bestimmung des verbotenen **Missbrauchs der Stellung als Netzbetreiber** und seiner

128 Die BNetzA prüft hier allerdings nicht, ob der Netzbetreiber schadenersatzpflichtig ist, BGH, Beschl. v. 1.9.2020 – EnVR 7/19.
129 Siehe dazu Kapitel H „Wegenutzung und Konzessionen“.
130 BGH Urt. v. 6.11.2012 – KVR 54/11, Rn. 14.

Rechtsfolgen nach den §§ 30 bis 33 EnWG werden allein den Regelungen des Energiewirtschaftsgesetzes unterworfen."[131]

„(...) Die Verfügung beanstandet einen Missbrauch der marktbeherrschenden Stellung auf dem sachlichen Markt für die entgeltliche Gestattung der Nutzung von (öffentlichen) Wegen zu Zwecken der Gasversorgung."[132]

„Kartellrechtliche Maßnahmen, welche den **Missbrauch des kommunalen Wegerechts** betreffen, können sich zumindest dann gegen den Netzbetreiber und die Erhebung von Konzessionsabgaben durch diesen richten, wenn er eine **wirtschaftliche Einheit** mit der Gemeinde bildet. Die Hinzurechnung der Konzessionsabgaben zum Netzentgelt stellt sich in einem solchen Fall als Verwertung des bei der Gemeinde monopolisierten öffentlichen Wegerechts dar (...)"[133]

131 BGH Urt. v. 6.11.2012 – KVR 54/11, Rn. 14.
132 BGH Urt. v. 6.11.2012 – KVR 54/11, Rn. 17.
133 BGH Urt. v. 6.11.2012 – KVR 54/11, Rn. 19.

E. Netzanschluss und Netzzugang

189 Die Zugangsregulierung gewährleistet sowohl den Zugriff der Verbraucher auf die Netzdienstleistungen als auch die Möglichkeit der Wettbewerber, auf die für ihr Geschäft notwendigen Netzwirtschaftsleistungen zurückzugreifen, um eigene Produkte am Markt anzubieten. Die Verpflichtung zur Zugangsgewährung stellt einen großen Eingriff in die unternehmerische Freiheit und das Eigentum der Netzbetreiber dar, deshalb unterliegt der **allgemeine wettbewerbliche Netzzugangsanspruch des § 19 Abs. 2 Nr. 4 GWB** strengen Voraussetzungen, von denen im Energiebereich jedoch deutlich abgewichen wird.[1] Das EnWG und die darauf basierenden Verordnungen regeln Netzanschluss, Netzzugang[2] und das Netzentgelt, welche aufgrund der Liberalisierung des Energiemarktes strikt voneinander zu trennen sind[3].

- „Netzanschluss" bezeichnet die Herstellung und Aufrechterhaltung der Verbindung zum Netz[4] (§§ 17, 18 EnWG). Physisch handelt es sich um die Leitung zwischen der Hausanschlusssicherung eines Gebäudes und der Abzweigstelle des Niederspannungsnetzes (§ 5 NAV).[5]
- „Anschlussnutzung" bezeichnet die Nutzung des Anschlusses durch die Bereitstellung von Energie[6]
- „Netzzugang" und „Netzentgelt" bezieht sich auf den Transport der Energie durch das Netz[7] (§§ 20, 21 EnWG)

190 Letztverbraucher, Betreiber von Elektrizitätsversorgungsnetzen und -leitungen oder Erzeugungs- und Speicheranlagen haben zunächst einen Anspruch gegenüber dem Netzbetreiber auf Anschluss an das Netz.[8]

I. Netzanschluss

191 Für die Teilnehmer auf den energiewirtschaftlichen Märkten sieht das Gesetz gegenüber den Netzbetreibern verschiedene **Ansprüche** vor, die ihnen einen Anschluss an die für sie essentiellen Netzwerke zu **angemessenen, transparenten** und **diskriminierungsfreien** Bedingungen garantieren.[9]

192 Der § 19 EnWG betrifft die technischen Mindestanforderungen für den Netzanschluss. Dazu gehören Angemessenheit, Transparenz und Diskriminierungsfreiheit ebenso wie Interoperabilität.[10] Für die technische Sicherheit wird auf § 49 Abs. 2-4 EnWG und damit insbesondere auf die Vermutungsregel bei Beachtung der Verbandsregeln (VDE[11]/ DVGW[12]) verwiesen.[13]

---

1 *Kühling/Rasbach/Busch*, Energierecht, 4. Auflage 2018, S. 64 Rn. 1.
2 Zu den Begriffen siehe auch die Abbildung bei *Pritzsche/Vacha*, Energierecht, 1. Auflage 2017, S. 111 Rn. 280.
3 *Hartmann* in *Theobald/Kühling*, Energierecht, 108. EL 2020, EnWG § 17 Rn. 19.
4 *Kühling/Rasbach/Busch*, Energierecht, 4. Auflage 2018, S. 65 Rn. 4.
5 *Pritzsche/Vacha*, Energierecht, 1. Auflage 2017, S. 111 Rn. 281.
6 *Kühling/Rasbach/Busch*, Energierecht, 4. Auflage 2018, S. 65 Rn. 4.
7 *Kühling/Rasbach/Busch*, Energierecht, 4. Auflage 2018, S. 65 Rn. 5.
8 *Pritzsche/Vacha*, Energierecht, 1. Auflage 2017, S. 111 Rn. 279.
9 *Pritzsche/Vacha*, Energierecht, 1. Auflage 2017, S. 112 Rn. 282; *Kühling/Rasbach/Busch*, Energierecht, 4. Auflage 2018, S. 67 f. Rn. 10–13.
10 *Hartmann* in *Theobald/Kühling*, Energierecht, 108. EL 2020, EnWG § 19 Rn. 4.
11 Verband der Elektrotechnik, Elektronik und Informationstechnik.
12 Deutscher Verein des Gas- und Wasserfaches.
13 *Kühling/Rasbach/Busch*, Energierecht, 4. Auflage 2018, S. 81 Rn. 52–54.

1. Anspruch auf Netzanschluss § 17 EnWG

Nach § 17 EnWG besteht ein Anspruch auf umfassenden Anschluss an ein Energieversorgungsnetz gegenüber dessen Betreiber.[14] Anspruchsberechtigt nach § 17 Abs. 1 EnWG sind: 193

- Letztverbraucher (aber Vorrang des § 18 EnWG[15])
- Gleich- oder nachgelagerte Energieversorgungsnetze und -leitungen
- Erzeugungsanlagen
- Speicheranlagen (Strom und Gas)

Die Anschlussbedingungen (technische und wirtschaftliche Voraussetzungen) müssen angemessen, diskriminierungsfrei und transparent sein (§ 17 Abs. 1 EnWG).[16] Es gilt zudem der Grundsatz „interne gleich externe Behandlung".[17] 194

Angemessenheit bezieht sich dabei sowohl auf die technischen Anforderungen als auch auf das Entgelt für den Anschluss.[18] Dieses muss auf den Kosten der Betriebsführung eines effizienten und strukturell vergleichbaren Netzbetreibers basieren und darf nur Kosten berücksichtigen, die tatsächlich mit der effizient erbrachten Leistung verbunden sind.[19] 195

Diskriminierungsfreiheit bedeutet, dass vergleichbare Nachfrager den Anschluss zu vergleichbaren Bedingungen (Qualität, Zeitpunkt, etc) erhalten müssen. Der Vereinbarung unterschiedlicher Bedingungen zu unterschiedlichen Preisen oder einem Rabatt für Großabnehmer, welcher den tatsächlichen Kosteneinsparungen entspricht, steht das Gebot der Diskriminierungsfreiheit nicht entgegen. Bei trotz Entflechtungsvorschriften verbliebenen, vertikal integrierten, verbundenen oder assoziierten Unternehmen gilt insbesondere der Grundsatz der Gleichbehandlung „externer" und „interner" Kunden.[20] 196

Transparenz erfordert eine Festlegung der Bedingungen auf inhaltlich nachvollziehbare Weise. Eine Veröffentlichung ist nur für die technischen Mindestanforderungen verpflichtend vorgesehen (§ 19 Abs. 1, 2 EnWG). Besondere Vorgaben hinsichtlich der Transparenz gelten bei der Anschlussverweigerung[21] (§ 17 Abs. 2 S. 2, 3 EnWG).[22] 197

Der Anspruch auf Anschluss ist unmittelbar zivilrechtlich einklagbar.[23] Die Behörde kann bei unangemessenen Bedingungen oder Verweigerung nach §§ 30, 31 EnWG eingreifen.[24] 198

---

14 *Kühling/Rasbach/Busch*, Energierecht, 4. Auflage 2018, S. 66 Rn. 8, 9.

15 Zur Abgrenzung *Hartmann* in *Theobald/Kühling*, Energierecht, 108. EL 2020, EnWG § 17 Rn. 29 f.; siehe auch *Mitto*, Energierecht, 2. Auflage 2019, S. 33 Rn. 92–94.

16 Siehe dazu BGH, Beschl. v. 1.9.2020 – EnVR 7/19 Rn. 34; Konkretisierend auch *Hartmann* in *Theobald/Kühling*, Energierecht, 108. EL 2020, EnWG § 17 Rn. 77 ff.

17 *Kühling/Rasbach/Busch*, Energierecht, 4. Auflage 2018, S. 67 Rn. 12.

18 Siehe z. B. OLG Düsseldorf, Urt. v. 17.4.2019 – 27 U 9/18.

19 *Kühling/Rasbach/Busch*, Energierecht, 4. Auflage 2018, S. 67 Rn. 10; zur Kostenverteilung in Netzanschlussvertrag umfassend *Hartmann* in *Theobald/Kühling*, Energierecht, 108. EL 2020, EnWG § 17 Rn. 88 ff.

20 *Kühling/Rasbach/Busch*, Energierecht, 4. Auflage 2018, S. 67 Rn. 11, 12.

21 Dazu *Mitto*, Energierecht, 2. Auflage 2019, S. 31 ff. Rn. 90–94.

22 *Kühling/Rasbach/Busch*, Energierecht, 4. Auflage 2018, S. 67 Rn. 13; umfassend *Hartmann* in *Theobald/Kühling*, Energierecht, 108. EL 2020, EnWG § 17 Rn. 123 ff.

23 Zur Haftung bei Versorgungsstörungen außerhalb der allgemeinen Versorgung siehe *Mitto*, Energierecht, 2. Auflage 2019, S. 37 f. Rn. 102–105.

24 *Kühling/Rasbach/Busch*, Energierecht, 4. Auflage 2018, S. 67 Rn. 14.

199 Für den Anschluss von Offshore-Windparks gelten Sonderregelungen (§§ 17 d, 17 e, § 118 EnWG und WindSeeG)[25], ebenso wie für die Betreiber von Speicheranlagen (§§ 17, 18, 19, 118 Abs. 6 EnWG)[26].

Übersicht – Offshore-Haftung § 17 e EnWG[27]

Die Übertragungsnetzbetreiber der am Meer gelegenen Regelzonen sind zur Anbindung der Offshore-Windkraftanlagen verpflichtet. Sie haften bei:

- Einer Störung der Netzanbindung von mehr als zehn aufeinander folgenden Tagen oder mehr als 18 Tagen jährlich (§ 17 e Abs. 1 EnWG) verschuldensunabhängig (!)
- Bei verzögerter Fertigstellung des Netzanschlusses ab dem 91. Tag nach Fertigstellungstermin, sofern die Windkraftanlage zu diesem Zeitpunkt betriebsbereit ist bzw. sein könnte (§ 17 e Abs. 2 S. 1 EnWG), in Höhe von 90 % der entgangenen Einspeisevergütung
- Bei Wartungsarbeiten, die eine Einspeisung verhindern ab dem elften Tag im Kalenderjahr

in Höhe von 90 % der entgangenen Einspeisevergütung. Die Haftung verschärft sich bei vorsätzlicher Herbeiführung einer Störung durch den Netzbetreiber, bei Vorsatz des Anlagenbetreibers entfällt sie.

Der § 17 f Abs. 1 S. 1 EnWG sieht einen Belastungsausgleich zwischen den anbindungspflichtigen und nicht anbindungspflichtigen Netzbetreibern vor, die jedoch vom Grad des Verschuldens des Netzbetreibers abhängt. Im Rahmen des § 17 f Abs. 1 S. 3, Abs. 5, 7 EnWG können die Netzbetreiber die Kosten anteilig über die Netzentgelte auf die Verbraucher umwälzen (Offshore-Haftungsumlage[28]).

200 Für **geschlossene Verteilernetze**[29], also solche Netze, die schon aufgrund ihrer Dimensionierung von vornherein nur auf die Versorgung bestimmter, schon bei Errichtung feststehender oder bestimmbarer Letztverbraucher ausgelegt sind (vgl. Negativabgrenzung in § 3 Nr. 17 EnWG), gilt gem. § 110 EnWG eine Ausnahme.[30]

201 Netzbetreiber dürfen den Anschluss nur verweigern, wenn dieser (tatsächlich oder rechtlich) unmöglich oder unzumutbar ist (§ 17 Abs. 2 EnWG).[31] Unzumutbarkeit liegt vor, wenn der Aufwand des Netzbetreibers für den Anschluss in einem unangemessenen Verhältnis zum Anschlussbegehren steht.

> **Dazu der BGH in einem Beschluss vom 23.6.2009 – EnVR 48/08, Rn. 21**
>
> „Ob die Gewährung des Netzanschlusses für den Netzbetreiber unzumutbar ist, lässt sich nur anhand der konkreten Umstände des Einzelfalls beurteilen. Erforderlich ist eine Abwägung aller im Einzelfall relevanten Belange (vgl. Salje, EnWG, § 17 Rn. 46; Stötzel in

25 Windenergie-auf-See-Gesetz vom 13. Oktober 2016 (BGBl. I S. 2258, 2310), zuletzt geändert durch Artikel 19 des Gesetzes vom 21. Dezember 2020 (BGBl. I S. 3138); Dazu ausführlich *Kühling/Rasbach/Busch*, Energierecht, 4. Auflage 2018, S. 67 ff. Rn. 15–19; kurz *Pritzsche/Vacha*, Energierecht, 1. Auflage 2017, S. 113 Rn. 288; S. 123 f.; weiterführend *Broemel* ZUR 2013, 408 ff.

26 *Kühling/Rasbach/Busch*, Energierecht, 4. Auflage 2018, S. 70 Rn. 20.

27 Nach *Pritzsche/Vacha*, Energierecht, 1. Auflage 2017, S. 123 f. Rn. 329–337; siehe dazu auch BGH, Urt. v. 13.11.2018 – EnZR 39/17, EnWZ 2019, 211.

28 Siehe dazu *Schulz/Rösler* EnWZ 2013, 531.

29 *Pritzsche/Vacha*, Energierecht, 1. Auflage 2017, S. 100 f. Rn. 230, 231.

30 *Kühling/Rasbach/Busch*, Energierecht, 4. Auflage 2018, S. 72 ff. Rn. 27–30; *Mitto*, Energierecht, 2. Auflage 2019, S. 33 f. Rn. 95–97; zur Abgrenzung *Jacobshagen/Kachel* in *Theobald/Kühling*, Energierecht, 108. EL 2020, EnWG § 110 Rn. 43.

31 Siehe dazu auch BGH, Urt. v. 27.2.2018 – EnVZ 50/17; BGH, Beschl. v. 23.6.2009 – EnVR 48/08.

Britz/Hellermann/Hermes, EnWG, § 17 Rn. 33). In die Abwägung einzubeziehen sind unter Berücksichtigung der Ziele des § 1 EnWG und der Grundsätze der Elektrizitäts- und Erdgasbinnenmarkt-Richtlinien insbesondere die gegenläufigen Interessen des Netzbetreibers und des Anschlussnehmers. Dabei sind auf Seiten des Netzbetreibers unter anderem die Kosten für die Herstellung des Netzanschlusses und Folgekosten, wie etwa für einen Netzausbau, aber auch eine Erhöhung der Netzkosten durch schlechtere Kapazitätsnutzung zu berücksichtigen. Auf Seiten des Anschlussnehmers spielt insbesondere eine Rolle, in welchem Maße er für den Energiebezug auf den konkret gewünschten Anschluss angewiesen ist, ob alternative Anschlussmöglichkeiten bestehen oder ob es ihm – wie hier – nur um eine Kostenreduzierung geht. Ein Verweigerungsrecht besteht nur dann, wenn den Interessen des Netzbetreibers Vorrang vor denen des Anschlussnehmers zukommt. Die tatsächlichen Voraussetzungen hat der Netzbetreiber nachzuweisen."

Die Verweigerung ist in Textform zu begründen (§ 17 Abs. 2 S. 2 EnWG, § 126 b BGB) **202**
und zwar so informations- und substanzreich, dass der Anschlusspetent die Berechtigung der Verweigerung prüfen kann. Eine qualifizierte Begründung (zB Informationen über Kosten des Netzausbaus bei Unzumutbarkeit wegen Kapazitätsmangel) kann nachgefordert werden, ist aber wenn der Netzbetreiber auf dadurch entstehende Kosten hingewiesen hat, vom Petenten in Höhe der Hälfte der tatsächlichen Kosten zu bezahlen.[32]

2. Anschluss von Elektrizitätserzeugungsanlagen nach KraftNAV

Ziel der KraftNAV ist die Erleichterung von Investitionen in neue Kraftwerke vor dem **203**
Hintergrund des Atomausstiegs und zur Gewährleistung einer Anbietervielfalt auf Erzeugungsebene.[33] Die KraftNAV verdrängt nicht den Anspruch aus § 17 EnWG, sie konkretisiert ihn nur für die in § 1 Abs. 1 KraftNAV genannten Anschlussbegehren (sachlicher Anwendungsbereich).[34]

► § 1 Abs. 1 KraftNAV

Diese Verordnung regelt Bedingungen für den Netzanschluss von Anlagen zur Erzeugung von elektrischer Energie (Erzeugungsanlagen) mit einer Nennleistung ab 100 Megawatt an Elektrizitätsversorgungsnetze mit einer Spannung von mindestens 110 Kilovolt. ◄

Der Netzbetreiber ist verpflichtet, die für die Planung notwendigen Informationen auf **204**
seiner Internetseite bereitzustellen (§ 3 KraftNAV). Das Anschlussverfahren ist sodann weitgehend standardisiert geregelt (§§ 3–5 KraftNAV).[35] Bei konkurrierenden Anschlussbegehren erfolgt die Zusage in zeitlicher Reihenfolge (§ 4 Abs. 1 S. 2 KraftNAV; Ausnahme § 4 Abs. 6 KraftNAV).[36]

§ 6 KraftNAV konkretisiert die Anschlussverweigerungsgründe. Ein aufgrund der Lei- **205**
tungskapazität zu erwartender Engpass (Problem des Netzzugangs) ist kein Verweigerungsgrund (§ 6 Abs. 2 KraftNAV). Bei Verweigerung des begehrten Anschlusses, hat

32 *Kühling/Rasbach/Busch*, Energierecht, 4. Auflage 2018, S. 71 f. Rn. 21–26.
33 *Kühling/Rasbach/Busch*, Energierecht, 4. Auflage 2018, S. 75 Rn. 31; *Pritzsche/Vacha*, Energierecht, 1. Auflage 2017, S. 113 Rn. 287.
34 *Kühling/Rasbach/Busch*, Energierecht, 4. Auflage 2018, S. 75 Rn. 32.
35 *Kühling/Rasbach/Busch*, Energierecht, 4. Auflage 2018, S. 75 f. Rn. 33–38.
36 *Kühling/Rasbach/Busch*, Energierecht, 4. Auflage 2018, S. 77 Rn. 39.

der Netzbetreiber dem Anschlussnehmer einen anderen Anschlusspunkt vorzuschlagen (§ 6 Abs. 3 KraftNAV).[37]

206 Liegt kein Anschlussverweigerungsgrund vor, hat der Netzbetreiber aber zumutbare Maßnahmen zu Ertüchtigung des Anschlusspunktes zu leisten, muss der Anschlussnehmer sich nach der Maßgabe des § 8 KraftNAV an den Kosten beteiligen. Grundsätzlich trägt der Netzbetreiber dabei die Kosten des Netzausbaus und der Anschlussnehmer die spezifisch durch den Netzanschluss verursachten Kosten.[38]

3. Privilegierte allgemeine Anschlusspflicht (§ 18 EnWG)

207 Die Anschlussverpflichtung des § 18 EnWG sieht den Anschluss von Letztverbrauchern (§ 3 Nr. 25 EnWG)[39] an Energieversorgungsnetze der allgemeinen Versorgung (§ 3 Nr. 17 EnWG) im Bereich von Niederspannung und Niederdruck vor.[40] Der speziellere § 18 EnWG verdrängt den Anspruch aus § 17 EnWG (Ausnahme: § 18 Abs. 2 S. 1, 2 EnWG).[41] Im Vergleich zu § 17 EnWG ist nicht nur der Netzanschluss, sondern auch die Anschlussnutzung erfasst.[42] Ferner sind die Anschluss- und Nutzungsbedingungen zwingend zu veröffentlichen.[43] Der Anschluss darf nur im Falle der mangelnden Zumutbarkeit aus wirtschaftlichen Gründen verweigert werden (§ 18 Abs. 1 S. 2 EnWG).[44] Ein solcher Fall liegt beispielsweise vor, wenn der Anschlussnehmer nicht beabsichtigt, den Anschluss zur Energieentnahme zu nutzen oder er zahlungsunfähig ist.[45] In jedem Fall bedarf es einer Interessenabwägung, bei der die wirtschaftlichen Verhältnisse des Netzbetreibers hinsichtlich des konkreten Vertragsverhältnisses mit dem jeweiligen Anschlussnehmer betrachtet werden.[46]

▶ Anspruch auf Anschluss an ein Niederspannungs-/Niederdrucknetz nach § 18 EnWG

1) Anspruchsberechtigter
   - Letztverbraucher
   - Ausnahme: § 18 Abs. 2 S. 1 EnWG (→ Anwendung v. § 17 EnWG)
   - Rückausnahme: § 18 Abs. 2 S. 3 EnWG
2) Anspruchsgegner
   - Energieversorgungsnetz der allgemeinen Versorgung § 3 Nr. 17 EnWG
3) Kein Anschlussverweigerungsgrund
   - Wirtschaftliche Unzumutbarkeit → Interessenabwägung
4) Anspruchsinhalt
   - Netzanschluss
   - Anschlussbedingungen

37 *Kühling/Rasbach/Busch*, Energierecht, 4. Auflage 2018, S. 77 Rn. 40–42.
38 *Kühling/Rasbach/Busch*, Energierecht, 4. Auflage 2018, S. 78 Rn. 43; zur Abgrenzung *Hartmann* in *Theobald/Kühling*, Energierecht, 108. EL 2020, KraftNAV § 1 Rn. 17 ff.
39 Siehe dazu weiterführend BGH, Beschl. v. 17.11.2009 – EnVR 56/08.
40 *Pritzsche/Vacha*, Energierecht, 1. Auflage 2017, S. 112 Rn. 284.
41 *Kühling/Rasbach/Busch*, Energierecht, 4. Auflage 2018, S. 78 Rn. 45.
42 *Kühling/Rasbach/Busch*, Energierecht, 4. Auflage 2018, S. 78 Rn. 45.
43 *Kühling/Rasbach/Busch*, Energierecht, 4. Auflage 2018, S. 78 Rn. 45.
44 Siehe dazu OLG Brandenburg, Urt. v. 17.12.2019 – 6 U 58/18.
45 *Hartmann* in *Theobald/Kühling*, Energierecht, 108. EL 2020, EnWG § 18 Rn. 33, 35.
46 *Kühling/Rasbach/Busch*, Energierecht, 4. Auflage 2018, S. 79 Rn. 46.

- Anschlussnutzung
- Konkretisiert in NAV und NDAV ◀

Die NAV und die NDAV konkretisieren die Vorgaben des § 18 EnWG und ergänzen insofern das allgemeine Zivilrecht.[47] 208

In § 18 N(D)AV enthalten die Verordnungen eine Regelung zur **Haftung bei Störungen der Anschlussnutzung.** Die Haftung ist bei leichter Fahrlässigkeit ausgeschlossen. Allerdings ist durch eine widerlegliche Vermutung Vorsatz bzw. grobe Fahrlässigkeit anzunehmen, wenn der Netzbetreiber nicht den Gegenbeweis erbringt. Die Norm enthält weiterhin Obergrenzen für die Haftung. § 18 NAV kann jedoch ggf. die Ansprüche aus dem Produkthaftungsgesetz aufgrund eines Fehlers des Produkts „Strom" nicht ausschließen.[48]

II. Netzzugang

Netzanschluss und Netzzugang müssen unterschieden werden. Der Netzzugang[49] bezeichnet das Recht, das Netz zur Übertragung von Energie zu nutzen, während der Netzanschluss die dafür notwendige technische Anbindung betrifft.[50] 209

1. Grundlagen

Die Regelung in § 20 EnWG normiert die Pflicht der Netzbetreiber, ihre Netze den Energielieferanten zur Durchleitung von Strom bzw. Gas zur Verfügung zu stellen. Auch Letztverbraucher können den Transport von Energie eines selbstgewählten Lieferanten verlangen. **Anspruchsberechtigt** ist jedermann.[51] 210

Adressaten der Norm sind alle Betreiber von Energieversorgungsnetzen (§ 3 Nr. 4, 16 EnWG). Nicht erforderlich ist es, dass es sich um ein Energieversorgungsnetz der allgemeinen Versorgung handelt (§ 3 Nr. 17, 18 EnWG).[52] Nicht dazu zählen aber zB einzelne Direktleitungen, Hausverteilungsanlagen oder Kundenanlagen (§ 3 Nr. 24 a, b EnWG).[53] Ausgenommen sind außerdem vorgelagerte Rohrleitungsnetz (§ 27 EnWG) und Gasspeicheranlagen (§ 28 EnWG).[54] 211

Der Anspruch richtet sich auf Vertragsabschluss bzw. zunächst auf die Aufnahme von Vertragsverhandlungen (**Kontrahierungszwang**), wobei bei unangemessenen Vertragsbedingungen die Regulierungsbehörde eingreifen kann.[55] Eine Verweigerung ist nur im 212

47 *Kühling/Rasbach/Busch*, Energierecht, 4. Auflage 2018, S. 79 f. Rn. 48, 49; *Hartmann* in *Theobald/Kühling*, Energierecht, 108. EL 2020, EnWG § 18 Rn. 26.
48 *Kühling/Rasbach/Busch*, Energierecht, 4. Auflage 2018, S. 80 Rn. 50; dazu auch *Mitto*, Energierecht, 2. Auflage 2019, S. 37 Rn. 101; siehe hierzu Kapitel K „Haftung von Energieversorgungsunternehmen" IV 1.
49 Zur Entwicklung vom verhandelten zum regulierten Netzzugang siehe zusammenfassend *Mitto*, Energierecht, 2. Auflage 2019, S. 28 f. Rn. 84, 85.
50 *Pritzsche/Vacha*, Energierecht, 1. Auflage 2017, S. 114 Rn. 289.
51 *Kühling/Rasbach/Busch*, Energierecht, 4. Auflage 2018, S. 84 Rn. 62; *Hartmann/Wagner* in *Theobald/Kühling*, Energierecht, 108. EL 2020, EnWG § 20 Rn. 21.
52 *Hartmann/Wagner* in *Theobald/Kühling*, Energierecht, 108. EL 2020, EnWG § 20 Rn. 18 19.
53 OLG Düsseldorf Beschl. v. 30.4.2015 – VI-5 Kart 9/14 (V), Rn. 36; *Hartmann/Wagner* in *Theobald/Kühling*, Energierecht, 108. EL 2020, EnWG § 20 Rn. 19.
54 *Hartmann/Wagner* in *Theobald/Kühling*, Energierecht, 108. EL 2020, EnWG § 20 Rn. 18.
55 *Kühling/Rasbach/Busch*, Energierecht, 4. Auflage 2018, S. 85 Rn. 63, 64 mwN; weiterführend zur Zivilrechtsgestaltenden durch Netzregulierung *Mohr*, EuZW 2019, 229.

Rahmen des § 20 Abs. 2 EnWG (Einrede[56]) möglich.[57] Für die Zugangsbedingungen gelten dieselben Kriterien wie in § 17 EnWG (§ 21 Abs. 1 EnWG).[58] Weitere Konkretisierungen leisten zunächst die Strom- und GasNZV, wobei sich aufgrund der technischen Verschiedenheit und abweichenden Netzstrukturen erhebliche Unterschiede ergeben.[59]

213 Dem Netzzugang zugrunde liegen **Verträge**, deren Abschluss jeweils weitgehend gesetzlich geregelt ist (§ 20 Abs. 1 a bzw. b EnWG).[60] So soll Transparenz, Diskriminierungsfreiheit und Angemessenheit, wie im Fall des Netzanschlusses bereits beschrieben, garantiert werden (vgl. §§ 20 Abs. 1, 21 Abs. 1 EnWG). Insbesondere muss der Netzzugang anbieterübergreifend gewährt werden, um Lieferantenwechsel nicht zu erschweren.[61] Die Netzbetreiber müssen insofern zusammenarbeiten (§ 20 Abs. 1 S. 3 EnWG).[62]

214 Zwar kann der Zugangspetent seinen Anspruch auf Zugang **privatrechtlich verfolgen** und durchsetzen, doch ist idR ein Antrag bei der **Regulierungsbehörde** nach § 31 Abs. 1 EnWG der effektivere Weg.[63]

215 Die **Haftung** für Versorgungsunterbrechungen oder Unregelmäßigkeiten in der Versorgung richtet sich nach den allgemeinen Regeln (§ 18 NAV).[64]

2. Zugang zu Stromnetzen

216 Der Zugang zu den Stromnetzen ist in der Stromnetzzugangsverordnung[65] näher konkretisiert.

a) Vertragsverhältnisse

217 Grundsätzlich wird der Zugang zu den Stromnetzen vertraglich ausgestaltet. Vorgesehen sind drei Vertragstypen:

- Netznutzungsverträge § 24 StromNZV
- Lieferantenrahmenverträge § 25 StromNZV
- Bilanzkreisverträge § 29 StromNZV[66]

56 *Hartmann/Wagner* in *Theobald/Kühling*, Energierecht, 108. EL 2020, EnWG § 20 Rn. 267.

57 *Kühling/Rasbach/Busch*, Energierecht, 4. Auflage 2018, S. 90 Rn. 74.

58 *Kühling/Rasbach/Busch*, Energierecht, 4. Auflage 2018, S. 86 ff. Rn. 66–68; zur Diskriminierungsfreiheit ausführlich *Hartmann/Wagner* in *Theobald/Kühling*, Energierecht, 108. EL 2020, EnWG § 20 Rn. 24 ff.

59 *Kühling/Rasbach/Busch*, Energierecht, 4. Auflage 2018, S. 81 Rn. 55.

60 Dazu *Hartmann/Wagner* in *Theobald/Kühling*, Energierecht, 108. EL 2020, EnWG § 20 Rn. 47 ff.; weiterführend zur Diskussion über den Einsatz von Smart Contracts im Energiesektor siehe *Chatzinerantzis/Bertram*, EnWZ 2021, 65.

61 *Kühling/Rasbach/Busch*, Energierecht, 4. Auflage 2018, S. 67.

62 *Kühling/Rasbach/Busch*, Energierecht, 4. Auflage 2018, S. 88 Rn. 69; *Hartmann/Wagner* in *Theobald/Kühling*, Energierecht, 108. EL 2020, EnWG § 20 Rn. 78 f; 93 ff.

63 *Kühling/Rasbach/Busch*, Energierecht, 4. Auflage 2018, S. 84 f. Rn. 63, 64; dazu auch *Hartmann/Wagner* in *Theobald/Kühling*, Energierecht, 108. EL 2020, EnWG § 20 Rn. 281 ff.

64 *Kühling/Rasbach/Busch*, Energierecht, 4. Auflage 2018, S. 88 Rn. 70; *Hartmann/Wagner* in *Theobald/Kühling*, Energierecht, 108. EL 2020, EnWG § 20 Rn. 64 f.

65 Verordnung über den Zugang zu Elektrizitätsversorgungsnetzen vom 25.7.2005 (BGBl. I S. 2243).

66 *Kühling/Rasbach/Busch*, Energierecht, 4. Auflage 2018, S. 82 Rn. 56.

218 Der Netznutzungsvertrag gewährt den Zugang zum gesamten Energieversorgungsnetz (§ 20 Abs. 1 a EnWG, § 3 Abs. 1 S. 1 StromNZV).[67] Der Lieferantenrahmenvertrag ist ein Spezialfall des Netznutzungsvertrags, der von Lieferanten (§ 2 Nr. 5 StromNZV) geschlossen wird und sich nicht nur auf bestimmte Entnahmestellen bezieht (§ 20 Abs. 1 a S. 2 EnWG).[68] Wird ein Netzzugang gewährt, so muss vertraglich ein entsprechender Bilanzkreis (§§ 4, 5 StromNZV) eingerichtet werden, um einen Ausgleich zwischen Einspeisung und Entnahme sicherzustellen (§ 20 Abs. 1 a S. 5 EnWG).[69] Einzelheiten zum Verfahren des Vertragsschlusses sind in § 23 StromNZV geregelt, so insbesondere die Kündigung aus wichtigem Grund (Abs. 2).[70] Die Bundesnetzagentur kann die Aspekte des Netzzugangs nach Maßgabe des § 27 StromNZV zur Verwirklichung eines effizienten Netzzugangs und unter Beachtung der Sicherheitsanforderungen des Netzbetriebs durch Festlegung (§ 29 EnWG) regeln. Daraus ergibt sich auch die Möglichkeit, Musterverträge für Netznutzungsverträge und Lieferantenrahmenverträge vorzugeben.[71] Aufgrund des Grundsatzes der Diskriminierungsfreiheit bedarf jede individuelle Abweichung vom Standardvertrag einer sachlichen Rechtfertigung.[72]

b) Transparenz, Angemessenheit, Diskriminierungsfreiheit

219 Die StromNZV lässt bestimmte Differenzierungen im Rahmen der Diskriminierungsfreiheit zu, indem sie die Möglichkeit eröffnet, standardisierte Lastenprofile zu erstellen (§§ 12, 13 StromNZV)[73]. Zur Angemessenheit der Verträge gehört insbesondere, dass der **Anbieter- und der Lieferantenwechsel** nicht unnötig erschwert werden (§§ 20 a EnWG, 14 StromNZV). Die Transparenzpflichten werden in § 17 StromNZV[74] konkretisiert. Die Netzbetreiber müssen außerdem gemeinsam Netzzugangsbedingungen und -prozesse erarbeiten (§§ 16 StromNZV), um zu einer **netzübergreifenden Standardisierung** und damit zu einem erleichterten Betreiberwechseln beizutragen. Daneben bestehen spezielle Kooperationspflichten (zB § 22 Abs. 2 EnWG).

c) Zugangsbeschränkungen

220 Zentraler Zugangsverweigerungsgrund ist der **Kapazitätsengpass**[75] (§ 3 Abs. 1 S. 2 StromNZV).[76] Das Engpassmanagement richtet sich nach § 15 StromNZV (siehe auch § 13 EnWG). Der Netzbetreiber muss zunächst versuchen, durch **netz- und marktbezogene Maßnahmen** Kapazitätsengpässe zu verhindern. Tritt ein Engpass dennoch auf, verlangt § 15 Abs. 2 StromNZV eine transparente, diskriminierungsfreie und insbesondere **marktorientierte Kapazitätsbewirtschaftung.**[77] Möglich ist beispielsweise die Ver-

---

67 *Pritzsche/Vacha*, Energierecht, 1. Auflage 2017, S. 115 Rn. 296; siehe auch *Mitto*, Energierecht, 2. Auflage 2019, S. 30 Rn. 87.

68 *Kühling/Rasbach/Busch*, Energierecht, 4. Auflage 2018, S. 82 Rn. 56; *Mitto*, Energierecht, 2. Auflage 2019, S. 30 Rn. 88.

69 *Kühling/Rasbach/Busch*, Energierecht, 4. Auflage 2018, S. 82 f. Rn. 57.

70 *Kühling/Rasbach/Busch*, Energierecht, 4. Auflage 2018, S. 83 Rn. 59.

71 OLG Düsseldorf, Beschl. v. 16.1.2019 – 3 Kart 117/15 (V); BGH, Beschl. v. 13.11.2018 – EnVR 33/17, NVwZ-RR 2019, 319.

72 *Hartmann/Wagner* in *Theobald/Kühling*, Energierecht, 108. EL 2020, EnWG § 20 Rn. 25.

73 Siehe dazu auch *Mitto*, Energierecht, 2. Auflage 2019, S. 61 Rn. 159–161.

74 Durch den Gesetzesentwurf zur EnWG-Novelle 2021 soll die Regelung in § 23 c EnWG übernommen werden.

75 Zur „Unmöglichkeit" des Netzzugangs aufgrund eines Engpasses siehe *Hartmann/Wagner* in *Theobald/Kühling*, Energierecht, 108. EL 2020, EnWG § 20 Rn. 270 ff.

76 *Kühling/Rasbach/Busch*, Energierecht, 4. Auflage 2018, S. 90 Rn. 74.

77 Dazu *Lüdtke-Handjery/Schipke* in *Theobald/Kühling*, Energierecht, 108. EL 2020, StromNZV § 15 Rn. 10 ff.

steigerung von Engpassressourcen oder das marktorientierte Redispatching.[78] Dabei erwirtschaftete Gelder müssen direkt zur Beseitigung von Engpässen eingesetzt oder preismindernd bei den Zugangsentgelten berücksichtigt werden (§ 15 Abs. 3 StromNZV).[79] Kraftwerke, die die Voraussetzungen des § 7 Abs. 2 KraftNAV erfüllen, sind bei der Engpassbewirtschaftung **privilegiert** zu behandeln.[80]

221 Engpässe treten oftmals auch an Grenzkuppelstellen auf, was den Aufbau eines unionsweiten Energiebinnenmarktes erschwert, da sich auf beiden Seiten des Engpasses eigenständige Preise herausbilden. Die Engpassbewirtschaftung erfolgt hier in der aktuellen Praxis idR durch explizite oder implizite Auktionen.[81]

d) Bilanzkreismanagement §§ 4, 5 StromNZV

222 Ein Bilanzkreis[82] (§ 3 Nr. 10 a EnWG) ist eine Zusammenfassung von Einspeise- und Entnahmestellen innerhalb einer Regelzone, die dem Zweck dient, **Abweichungen** zwischen Einspeisungen und Entnahmen durch ihre Durchmischung zu **minimieren**. Die Bilanzkreise gewährleisten die Handelbarkeit von Strom, indem sie es ermöglichen die Aus- und Einspeiseseite zu entkoppelt und innerhalb einer Bilanzzone entsprechende Bilanzabweichungen zu regeln. Die Netznutzer bilden den Bilanzkreis und benennen einen Verantwortlichen (§ 4 Abs. 2 StromNZV), der als Schnittstelle zwischen Netznutzern und Übertragungsnetzbetreiber fungiert. Dieser schließt mit dem Netzbetreiber den Bilanzkreisvertrag (§ 26 Abs. 1 StromNZV)[83] ab. Zusätzlich hat er gegenüber dem Verteilernetzbetreiber eine vertraglich geregelte Zuordnungsermächtigung hinsichtlich der Einspeise- und Ausspeisepunkte. Die technische Abwicklung der Energielieferung zwischen Bilanzkreisen erfolgt aufgrund von **Fahrplänen**, deren Ausgestaltung der § 5 StromNZV vorstrukturiert.[84] Abweichungen von den Fahrplänen müssen durch Ausgleichsenergie ausgeglichen werden, um die Frequenz des Netzes stabil zu halten.[85]

e) Regelenergie §§ 22, 23 EnWG, §§ 6 ff. StromNZV

223 Regelenergie[86] ist die Energie, die zum **Ausgleich** von Abweichungen zwischen Ein- und Ausspeisungen in der jeweiligen Regelzone eingesetzt wird (§ 2 Nr. 9 StromNZV).[87] Man unterscheidet Primärregelung (sekundenweise § 2 Nr. 8 StromNZV), Sekundärregelung (bilanzausgleichend § 2 Nr. 10 StromNZV) und die subsidiäre Minutenreserve (§ 3 Nr. 6 StromNZV). Die Beschaffung der Ausgleichsenergie muss transparent, diskriminierungsfrei und marktorientiert erfolgen (§ 22 Abs. 1 S. 2 EnWG; §§ 6 ff. StromNZV). Für die Übertragungsnetzbetreiber ist die Ausschrei-

---

78 *Kühling/Rasbach/Busch*, Energierecht, 4. Auflage 2018, S. 90 f. Rn. 74; siehe auch § 13 und 13 a EnWG („Redispatching 2.0"), *Hartmann/Wagner* in *Theobald/Kühling*, Energierecht, 108. EL 2020, EnWG § 20 Rn. 275; dazu *Weyer/Iversen*, RdE 2021,1.

79 *Kühling/Rasbach/Busch*, Energierecht, 4. Auflage 2018, S. 91 f. Rn. 78.

80 *Kühling/Rasbach/Busch*, Energierecht, 4. Auflage 2018, S. 91 Rn. 75–77.

81 *Kühling/Rasbach/Busch*, Energierecht, 4. Auflage 2018, S. 92 f. Rn. 79–81; siehe dazu auch *Lüdtke-Handjery/Schipke* in *Theobald/Kühling*, Energierecht, 108. EL 2020, StromNZV § 15 Rn. 3, 8.

82 Ausführlich *Pritzsche/Vacha*, Energierecht, 1. Auflage 2017, S. 103 f. Rn. 244–248.

83 *Lüdtke-Handjery/Schipke* in *Theobald/Kühling*, Energierecht, 108. EL 2020, StromNZV § Rn. 10.

84 *Kühling/Rasbach/Busch*, Energierecht, 4. Auflage 2018, S. 93 f. Rn. 82; zusammenfassend auch *Theobald* in *Theobald/Kühling*, Energierecht, 108. EL 2020, EnWG § 3 Rn. 48 ff.; weiterführend BNetzA, Beschl. v. 10.6.2009, BK6–07–002.

85 *Theobald* in *Theobald/Kühling*, Energierecht, 108. EL 2020, EnWG § 1 a Rn. 4; § 3 Rn. 48 ff.

86 Zum Begriff siehe auch *Pritzsche/Vacha*, Energierecht, 1. Auflage 2017, S. 104 Rn. 249.

87 *Hartmann/Weise* in *Theobald/Kühling*, Energierecht, 108 EL 2020, EnWG § 13 Rn. 20–22.

bung verpflichtend (§ 22 Abs. 2 S. 1 EnWG). Das Kooperationsgebot in § 22 Abs. 2 S. 4 EnWG erfordert die Kooperation zur Vermeidung des Einsatzes vor Regelenergie. Die Bedingungen der Ausgleichleistung sind in § 23 EnWG geregelt.[88]

3. Zugang zu Gasnetzen

Um wegunabhängigen Netzzugang zu ermöglichen, haben sich die Netzbetreiber mit einer Kooperationsvereinbarung[89] zusammengeschlossen, die stetig weiterentwickelt wird. Demnach werden netzübergreifende Ein- und Ausspeiseverträge (§§ 3, 4 GasNZV) angeboten, Einzelbuchungen sind unzulässig (Transportpfadunabhängigkeit[90]). Die Vereinbarung regelt die Organisation der Transportdienstleistungen durch den Marktgebietsverantwortlichen und legt die Standardnetzzugangsbedingungen fest.[91] Die benannten Netzbetreiber richten einen **virtuellen Handelspunkt** (§ 2 Nr. 15 GasNZV) ein, auf den sich die Ein- und Ausspeiseverträge der Transportkunden und auch die Abrechnung der Netzentgelte beziehen.[92] In § 40 GasNZV sind zur wettbewerbsfördernden Unterstützung der Zugangsrechte zahlreiche **Informationspflichten** für die Netzbetreiber geregelt.[93] 224

a) Verträge im Außenverhältnis

Die Fernleitungsnetzbetreiber **versteigern** feste Ein- und Ausspeisekapazitäten über die grenzüberschreitende Plattform PRISMA (siehe auch § 12 Abs. 4 GasNZV). Eine Ausnahme gilt für die Ausspeisung zu Letztverbrauchern und Speicheranlagen, sowie für die Einspeisung aus Produktions- oder LNG-Anlagen (§ 13 Abs. 3 Gas NZV, **zeitliche Reihenfolge**). Auf Verteilernetzebene bucht der Kunde die Kapazitäten direkt vom Verteilernetzbetreiber. Grundsätzliche Regelungen zur Verteilung der Ein- und Ausspeisekapazitäten trifft § 13 GasNZV.[94] 225

Mit Abschluss des Einspeisevertrags erwirbt der Transportkunde das Recht, Gas in das Marktgebiet einzuspeisen (§ 20 Abs. 1 b S. 2 EnWG), das dann am **virtuellen Handelspunkt** zur Verfügung steht. Voraussetzung ist auch hier die Einbringung der gebuchten Kapazität in einen Bilanzkreis. Mit Abschluss des Ausspeisevertrages erhält der Transportkunde das Recht auf Übergabe einer Gasmenge am **Ausspeisepunkt** (Verbraucheranschluss). Der Transportkunde muss vorher die entsprechende Gasmenge am virtuellen Handelspunkt bereitstellen (siehe auch § 8 Abs. 1 GasNZV). Werden mehrere Verbrauchspunkte über ein örtliches Verteilernetz versorgt, so schließt der Transportkunde einen Lieferantenrahmenvertrag ab. Auch bei Ausspeiseverträgen muss die gebuchte Leistung in einen Bilanzkreis eingebracht werden.[95] Bei einem Lieferantenwechsel müssen die gebuchten Kapazitäten an den neuen Lieferanten weitergegeben werden („Rucksackprinzip“, § 20 Abs. 1 b S. 9 EnWG, § 42 GasNZV).[96] 226

88 *Kühling/Rasbach/Busch*, Energierecht, 4. Auflage 2018, S. 94 ff. Rn. 83–87; ausführlich *Pritzsche/Vacha*, Energierecht, 1. Auflage 2017, S. 105 ff. Rn. 255–259.
89 (KoV) abrufbar über die Internetseite des Bundesverbandes der Energie- und Wasserwirtschaft (BDEW).
90 *Neveling* in *Theobald/Kühling*, Energierecht, 108. EL 2020, EnWG § 20 Abs. 1 b Rn. 38 ff.
91 Siehe § 1 KoV.
92 Siehe § 1 KoV; *Kühling/Rasbach/Busch*, Energierecht, 4. Auflage 2018, S. 96 ff. Rn. 90–94.
93 *Kühling/Rasbach/Busch*, Energierecht, 4. Auflage 2018, S. 103 Rn. 105.
94 *Kühling/Rasbach/Busch*, Energierecht, 4. Auflage 2018, S. 100 f. Rn. 95, 96.
95 *Kühling/Rasbach/Busch*, Energierecht, 4. Auflage 2018, S. 101 Rn. 97 ff.
96 *Neveling* in *Theobald/Kühling*, Energierecht, 108. EL 2020, EnWG § 20 Ib Rn. 95 ff.

227 Ein **Bilanzkreis** dient der operativen Abwicklung des Transports, dem Ausgleich von Differenzen und der Übertragung von Gasmengen zwischen den Bilanzkreisen über einen virtuellen Ein- und Ausspeisepunkt. Bilanzkreisverträge können nur auf der Ebene der marktgebietsaufspannenden Netzbetreiber gebildet werden. Der Bilanzkreisvertrag wird zwischen dem Bilanzkreisverantwortlichem und dem Bilanzkreisnetzbetreiber abgeschlossen. Regelungen dazu finden sich in den §§ 22–26 GasNZV.[97]

b) Vereinbarungen im Innenverhältnis zwischen den Netzbetreibern

228 Die Betreiber nachgelagerter Netze bestellen beim jeweils vorgelagerten Netzbetreiber einmal jährlich die nach einem in der Kooperationsvereinbarung geregelten Verfahren prognostizierten, benötigten **Kapazitäten** (siehe § 8 Abs. 3 S. 1 GasNZV). Die vorgelagerten Netzbetreiber stellen die bestellten Kapazitäten monatlich auf Basis der veröffentlichen Netzentgelte in Rechnung. Der Ausspeisenetzbetreiber bezahlt also die Netznutzung bis zum virtuellen Handelspunkt. Diese wälzt er auf den Ausspeisekunden ab. Die Risiken von Zahlungsausfällen werden so gleichmäßig zwischen den Netzbetreibern verteilt. Zur Abwicklung des netzübergreifenden Transports werden **Netzkopplungsverträge** abgeschlossen (§ 7 GasNZV), welche die technischen und informatorischen Erfordernisse der Zusammenschaltung regeln.[98]

c) Netzzugangsanspruch (Besonderheiten)

229 Angesichts unterschiedlicher Beschaffenheit von Gas ist der Transportkunde auf die Gewährleistung einer gewissen Beschaffenheit zu verpflichten (§ 19 Abs. 1 GasNZV). Sofern die Kompatibilität mit den Anforderungen des Netzbetreibers am Einspeisepunkt nicht gegeben ist, muss dieser dem Transportkunden ein Angebot zur Herstellung der Kompatibilität unterbreiten, das den Anforderungen des § 21 Abs. 1 EnWG genügt, sofern dies möglich und zumutbar ist.[99]

230 Die §§ 26–28 EnWG normieren für den Zugang zu vorgelagerten Rohrleitungsnetzen und Speicheranlagen einen vertraglich verhandelten Zugang mit speziellen Anforderungen.[100]

d) Zugangsverweigerung

231 Grundsätzlich ist die Zugangsverweigerung zum Gasversorgungsnetz unter den gleichen Voraussetzungen möglich wie im Strombereich.[101] Der im Gasbereich spezielle Fall der **unbedingten Zahlungsverpflichtung** (§ 25 EnWG)[102] ist praktisch nicht mehr relevant.[103] In § 16 GasNVZ ist der Umgang mit (grundsätzlich aus Gründen der Versorgungssicherheit zulässigen) Überbuchungen geregelt. Nach § 12, 16 Abs. 1 GasNZV ist der Sekundärhandel mit Kapazitätsrechten möglich. Dieser findet auf

97 *Kühling/Rasbach/Busch*, Energierecht, 4. Auflage 2018, S. 110 f. Rn. 124–127.
98 *Kühling/Rasbach/Busch*, Energierecht, 4. Auflage 2018, S. 102 f. Rn. 101–104.
99 *Kühling/Rasbach/Busch*, Energierecht, 4. Auflage 2018, S. 105 Rn. 108.
100 *Kühling/Rasbach/Busch*, Energierecht, 4. Auflage 2018, S. 105 Rn. 109, 110.
101 *Kühling/Rasbach/Busch*, Energierecht, 4. Auflage 2018, S. 106 Rn. 112.
102 *Kühling/Rasbach/Busch*, Energierecht, 4. Auflage 2018, S. 106 Rn. 112; zum Verfahren siehe § 49 GasNZV, § 58 Abs. 1 S. 1 Als. 1 EnWG, Art. 48 Abs, 2 RL 2009/73/EG).
103 *Däuper* in *Theobald/Kühling*, Energierecht, 108. EL 2020, EnWG § 25 Rn. 1.

PRISMA statt. Die Regulierungsbehörde kann zum Handel Vorgaben machen (§ 50 Abs. 1 Nr. 6 GasNZV).[104]

e) Befreiung vom Zugangsregime

Nach § 28 a EnWG kann eine neue Infrastruktur für einen begrenzten Zeitraum eine Befreiung vom Zugangsregime erhalten („**Access holidays**"; vgl. Art. 36 RL 2009/73/ EG). Voraussetzung ist, dass es sich um eine Alternativinfrastruktur oder eine wesentliche Aufstockung vorhandener Kapazitäten unter Erschließung neuer Gasversorgungsquellen handelt.[105] Hinsichtlich des Verfahrens verweist das EnWG direkt auf die Richtlinie, so dass insbesondere der Austausch mit den anderen betroffenen Mitgliedsstaaten und eine Überprüfung der Kommission notwendig ist.[106] Die Regulierungsbehörde ist an die Entscheidung der Kommission gebunden. Sie muss die Entscheidungen auf der Internetseite veröffentlichen.[107] 232

III. Aufgaben

1. Wie könnte ein Prüfungsschema zur Prüfung des Netzanschlussanspruchs nach § 17 EnWG aussehen? 233
2. Wie läuft das Anschlussverfahren nach KraftNAV ab? Stellen Sie die relevanten Ereignisse und Fristen anhand der gesetzlichen Regelungen graphisch dar (zB Zeitstrahl).
3. Wie unterscheidet sich der Anspruch aus § 18 EnWG vom Anspruch aus § 17 EnWG? Wie bewerten Sie den erweiterten Anspruch hinsichtlich der Interessen des begünstigten Personenkreises?
4. Wo befinden sich in der NAV bzw. NDAV Regelungen zur Kostentragung bei der Herstellung des Netzanschlusses? Wo findet sich eine Legaldefinition des Netzanschlusses?
5. Fertigen Sie eine Zeichnung an, die die Marktteilnehmer und Ihre Vertragsverhältnisse nach § 20 EnWG – wahlweise im Strom- oder Gasbereich – exemplarisch darstellt.
6. Lesen Sie nochmals die in § 1 EnWG benannten Regelungsziele. Beschreiben Sie an einem Beispiel, wie durch die Zugangsregulierung die benannten Ziele konkret gefördert werden.
7. Was ist ein Bilanzkreis und wozu dient er? Inwiefern tragen Bilanzkreise dazu bei, dass der Einsatz von Regelenergie vermindert wird?

Fall 4) „Komplizierter Netzanschluss"

Die A plant auf einem Grundstück in H den Bau einer Biogasaufbereitungsanlage in der Biomethan aufbereitet und dann in das Mitteldrucknetz der G eingespeist werden soll. Dem Netz der G vorgelagert ist das Hochdrucknetz der D. Im April 2009 richtet die A ein Netzanschlussbegehren für die Anlage, die im April 2010 fertiggestellt werden soll, an die G. 234

104 *Kühling/Rasbach/Busch*, Energierecht, 4. Auflage 2018, S. 108 f. Rn. 116–119.
105 siehe Art. 22 Abs. 1 RL 2009/73/EG.
106 *Däuper* in *Theobald/Kühling*, Energierecht, 108. EL 2020, EnWG § 28 a Rn. 19 ff.
107 *Kühling/Rasbach/Busch*, Energierecht, 4. Auflage 2018, S. 109 f. Rn. 120–123.

Die G verweigert der A den Anschluss. Sie meint, dieser sei nicht realisierbar, da die Gasanlage in den Sommermonaten so große Mengen produziere, dass die Einspeisung deutlich höher als die benötigte Netzlast sei. Dies erfordere eine Rückspeisung in das Netz der D, welche technisch aufgrund der Beschaffenheit der Rohre des Netzes der G nicht umsetzbar sei (was stimmt).

Die A wendet ein, dass ein Anschluss durch eine sogenannte Bypass-Lösung, dh mit einer zusätzlichen Direktleitung zum Netz der D umsetzbar und wirtschaftlich zumutbar wäre (was stimmt). Die G verweigert dies. Sie meint, sie könne, da für die Bypass-Lösung die Mitwirkung der D notwendig wäre, keine Rechtspflicht zu dieser Lösung haben, außerdem sei diese Lösung zu teuer.

Hat A einen Anspruch auf Anschluss gegenüber der G?

Fall 5) „Objektnetze"

235 Die C-AG, ein Energieversorgungsunternehmen, beliefert seit Anfang 2004 die auf dem Flughafen Leipzig gelegene Anschlussstelle der D-GmbH mit elektrischer Energie. Die Betreiberin des Flughafens A unterhält hierfür ein Netz, durch das sie selbst sowie 93 weitere auf dem Flughafengelände angesiedelte Unternehmen Stromlieferungen erhalten. Die gesamte über dieses Netz verbrauchte Energiemenge belief sich im Jahr 2004 auf ca. 222.000 MWh, wovon ca. 3.800 MWh an andere auf dem Gelände ansässige Unternehmen abgegeben und der Rest durch A selbst verbraucht wurde. Es handelt sich bei dem Netz unstreitig nicht um ein Netz zur Eigenversorgung nach § 110 Abs. 1 Nr. 3 EnWG aF.

Das Energiewirtschaftsgesetz von 2005 sieht eine Befreiung von der Zugangsregulierung für sog. Objektnetze vor (§ 110 EnWG aF). Diese wurde der A auf Antrag von der zuständigen Landesregulierungsbehörde (SMWA) erteilt. In dem Bescheid wird unter Anderem bestätigt, dass es sich bei dem Netz der A um ein Objektnetz iSd § 110 Abs. 1 Nr. 1 und 2 EnWG handle.

Die C-AG legte gegen diesen Bescheid Beschwerde (§ 75 EnWG) beim OLG Dresden ein. Sie führt aus, dass der § 110 Abs. 1 Nr. 1 EnWG europarechtswidrig sei, da er gegen die europäischen Regelungen zum Third Party Access verstoße (damals: Art. 20 RL 2003/54/EG). Die in § 110 Abs. 1 Nr. 2 EnWG geforderte Unzumutbarkeit liege ferner nicht vor.

§ 110 EnWG aF vom 7.7.2005 – Objektnetze

(1) Die Teile 2 und 3 (...) keine Anwendung auf den Betrieb von Energieversorgungsnetzen, die sich auf einem

1. räumlich zusammengehörenden Betriebsgebiet befinden sowie überwiegend dem Transport von Energie innerhalb des eigenen Unternehmens oder zu im Sinne des § 3 Nr. 38 verbundenen Unternehmens dienen,
2. räumlich zusammengehörenden privaten Gebiet befinden und dem Netzbetreiber oder einem Beauftragten dazu dienen, durch einen gemeinsamen übergeordneten Geschäftszweck, der

a) über reine Vermietungs- und Verpachtungsverhältnisse hinausgeht, und
b) durch die Anwendung der im einleitenden Satzteil genannten Bestimmungen unzumutbar erschwert würde, bestimmbare Letztverbraucher mit Energie zu versorgen oder

3. räumlich eng zusammengehörenden Gebiet befinden und überwiegend der Eigenversorgung dienen,

sofern das Energieversorgungsnetz nicht der allgemeinen Versorgung im Sinne des § 3 Nr. 17 dient und der Betreiber des Objektnetzes oder sein Beauftragter die personelle, technische und wirtschaftliche Leistungsfähigkeit besitzen, um den Netzbetrieb entsprechend den Vorschriften dieses Gesetzes auf Dauer zu gewährleisten.

(...)

(4) Die Regulierungsbehörde entscheidet auf Antrag, ob die Voraussetzungen nach Absatz 1 vorliegen. ◀

▶ **Artikel 20 RL 2003/54/EG – Zugang Dritter**

(1) Die Mitgliedstaaten gewährleisten die Einführung eines Systems für den Zugang Dritter zu den Übertragungs- und Verteilernetzen auf der Grundlage veröffentlichter Tarife; die Zugangsregelung gilt für alle zugelassenen Kunden und wird nach objektiven Kriterien und ohne Diskriminierung zwischen den Netzbenutzern angewandt. Die Mitgliedstaaten stellen sicher, dass diese Tarife oder die Methoden zu ihrer Berechnung vor deren Inkrafttreten gemäß Artikel 23 genehmigt werden und dass die Tarife und – soweit nur die Methoden einer Genehmigung unterliegen – die Methoden vor ihrem Inkrafttreten veröffentlicht werden.

(2) Der Betreiber eines Übertragungs- oder Verteilernetzes kann den Netzzugang verweigern, wenn er nicht über die nötige Kapazität verfügt. Die Verweigerung ist hinreichend substanziiert zu begründen, insbesondere unter Berücksichtigung des Artikels 3. Die Mitgliedstaaten stellen gegebenenfalls sicher, dass der Übertragungs- bzw. Verteilernetzbetreiber bei einer Verweigerung des Netzzugangs aussagekräftige Informationen darüber bereitstellt, welche Maßnahmen zur Verstärkung des Netzes erforderlich wären. Der um solche Informationen ersuchenden Partei kann eine angemessene Gebühr in Rechnung gestellt werden, die die Kosten für die Bereitstellung dieser Informationen widerspiegelt. ◀

Fallfrage: Hat die Beschwerde der C Aussicht auf Erfolg?

Bearbeiterhinweis: Stellen Sie zunächst die relevanten Informationen des Falles in einer Skizze dar und tragen Sie in diese die relevanten Normen ein. Fertigen Sie dann eine Lösungsskizze nach dem folgenden Schema an:

A. **Zulässigkeit der Beschwerde**

B. **Begründetheit der Beschwerde**

C. **Ergebnis**

Versuchen Sie schließlich für die Begründetheit der Beschwerde ein kurzes Gutachten anzufertigen. Beachten Sie, dass Sie die § 110 Abs. 1 Nr. 1 und Nr. 2 EnWG aF getrennt prüfen müssen, da es sich in beiden Fällen um eigenständige Befreiungstatbestände handelt. Zur Unterstützung können Sie die Datenbanken von Juris und Beck online verwenden, geben Sie Fundstellen bitte in Fußnoten an.

Lösung Kapitel E

1. Wie könnte ein Prüfungsschema zur Prüfung des Netzanschlussanspruchs nach § 17 EnWG aussehen?

236 Ein Prüfungsschema stellt systematisch die Voraussetzungen einer Anspruchsnorm dar und konkretisiert diese ggf. mit den zugehörigen Definitionen und anderen Hilfsnormen. Die Voraussetzungen des Netzanschlussanspruchs beziehen sich vorrangig auf Eigenschaften des Anspruchsgegners und des Anspruchsberechtigten. Liegen diese vor, so kann der Anschluss dennoch unter bestimmten Voraussetzungen verweigert werden. Auch die Ausnahmen gehören in das Prüfungsschema. Der Punkt „Anschlussinhalt" bezieht sich eigentlich auf die Rechtsfolge der Anschlussnorm. Bei komplizierteren Ansprüchen ist nicht ohne Prüfung klar, ob das Begehren des Anspruchsinhabers noch vom Anspruchsinhalt gedeckt ist, daher sollte in einem solchen Fall auch dieser Punkt in die Prüfung aufgenommen werden. Also ergibt sich folgendes Schema:

▶ 1) *Anspruchsberechtigter*
   - Gleich- oder nachgelagerte Energieversorgungsnetze und -leitungen
   - Erzeugungs- und Speicheranlagen
   - Letztverbraucher (Vorrang des § 18 EnWG)

2) *Anspruchsgegner*
   - Betreiber von Energieversorgungsnetzen
   - Ausnahme für geschlossene Verteilernetze (§ 110 EnWG)

3) *Kein Anschlussverweigerungsgrund*
   - Tatsächliche oder rechtliche Unmöglichkeit oder Unzumutbarkeit

4) *Anspruchsinhalt*
   - Anschlussbedingungen: transparent, angemessen und diskriminierungsfrei ◀

2. Wie läuft das Anschlussverfahren nach KraftNAV ab? Stellen Sie die relevanten Ereignisse und Fristen anhand der gesetzlichen Regelungen graphisch dar (zB Zeitstrahl).

237

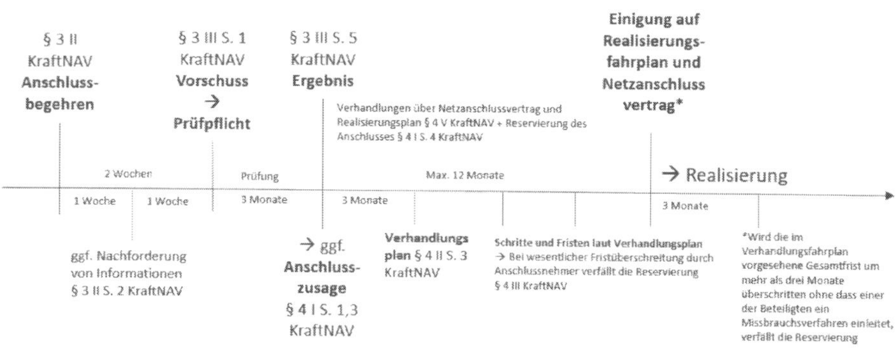

3. Wie unterscheidet sich der Anspruch aus § 18 EnWG vom Anspruch aus § 17 EnWG? Wie bewerten Sie den erweiterten Anspruch hinsichtlich der Interessen des begünstigten Personenkreises? 238

	§ 17 EnWG	§ 18 EnWG
Berechtigter	Hauptsächlich Energiewirtschaft	Letztverbraucher
Verpflichteter	Betreiber von Energieversorgungsnetzen	Betreiber von Energieversorgungsnetzen der allgemeinen Versorgung
Verweigerung	Tatsächliche oder rechtliche Unmöglichkeit	Wirtschaftliche Unzumutbarkeit
Inhalt	Anschlussanspruch zu transparenten, diskriminierungsfreien und angemessenen Bedingungen	Netzanschluss zu transparenten, diskriminierungsfreien und angemessenen Bedingungen sowie regulierte Netznutzung
Verordnungsermächtigung	§ 17 Abs. 3 EnWG	§ 18 Abs. 3 EnWG → NAV/NDAV

Der erweiterte Anspruchsinhalt des § 18 EnWG ergibt sich aus dem Gedanken des Verbraucherschutzes. Wegen fehlender technischer Kenntnisse werden Verbraucher eher selten in der Lage sein, angemessene Bedingungen für die Netznutzung auszuhandeln als beispielsweise Kraftwerksbetreiber. Die Regelung ist daher als angemessen zu bewerten.

4. Wo befinden sich in der NAV bzw. NDAV Regelungen zur Kostentragung bei der Herstellung des Netzanschlusses? Wo findet sich eine Legaldefinition des Netzanschlusses?

▶ **§ 9 NAV Kostenerstattung für die Herstellung des Netzanschlusses** 239

Netzbetreiber kann die angemessenen, wirtschaftlich und nachvollziehbar ermittelten Kosten der Anschlussherstellung vom Anschlussnehmer einfordern.

§ 11 NAV Baukostenzuschüsse

Bei einer notwendig werdenden Erstellung/Verstärkung örtlicher Verteileranlagen und Transformatoren kann der Netzbetreiber die Hälfte der Kosten auf die Anschlussnehmer in angemessenem Verhältnis zu deren Anschlussnutzung abwälzen.

§ 5 NAV Netzanschluss

Der Netzanschluss verbindet das Elektrizitätsversorgungsnetz der allgemeinen Versorgung mit der elektrischen Anlage des Anschlussnehmers. Er beginnt an der Abzweigstelle des Niederspannungsnetzes und endet mit der Hausanschlusssicherung, es sei denn, dass eine abweichende Vereinbarung getroffen wird; in jedem Fall sind auf die Hausanschlusssicherung die Bestimmungen über den Netzanschluss anzuwenden. ◀

Für Gas siehe § 5 Niederdruckanschlussverordnung (NDAV).

5. **Fertigen Sie eine Zeichnung an, die die Marktteilnehmer und ihre Vertragsverhältnisse nach § 20 EnWG – wahlweise im Strom- oder Gasbereich – exemplarisch darstellt.**[108]

240

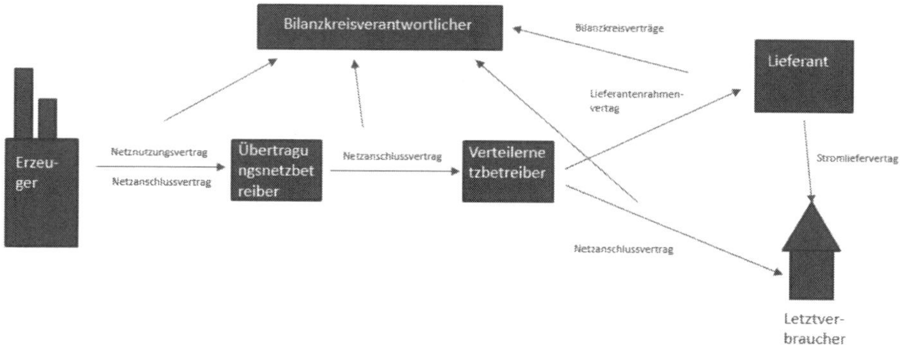

6. **Lesen Sie nochmals die in § 1 EnWG benannten Regelungsziele. Beschreiben Sie an einem Beispiel, wie durch die Zugangsregulierung die benannten Ziele konkret gefördert werden.**

241 Sämtliche Regelungen im EnWG dienen der Zielsetzung, die in § 1 EnWG beschrieben ist. Die benannten Ziele sind also zugleich Maßstab für die Auslegung als auch die Bewertung der energierechtlichen Normen.

▶ **§ 1 EnWG – Zweck und Ziele des Gesetzes**

(1) Zweck des Gesetzes ist eine möglichst **sichere, preisgünstige, verbraucherfreundliche, effiziente** und **umweltverträgliche** leitungsgebundene **Versorgung der Allgemeinheit** mit Elektrizität und Gas, die zunehmend auf erneuerbaren Energien beruht.

(2) Die Regulierung der Elektrizitäts- und Gasversorgungsnetze dient den Zielen der Sicherstellung eines **wirksamen und unverfälschten Wettbewerbs** bei der Versorgung mit Elektrizität und Gas und der **Sicherung** eines langfristig angelegten leistungsfähigen und zuverlässigen Betriebs von Energieversorgungsnetzen.

(...)

verfolgt dieses Gesetz insbesondere die Ziele,

1. die freie Preisbildung für Elektrizität durch **wettbewerbliche Marktmechanismen** zu stärken,
2. den Ausgleich von Angebot und Nachfrage nach Elektrizität an den **Strommärkten** jederzeit zu ermöglichen,
3. dass Erzeugungsanlagen, Anlagen zur Speicherung elektrischer Energie und Lasten insbesondere möglichst **umweltverträglich, netzverträglich, effizient und flexibel** in dem Umfang eingesetzt werden, der erforderlich ist, um die **Sicherheit und Zuverlässigkeit** des Elektrizitätsversorgungssystems zu gewährleisten, und
4. den **Elektrizitätsbinnenmarkt zu stärken** (...) ◀

108 Abbildung nach *Kühling/Rasbach/Busch,* Energierecht 4. Auflage 2018, S. 84.

Die Zielsetzungen sind in den jeweiligen Regelungen verzahnt umgesetzt und können sich auch im Einzelfall widersprechen.[109]

Das Ziel der Versorgungssicherheit wird im EnWG vorrangig durch Investitionsanreize und technische Vorgaben adressiert. In dem Bereich der Zugangsregulierung sind verschiedene Regelungen zur Gewährleistung der Netzstabilität angesiedelt. Dazu zählen die Bilanzkreise, das Engpassmanagement und die Vorgaben zur Regelenergie.

Preisgünstigkeit und Effizienz werden im EnWG durch wettbewerbliche Mechanismen erreicht. Die Zugangsregulierung in Gestalt des „Third Party Access" und der Entflechtung ist hier zentrales Instrument, um einen Wettbewerb auf den vor- und nachgelagerten Märkten trotz der Monopolstellung des Netzbetreibers überhaupt möglich zu machen. Im Bereich des Energiehandels dienen die Regeln zum vereinfachten Lieferantenwechsel der Stärkung des vorhandenen Wettbewerbs.[110] Im Bereich der Erzeugung ist dieser durch eine Privilegierung von neuen Kraftwerken (zB § 7 Abs. 2 KraftNAV) berücksichtigt, welche den Markteintritt neuer Anbieter fördern sollte.[111]

Der geforderten Verbraucherfreundlichkeit tragen die besonderen Regelungen zum Verbraucherschutz in der N(D)AV Rechnung. Auch die in den Publikationspflichten für Zugangsbedingungen umgesetzte Transparenz dient der Unterstützung der Verbraucher.

Dem Schutz der Umwelt dient die Förderung der erneuerbaren Energien.[112]

7. Was ist ein Bilanzkreis und wozu dient er? Inwiefern tragen Bilanzkreise dazu bei, dass der Einsatz von Regelenergie vermindert wird?

Ein Bilanzkreis ist eine Zusammenfassung von Einspeise- und Entnahmestellen, die 242
dem Zweck dient, Abweichungen zwischen Einspeisungen und Entnahmen durch ihre Durchmischung zu minimieren (§ 3 Nr. 10 a EnWG). Die Bilanzkreise gewährleisten die Handelbarkeit von Strom, indem sie es ermöglichen, die Aus- und Einspeiseseite zu entkoppeln und innerhalb einer Bilanzzone entsprechende Bilanzabweichungen zu regeln. Da Schwankungen zwischen Einspeisung und Entnahme schon innerhalb des Bilanzkreises ausgeglichen werden können, vermindert sich das Erfordernis, Regelenergie für den Erhalt der Netzstabilität einzusetzen, was zu einer günstigeren Stromversorgung beiträgt.[113]

Fall 4)

A könnte einen Anspruch auf Anschluss der Biogasanlage gegen den G gem. § 17 243
Abs. 1 EnWG haben.

---

109 Dazu *Mitto*, Energierecht, 2. Auflage 2019, S. 1 ff. Rn. 1–9.

110 *Hartmann/Wagner* in *Theobald/Kühling*, Energierecht, 108. EL 2020, EnWG § 20 a Rn. ff.

111 *Hartmann* in *Theobald/Kühling*, Energierecht, 108. EL 2020, § 7 KraftNAV Rn. 1 ff.; BR-Drs. 283/07, S. 22 ff.

112 Siehe dazu auch das „Energiekonzept für eine umweltschonende, zuverlässige und bezahlbare Energieversorgung" der Bundesregierung, BT-Drs. 17/3049.

113 *Kühling/Rasbach/Busch*, Energierecht, 4. Auflage 2018, S. 93 f. Rn. 82; ausführlich siehe auch *Pritzsche/Vacha*, Energierecht, 1. Auflage 2017, S. 103 ff. Rn. 243–249.

I. Anspruchsberechtigter

A könnte als Betreiber der Biogasanlage anspruchsberechtigt iSd § 17 Abs. 1 EnWG sein. Die Biogasanlage ist eine Anlage zur Erzeugung von Gas. A ist daher als Inhaber einer Erzeugungsanlage anspruchsberechtigt.

II. Anspruchsgegner

G ist als Betreiber eines Gasversorgungsnetzes anspruchsverpflichtet.

III. Kein Anschlussverweigerungsgrund

Die G kann den Anschluss verweigern, wenn dieser technisch oder rechtlich unmöglich oder unzumutbar ist. Laut Sachverhalt ist der Anschluss mittels der Bypass-Lösung technisch realisierbar. Fraglich ist jedoch, ob der Netzanschluss für die G unzumutbar ist. Ob die Gewährung der Leistung unzumutbar ist, muss anhand der konkreten Umstände des Einzelfalls beurteilt werden. Dabei sind unter Berücksichtigung der Ziele des § 1 EnWG insbesondere die Interessen des Netzbetreibers oder Anschlussnehmers in die Abwägung einzubeziehen. Eine Verweigerung kommt nur in Betracht, wenn die Interessen des Netzbetreibers überwiegen. Die tatsächlichen Voraussetzungen muss der Netzbetreiber nachweisen.[114]

Im Sachverhalt finden sich keine Hinweise, dass dem A andere Anschlussmöglichkeiten zur Verfügung stehen. Zugleich hat der G nicht den Nachweis geführt, dass die Kosten für den Anschluss derartig unzumutbar sind, dass dem A der Zugang zum Netz gänzlich verweigert werden könnte. Auch die Tatsache, dass die realisierbare Bypass-Lösung eine Mitwirkung der D erfordert, steht dem Anspruch nicht entgegen.[115] Der § 17 Abs. 1, 2 EnWG schließt die Bypass-Variante auch dem Wortlaut nach nicht aus. Der Anschluss ist hierbei die Leitung zwischen A und G. Bei der zusätzlichen Leitung zwischen dieser Leitung und dem Netz der D handelt sich um eine kapazitätserweiternde Maßnahme gem. § 33 Abs. 10 iVm § 34 Abs. 2 S. 3 GasNZV.[116] Nach § 33 Abs. 8 S. 2, § 34 Abs. 2 S. 2 GasNZV kann die G den Anschluss nicht unter Verweis auf einen Kapazitätsengpass verweigern, sondern ist vielmehr zum Kapazitätsausbau verpflichtet. Dabei können nach §§ 33 Abs. 8, 34 Abs. 2 S. 2 GasNZV auch indirekt verbundene Netze, wie das der D, einbezogen werden. Aus § 34 Abs. 2 S. 4 GasNZV ergibt sich, dass auch die Rückspeisefähigkeit der Leitung zu kapazitätserweiternden Maßnahmen zählt.[117] Die G kann folglich den Anschluss nicht verweigern.

IV. Ergebnis

Die A hat einen Anspruch auf Anschluss an das Netz der G.

Fall 5)

244 Vorüberlegung:

Gegen Entscheidungen der Regulierungsbehörde ist nach § 75 EnWG die Beschwerde zulässig. Die Beschwerde ist ein verwaltungsrechtliches Verfahren, welches allerdings

114 BGH Beschl. v. 11.12.2012 – EnVR 8/12, Rn. 9.
115 BGH Beschl. v. 11.12.2012 – EnVR 8/12, Rn. 15, 18.
116 BGH Beschl. v. 11.12.2012 – EnVR 8/12, Rn. 17–20.
117 BGH Beschl. v. 11.12.2012 – EnVR 8/12, Rn. 18.

der Zivilgerichtsbarkeit zugewiesen ist.[118] Zwar handelt es sich um eine öffentlich-rechtliche Streitigkeit iSd § 40 Abs. 1 S. 1 VwGO, doch liegt eine abdrängende Sonderzuweisung[119] vor.[120]

Es gelten teilweise allerdings auch Vorgaben der Zivilprozessordnung (§ 85 EnWG und § 75 Abs. 4 S. 2 EnWG). Die VwGO kommt ergänzend zu Anwendung.[121]

Die Beschwerde nach §§ 75 ff. EnWG ist den §§ 73 ff. GWB (§ 63 GWB in der Fassung vom 1.6.2017) nachempfunden.[122] Sie ist in den §§ 75–85 EnWG geregelt. In den §§ 106–108 EnWG finden sich gemeinsame Vorschriften für alle gerichtlichen Verfahren nach EnWG.[123]

118 *Boos* in *Theobald/Kühling*, Energierecht, 108. EL2020, EnWG § 75 Rn. 5.
119 Siehe dazu *Reimer* in *Posser/Wolf*, BeckOK VwGO, 54. Edition 2020. VwGO § 40 Rn. 141.
120 *Boos* in *Theobald/Kühling*, Energierecht, 108. EL 2020, EnWG § 75 Rn. 5.
121 *Boos* in *Theobald/Kühling*, Energierecht, 108. EL 2020, EnWG § 75 Rn. 5.
122 *Boos* in *Theobald/Kühling*, Energierecht, 108. EL 2020, EnWG § 75 Rn. 2 ff.
123 *Boos* in *Theobald/Kühling*, Energierecht, 108. EL2020, EnWG § 75 Rn. 1.

▶ *Übersicht* – Zivil- und verwaltungsrechtliche Klagen im Vergleich zur Beschwerde nach § 73 GWB

Zulässigkeit der Verwaltungsrechtlichen Klage (am Beispiel der Anfechtungsklage)	Zivilrechtliche Klage	(Anfechtungs-) Beschwerde § 73 GWB
Zulässigkeit des Verwaltungsrechtsweges (§ 40 Abs. 1 VwGO) Zuständigkeit des Gerichtes (45 ff. VwGO) Richtiger Beklagter (§ 78 VwGO) Beteiligtenfähigkeit (§ 61 VwGO) Prozessfähigkeit (§ 62 VwGO) Rechtsschutzbedürfnis (Klage darf nicht sinnlos oder missbräuchlich sein und dem Kläger darf kein einfacherer Weg zur Zielerreichung zur Verfügung stehen) Statthaftigkeit (Klage für Ziel des Klägers geeignet) Klagebefugnis (Rechtsverletzung tatsächlich möglich § 42 Abs. 2 VwGO) Vorverfahren (Widerspruchsverfahren, §§ 68 ff. VwGO) Klagefrist (§ 74 Abs. 1 VwGO)	Ordnungsgemäße Klageerhebung § 253 ZPO Statthafte Klageart Zuständigkeit (sachlich GVG; örtlich § 12 ff. ZPO) Parteifähigkeit § 50 Abs. 1 ZPO Prozessfähigkeit § 51 ZPO Prozessführungsbefugnis (idR Inhaber des Anspruchs) Rechtsschutzbedürfnis (zB Feststellungsinteresse) Keine entgegenstehende Rechtskraft § 322 ZPO Keine anderweitige Rechtshängigkeit § 261 Abs. 3 Nr. 1 ZPO	Zuständigkeit (§ 73 Abs. 4 GWB) Statthaftigkeit (§ 73 Abs. 1 GWB) Beschwerdebefugnis (§ 73 Abs. 2 GWB) Rechtsschutzinteresse[124] Beschwer Frist/Form (§ 74 GWB) Beteiligte (§ 63 GWB) Anwaltszwang (§ 64 GWB)

◀

Daraus ergibt sich folgende Gliederung für die Prüfung der Beschwerde nach § 75 EnWG:

A. Zulässigkeit

I. *Statthaftigkeit* (§ 75 Abs. 1 EnWG)

II. *Zuständigkeit* (§ 75 Abs. 6 EnWG)

III. *Beschwerdebefugnis* (§ 75 Abs. 2 EnWG)

124 Siehe dazu zB OLG Düsseldorf Beschl. v. 6.9.2006 – VI-Kart 13/05 (V).

IV. *Rechtsschutzinteresse* (im Falle eines Beteiligten idR anzunehmen)
V. *Beschwer*
VI. *Frist und Form* (§ 78 EnWG)
VII. *Anwaltszwang* (§ 80 EnWG)

Das OLG Dresden erachtete die Beschwerde im dem Übungsfall zugrundliegenden Fall als zulässig.[125]

B. Begründetheit

Bei der Prüfung der Begründetheit hilft folgende Skizze:

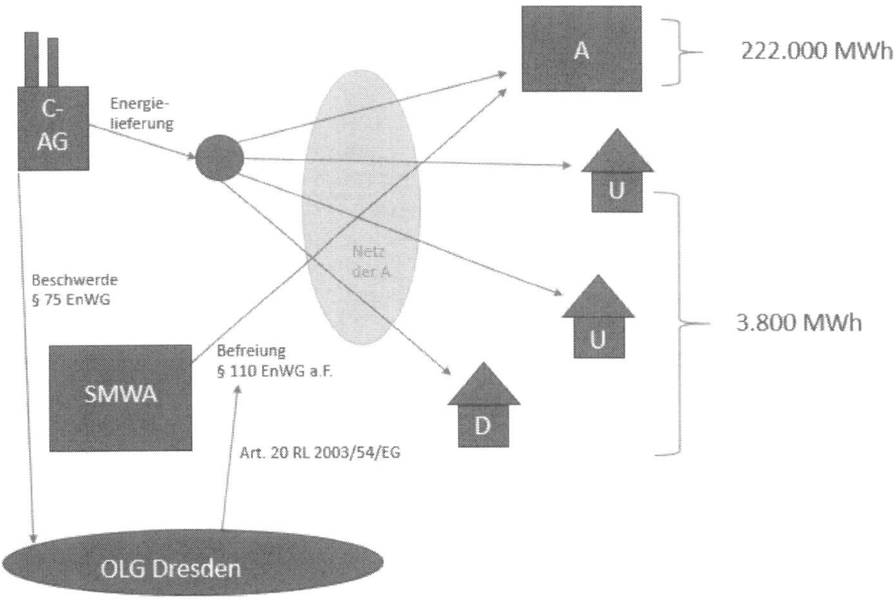

Die Prüfung der Begründetheit entspricht der Prüfung der Rechtmäßigkeit eines Verwaltungsaktes. Ein Verwaltungsakt ist rechtswidrig, wenn er ohne Rechtsgrundlage erlassen worden ist oder die darin enthaltene Regelung gegen sonstiges Recht verstößt (vgl. § 113 Abs. 1 VwGO).[126] Daraus ergibt sich grob die folgende Gliederung:

I. *Rechtsgrundlage* (§ 110 aF EnWG)
II. *Richtige Anwendung der Rechtsgrundlage*
   1. Formell
   2. Materiell
III. *Vereinbarkeit mit höherrangigem Recht*

C. Ergebnis

125 OLG Dresden EuGH-Vorlage vom 17.10.2006 – W 1109/06 Kart, Rn. 8, 9.
126 *Müller* in *Bader/Ronellenfitsch*, BeckOK Verwaltungsrecht, VwVfG § 48 Rn. 30.

(…)

In der schriftlichen Lösung verbleibt ein gewisser Spielraum hinsichtlich der Untergliederung der einzelnen Punkte. Von Bedeutung ist, dass alle relevanten Punkte in einer sinnvollen Reihenfolge geprüft werden. Grundsätzlich wäre es auch möglich gewesen, die Vereinbarkeit von § 110 EnWG aF mit dem europäischen Recht bereits unter dem Punkt „Rechtsgrundlage" zu prüfen. Die Lösung orientiert sich an dem pragmatischeren Vorgehen des Gerichts, welches zunächst prüft, ob im vorliegenden Fall die Voraussetzungen des § 110 Abs. 1 EnWG aF überhaupt vorliegen, um erst dann auf die europarechtliche Problematik einzugehen.

Hat ein Gericht nämlich Zweifel an der Auslegung einer unionsrechtlichen Vorschrift – hier des Artikels 20 RL 2003/54/EG – kann und muss es unter Umständen sogar den EuGH anrufen, um seine relevanten Fragen zur Auslegung zu beantworten (sog. Vorabentscheidungsverfahren, Art. 267 AEUV).[127] Der EuGH klärt zwar nicht die Auslegung des nationalen Rechts, kann also nicht selbst eine Aussage zur europarechtlichen Zulässigkeit des § 110 EnWG aF treffen, doch kann das nationale Gericht mithilfe der Informationen zur Auslegung der zugrundeliegenden Richtlinie die europarechtliche Vereinbarkeit beurteilen. In der Praxis steht hinter einer solchen Vorlagefrage oftmals die Frage nach der Vereinbarkeit nationaler Rechtsnormen mit dem europäischen Recht.[128]

▶ Die Klage ist begründet, wenn der Bescheid der Regulierungsbehörde rechtswidrig ist und der Kläger dadurch in seinen Rechten verletzt wird. Voraussetzung für die Rechtmäßigkeit des Bescheides der Regulierungsbehörde ist zunächst eine Rechtsgrundlage, welche die Regulierungsbehörde zum Erlass des in Rede stehenden Bescheids ermächtigt.

I. Rechtsgrundlage

Nach § 110 aF EnWG entscheidet die Regulierungsbehörde auf Antrag über eine Ausnahme von der Zugangs- und Entgeltregulierung für Netze, welche die Voraussetzungen in § 110 Abs. 1 EnWG aF erfüllen.

II. Formelle Rechtmäßigkeit

Mangels Angaben im Sachverhalt ist davon auszugehen, dass die Regulierungsbehörde den angegriffenen Bescheid in verfahrensgemäßer Weise erlassen hat.

III. Materielle Rechtmäßigkeit

Das in Rede stehende Netz der A könnte ein Objektnetz iSd § 110 aF EnWG sein. Voraussetzung hierfür ist, dass einer der Tatbestände der § 110 Abs. 1 Nr. 1–3 vorliegt, das Netz nicht der allgemeinen Versorgung dient (§ 3 Nr. 17 EnWG) und die A die in § 110 Abs. 1 EnWG geforderte Leistungsfähigkeit besitzt.

Das Netz der A dient der Belieferung der auf dem Flughafen ansässigen Unternehmen und damit einem abgegrenzten Personenkreis, den die A selbst bestimmen kann.[129] Es handelt sich folglich nicht um ein Netz der allgemeinen Versorgung. Auch an der Leistungsfähigkeit der A ergeben sich als Betreiberin eines sicherheits- und energieversorgungsrechtlich hoch sensiblen überregionalen Flughafens, mit einem hohen Eigeninteresse an einer optimalen Stromversorgung nicht ohne Weiteres Bedenken.[130]

---

127 *Schröder*, Grundkurs Europarecht, 6. Auflage 2019, § 9 Rn. 84.
128 *Schröder*, Grundkurs Europarecht, 6. Auflage 2019, § 9 Rn. 77.
129 OLG Dresden EuGH-Vorlage vom 17.10.2006 – W 1109/06 Kart, Rn. 37.
130 OLG Dresden EuGH-Vorlage vom 17.10.2006 – W 1109/06 Kart, Rn. 37–39.

1. *Eigenversorgungsnetz § 110 Abs. 1 Nr. 3 EnWG aF*

Laut Sachverhalt handelt es sich nicht um ein Netz der Eigenversorgung iSd § 110 Abs. 1 Nr. 3 EnWG a.F.[131]

2. *Dienstleistungsnetz § 110 Abs. 1 Nr. 2 EnWG aF*

Zwar befindet sich das Netz der A in einem räumlich zusammenhängenden privaten Gebiet und dient auch einem gemeinsamen, übergeordneten Geschäftszweck, nämlich dem Betrieb des Flughafens. Jedoch ergeben sich im Sachverhalt keine Anhaltspunkte, weshalb dieser Geschäftszweck iSd § 110 Abs. 1 Nr. 2 lit. b EnWG aF durch die Anwendung der Third Party Access-Regeln unzumutbar erschwert werden sollte.[132]

3. *Betriebsnetz § 110 Abs. 1 Nr. 1 EnWG aF*

Ein Betriebsnetz iSd § 110 Abs. 1 Nr. 1 EnWG aF ist ein auf einem räumlich zusammengehörenden Betriebsgebiet befindliches Netz, welches überwiegend dem Transport von Energie innerhalb des eigenen bzw. iSd § 3 Nr. 38 EnWG verbundenen Unternehmen dient.

Das Flughafengelände ist ein zusammengehöriges Betriebsgebiet in diesem Sinne.[133]

Fraglich ist, ob das Netz überwiegend dem Transport von Energie innerhalb des eigenen Unternehmens der A dient. Laut Sachverhalt werden über das Netz die A im Umfang von 220.000 MWh sowie mehrere andere Unternehmen im Umfang von insgesamt 3.800 MWh versorgt. Fraglich ist jedoch, ob sich der Begriff „überwiegend" auf die Anzahl der belieferten Unternehmen oder aber auf das Verhältnis der gelieferten Energiemengen bezieht.

Bei einer Beurteilung nach der Anzahl der Unternehmen würde für die Vorschrift der Anwendungsbereich unsachgerecht eingeschränkt werden, da sie bei einem Einzelunternehmen sofort nicht mehr einschlägig wäre, wenn nur ein anderes Unternehmen mitbeliefert würde. Auch der Wortlaut der Vorschrift verweist auf die Versorgungsquote im Sinne eines Verhältnisses der Energiemengen.[134]

Folglich handelt es sich bei dem von der A betriebenen Netz um ein Betriebsnetz iSd § 110 Abs. 1 Nr. 1 EnWG.

4. *Rechtsfolge*

Demnach finden die Regelungen zum Third Party Access keine Anwendung auf das Netz der A.

IV. Vereinbarkeit mit höherrangigem Recht

Fraglich ist jedoch, ob die Regelung des § 110 Abs. 1 Nr. 1 EnWG aF mit Art. 20 RL 2003/54/EG vereinbar ist. Bei der Regelung handelt es sich um eine generelle Bereichsausnahme, die nicht wie in § 110 Abs. 1 Nr. 2 EnWG aF an eine Unzumutbarkeit anknüpft. ◀

In dem zugrundeliegenden Fall hat an dieser Stelle das OLG Dresden dem EuGH die Frage vorgelegt, ob Art. 20 RL 2003/54/EG eine generelle Bereichsausnahme im mitgliedsstaatlichen Recht zulässt, was der EuGH verneint hat. Daraus ergibt sich, dass die Vorschrift des § 110 Abs. 1 Nr. 1 EnWG europarechtswidrig ist und im vorliegenden Fall nicht angewandt werden darf.[135]

131 So auch im zugrundeliegenden Fall: OLG Dresden EuGH-Vorlage vom 17.10.2006 – W 1109/06 Kart, Rn. 25.
132 OLG Dresden EuGH-Vorlage vom 17.10.2006 – W 1109/06 Kart, Rn. 17–24.
133 OLG Dresden EuGH-Vorlage vom 17.10.2006 – W 1109/06 Kart, Rn. 27.
134 OLG Dresden EuGH-Vorlage vom 17.10.2006 – W 1109/06 Kart, Rn. 33–36.
135 OLG Dresden Beschl. v. 10.3.2009 – W 1109/06 Kart, Rn. 10.

▶ Aus dem Wortlaut des Art. 20 RL 2003/54/EG ergibt sich, dass dieser Ausnahmen im mitgliedsstaatlichen Recht nur insofern zulässt, als sie den in der Richtlinie abschließend aufgeführten Ausnahmetatbeständen entsprechen. Dazu zählen die Art. 20 Abs. 2 (Kapazitätsengpass), Art. 3 Abs. 8 (Behinderung der Erfüllung gemeinwirtschaftlicher Pflichten) und Art. 26 Abs. 1 (isolierte Kleinstnetze) der Richtlinie aufgeführten Ausnahmetatbestände. Eine generelle Bereichsausnahme, wie in § 110 Abs. 1 Nr. 1 EnWG aF, ist demnach europarechtswidrig[136] und keine taugliche Rechtsgrundlage für eine Befreiung.

V. Ergebnis

Der Bescheid der Regulierungsbehörde ist rechtswidrig, da es an einer tauglichen Rechtsgrundlage für eine Befreiung des Netzes der A von der Netzzugangsregulierung fehlt.

Als Nutzerin des Netzes kann die C subjektive Rechte aus den Regelungen des EnWG ableiten, die durch den rechtswidrigen Befreiungsbescheid verletzt werden.

Die Klage ist begründet. ◀

136 OLG Dresden Beschl. v. 10.3.2009 – W 1109/06 Kart, Rn. 10–15.

F. Netzzugangsentgeltregulierung

Da die Netzbetreiber als Inhaber eines natürlichen Monopols faktisch keinem Wettbewerbsdruck ausgesetzt sind, könnten Sie von den Kunden, die auf ihre Leistung angewiesen sind, **überhöhte Preise**[1] verlangen. Weiterhin fehlt es bei mangelndem Wettbewerb auch an Anreizen, die **Kosten des Netzbetriebes zu senken** bzw. die Effizienz zu steigern. 245

Diskriminierungsfreier Zugang allein reicht zur Schaffung wirksamen Wettbewerbs nicht aus, da die vertikal integrierten Netzbetreiber durch überhöhte Entgelte den Netzzugang für Wettbewerber unrentabel machen können.[2] Bei der Regulierung des Entgelts spielt nicht nur der **Marktzutritt** der Wettbewerber und die kostengünstige sowie effiziente Energieversorgung eine wichtige Rolle. Daneben muss auch sichergestellt werden, dass hinreichende **Investitionen** in das Netz erfolgen, um die Sicherheit und Qualität der Energieversorgung zu gewährleisten.[3] 246

Aus den europarechtlichen Vorgaben geht hervor, dass die Netzentgelte **transparent, angemessen** und **nichtdiskriminierend** sein müssen.[4] Ferner müssen sie sich an den **Ist-Kosten** (eines strukturell vergleichbaren Netzbetreibers) orientieren und der **Netzintegrität** und deren **Verbesserung** Rechnung tragen. Der nationale Gesetzgeber hat bei der Gestaltung der Regulierung einen großen Spielraum, muss aber diese Merkmale sicherstellen und **Anreize zur Effizienzsteigerung** setzen.[5] 247

Der § 21 Abs. 1 EnWG normiert zunächst Angemessenheit, Diskriminierungsfreiheit und Transparenz. Die Absätze 2 – 4 enthalten Vorgaben zu einer grundsätzlich **kostenorientierten Entgeltbildung.**[6] Dieser wurde 2009 von der auf Basis des § 21 a EnWG erlassenen Anreizregulierungsverordnung abgelöst. 248

I. Vorgaben des EnWG

Wenngleich seit dem Jahr 2009 die Bildung der Netzentgelte im Rahmen der Regelungen der Anreizregulierung erfolgt, haben die Grundsätze des § 21 Abs. 2-4 EnWG und in der Strom-/GasNEV weiterhin eine Bedeutung bei der Ermittlung der Erlösobergrenzen.[7] 249

1. § 21 Abs. 1 EnWG – Angemessenheit, Transparenz, Diskriminierungsfreiheit

Angemessen ist das Entgelt, wenn der Netznutzer eine adäquate Leistung dafür erhält.[8] Dies ist regelmäßig dann der Fall, wenn es sich auf dem Niveau eines strukturell vergleichbaren, effizient arbeitenden Anbieters befindet.[9] 250

Das Gebot der **Diskriminierungsfreiheit** verbietet eine sachlich nicht gerechtfertigte Ungleichbehandlung von Netznutzern bei der Leistungsbepreisung. Sonderentgelte (Rabatte) sind nur in den ausdrücklich gesetzlich normierten Fällen zulässig (zB § 19 251

1 Zur Anwendung von § 315 BGB im Falle von Netzentgelten siehe aktuell *Stelter*, EnWZ 2020, 51.
2 *Kühling/Rasbach/Busch*, Energierecht 4. Auflage 2018, S. 114 Rn. 1.
3 *Kühling/Rasbach/Busch*, Energierecht 4. Auflage 2018, S. 114 Rn. 2.
4 Vgl. Art. 18 VO (EU) 2019/ 943; Art. 15 Abs. 2 lit. e RL 2019/944.
5 *Kühling/Rasbach/Busch*, Energierecht 4. Auflage 2018, S. 115 f. Rn. 5–7.
6 *Mitto*, Energierecht, 2. Auflage 2019, S. 38 f. Rn. 107.
7 *Kühling/Rasbach/Busch*, Energierecht 4. Auflage 2018, S. 116 Rn. 10.
8 *Missling* in *Theobald/Kühling*, Energierecht, 108. EL 2020, EnWG § 21 Rn. 24.
9 *Kühling/Rasbach/Busch*, Energierecht 4. Auflage 2018, S. 116 f. Rn. 12.

Abs. 2 StromNEV[10]).[11] Diskriminierungsfreiheit bedeutet insbesondere, dass interne und externe Geschäftspartner gleichbehandelt werden müssen.[12]

252 **Transparenz** wird durch die Pflicht zur frühzeitigen Veröffentlichung der Preise[13] und durch die Normierung transparenter und in ihren wirtschaftlichen Folgen absehbarer Tarifgestaltung erreicht.[14]

2. § 21 Abs. 2 – 4 EnWG – Entgeltmaßstäbe

253 Die Entgelte sind auf der Basis der Kosten eines effizienten und strukturell vergleichbaren Netzbetreibers zu bilden (**Effizienzkostenorientierung**). Die Entgeltbildung erfolgt also auf Basis der tatsächlichen Kosten, wobei allerdings nur die Kosten berücksichtigt werden, die bei einer effizienten Leistungserbringung eines Netzbetreibers entstehen würden.[15] Ausgangspunkt der Überlegung ist die Frage, welche Kosten ein Netzbetreiber veranschlagen würde, wenn er im Wettbewerb mit anderen Betreibern stehen würde („**Als-ob-Wettbewerb**").[16]

254 Zentrale Bedeutung hat eine angemessene **Eigenkapitalverzinsung** (§ 21 Abs. 2 EnWG), denn sie versetzt Netzbetreiber in die Lage in den Netzausbau zu investieren und schafft zugleich einen **Investitionsanreiz.** Die Eigenkapitalverzinsung ist orientiert an den Grundsätzen der Angemessenheit, Wettbewerbsfähigkeit und der Risikoanpassung und wird durch die Regulierung begrenzt.[17] Vorgaben dazu finden sich jeweils in § 7 Strom/GasNEV.[18] Insbesondere muss ein Zusammenhang zwischen den Zinsen und dem jeweiligen Investitionsrisiko bestehen, das sich an Investitionsalternativen orientiert.[19] Die Festlegung der Kostenkalkulationsmethode obliegt wegen der stetigen Anpassungserfordernisse dem Verordnungsgeber (StromNEV/GasNEV).[20]

3. § 21 a EnWG – Übergang zur Anreizregulierung

255 Das in § 21 EnWG vorgesehene kostenorientierte Entgeltgenehmigungssystem bietet nur wenig Anreiz zur Effizienzsteigerung.[21] Außerdem ist die Höhe der Netzentgelte bei Annahme eines Als-ob-Wettbewerbs für die genehmigende Regulierungsbehörde (§ 23 a EnWG) im Einzelfall schwer zu bestimmen. Deshalb hat der Gesetzgeber in § 21 a EnWG den Übergang zu **Anreizregulierung** vorgesehen.[22] Die Absätze 2-5 enthalten Vorgaben zur Ausgestaltung der Anreizregulierung durch den Verordnungsge-

---

10 Siehe dazu *Mitto*, Energierecht, 2. Auflage 2019, S. 44 f. Rn. 121–123.

11 *Kühling/Rasbach/Busch*, Energierecht 4. Auflage 2018, S. 117 Rn. 13.

12 *Kühling/Rasbach/Busch*, Energierecht 4. Auflage 2018, S. 117 Rn. 14; *Missling* in *Theobald/Kühling*, Energierecht, 108. EL 2020, EnWG § 21 Rn. 29.

13 *Missling* in *Theobald/Kühling*, Energierecht, 108. EL 2020, EnWG § 21 Rn. 34 ff.

14 *Kühling/Rasbach/Busch*, Energierecht 4. Auflage 2018, S. 117 f. Rn. 15, 16.

15 *Kühling/Rasbach/Busch*, Energierecht 4. Auflage 2018, S. 118 Rn. 18–20; *Missling* in *Theobald/Kühling*, Energierecht, 108. EL 2020, EnWG § 21 Rn. 45 ff.

16 *Kühling/Rasbach/Busch*, Energierecht 4. Auflage 2018, S. 118 f. Rn. 21; dazu auch *Missling* in *Theobald/Kühling*, Energierecht, 108. EL 2020, EnWG § 21 Rn. 83 ff.

17 *Missling* in *Theobald/Kühling*, Energierecht, 108. EL 2020, EnWG § 21 Rn. 74 ff.; zur Festlegungskompetenz der Bundesnetzagentur siehe BGH, Beschl. v. 3.3.2020 – EnVR 26/18, EnWZ 2020, 222.

18 Weiterführend *Bacher*, WM 2021 Sonderbeilage Nr. 1, S. 5 ff.

19 *Kühling/Rasbach/Busch*, Energierecht 4. Auflage 2018, S. 119 Rn. 22.

20 *Pritzsche/Vacha*, Energierecht, 1. Auflage 2017, S. 115 f. Rn. 299, 300; *Kühling/Rasbach/Busch*, Energierecht 4. Auflage 2018, S. 119 Rn. 23.

21 *Pritzsche/Vacha*, Energierecht, 1. Auflage 2017, S. 116 Rn. 301; für einen Vergleich möglicher Regulierungssysteme siehe Rn. 302.

22 *Kühling/Rasbach/Busch*, Energierecht 4. Auflage 2018, S. 119 Rn. 24.

ber. Demnach sind für einen festen Zeitraum (Regulierungsperiode) **Obergrenzen** der Entgelte *oder* der Gesamterlöse festzulegen.[23] Dabei sind Effizienzvorgaben zu berücksichtigen, die sich ausschließlich auf die vom Netzbetreiber beeinflussbaren Kosten beziehen dürfen.[24] Die Effizienzvorgaben müssen auf Grundlage eines **Effizienzvergleichs**[25] unter Berücksichtigung von ua.

- Bestehender Effizienz der Netzbetreiber
- Objektiven strukturellen Unterschieden
- Inflationsbereinigter Produktivität und
- Versorgungsqualität

so bestimmt werden, dass der Netzbetreiber sie über die Regulierungsperiode verteilt erreichen und sogar übertreffen kann. Die Obergrenzen müssen außerdem die Geldentwertung unter Berücksichtigung der generellen sektoralen Produktivität (§ 9 ARegV)[26] in Bezug nehmen.

II. Anreizregulierung

Die Anreizregulierung soll die Netzbetreiber zur Effizienzsteigerung motivieren, indem durch die Festlegung von Preis- oder Erlösobergrenzen das Ziel **dynamischer Effizienz** in den Vordergrund gerückt wird. Eine Herausforderung ist in diesem Zusammenhang der Erhalt des Qualitätsniveaus.[27] 256

Die Anreizregulierungsverordnung sieht eine Obergrenze für die Gesamterlöse eines Netzbetreibers aus den Netzentgelten vor (§ 4 ARegV). Die Obergrenze wird für jeden Netzbetreiber individuell festgelegt.[28] Das Verfahren zur Bestimmung der Obergrenzen wird von Amts wegen eingeleitet (§ 2 ARegV). Es handelt sich um ein Festlegungsverfahren nach § 29 Abs. 1 EnWG.[29] 257

Eine Regulierungsperiode beginnt jeweils zum 1. Januar und dauert fünf Jahre (§ 3 ARegV). Für jedes Jahr der Regulierungsperiode wird eine Erlösobergrenze festgesetzt (§ 4 Abs. 2 ARegV).[30] Die wirtschaftlichen Vorteile, die ein Unternehmen durch Effizienzsteigerungen innerhalb der Regulierungsperiode erzielt, darf es vereinnahmen.[31] 258

1. Bestimmung der Erlösobergrenze

Die §§ 5–16, 19, 22, 24 und 25 ARegV enthalten abschließend die Faktoren, die zur Bestimmung der Erlösobergrenzen herangezogen werden (§ 4 Abs. 1 ARegV).[32] Zur Berechnung dient die in Anlage 1 ARegV normierte **Regulierungsformel** (§ 7 ARegV). 259

23 *Kühling/Rasbach/Busch,* Energierecht 4. Auflage 2018, S. 119 f. Rn. 25.

24 *Kühling/Rasbach/Busch,* Energierecht 4. Auflage 2018, S. 127 ff. Rn. 54–57.

25 Zusammenfassend *Mitto,* Energierecht, 2. Auflage 2019, S. 41 f. Rn. 112–114.

26 *Kühling/Rasbach/Busch,* Energierecht 4. Auflage 2018, S. 120 f. Rn. 28, 29; weiterführend *Mitto,* Energierecht, 2. Auflage 2019, S. 42 f. Rn. 115–117; zur Ermittlung des generellen sektoralen Produktivitätsfaktors *Hummel* in *Theobald/Kühling,* Energierecht, 108. EL 2020, ARegV § 9 Rn. 27 ff.

27 *Kühling/Rasbach/Busch,* Energierecht 4. Auflage 2018, S. 120 Rn. 27.

28 *Hummel* in *Theobald/Kühling,* Energierecht, 108. EL 2020, ARegV § 4 Rn. 16 ff.

29 Früher mussten die kostenorientierten Netzentgelte ex ante genehmigt werden (§ 23 a EnWG). Die Anreizregulierung gilt für alle Netzbetreiber mit Ausnahme der Betreiber geschlossener Verteilernetze (§ 110 Abs. 1, IV EnWG).

30 Zur Anpassung siehe *Hummel* in *Theobald/Kühling,* Energierecht, 108. EL 2020, ARegV § 4 Rn. 29 ff.

31 *Kühling/Rasbach/Busch,* Energierecht 4. Auflage 2018, S. 121 Rn. 30, 31.

32 *Kühling/Rasbach/Busch,* Energierecht 4. Auflage 2018, S. 121 Rn. 32.

▶ **Ablauf des Festsetzungsverfahrens**[33]

- Zweijähriges Verfahren *unternehmensindividueller Kostenprüfung* nach Vorgaben der Strom/GasNEV (vgl. § 6 Abs. 1 ARegV)[34]
- *Bundesweiter Effizienzvergleich*[35] gem. §§ 12 ff. ARegV → Effizienzwert für jedes Unternehmen → *Effizienzvorgabe* (alternativ: Pauschalierung nach § 24 ARegV)
- Erlass relevanter Festlegungen durch die Regulierungsbehörde (zB Eigenkapitalzins[36])
- Unternehmensindividuelle Vorgabe der Erlösobergrenzen (§ 31 Abs. 1 Nr. 1 ARegV iVm § 29 Abs. 1 EnWG) durch *Festlegung* der Regulierungsbehörde
- Festlegung der Netzentgelte ◀

a) Basiskosten/Ausgangsniveau

260 Grundlage der Festlegung der Erlösobergrenze sind die **Kostenprüfungen** nach StromNEV oder GasNEV (§ 6 Abs. 1 ARegV). Sie werden im vorletzten Jahr vor Beginn der Regulierungsperiode festgelegt. Maßgeblich sind die Daten des Kalenderjahres, in dem das dann letzte abgeschlossene Geschäftsjahr endete (Basisjahr).[37]

261 Berücksichtigungsfähig sind nach GasNEV/StromNEV alle (bilanziellen und kalkulatorischen) Kosten, die denen eines **effizienten und strukturell vergleichbaren Netzbetreibers** entsprechen. Dementsprechend ist eine Kalkulation zu erstellen, die die Einzelkosten des Netzes (§ 5 ff. StromNEV; §§ 4 ff. GasNEV) vollständig und die Gemeinkosten in angemessenem Umfang (§ 4 Abs. 4 S. 2–4 Strom/GasNEV) berücksichtigt.[38] Keine Berücksichtigung bei der Ermittlung des Ausgangsniveaus finden Kosten, die eine Besonderheit des jeweiligen Geschäftsjahres darstellen („**Einmaleffekte**“, § 6 Abs. 2 ARegV).[39]

b) Kapitalkosten/kalkulatorische Kosten

262 ▶ Kalkulatorische Kosten basieren nicht auf den Werten von tatsächlichen Kosten, sondern werden auf der Grundlage von Regulierungsvorgaben berechnet, um wettbewerbliche Bedingungen zu simulieren.[40] ◀

Die **kalkulatorischen Abschreibungen** für Anlagen sind in § 6 Strom/GasNEV geregelt, wobei zwischen Altanlagen (vor 2006) und Neuanlagen unterschieden wird. Für Altanlagen sind kalkulatorische Abschreibung für den eigenfinanzierten Teil auf Basis der Tagesneuwerte (Nettosubstanzerhaltungsmethode) anzusetzen. Für Neuanlagen erfolgt eine Orientierung an den historischen Anschaffungs- und Herstellungskosten unter Be-

---

33 *Kühling/Rasbach/Busch,* Energierecht 4. Auflage 2018, S. 121 Rn. 33.
34 Siehe dazu auch *Pritzsche/Vacha*, Energierecht, 1. Auflage 2017, S. 117 Rn. 307–309; *Hummel* in *Theobald/Kühling*, Energierecht, 108. EL 2020, ARegV § 6 Rn. 8 ff.
35 Siehe dazu z. B. BGH, Beschl. v. 9.7.2019 – EnVR 76/18, EnWZ 2019, 355.
36 Dazu OLG Düsseldorf, Beschl. v. 22.3.2018 – VI-3 Kart 148/16 (V); BGH, Beschl. v. 9.7.2019 – EnVR 5/18, EnWZ 2019, 403.
37 *Kühling/Rasbach/Busch,* Energierecht 4. Auflage 2018, S. 122 Rn. 34.
38 *Kühling/Rasbach/Busch,* Energierecht 4. Auflage 2018, S. 122. Rn. 35–37.
39 *Kühling/Rasbach/Busch,* Energierecht 4. Auflage 2018, S. 125 Rn. 47; *Pritzsche/Vacha*, Energierecht, 1. Auflage 2017, S. 117 Rn. 308.
40 *Pritzsche/Vacha*, Energierecht, 1. Auflage 2017, S. 117 Rn. 309.

rücksichtigung der Nominalverzinsung des betriebsnotwendigen Kapitals (Realkapitalerhaltungsmethode).[41]

Den **Zinssatz für Eigenkapital** (§ 7 Abs. 1 Strom/GasNEV) legt gem. § 7 Abs. 6 Strom/GasNEV die Regulierungsbehörde fest. Dabei orientiert sie sich an den Verhältnissen auf den nationalen und internationalen Kapitalmärkten, der durchschnittlichen Eigenkapitalverzinsung bei Netzbetreibern auf ausländischen Märkten sowie den beobachteten und quantifizierbaren unternehmerischen Wagnissen (Wagniszuschlag[42]). Die Zinsen für Fremdkapital sind in tatsächlicher Höhe einzustellen, dürfen aber die kapitalmarktübliche Höhe für vergleichbare Kreditaufnahmen nicht überschreiten (ggf. mit Risikozuschlag). Der Fremdkapitalzinssatz gilt auch für das die zulässige Eigenkapitalquote übersteigende Eigenkapital.[43] 263

Steuern, die aufgrund ihres Charakters als Erfolgssteuer eigentlich aus dem Gewinn zu decken sind, können ebenfalls kalkulatorisch berücksichtigt werden (zB Gewerbesteuer § 8 Strom/GasNEV; nicht aber die Körperschaftssteuer. Diese gilt als durch die Eigenkapitalverzinsung abgegolten).[44] 264

Die Kapitalkosten für Verteilernetzbetreiber (kalkulatorische Abschreibungen, kalkulatorische Eigenkapitalverzinsung, kalkulatorische Gewerbesteuer[45] und Aufwand für Fremdkapitalzinsen) werden seit 2016 durch die Regulierungsbehörde mittels eines für jedes Jahr von der Regulierungsbehörde festgesetzten Kapitalkostenabzugs von den Kapitalkosten des Basisjahres an die tatsächlich zu erwartenden Kosten in dem jeweiligen Jahr angepasst (siehe § 6 Abs. 3 S. 2–5 und Anlage 2 a ARegV → **Kapitalkostenabgleich statt Budgetprinzip**).[46] Für nach dem Basisjahr getätigte Investitionen kann der Netzbetreiber einen Kapitalkostenaufschlag nach § 10 a ARegV beantragen (Ausnahme: Übertragungs- und Fernleitungsnetzbetreiber).[47] 265

c) Sektorale Produktivität und allgemeine Geldentwicklung

Der sektorale Produktivitätsfaktor stellt die den Unternehmen des Sektors unterstellte zukünftige **Produktivitätssteigerung** dar.[48] Er prognostiziert die Abweichung der netzwirtschaftlichen Produktivitätsentwicklung von der gesamtwirtschaftlichen Produktivitätsentwicklung (§ 9 Abs. 1 ARegV). Seine ökonomische Bedeutung ist umstritten.[49] 266

Die allgemeine Geldentwicklung wird nach § 8 S. 2 ARegV orientiert am Verbraucherpreisgesamtindex berücksichtigt.[50] 267

41 *Kühling/Rasbach/Busch,* Energierecht 4. Auflage 2018, S. 122 ff. Rn. 38–41; siehe weiterführend BGH, Beschl. v. 5.10.2010 – EnVR 49/09; BGH, Beschl. v. 12.11.2013 – EnVR 33/12; BGH, Beschl. v. 25.4.2017 – EnVR 17/16; BGH, Beschl. v. 12.11.2019 – EnVR 109/18; BGH, Beschl. v. 3.6.2020 – EnVR 50/18; zusammenfassend *Bacher,* WM 2021 Sonderbeilage Nr. 1, S. 4.

42 Dazu BGH, Beschl. v. 3.3.2020 – EnVR 26/18; BGH, Beschl. v. 9.7.2019 – EnVR 52/18; BGH, Beschl. v. 27.1.2015 – EnVR 37/13; BGH, Beschl. v. 27.1.2015 – EnVR 39/13; BGH, Beschl. v. 27.1.2015 – EnVR 42/13; zusammenfassend *Bacher,* WM 2021 Sonderbeilage Nr. 1, S. 8.

43 *Kühling/Rasbach/Busch,* Energierecht 4. Auflage 2018, S. 124 f. R. 42–44.

44 *Kühling/Rasbach/Busch,* Energierecht 4. Auflage 2018, S. 125 Rn. 45, 46.

45 Dazu BGH, Beschl. v. 10.11.2015 – EnVR 26/14.

46 *Hummel* in *Theobald/Kühling,* Energierecht, 108. EL 2020, ARegV § 6 Rn. 45 ff.

47 *Kühling/Rasbach/Busch,* Energierecht 4. Auflage 2018, S. 126 Rn. 49.

48 *Pritzsche/Vacha,* Energierecht, 1. Auflage 2017, S. 119 Rn. 315.

49 *Kühling/Rasbach/Busch,* Energierecht 4. Auflage 2018, S. 127 Rn. 53, 53; siehe auch *Hummel* in *Theobald/Kühling,* Energierecht, 108. EL 2020, ARegV § 9 Rn. 20 f.

50 *Kühling/Rasbach/Busch,* Energierecht 4. Auflage 2018, S. 126 f. Rn. 51.

d) Effizienzvergleich und unternehmensindividueller Effizienzwert

268 Die §§ 12–14 ARegV regeln die Durchführung des Effizienzvergleichs[51], durch den der unternehmensindividuelle Effizienzwert ermittelt werden soll. Da die Netzbetreiber unter sehr unterschiedlichen Bedingungen arbeiten, erfolgt der Effizienzvergleich anhand bestimmter Vergleichsparameter. Die **Vergleichsparameter** (zB Anzahl der Anschlusspunkte, Fläche des versorgten Gebiets, Systemlänge, zeitgleiche Jahreshöchstlast) werden durch die Regulierungsbehörden mit qualitativen, analytischen oder statistischen Methoden, die dem Stand der Wissenschaft entsprechen, ausgewählt (§ 13 Abs. 3 ARegV). Jedem Unternehmen wird eine individuelle Effizienz zugeordnet, wobei die effizientesten den Wert 100 % erhalten. In § 12 Abs. 4 ARegV ist eine **Mindesteffizienz** von 60 % vorgesehen, dh bei einer Effizienz unter 60 % wird dennoch dieser Wert zugeordnet, um den Unternehmen keine unerreichbaren Vorgaben zu machen.[52]

269 Aus den unternehmensindividuellen Effizienzwerten werden die **Ineffizienzen** ermittelt (§ 15 Abs. 3 ARegV), welche die Grundlage der bei der Festlegung der Erlösobergrenze einzubeziehenden **Effizienzvorgaben** sind. Ziel der Anreizregulierung ist es, diese Ineffizienzen innerhalb der Regulierungsperiode (§ 16 Abs. 1 ARegV) vollständig abzubauen.[53]

270 Vom Unternehmen dauerhaft **nicht beeinflussbare Kostenbestandteile** (§ 11 Abs. 2 ARegV, abschließend!) werden beim Effizienzvergleich nicht berücksichtigt und unterliegen keinen Effizienzvorgaben.[54] Ändern sich diese Bestandteile, kann die Erlösobergrenze jährlich angepasst werden (§ 4 Abs. 3 Nr. 2 ARegV). Die sogenannten **volatilen Kosten** (§ 11 Abs. 5 ARegV; zB Kosten für Verlustenergie) fließen zwar mit ihrer Höhe im Basisjahr in den Effizienzvergleich mit ein. Änderungen führen aber ebenfalls zu einer unmittelbaren Anpassung der Erlösobergrenzen.[55]

271 Der nach Abzug der dauerhaft nicht beeinflussbaren Kosten **verbleibende Kostenblock** fließt vollständig in den Effizienzvergleich für Verteilernetzbetreiber nach §§ 12 ff. ARegV ein (§ 14 Abs. 1 Nr. 2 ARegV). Es ergibt sich eine Aufteilung in einen effizienten Teil (vorübergehend nicht beeinflussbare Kosten § 11 Abs. 4 ARegV) und einen **ineffizienten Teil** (beeinflussbare Kosten § 11 Abs. 4 ARegV). **Strukturelle Besonderheiten** sind nach § 15 Abs. 1 ARegV zu berücksichtigen. In **Härtefällen**, also wenn der Netzbetreiber trotz Ausschöpfung aller möglichen und zumutbaren Maßnahmen die Effizienz nicht erreicht, ist eine individuelle Anpassung der Effizienzwerte möglich (§ 16 Abs. 2 S. 1 ARegV). Besonders effiziente Verteilernetzbetreiber können gem. § 12 a ARegV in einer **Supereffizienzwertanalyse** einen Effizienzbonus von bis zu 5 % erlangen.[56]

272 Für die Betreiber von **Übertragungsnetzen** findet der **Effizienzvergleich international** unter Einbeziehung der Netzbetreiber der Mitgliedsstaaten der EU statt (§ 22 Abs. 1 ARegV), sofern diese strukturell vergleichbar sind. Ansonsten bzw. ergänzend kann eine relative **Referenznetzanalyse** durchgeführt werden, die sich auf die Abweichungen der Netzbetreiber von einem optimierten Modell bezieht. Für die **Fernleitungsnetzbetreiber** (Gas) sind beim Effizienzvergleich nationale Daten vorrangig. Nur wenn diese

51 Siehe auch *Pritzsche/Vacha*, Energierecht, 1. Auflage 2017, S. 119 Rn. 314.
52 *Kühling/Rasbach/Busch*, Energierecht 4. Auflage 2018, S. 129 ff. Rn. 58–62.
53 *Pritzsche/Vacha*, Energierecht, 1. Auflage 2017, S. 119 Rn. 314.
54 *Kühling/Rasbach/Busch*, Energierecht 4. Auflage 2018, S. 127 ff. Rn. 54–56.
55 *Kühling/Rasbach/Busch*, Energierecht 4. Auflage 2018, S. 129 Rn. 57.
56 *Kühling/Rasbach/Busch*, Energierecht 4. Auflage 2018, S. 130 f. Rn. 61, 62.

nicht ausreichen, findet ein internationaler Vergleich und ggf. eine relative Referenzanalyse statt (§ 22 Abs. 3 S. 4 ARegV).[57]

Kleine Netzbetreiber (§ 24 ARegV) können auf Antrag an einem **vereinfachten Verfahren** teilnehmen, bei dem der Effizienzvergleich entfällt.[58] Stattdessen wird ein pauschaler Wert festgesetzt, der sich aus den **gewichteten Durchschnittswerten** aller in dem bundesweiten Effizienzvergleich für die vorangegangene Regulierungsperiode ermittelten, bereinigten Effizienzwerten ergibt. Dabei gelten 5 % der Kosten als dauerhaft nicht beeinflussbar. Konzessionsabgaben und der Zuschlag nach Kraft-Wärme-Kopplungsgesetz[59] bleiben unberücksichtigt. Die Wahl des vereinfachten Verfahrens ist für die jeweilige Regulierungsperiode bindend.[60] 273

Der Effizienzvergleich ermöglicht eine Orientierung an der Effizienz vergleichbarer Netzbetreiber, ähnlich wie er auch bei funktionierendem Wettbewerb stattfinden würde. 274

e) Sonstige Bestandteile und Vorgaben

Qualitätsvorgaben dienen der Sicherung eines langfristig angelegten, leistungsfähigen und zuverlässigen Betriebs von Energieversorgungsnetzen (§ 18 ARegV). Nach § 19 Abs. 1 ARegV ist es möglich, einen Qualitätsbonus oder -malus auf die Erlösobergrenze anzuwenden, wenn eine Abweichung der Netzzuverlässigkeit oder -leistungsfähigkeit (§ 19 Abs. 3 ARegV) von Kennzahlen (§ 20 ARegV) vorliegt. Die Anpassung der Erlösobergrenzen erfolgt höchstens einmal jährlich (§ 4 Abs. 5 ARegV).[61] 275

Auf Antrag des Netzbetreibers ist von der Regulierungsbehörde ein Zuschlag für **Kosten aus Forschung und Entwicklung** in die Erlösobergrenze für das jeweilige Kalenderjahr einzubeziehen (§ 25 a ARegV). Der Zuschlag beträgt 50 % der berücksichtigungsfähigen Kosten des nicht öffentlich geförderten Anteils der Gesamtkosten des Vorhabens.[62] 276

f) Abweichungen und Anpassungen der Erlösobergrenze

Für jeden Netzbetreiber ist ein **Regulierungskonto** anzulegen, auf dem jährlich die Differenz zwischen den zulässigen Erlösen und den tatsächlich erzielten Erlösen verbucht wird.[63] Der Netzbetreiber hat jährlich einen Antrag auf Anpassung der Erlösobergrenze zu stellen (§ 4 Abs. 4 S. 3 ARegV), den die Regulierungsbehörde gem. § 5 Abs. 3 ARegV genehmigt. Der jährlich ermittelte Saldo wird dabei jeweils über die folgenden drei Kalenderjahre verteilt und durch Zu- und Abschläge auf die Erlösobergrenze, entsprechend verzinst, wieder ausgeglichen. 277

Bei **Veränderungen** des Verbraucherpreisgesamtindex (§ 8 ARegV), bei Veränderungen dauerhaft nicht beeinflussbarer Kosten sowie volatiler Kosten (§ 4 Abs. 3 Nr. 3 ARegV) und bei Veränderung des Qualitätselements (§ 19 ARegV) muss eine Anpassung **von Amts wegen** jeweils am 1. Januar erfolgen (§ 4 Abs. 5 ARegV). **Auf Antrag** 278

57 *Kühling/Rasbach/Busch,* Energierecht 4. Auflage 2018, S. 131 Rn. 63.
58 *Pritzsche/Vacha*, Energierecht, 1. Auflage 2017, S. 120 Rn. 319.
59 Siehe § 6 KWKG.
60 *Kühling/Rasbach/Busch,* Energierecht 4. Auflage 2018, S. 131 f. Rn. 64, 65.
61 *Kühling/Rasbach/Busch,* Energierecht 4. Auflage 2018, S. 132 Rn. 66, 67; dazu BGH, Beschl. v. 22.7.2014 – EnVR 59/12.
62 *Kühling/Rasbach/Busch,* Energierecht 4. Auflage 2018, S. 132 f. Rn. 68.
63 *Hummel* in *Theobald/Kühling*, Energierecht, 108. EL 2020, ARegV § 5 Rn. 12 ff.

erfolgt die Anpassung bei genehmigtem Kapitalkostenaufschlag (§ 10 a ARegV), zwingend zum Ausgleich des Regulierungskontos und in Fällen unzumutbarer Härte[64] aufgrund eines unvorhersehbaren Ereignisses (§ 4 Abs. 4 Nr. 2. ARegV).[65]

279 Nach § 23 ARegV haben Übertragungs- und Fernleitungsnetzbetreiber die Möglichkeit, **Investitionsmaßnahmen**[66] zu beantragen. Kapital- und Betriebskosten von Erweiterungs- oder Umstrukturierungsmaßnahmen, welche

- Zur Stabilisierung des Gesamtsystems
- Zur Einbindung in das internationale oder nationale Verbundnetz
- Für den bedarfsgerechten Ausbau des Netzes

notwendig sind, hat die Regulierungsbehörde (ggf. zeitlich befristet) zu genehmigen. Dabei kann sie Nebenbestimmungen vorsehen (§ 23 Abs. 5 ARegV). Diese gelten dann als dauerhaft nicht beeinflussbare Kosten (§ 11 Abs. 2 S. 1 Nr. 6 ARegV). Eine nicht abschließende Aufzählung von Investitionsmaßnahmen enthält § 23 Abs. 1 S. 2 ARegV. Erlöse aus dem Engpassmanagement sind gem. § 23 Abs. 2 ARegV kostenmindernd anzusetzen. Die doppelte Anrechnung, die sich ggf. aus § 3 Abs. 3 S. 1 Nr. 2 ARegV ergibt, ist beim Ansatz auszugleichen.[67]

g) Netzübergang

280 In § 26 Abs. 1 S. 2 ARegV ist der **akzessorische**[68] Übergang der Erlösobergrenze mit dem Netzübergang normiert. Bei teilweisem Übergang muss die Obergrenze in Bezug auf den übergehenden Teil (auf Antrag oder nach 6 Monaten von Amts wegen) erneut festgelegt werden und sodann beim aufnehmenden Netzbetreiber hinzugerechnet und beim abgebenden Netzbetreiber abgezogen werden. Bis zur Festlegung des Anteils ist der aufnehmende Netzbetreiber berechtigt, angemessene Entgelte zu erheben (§ 26 Abs. 2 S. 5 ARegV).[69]

2. Bildung der Netzentgelte

281 Die Netzentgelte, welche von den Stromverbrauchern zu zahlen sind[70], werden nach Maßgabe des § 21 Strom/GasNEV gebildet. Da die Entgelte nicht mehr auf den Kosten basieren, finden die Normen der Gas- bzw. StromNEV jeweils entsprechende Anwendung (§ 21 Abs. 1 S. 2 Strom/GasNEV). Demnach sollen die Kosten jeweils dort dokumentiert werden, wo sie verursacht worden sind (**Kostenstellenrechnung**). Die kalkulierten Netzkosten sollten so weit wie möglich direkt den **Hauptkostenstellen** zugeordnet werden (§ 11 S. 1 GasNEV / § 12 S. 1 StromNEV). Die Aufteilung der Kosten hat verursachungsgerecht und für sachkundige Dritte nachvollziehbar zu erfolgen (§ 11 S. 3, 4 GasNEV / § 12 S. 3, 4 StromNEV). Bei der Aufschlüsselung sind Änderungen

64 Dazu BGH, Beschl. v. 28.6.2011 – EnVR 48/10; BGH, Beschl. v. 18.10.2011 – EnVR 13/10; BGH, Beschl. v. 31.1.2012 – EnVR 16/10; BGH, Beschl. v. 30.4.2013 – EnVR 64/10; zusammenfassend *Bacher*, WM 2021, Sonderbeilage Nr. 1, S. 16 f.

65 *Kühling/Rasbach/Busch*, Energierecht 4. Auflage 2018, S. 133 f. Rn. 71–75.

66 Zum pauschalierten Investitionszuschlag nach § 25 ARegV siehe *Mitto*, Energierecht, 2. Auflage 2019, S. 40 f. Rn. 109–111.

67 *Kühling/Rasbach/Busch*, Energierecht 4. Auflage 2018, S. 134 f. Rn. 76–78.

68 Der Begriff versteht sich in den Rechtswissenschaften im Sinne einer (besonders engen) Verbindung zwischen einem Recht und einem Gegenstand, hier zwischen der Erlösobergrenze und dem Netz.

69 *Kühling/Rasbach/Busch*, Energierecht 4. Auflage 2018, S. 135 Rn. 79–81.

70 Siehe auch *Pritzsche/Vacha*, Energierecht, 1. Auflage 2017, S. 120 f. Rn. 320–323.

nur zulässig, wenn sie sachlich geboten sind (**Stetigkeitsprinzip**). In einem letzten Schritt erfolgt auf Grundlage der Kostenstellenrechnung eine Zuordnung der Kosten zu ihren Verursachungszwecken (**Kostenträgerrechnung**).[71]

a) GasNEV

282 Die Entgeltermittlung nach § 13 GasNEV orientiert sich an dem **transportpfadunabhängigen Netzzugangsmodell** des § 20 Abs. 1 b EnWG. Der Kunde bezahlt also ein Ein- und Ausspeiseentgelt, welches die Nutzung des gesamten deutschen Erdgasnetzes (jeweils bis/vom virtuellen Handelspunkt) sowie die Systemdienstleistungen abgilt. Werden mehrere Netze passiert, wälzt der Aus- bzw. Einspeisenetzbetreiber die Kosten des Entgelts für die vorgelagerten Netze auf sein „eigenes" Entgelt um. Die Netzbetreiber ermitteln vorab netzindividuelle Entgelte nach §§ 13 ff. GasNEV. Für die örtlichen Verteilernetze ermöglicht § 18 GasNEV ein transaktionsunabhängiges Punktmodell zur Berechnung der Netzzugangsentgelte, § 20 Abs. 1 GasNEV ermöglicht die Ausweisung von Kurzstreckenentgelten. Nach § 20 Abs. 2 S. 1 GasNEV kann ein Verteilernetzbetreiber zur Vermeidung eines Direktleitungsbaus ein gesondertes Entgelt berechnen.[72]

b) StromNEV

283 Das Netzentgelt wird jährlich zur Abdeckung der Netzkosten erhoben (§ 15 StromNEV). Grundlage der Festsetzung der Netzentgelte ist ein transaktionspfadunabhängiges Punktmodell mit entfernungsunabhängigen Netzzugangsentgelten. Die Netzentgelte hängen nur von der **Anschlussebene** und der **Jahresbenutzungsstundenzahl** ab (§ 17 StromNEV). Das Netzentgelt beinhaltet die **Nutzung der gesamten Infrastruktur** inklusive vorgelagerter Netze, Verluste und Systemdienstleistungen. In § 19 Abs. 2 S. 1 StromNEV ist die Möglichkeit eines **individuellen Netzentgelts bei erheblich abweichendem Verbrauch** eines Letztverbrauches vorgesehen. Dies muss der BNetzA angezeigt werden (§ 19 Abs. 2 S. 7 StromNEV).[73]

III. Aufgaben

284

1. Was sind die zentralen Ziele der Entgeltregulierung? In welchem Zusammenhang stehen diese mit den Zielen des § 1 EnWG?
2. Weshalb bietet die an den Grundsätzen des § 21 EnWG orientierte Entgeltgenehmigung keinen Anreiz zur Effizienzsteigerung? Worin besteht der Unterschied zur Anreizregulierung?
3. Lesen Sie den 1. Referenzbericht Anreizregulierung der BNetzA, S. 14 ff. Welche Möglichkeiten hat der Verordnungsgeber nach § 21 a EnWG für die Festlegung der Obergrenze? Was sind hier die zentralen Unterschiede?
4. Wann beginnt die nächste Regulierungsperiode (Strom/Gas)? Welcher Zeitraum ist für die Kostenprüfung zur Festlegung der Netzentgelte für die nächste Regulierungsperiode maßgeblich?

---

71 Zum früheren § 17 ARegV *Kühling/Rasbach/Busch,* Energierecht 4. Auflage 2018, S. 136 Rn. 84; Der § 17 ARegV wurde mit redaktionellen Änderungen jeweils durch § 21 Strom/GasNEV ersetzt, *Hummel* in *Theobald/Kühling*, Energierecht, 108. EL 2020, ARegV § 17 (weggefallen) Rn. 1 ff.

72 *Kühling/Rasbach/Busch,* Energierecht 4. Auflage 2018, S. 136 f. Rn. 86, 87.

73 *Kühling/Rasbach/Busch,* Energierecht 4. Auflage 2018, S. 137 ff. Rn. 88–92.

5. Welche Vorteile hat der Kapitalkostenabgleich gegenüber dem vor der ARegV-Novelle 2016 vorgesehenen Budgetprinzip?
6. Lesen Sie die in Anlage 1 zur ARegV beschriebene Regulierungsformel und die Legende zu den enthaltenen Variablen. Welche ökonomischen bzw. rechtlichen Tatsachen kommen in den verschiedenen Faktoren zum Ausdruck?

Fall 6) „Privilegierung von Großabnehmern"

285 Die Regierung möchte industrielle (Strom-)Großabnehmer finanziell entlasten und plant deshalb auf Grundlage der Verordnungsermächtigung des § 24 Abs. 1 Nr. 3 EnWG die Einführung eines § 19 a StromNEV mit folgendem Wortlaut:

> *„Erreicht die Stromabnahme aus dem Netz der allgemeinen Versorgung für den eigenen Verbrauch an einer Abnahmestelle die Benutzungsstundenzahl von mindestens 7 000 Stunden und übersteigt der Stromverbrauch an dieser Abnahmestelle 10 Gigawattstunden, soll der Letztverbraucher insoweit grundsätzlich von den Netzentgelten befreit werden."*

Sehen Sie hier Probleme?

Lösung Kapitel F

1. **Was sind die zentralen Ziele der Entgeltregulierung? In welchem Zusammenhang stehen diese mit den Zielen des § 1 EnWG?**

286

Ziele des § 1 EnWG	Ziele der Entgeltregulierung
■ Sicherheit ■ Effizienz ■ Preisgünstigkeit ■ Verbraucherfreundlichkeit ■ Umweltverträglichkeit	■ Transparenz, Diskriminierungsfreiheit, Angemessenheit (Kostenorientierung) ■ Investitionsanreize ■ Marktzugang auf nachgelagerten Märkten

Preisgünstigkeit

- Die Entgeltregulierung verhindert, dass der Netzbetreiber seine Monopolstellung ausnutzt und überhöhte Preise verlangt. Stattdessen muss die Entgeltbildung kostenorientiert erfolgen.
- Diskriminierungsfreie Entgelte ermöglichen den Wettbewerb auf vor- und nachgelagerten Märkten, welcher wiederum einen Anreiz für Anbieter auf diesen Märkten schafft, die Preise zu senken.
- Die Entgeltregulierung schafft Anreize, um in den Netzbetrieb zu investieren, um damit die Netzkosten zu senken.

Effizienz

- Die Entgeltregulierung schafft Anreize für einen effizienteren Netzbetrieb, indem sie die möglichen Gewinne durch die Festlegung von Erlösobergrenzen an den Abbau von Ineffizienzen koppelt.
- Die Entgeltregulierung lässt Investitionen zur Steigerung der Effizienz und Verbesserungen des Netzes zu.

Verbraucherfreundlichkeit

- Die Entgeltregulierung schafft eine größere Transparenz bei der Festlegung der Entgelte für die Netznutzung.
- Dies trägt zu einer größeren Transparenz bei den Energiepreisen bei.

Umweltverträglichkeit

- Die Entgeltregulierung trägt der Notwendigkeit des Netzausbaus im Zusammenhang mit der Energiewende Rechnung.

Sicherheit

- Im Rahmen der Entgeltregulierung werden die Kosten berücksichtigt, die für einen sicheren Betrieb des Netzes notwendig sind. Die Anreizregulierung soll sicherstellen, dass die Netzbetreiber neben der Kostensenkung auch die qualitative Verbesserung ihres Angebots anstreben.

2. Weshalb bietet die an den Grundsätzen des § 21 EnWG orientierte Entgeltgenehmigung keinen Anreiz zur Effizienzsteigerung? Worin besteht der Unterschied zur Anreizregulierung?

Die Entgeltregulierung nach § 21 EnWG erfordert eine an den tatsächlichen Kosten orientierte Festlegung der Entgelte. Dabei wird weitgehend nicht berücksichtigt, ob diese tatsächlichen Kosten durch den Netzbetreiber gesenkt werden könnten und bei bestehendem Wettbewerb auch gesenkt werden würden. 287

Die Anreizregulierung vergleicht strukturell ähnliche Netzbetreiber, um so herauszufinden, welche Bestandteile der tatsächlichen Kosten gesenkt werden könnten und würden, wenn die verglichenen Netzbetreiber im Wettbewerb stehen würden. Durch die Festlegung einer darauf basierenden Erlösobergrenze werden die Netzbetreiber gezwungen, ihre Ineffizienzen abzubauen, da sie ansonsten keinen Gewinn machen können.

3. Lesen Sie den 1. Referenzbericht Anreizregulierung der BNetzA, S. 14 ff. Welche Möglichkeiten hat der Verordnungsgeber nach § 21 a EnWG für die Festlegung der Obergrenze? Was sind hier die zentralen Unterschiede?

Für die Festlegung der Obergrenze nach § 21 a EnWG stehen dem Verordnungsgeber zwei Möglichkeiten zur Verfügung: 288

- **Price-Cap** (Preisobergrenze)
- **Revenue-Cap** (Erlösobergrenze)

289 Bei der Preisobergrenze werden für die verschiedenen Produkte des Netzbetriebes (zB Höchstspannung, Hochspannung, Umspannungsleistungen, etc) jeweils Einzelpreise bzw. gewichtete Durchschnittspreise festgelegt. Bei der Erlösobergrenze wird eine Obergrenze für den Gesamterlös des Unternehmens festgelegt. Die Mengenentwicklungen werden dabei geschätzt.

Vor- und Nachteile der Price-Cap

- Bessere Planbarkeit, da alle benötigten Informationen bereits bei der Festlegung der Grenze zur Verfügung stehen.
- Zusätzlich „verkaufte" Einheiten erzielen auch zusätzlichen Gewinn.
- Es verbleibt die Möglichkeit, flexibel auf die Marktgegebenheiten zu reagieren und Preise an die Nachfrage anzupassen.
- Dies kann allerdings zu erhöhten Kosten bei Verbrauchern führen, da sie ihr Marktverhalten kaum anpassen können.
- Unternehmen können durch strategische Preissetzung ggf. wettbewerbsverzerrende Effekte befördern.
- Problematisch ist mangels Daten die Einführung neuer Produkte.

Vor- und Nachteile der Revenue-Cap

- Die Schätzung der abgesetzten Mengen wirft Probleme auf, wenn die tatsächliche Menge erheblich abweicht.
- Bei einer sehr preiselastischen Nachfrage und einem hohen Anteil an variablen Kosten, besteht ein Anreiz, den Output zu verringern, da dadurch ein höherer Gewinn entsteht. Auf dem Strom- und Gasmarkt kann man allerdings nicht davon ausgehen, dass eine große Preiselastizität vorliegt.
- Anreize für den Neuanschluss fehlen, da dadurch kein zusätzlicher Gewinn entsteht.
- Die Regulierung ist aus Sicht der Regulierungsbehörde einfacher, da weniger detaillierte Informationen benötigt werden als bei der Preisfestlegung.
- Es bestehen weniger Anreize zu missbräuchlichem strategischem Verhalten, dabei aber auch weniger Anreize zu einer allokativen Effizienz.[74]

290 Der Verordnungsgeber hat sich in der Anreizregulierungsverordnung für eine Erlösobergrenze entschieden, denn eine Preisobergrenze hätte einen Anreiz zur Erhöhung der transportierten Volumina bewirkt, was mit dem Ziel, Energie einzusparen, nicht vereinbar wäre.[75]

74 *Bundesnetzagentur*, 1. Referenzbericht Anreizregulierung vom 8.12.2005, abrufbar https://www.bundesnetzagentur.de/SharedDocs/Downloads/DE/Sachgebiete/Energie/Unternehmen_Institutionen/Netzentgelte/Anreizregulierung/1_ReferenzberichtAnreizregulierung.pdf?__blob=publicationFile&v.=1 (31.8.2020).

75 *Pritzsche/Vacha*, Energierecht, 1. Auflage 2017, S. 117 Rn. 304.

4. Wann beginnt die nächste Regulierungsperiode (Strom/Gas)? Welcher Zeitraum ist für die Kostenprüfung zur Festlegung der Netzentgelte für die nächste Regulierungsperiode maßgeblich?

Strombereich:

- Aktuell: 3. Regulierungsperiode 2019 – 2023 (Basisjahr 2016[76]) 291
- danach 4. Regulierungsperiode ab 1.1.2024 – 31.12.2029
- Basisjahr 2021

Gasbereich:

- Aktuell: 3. Regulierungsperiode 2018 – 2022
- danach 4. Regulierungsperiode ab 1.1.2023 – 31.12.2028
- Basisjahr 2020[77]

Regelungen zur Regulierungsperiode finden sich in der Anreizregulierungsverordnung in den §§ 3, 6 Abs. 1.

5. Welche Vorteile hat der Kapitalkostenabgleich gegenüber dem vor der ARegV-Novelle 2016 vorgesehenen Budgetprinzip?

Der Kapitalkostenabgleich ermöglicht eine Anpassung der aus den Werten des Basisjahres kalkulierten Kapitalkosten an die tatsächlich in den Jahren der Regulierungsperiode zu erwartenden Kapitalkosten. 292

Vor der ARegV-Novelle 2016 führte die Anwendung des Budgetprinzips dazu, dass teilweise bis zu sieben Jahre zwischen tatsächlichen Anfall der Kosten und ihrer Berücksichtigung bei der Erlösobergrenze vergingen.[78]

Dadurch bestand ein Hindernis für Investitionen außerhalb des Basisjahres.[79]

---

76 *Pritzsche/Vacha*, Energierecht, 1. Auflage 2017, S. 117 Rn. 307.
77 Zu den aus Corona resultierenden Probleme siehe *Brucker/Baumbach*, EnWZ 2020, 195.
78 *Stelter* EnWZ 2017, 147 (147 ff.).
79 *Kühling/Rasbach/Busch*, Energierecht 4. Auflage 2018, S. 126 Rn. 48–50.

293 **6. Lesen Sie die in Anlage 1 zur ARegV beschriebene Regulierungsformel und die Legende zu den enthaltenen Variablen. Welche ökonomischen bzw. rechtlichen Tatsachen kommen in den verschiedenen Faktoren zum Ausdruck?**[80]

$$EO_t = KA_{dnb,t} + \left(KA_{vnb,t} + (1 - V_t) \cdot KA_{b,t} + \frac{B_0}{T}\right) \cdot \left(\frac{VPI_t}{VPI_0} - PF_t\right) + KKA_t + Q_t + (VK_t - VK_0) + S_t.$$

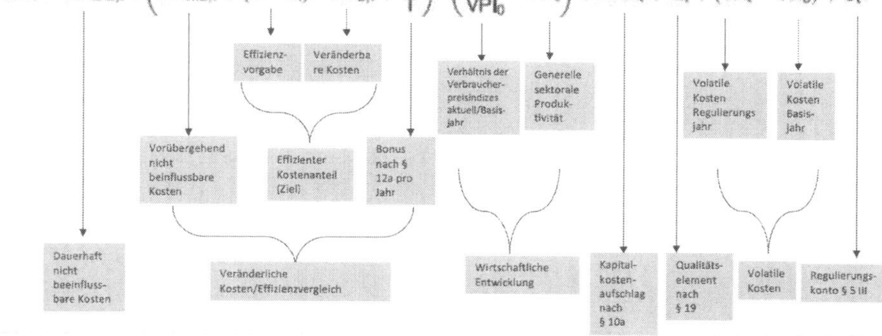

EO_t	Erlösobergrenze aus Netzentgelten, die im Jahr t der jeweiligen Regulierungsperiode nach Maßgabe des § 4 Anwendung findet.
$KA_{dnb,t}$	Dauerhaft nicht beeinflussbarer Kostenanteil nach § 11 Absatz 2, der für das Jahr t der jeweiligen Regulierungsperiode unter Berücksichtigung der Änderungen nach § 4 Absatz 3 Satz 1 Nummer 2 Anwendung findet.
$KA_{vnb,0}$	Vorübergehend nicht beeinflussbarer Kostenanteil nach § 11 Absatz 3 im Basisjahr. $KA_{vnb,t}$ Vorübergehend nicht beeinflussbarer Kostenanteil nach § 11 Absatz 3, der für das Jahr t der jeweiligen Regulierungsperiode anzuwenden ist.
V_t	Verteilungsfaktor für den Abbau der Ineffizienzen, der im Jahr t der jeweiligen Regulierungsperiode nach Maßgabe des § 16 Anwendung findet.
$KA_{b,0}$	Beeinflussbarer Kostenanteil nach § 11 Absatz 4 im Basisjahr. Er entspricht den Ineffizienzen nach § 15 Absatz 3. $KA_{b,t}$ Beeinflussbarer Kostenanteil nach § 11 Absatz 4, der für das Jahr t der jeweiligen Regulierungsperiode anzuwenden ist. B_0 Bonus nach § 12 a im Basisjahr. T Dauer der jeweiligen Regulierungsperiode in Jahren.
VPI_t	Verbraucherpreisgesamtindex, der nach Maßgabe des § 8 Satz 2 für das Jahr t der jeweiligen Regulierungsperiode Anwendung findet.
VPI_0	Durch das Statistische Bundesamt veröffentlichter Verbraucherpreisgesamtindex für das Basisjahr.
PF_t	Genereller sektoraler Produktivitätsfaktor nach Maßgabe des § 9, der die Veränderungen des generellen sektoralen Produktivitätsfaktors für das Jahr t der jeweiligen Regulierungsperiode im Verhältnis zum ersten Jahr der Regulierungsperiode wiedergibt. In Analogie zu dem Term VPI_t/VPI_0 ist PF_t dabei durch Multiplikation der einzelnen Jahreswerte einer Regulierungsperiode zu bilden. KKA_t Kapitalkostenaufschlag nach § 10 a, der für das Jahr t der jeweiligen Regulierungsperiode anzuwenden ist.
EF_t	Erweiterungsfaktor nach Maßgabe des § 10 für das Jahr t der jeweiligen Regulierungsperiode.

Q_t Zu- und Abschläge auf die Erlösobergrenze nach Maßgabe des § 19 im Jahr t der jeweiligen Regulierungsperiode.

S_t Summe der Zu- und Abschläge auf die Erlösobergrenze nach § 5 Absatz 3.

VK_t volatiler Kostenanteil, der nach § 11 Absatz 5 im Jahr t der jeweiligen Regulierungsperiode Anwendung findet.

VK_0 volatiler Kostenanteil nach § 11 Absatz 5 im Basisjahr.

Fall 6)

Im Fall 6 geht es um die Prüfung einer Verordnung. Eine Verordnung ist eine von einem Exekutivorgan aufgrund einer Delegation durch den Gesetzgeber erlassene Rechtsnorm.[81] Die Rechtmäßigkeit einer Verordnung richtet sich grundsätzlich nach § 80 Abs. 1 GG. Nachdem über das formelle Verfahren[82] keine Aussage getroffen wird, ergibt sich die Fragestellung: 294

Wäre der geplante § 19 a StromNEV materiell rechtmäßig?

Der geplante § 19 a StromNEV könnte materiell rechtswidrig sein. Voraussetzung der Rechtmäßigkeit einer Verordnung ist gem. Art. 80 Abs. 1 GG eine Ermächtigungsgrundlage, also ein Gesetz, welches die Exekutive zum Erlass einer Verordnung in diesem Bereich ermächtigt. Die Vorgaben der Ermächtigungsgrundlage müssen beachtet werden und die Verordnung muss mit dem höherrangigen Recht vereinbar sein.[83]

1. Ermächtigungsgrundlage (formell und materiell rechtmäßig)

▶ § 24 EnWG

Die Bundesregierung wird ermächtigt, durch Rechtsverordnung mit Zustimmung des Bundesrates

1. die Bedingungen für den Netzzugang (...) sowie Methoden zur Bestimmung der Entgelte für den Netzzugang gemäß den §§ 20 bis 23 festzulegen, wobei die Entgelte für den Zugang zu Übertragungsnetzen teilweise oder vollständig auch bundesweit einheitlich festgelegt werden können.

   (...)

3. zu regeln, in welchen Sonderfällen der Netznutzung und unter welchen Voraussetzungen die Regulierungsbehörde im Einzelfall individuelle Entgelte für den Netzzugang genehmigen oder untersagen kann (...) ◀

Auch die Ermächtigungsgrundlage an sich muss formell und materiell rechtmäßig sein. Für § 24 EnWG ergeben sich hier aus dem Sachverhalt keine Zweifel.

▶ Art. 80 Abs. 1 Satz 2 GG

„Dabei müssen Inhalt, Zweck und Ausmaß der Ermächtigung im Gesetz bestimmt werden“ ◀

---

80 Weiterführende Erläuterungen bei *Pritzsche/Vacha*, Energierecht, 1. Auflage 2017, S. 118 Rn. 310 ff.

81 *Maurer*, Allgemeines Verwaltungsrecht, 19. Auflage 2017, § 13 Rn. 1.

82 Zu den formellen Voraussetzungen einer Verordnung siehe zB *Maurer*, Allgemeines Verwaltungsrecht, 19. Auflage 2017, § 13 Rn. 9–13.

83 *Maurer*, Allgemeines Verwaltungsrecht, 19. Auflage 2017, § 13 Rn. 14.

2. Tatbestand der Ermächtigungsgrundlage

Die Verordnung muss sich im Rahmen der Ermächtigungsgrundlage bewegen. In § 24 EnWG wird der Verordnungsgeber ermächtigt, die Bedingungen für individuelle Netzentgelte[84] festzulegen. Eine gänzliche Befreiung von Großabnehmern kann nicht mehr unter den Begriff „individuelles Netzentgelt" subsumiert werden.

> *Aus der Rechtsprechung:*
>
> „Dem Verordnungsgeber ist es verwehrt, Regelungen zu erlassen, die die Grenzen und inhaltlichen Vorgaben der Ermächtigung missachten und in der Sache auf eine Korrektur der Entscheidung des Gesetzgebers hinauslaufen würde."[85]

Die Ermächtigungsgrundlage erfasst nur die Methoden zur Bestimmung der Netzentgelte, nicht das „ob" der Netzentgelte. Es handelt sich auch nicht um ein individuelles Netzentgelt, da der befreite Netznutzer keine Gegenleistung entrichtet.[86]

Die geplante Verordnung ist folglich nicht durch die Ermächtigungsgrundlage gedeckt und damit materiell rechtswidrig.[87]

---

84 Weiterführend zu individuellen Netzentgelten BGH, Beschl. v. 9.10.2012 – EnVR 47/11; BGH, Beschl. v. 27.3.2012 – EnVR 8/11; BGH, Beschl. v. 13.12.2016 – EnVR 34/15; BGH, Beschl. v. 18.7.2017 – EnVR 35/16; BGH, Beschl. v. 11.12.2018 – EnVR 59/17; zusammenfassend *Bacher*, WM 2021 Sonderbeilage Nr. 1, S. 9 ff.

85 OLG Düsseldorf Beschl. v. 8.5.2013 – VI-3 Kart 178/12 (V), Rn. 25.

86 OLG Düsseldorf Beschl. v. 8.5.2013 – VI-3 Kart 178/12 (V), Rn. 28 ff.

87 BGH, Beschl. v. 6.10.2015 – EnVR 32/13; zu daraus ggf. folgenden Rückforderungen OLG Düsseldorf, Beschl. v. 27.11.2019 – 3 Kart 868/18 (V), EnWZ 2020, 14.

G. Entflechtung

Auch die Vorschriften zur Entflechtung („Unbundling“) dienen im Kern der Sicherstellung wirksamen Wettbewerbs im Energiesektor.[1] Sie zählen zu den zentralen Bausteinen der Energiewirtschaftsregulierung und stellen die formelle Flankierung der Netzzugangs- und Entgeltregulierung dar.[2] Die Marktstufen der Energieerzeugung und des Vertriebs sollen durch die Entflechtung vom Netzbetrieb weitergehend unabhängig gemacht werden. Ferner soll durch erhöhte Transparenz die diskriminierungs-[3] und weitgehend von wettbewerbsverzerrenden Quersubventionen freie[4] Gestaltung des Netzbetriebs gefördert werden. Durch die Trennung des Netzbetriebs von den übrigen Marktstufen[5] werden der Anreiz und die Möglichkeiten für den Netzbetreiber, seine aus dem natürlichen Monopol entstehende marktbeherrschende Stellung durch Beeinflussung der vor- und nachgelagerten Märkte zu missbrauchen, verringert.[6] 295

Man unterscheidet fünf verschiedene Arten[7] der Entflechtung: 296

- Die **buchhalterische Entflechtung** erfordert die Führung getrennter Konten für verschiedene Unternehmensaktivitäten bei der Rechnungslegung.
- Die **informationelle/informatorische Entflechtung** soll die Verwertung des in vertikal integrierten Unternehmen bestehenden Informationsvorsprungs verhindern, indem sie die unternehmensinterne Weitergabe von Informationen aus dem Netzbetrieb verbietet.
- Zur **organisatorischen/operationellen Entflechtung** zählen die verschiedenen Möglichkeiten der binnenorganisatorischen Trennung der Netzsparten von den übrigen Tätigkeiten eines vertikal integrierten Unternehmens.
- Die **gesellschaftsrechtliche Entflechtung** verlangt eine vollständige gesellschaftsrechtliche Trennung des Netzbetriebs. Sie ermöglicht eine größere Transparenz und eine Aufteilung der unternehmerischen Interessen.
- Die **eigentumsrechtliche Entflechtung** führt zur vollständigen Aufspaltung des vertikal integrierten Unternehmens. Dieses verliert damit auch das Eigentum an dem Unternehmen, welches das Netz betreibt.

1 *Pritzsche/Vacha*, Energierecht, 1. Auflage 2017, S. 192 Rn. 6; *Mitto*, Energierecht, 2. Auflage 2019, S. 10 Rn. 29, 30.
2 *Kühling/Rasbach/Busch*, Energierecht, 4. Auflage 2018, S. 140 Rn. 1 ff.; S. 142 Rn. 9.
3 § 6 EnWG.
4 Siehe die Gesetzesbegründung in BR-Drs. 343/11, zu § 6 S. 133.
5 *Pritzsche/Vacha*, Energierecht, 1. Auflage 2017, S. 191 Rn. 2.
6 *Kühling/Rasbach/Busch*, Energierecht, 4. Auflage 2018, S. 142 Rn. 8, 9.
7 *Kühling/Rasbach/Busch*, Energierecht, 4. Auflage 2018, S. 142 ff. Rn. 10–15; siehe zur Systematik auch die Abbildungen bei *Mitto*, Energierecht, 2. Auflage 2019, S. 24 f. Rn. 76.

Arten der Entflechtung

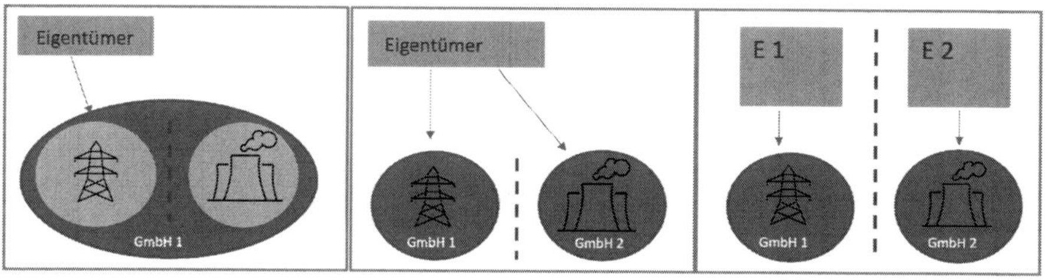

Buchhalterische/Informationelle/ Organisatorische Entflechtung | Gesellschaftsrechtliche Entflechtung | Eigentumsrechtliche Entflechtung

297 Adressaten der Entflechtungsvorschriften sind nach § 6 EnWG **vertikal integrierte Unternehmen** (§ 3 Nr. 38 EnWG[8]). Bei einem vertikal integrierten Unternehmen handelt es sich um eine juristische Person oder auch um eine durch bestimmenden Einfluss (vgl. Art. 3 Abs. 2 EU-Fusionskontrollverordnung) geprägte Unternehmensgruppe, die eine Netztätigkeit und zugleich eine Tätigkeit auf einem vor- oder nachgelagerten Markt ausübt.[9] Ein **bestimmender Einfluss** ist grundsätzlich bei einer Mehrheitsbeteiligung anzunehmen. Bei einer Minderheitsbeteiligung müssen weitere Umstände hinzutreten, so dass von einer tatsächlichen Ausübung der Kontrolle ausgegangen werden kann.[10] Ferner sind auch rechtlich selbstständige, mit einem vertikal integrierten Unternehmen verbundene Netzgesellschaften Adressaten der Entflechtungsvorschriften. Eine Ausnahme von den Entflechtungsregeln für geschlossene Verteilernetze gibt es nicht mehr.[11] Das Gesetz unterscheidet im Rahmen der Entflechtungsvorschriften zwischen Verteilernetzbetreibern und Transportnetzbetreibern (dh Übertragungs- oder Fernleitungsnetzbetreibern, § 3 Nr. 31 c, d EnWG[12]). Für Kombinationsnetzbetreiber gelten gem. § 6 d EnWG die strengeren Vorgaben für Übertragungsnetzbetreiber.[13]

Die Regulierungsbehörden überwachen die Einhaltung der Entflechtungsbestimmungen und haben zur Orientierung für die Unternehmen **gemeinsame Auslegungsgrundsätze** zu den Vorschriften veröffentlicht.[14]

8 Die Definition befindet sich aufgrund der mangelnden Bezugnahme zu Tätigkeiten außerhalb der EU derzeit auf dem Prüfstand (siehe EuGH, C-718/18).

9 *Kühling/Rasbach/Busch,* Energierecht, 4. Auflage 2018, S. 144 f. Rn. 16 ff.; *Pritzsche/Vacha*, Energierecht, 1. Auflage 2017, S. 192 Rn. 5.

10 Zum Begriff des bestimmenden Einflusses siehe beispielsweise *Körber* in *Immenga/Mestmäcker (Hrsg.)*, Wettbewerbsrecht, Band 3, 6. Auflage 2020, FKVO Art. 3 Rn. 28 ff.

11 *Pritzsche/Vacha*, Energierecht, 1. Auflage 2017, S. 193 Rn. 11.

12 Im Entwurf zum Gesetz zur Umsetzung unionsrechtlicher Vorgaben und zur Regelung reiner Wasserstoffnetze im Energiesektor ist eine neue Nummerierung geplant (§ 3 Nr. 31 e, f EnWG-E).

13 *Pritzsche/Vacha*, Energierecht, 1. Auflage 2017, S. 193 Rn. 10.

14 *Bundesnetzagentur,* Gemeinsame Auslegungsgrundsätze der Regulierungsbehörden des Bundes und der Länder vom 1.3.2006; *Bundesnetzagentur,* Konkretisierung der gemeinsamen Auslegungsgrundsätze der Regulierungsbehörden des Bundes und der Länder zu den Entflechtungsbestimmungen in §§ 6–10 EnWG vom 21.10.2008.

I. Buchhalterische Entflechtung § 6 b Abs. 3 EnWG

Die buchhalterische Entflechtung verlangt die Führung **getrennter Konten** für die jeweiligen Netzbereiche in der internen Rechnungslegung[15]. Die Vorschrift dient ausweislich der Formulierung in § 6 b Abs. 3 EnWG der „Vermeidung von Diskriminierung und Quersubventionierung". Mithin dient die buchhalterische Entflechtung der Überprüfbarkeit der Netzentgelte, indem sie eine Transparenz der Kostenzuordnung zu den einzelnen Marktstufen ermöglicht.[16] 298

In § 6 b Abs. 3 S. 1 EnWG werden die Netzbereiche aufgeführt. Im Strombereich betrifft dies die Übertragung (§ 3 Nr. 32 EnWG) und die Verteilung (§ 3 Nr. 37 EnWG) von Energie. Im Gasbereich sind getrennte Konten zu führen für die Gasfernleitung, mit Ausnahme der vorgelagerten Rohrleitungsnetze (§ 3 Nr. 19 EnWG) und für den Transport von Gas über örtliche oder regionale Leitungsnetze (§ 3 Nr. 37 EnWG), wenn diese der Belieferung von Kunden dienen. **Nicht** dazu zählt jeweils die **Belieferung der Kunden selbst.** Weiterhin sind die Gasspeicherung und der Betrieb von LNG-Anlagen buchhalterisch zu trennen. Darüber hinaus sind auch jeweils eigene Konten für die Tätigkeiten im Energiesektor und solche außerhalb des Energiesektors zu führen (§ 6 b Abs. 3 S. 3 EnWG).[17] 299

Die Ausgestaltung[18] der buchhalterischen Trennung hat so zu erfolgen, **als ob** es sich um rechtlich getrennte Unternehmen handeln würde.[19] Dementsprechend müssen eine Bilanz und eine Gewinn- und Verlustrechnung (**Tätigkeitsabschluss**)[20] aufgestellt werden, die den handelsrechtlichen Anforderungen an die Aufstellung des Jahresabschlusses genügen (§ 6 b Abs. 3 S. 6 EnWG). Dies gilt nicht für die zusammengeführten Konten nach § 6 b Abs. 3 S. 2–4 EnWG und den Messstellenbetrieb (§ 3 Abs. 4 S. 2 MsbG).[21] Ist die Zuordnung einzelner Kostenpositionen nicht oder nur mit unverhältnismäßigem Aufwand möglich, kann eine sachgerechte Schlüsselung erfolgen, die jedoch dem Grundsatz der Stetigkeit unterliegt und nachvollziehbar sein muss.[22] 300

Die mit dem Jahresabschluss erstellten Spartenabschlüsse sind gem. § 6 b Abs. 4 EnWG beim elektronischen Bundesanzeiger zur Bekanntmachung einzureichen. Die Prüfung des Jahresabschlusses eines Energieversorgungsunternehmens umfasst auch die Einhaltung der getrennten Rechnungslegung (§ 6 b Abs. 5 S. 1 EnWG). Sämtliche Dokumente (§ 6 b Abs. 7 S. 3 EnWG) sind außerdem unverzüglich nach der Prüfung an die zuständigen Regulierungsbehörden zu übermitteln. Außerdem müssen die Unternehmen die Geschäftsberichte zu den einzelnen Sparten auf ihren Internetseiten veröffentlichen.[23] Durch die damit geschaffene **Transparenz** können Ungleichbehandlungen von internen und externen Wettbewerbssparten leichter aufgedeckt werden.[24] 301

---

15 Zur Unterscheidung der internen und externen Rechnungslegung im Rahmen des § 6 b EnWG siehe *Mitto*, Energierecht, 2. Auflage 2019, S. 11 f. Rn. 33, 34.

16 *Mitto*, Energierecht, 2. Auflage 2019, S. 11 Rn. 32; *Heinlein/Büsch* in *Theobald/Kühling*, Energierecht, 108. EL 2020, EnWG § 6 b Rn. 2.

17 *Pritzsche/Vacha*, Energierecht, 1. Auflage 2017, S. 194 Rn. 17.

18 Siehe auch *Mitto*, Energierecht, 2. Auflage 2019, S. 11 Rn. 33, 34.

19 *Pritzsche/Vacha*, Energierecht, 1. Auflage 2017, S. 194 Rn. 17.

20 *Pritzsche/Vacha*, Energierecht, 1. Auflage 2017, S. 195 Rn. 18.

21 *Kühling/Rasbach/Busch*, Energierecht, 4. Auflage 2018, S. 148 Rn. 31.

22 *Kühling/Rasbach/Busch*, Energierecht, 4. Auflage 2018, S. 148 Rn. 33.

23 *Kühling/Rasbach/Busch*, Energierecht, 4. Auflage 2018, S. 149 Rn. 37.

24 *Pritzsche/Vacha*, Energierecht, 1. Auflage 2017, S. 195 Rn. 19.

Zur Orientierung für die Unternehmen haben die deutschen Regulierungsbehörden einen Leitfaden mit den wichtigsten Fragestellungen zur buchhalterischen Entflechtung erarbeitet.[25] Zudem hat die Bundesnetzagentur im Jahr 2019 von ihrer in § 6 b Abs. 6 EnWG normierten Festlegungskompetenz Gebrauch gemacht.[26]

II. Informationelle/Informatorische Entflechtung

302 Die informationelle Entflechtung soll verhindern, dass Netzbetreiber sowie die Betreiber von LNG- und Speicheranlagen durch die **selektive Weitergabe wirtschaftlich sensibler Informationen**[27], die sie aus ihrer Stellung als Eigentümer relevanter Infrastruktur erlangen, den **Wettbewerb** auf vor- und nachgelagerten Märkten **beeinflussen.**[28]

303 Der § 6 a Abs. 1 EnWG verpflichtet vertikal integrierte Unternehmen, Transportnetzeigentümer, Netzbetreiber, Speicheranlagenbetreiber sowie Betreiber von LNG-Anlagen sicherzustellen, dass die **Vertraulichkeit** wirtschaftlich sensibler Informationen, von denen sie in Ausübung ihrer Geschäftstätigkeit Kenntnis erlangen, gewahrt wird. Der Begriff der „wirtschaftlich sensiblen Informationen" ist auslegungsbedürftig. Nach Sinn und Zweck der Entflechtungsvorschriften handelt es sich bei wirtschaftlich sensiblen Informationen um alle **wettbewerbswirtschaftlich relevanten** Informationen, die **durch den Betrieb von Netzen und Anlagen erlangt** werden und die **unabhängigen** Energieerzeugern oder -händlern **nicht zur Verfügung stehen.**[29]

304 Das Gesetz unterscheidet zwischen **„erlangten Informationen"** (Abs. 1) und **„Informationen über die eigenen Tätigkeiten"** (Abs. 2).[30]

Bei den **erlangten Informationen** handelt es sich in erster Linie um die Informationen zu Netznutzern (§ 3 Nr. 28 EnWG).[31] Ihre **Weitergabe ist grundsätzlich untersagt,** wenn nicht gesetzliche Offenlegungspflichten (zB § 4 Abs. 4 StromNZV) bestehen. Dies gilt insbesondere für die Weitergabe an verbundene oder eigene Unternehmen und erfordert ggf. eine **Anpassung der Binnenorganisation** in einem technisch, zeitlich und wirtschaftlich zumutbaren Umfang bzw. die Aufstellung eines organisatorischen Konzepts.[32] Informationen über das Nutzungsverhalten von Kunden könnten sonst beispielsweise im Vertriebsbereich genutzt werden, um sich über individualisierte Angebote einen Wettbewerbsvorteil zu verschaffen.[33]

305 **Informationen zur eigenen Tätigkeit** nach § 6 a Abs. 2 EnWG sind wirtschaftlich sensible, netz- oder anlagenbetreibereigene Informationen, wie beispielsweise Daten zur Netzauslastung, zu Netzengpässen oder Netzausbauvorhaben.[34] Diese dürfen nur in **nichtdiskriminierender Weise weitergegeben** werden, dh sie müssen entweder allen in-

---

25 *Bundesnetzagentur,* Leitfaden der Regulierungsbehörden des Bundes und der Länder zur Auslegung der buchhalterischen Entflechtungsbestimmungen nach § 6 b EnWG vom 21.11.2013.

26 Siehe Amtsblatt der Bundesnetzagentur Nr. 23/2019, S. 2307.

27 *Mitto,* Energierecht, 2. Auflage 2019, S. 12 Rn. 36.

28 *Kühling/Rasbach/Busch,* Energierecht, 4. Auflage 2018, S. 150 Rn. 38; *Heinlein/Büsch* in *Theobald/Kühling,* Energierecht, 108. EL 2020, EnWG § 6 a Rn. 2.

29 *Kühling/Rasbach/Busch,* Energierecht, 4. Auflage 2018, S. 148 Rn. 41; dazu auch *Heinlein/Büsch* in *Theobald/Kühling,* Energierecht, 108. EL 2020, EnWG § 6 a Rn. 15 ff.

30 Zur daran angelehnten Unterscheidung zwischen „Netzkundeninformationen" und „Netzinformationen" siehe *Mitto,* Energierecht, 2. Auflage 2019, S. 12 ff. Rn. 36–42.

31 *Pritzsche/Vacha,* Energierecht, 1. Auflage 2017, S. 194 Rn. 14.

32 *Kühling/Rasbach/Busch,* Energierecht, 4. Auflage 2018, S. 151 f. Rn. 44 ff.; ausführlich *Heinlein/Büsch* in *Theobald/Kühling,* Energierecht, 108. EL 2020, EnWG § 6 a Rn. 25 ff.

33 *Pritzsche/Vacha,* Energierecht, 1. Auflage 2017, S. 194 Rn. 14.

34 *Kühling/Rasbach/Busch,* Energierecht, 4. Auflage 2018, S. 152 f. Rn. 52, 53.

teressierten Personen oder niemandem offengelegt werden.[35] Zur Konkretisierung haben die deutschen Regulierungsbehörden gemeinsame Richtlinien erlassen.[36] Auch auf europäischer Ebene stehen Leitlinien zur informatorischen Entflechtung zur Verfügung.[37]

III. Organisatorische/Operationelle Entflechtung

Grundsätzlich muss bei verbundenen Unternehmen der Verteilernetzbetrieb organisa- 306
torisch von den restlichen Geschäften getrennt werden.[38] Die Netzsparte muss hinsichtlich der **Organisation**, der **Entscheidungsgewalt** und der **Ausübung des Netzbetriebes** unabhängig sein (§ 7 a Abs. 1 EnWG). Die §§ 7 a Abs. 1 – 5 EnWG gelten nach § 7 EnWG entsprechend auch für bestimmte Betreiber von Speicheranlagen (§ 28 EnWG) und im Transportnetzbereich für den unabhängigen Systembetreiber (§ 9 EnWG). Im Wesentlichen geht es dabei um eine personelle Entflechtung der Mitarbeiter des Energieversorgungsunternehmens.[39] Der Begriff ist funktional zu verstehen und setzt keine formale Zugehörigkeit zum Energieversorgungsunternehmen voraus.[40]

Eine **Ausnahme** besteht für Unternehmen, an die weniger als 100 000 Kunden[41] un- 307
mittelbar oder mittelbar angeschlossen sind (§ 7 a Abs. 7 EnWG)[42], da hier Aufwand und Nutzen der Umsetzung der Vorschriften in der Regel nicht in einem angemessenen Verhältnis stehen[43]. Bei verbundenen Unternehmen (§ 3 Nr. 38 EnWG) wird zur Ermittlung der angeschlossenen Kunden die gesamte Unternehmensgruppe betrachtet (**Konzernklausel**).[44] Konkretisiert wird die organisatorische Entflechtung durch § 7 a Abs. 2-7 EnWG.

1. Personelle Entflechtung § 7 a EnWG

Der § 7 a Abs. 2 Nr. 1 EnWG enthält ein Verbot der Doppelzuständigkeit von mit Lei- 308
tungsaufgaben befassten Personen des Netzbetriebs und der Wettbewerbsbereiche, welches **Interessenkonflikte vermeiden** soll.[45] Das Verbot erfasst Personen, die im Hinblick auf unternehmerische Verantwortung, Planung und operative Gestaltung **Einfluss auf die Unternehmenspolitik** haben („Leitungsaufgaben", 1.Alt)[46] und Personen, die im Hinblick auf für den diskriminierungsfreien Netzbetrieb relevante Entscheidungen eine **Letztentscheidungsbefugnis** haben (2. Alt.). Für einen diskriminierungsfreien Netzbetrieb relevant sind alle Bereiche, die einen **Einfluss auf den Wettbewerb** auf vor-

35 *Kühling/Rasbach/Busch*, Energierecht, 4. Auflage 2018, S. 153 Rn. 54.

36 *Bundesnetzagentur*, Gemeinsame Richtlinien der Regulierungsbehörden des Bundes und der Länder zur Umsetzung der informatorischen Entflechtung nach § 9 EnWG vom 13.6.2007.

37 *Bundesnetzagentur*, Leitlinien für eine gute Umsetzung zur operationellen und informatorischen Entflechtung von Verteilernetzbetreibern vom 15.7.2008.

38 Zusammenfassend *Mitto*, Energierecht, 2. Auflage 2019, S. 14 Rn. 43, 44.

39 *Mitto*, Energierecht, 2. Auflage 2019, S. 14 ff. Rn. 43–55.

40 *Finke* in *Theobald/Kühling*, Energierecht, 108. EL 2020, EnWG § 7 a Rn. 6.

41 Zum Kundenbegriff zusammenfassend *Mitto*, Energierecht, 2. Auflage 2019, S. 23 Rn. 73, 74.

42 Ausführlich *Mitto*, Energierecht, 2. Auflage 2019, S. 22 f. Rn. 72–74.

43 *Pritzsche/Vacha*, Energierecht, 1. Auflage 2017, S. 195 Rn. 21.

44 *Kühling/Rasbach/Busch*, Energierecht, 4. Auflage 2018, S. 154 f. Rn. 61.

45 *Kühling/Rasbach/Busch*, Energierecht, 4. Auflage 2018, S. 156 f. Rn. 67; *Pritzsche/Vacha*, Energierecht, 1. Auflage, S. 195 Rn. 22.

46 *Kühling/Rasbach/Busch*, Energierecht, 4. Auflage 2018, S. 157 Rn. 68.

und nachgelagerten Märkten entfalten können (zB Vermarktung von Netzkapazitäten, Engpassmanagement, strategische Ausbauplanung).[47]

309 Die Regelung zur personellen Entflechtung verbietet für den betroffenen Personenkreis die Zugehörigkeit zu einer Einrichtung, die für den **laufenden Betrieb** in den anderen energiewirtschaftlichen Tätigkeitsbereichen zuständig ist. Nicht zu den Einrichtungen des laufenden Betriebs zählt allerdings die Wahrnehmung eines **Aufsichtsratsmandates**[48] oder auch die Vorstandstätigkeit in einer allen Bereichen übergeordneten, rein strategischen Finanz- oder Führungsholding.[49]

310 Sonstiges Personal der Netzgesellschaft[50] kann ohne Weiteres auch für Tätigkeiten in den Wettbewerbsbereichen eingesetzt werden. Eine Voraussetzung ist nur, dass diese Personen hinsichtlich der Mitarbeit am Netzbetrieb den **fachlichen Weisungen** und der fachlichen Aufsicht der Leitung der Netzgesellschaft unterliegen müssen (§ 7 a Abs. 2 Nr. 2 EnWG).[51] Der Abschluss von Dienstleistungsverträgen reicht dafür idR aus.[52]

311 Die Zulässigkeit sog. „**Shared Services**" (gemeinsame Call-Center, Personalabteilung, Rechtsabteilung, IT-Dienste, etc) wird von den Entflechtungsvorschriften nicht eingeschränkt, so lange dadurch keine Letztentscheidungsbefugnisse, die für einen diskriminierungsfreien Netzbetrieb relevant sind, übertragen werden.[53]

2. Berufliche Handlungsunabhängigkeit auf Leitungsebene § 7 a Abs. 3 EnWG

312 Nach § 7 a Abs. 3 EnWG haben die adressierten Unternehmen geeignete Maßnahmen zu treffen, um die **berufliche Handlungsunabhängigkeit** des Leitungspersonals[54] des Verteilernetzbetreibers sicherzustellen. Die Vorschrift zielt dabei insbesondere auf Erfolgshonorare und Ähnliches ab. Diese müssen in ausreichendem Maße vom Erfolg der Netzsparte abhängig gemacht werden, so dass dadurch **keine Anreize zur Bevorteilung** von Wettbewerbssparten entstehen.[55]

3. Gewährleistung tatsächlicher Entscheidungsbefugnisse § 7 a Abs. 4 EnWG

313 Die ausschließlichen Entscheidungsbefugnisse hinsichtlich des Betriebs, der Wartung und des Ausbaus der Netze müssen vom Netzbetreiber auch **tatsächlich ausgeübt werden können** (S. 1). Problematisch ist das vor allem, wenn das Netz und andere wichtige assets im Eigentum des vertikal integrierten Unternehmens stehen. Das vertikal integrierte Unternehmen, muss den Netzbetreiber insofern mit ausreichend finanziellen, physischen und personellen Ressourcen ausstatten (S. 2) und darf seine Eigentümerbefugnisse nur in eingeschränktem Maße ausüben (S. 3). In diskriminierungsrelevanten

---

47 *Kühling/Rasbach/Busch*, Energierecht, 4. Auflage 2018, S. 157 Rn. 71.
48 *Pritzsche/Vacha*, Energierecht, 1. Auflage 2017, S. 195 Rn. 22.
49 *Kühling/Rasbach/Busch*, Energierecht, 4. Auflage 2018, S. 157 Rn. 69; differenzierend *Finke* in *Theobald/Kühling*, Energierecht, 108. EL 2020, EnWG § 7 a Rn. 23 ff.
50 *Finke* in *Theobald/Kühling*, Energierecht, 108. EL 2020, EnWG § 7 a Rn. 12.
51 *Finke* in *Theobald/Kühling*, Energierecht, 108. EL 2020, EnWG § 7 a Rn. 27 f.
52 *Kühling/Rasbach/Busch*, Energierecht, 4. Auflage 2018, S. 158 f. Rn. 74, 75.
53 BT-Drs. 15/3917, S. 54; *Kühling/Rasbach/Busch*, Energierecht, 4. Auflage 2018, S. 159 Rn. 76; *Mitto*, Energierecht, 2. Auflage 2019, S. 14 Rn. 44; *Bundesnetzagentur*, Konkretisierung der gemeinsamen Auslegungsgrundsätze der Regulierungsbehörden des Bundes und der Länder zu den Entflechtungsbestimmungen in §§ 6–10 EnWG vom 21.10.2008, S. 10.
54 Zum Begriff *Finke* in *Theobald/Kühling*, Energierecht, 108. EL 2020, EnWG § 7 a Rn. 34 ff.
55 BT-Drs. 15/3917, S. 54; *Kühling/Rasbach/Busch*, Energierecht, 4. Auflage 2018, S. 159 Rn. 77; *Finke* in *Theobald/Kühling*, Energierecht, 108. EL 2020, EnWG § 7 a Rn. 42.

Bereichen sind Weisungen des vertikal integrierten Energieversorgers unzulässig und sollten auch bei der Ausgliederung des Netzbetriebs **gesellschaftsrechtlich ausgeschlossen** werden.[56] Möglich bleibt die Ausübung von Aufsichtsrechten durch gesellschaftsrechtliche Instrumente im Hinblick auf die **Rentabilität** des Verteilernetzbetreibers (Verschuldensobergrenzen, Finanzpläne).[57]

4. Gleichbehandlungsprogramm § 7 a Abs. 5 EnWG

Vertikal integrierte Unternehmen sind ferner dazu verpflichtet, für im Bereich des Netzbetriebs eingesetzte oder tätige Mitarbeiter **verbindliche Maßnahmen** für eine diskriminierungsfreie Ausgestaltung des Netzbetriebs festzulegen[58] und durch einen in der Wahrnehmung dieser Aufgabe unabhängigen Gleichbehandlungsbeauftragten zu überwachen[59]. Dieses **Gleichbehandlungsprogramm** muss der Regulierungsbehörde und den Mitarbeitern bekannt gemacht werden.[60] Außerdem muss der Gleichbehandlungsbeauftragte der Regulierungsbehörde jährlich Bericht erstatten und diesen Gleichbehandlungsbericht auch veröffentlichen.[61] Der Gleichbehandlungsbeauftrage erhält zur Erfüllung seiner Aufgabe **Zugang zu allen erforderlichen Informationen** des Verteilernetzbetreibers und des vertikal integrierten Unternehmens.[62] 314

5. Getrennte Markenpolitik § 7 a Abs. 6 EnWG

Nach § 7 a Abs. 6 EnWG sind vertikal integrierte Unternehmen verpflichtet, mit ihrer Markenpolitik die **Verwechslung** zwischen Vertriebs- und Netzbetreiberaktivitäten zu verhindern.[63] Zwar darf die Zugehörigkeit zur selben Unternehmensgruppe noch aus der Unternehmenskommunikation hervorgehen[64], doch muss für alle Endkunden deutlich werden, dass es sich um zwei getrennte Unternehmen handelt.[65] Auch zum Erfordernis der unabhängigen Markenpolitik haben die deutschen Regulierungsbehörden gemeinsam Auslegungsgrundsätze erarbeitet.[66] 315

IV. Gesellschaftsrechtliche Entflechtung

Für vertikal integrierte Unternehmen verlangt § 7 Abs. 1 EnWG eine **unabhängige Rechtsperson** für den Netzbetrieb.[67] Möglich bleibt der Betrieb unterschiedlicher Netze auf verschiedenen Stufen des Energiesektors (sektorspezifische Kombinationsnetzbetreiber § 6 d EnWG) oder der Betrieb von Netzen zugleich im Strom- und Gasbereich 316

---

56 *Kühling/Rasbach/Busch,* Energierecht, 4. Auflage 2018, S. 159 ff. Rn. 78 ff.

57 *Pritzsche/Vacha*, Energierecht, 1. Auflage 2017, S. 196 Rn. 24; *Finke* in *Theobald/Kühling*, Energierecht, 108. EL 2020, EnWG § 7 a Rn. 61 f.

58 *Mitto*, Energierecht, 2. Auflage 2019, S. 15 Rn. 47.

59 *Mitto*, Energierecht, 2. Auflage 2019, S. 15 f. Rn. 48; *Finke* in *Theobald/Kühling*, Energierecht, 108. EL 2020, EnWG § 7 a Rn. 83 ff.

60 *Pritzsche/Vacha*, Energierecht, 1. Auflage 2017, S. 196 Rn. 25.

61 *Kühling/Rasbach/Busch,* Energierecht, 4. Auflage 2018, S. 161 f. Rn. 83 ff.

62 *Pritzsche/Vacha*, Energierecht, 1. Auflage 2017, S. 196 Rn. 25.

63 *Mitto*, Energierecht, 2. Auflage 2019, S. 16 Rn. 49.

64 *Mitto*, Energierecht, 2. Auflage 2019, S. 16 Rn. 50.

65 *Kühling/Rasbach/Busch,* Energierecht, 4. Auflage 2018, S. 162 Rn. 89; *Finke* in *Theobald/Kühling*, Energierecht, 108. EL 2020, EnWG § 7 a Rn. 94 ff.

66 *Bundesnetzagentur*, Gemeinsame Auslegungsgrundsätze III der Regulierungsbehörden des Bundes und der Länder zu den Anforderungen an Markenpolitik und Kommunikationsverhalten bei Verteilernetzbetreibern (§ 7 a Abs. 6 EnWG) vom 16.7.2012; zusammenfassend *Mitto*, Energierecht, 2. Auflage 2019, S. 16 f. Rn. 51–55.

67 Zur Umsetzung *Mitto*, Energierecht, 2. Auflage 2019, S. 18 Rn. 57.

(sektorenübergreifender Netzbetreiber). Der Netzbetrieb muss dabei rechtlich nur **von anderen Tätigkeiten im Energiesektor** (Erzeugung, Handel, Vertrieb von Strom/Gas) getrennt werden. Die Netzbetreibergesellschaft kann weiterhin Aufgaben außerhalb des Energiesektors wahrnehmen.[68] Die Ausgestaltung der Beziehung zwischen der ausgegliederten Netzgesellschaft richtet sich nach § 7a EnWG. Eine bestimmte Rechtsform ist nicht vorgeschrieben.[69] In der Praxis werden oftmals hundertprozentige Tochterunternehmen gegründet, die dann das Netz von dem vertikal integrierten Unternehmen pachten.[70] § 7b EnWG erstreckt die Vorschrift auf Transportnetzbetreiber und Betreiber von Speicheranlagen. Eine Ausnahme besteht auch hier für Netze mit weniger als 100.000 angeschlossenen Kunden (§ 7 Abs. 2 EnWG).[71]

V. Eigentumsrechtliche Entflechtung der Transportnetzbetreiber

317 Für Transportnetzbetreiber besteht grundsätzlich die **Pflicht zur eigentumsrechtlichen Entflechtung** (§ 8 EnWG).[72] Soweit ein Transportnetz am 3.9.2009 noch im Eigentum eines vertikal integrierten Unternehmens stand, konnte anstelle der eigentumsrechtlichen Entflechtung ein **unabhängiger Systembetreiber** (§ 9 EnWG) oder ein **unabhängiger Transportnetzbetreiber** (§ 10–10e EnWG) eingerichtet werden. Diese Optionen resultieren aus der Tatsache, dass eine erzwungene eigentumsrechtliche Entflechtung mit dem deutschen Grundgesetz nicht in Einklang zu bringen war.[73]

318 Unabhängig von der Wahl der Entflechtung bedarf jeder Betrieb eines Übertragungs- oder Fernleitungsnetzes einer **Zertifizierung durch die Regulierungsbehörde** (§§ 4a-d EnWG). Bei Einhaltung der Entflechtungsvorgaben ist die Zertifizierung zu erteilen.[74] Ergeben sich relevante Änderungen, muss der Netzbetreiber dies melden und die Zertifizierung kann erweitert, widerrufen oder mit Auflagen versehen werden.

1. Eigentumsrechtliche Entflechtung § 8 EnWG

319 Die eigentumsrechtliche Entflechtung erfordert zunächst, dass der Transportnetzbetreiber oder dessen Tochtergesellschaft **Eigentümer des Netzes** wird (§ 8 Abs. 2 EnWG).[75] Das schließt auch eine angemessene Ausstattung an sonstigen Betriebsmitteln und Kapital, welche für einen sicheren Netzbetrieb notwendig sind, ein (§ 8 Abs. 2 S. 9 EnWG).

320 Des Weiteren darf ein Gesellschafter des Transportnetzbetreibers nicht zugleich **Kontrollbefugnisse** oder bestimmte Rechte an einer Gesellschaft ausüben, die in Erzeugung oder Vertrieb tätig ist (§ 8 Abs. 2 S. 2–6 EnWG). Die vollständige Umsetzung der eigentumsrechtlichen Entflechtung geht damit über die Auflösung der vertikalen Integration gem. § 3 Nr. 38 EnWG hinaus.[76]

321 Personen, die mittelbar oder unmittelbar die **Kontrolle** über ein Unternehmen im Bereich der Gewinnung, Erzeugung und Vertrieb von Energie ausüben, dürfen keine

---

68 *Kühling/Rasbach/Busch*, Energierecht, 4. Auflage 2018, S. 156 Rn. 63.
69 *Kühling/Rasbach/Busch*, Energierecht, 4. Auflage 2018, S. 154 Rn. 56; S. 156 Rn. 64.
70 *Pritzsche/Vacha*, Energierecht, 1. Auflage 2017, S. 197 Rn. 29.
71 Zur Ermittlung der Kundenanzahl *Finke* in *Theobald/Kühling*, Energierecht, 108. EL 2020, EnWG § 7 Rn. 33 ff.
72 *Mitto*, Energierecht, 2. Auflage 2019, S. 19 f. Rn. 62.
73 *Pritzsche/Vacha*, Energierecht, 1. Auflage 2017, S. 197 Rn. 31, 32.
74 Siehe weiterführend *Pritzsche/Vacha*, Energierecht, 1. Auflage 2017, S. 200 Rn. 46 ff.
75 Siehe dazu auch EuGH, Urt. v. 3.12.2020 – C-767/19, EnWZ 2021, 77.
76 *Kühling/Rasbach/Busch*, Energierecht, 4. Auflage 2018, S. 166 Rn. 102.

Rechte an einem Transportnetzbetreiber ausüben, die über das bloße Stimmrecht einer Minderheitenbeteiligung oder andere **unwesentliche Minderheitenrechte** hinausgehen. Gleiches gilt auch umgekehrt.

Personen, die relevante Rechte an einer im Vertrieb oder Erzeugung tätigen Gesellschaft ausüben, dürfen außerdem keine **Aufsichtsratsmitglieder oder Organe** des Transportnetzbetreibers **bestellen.** Für entsprechende Minderheitengesellschafter des Transportnetzbetreibers gelten jedoch keine Beschränkungen hinsichtlich der Bestellung von Organen oder Aufsichtsratsmitgliedern bei den Vertriebs- oder Erzeugungsgesellschaften. Aufsichtsrats- oder Organmitgliedern einer Spartengesellschaft ist es außerdem untersagt, eine solche Stellung auch in der anderen Sparte einzunehmen. 322

Praktische Probleme ergeben sich hier insbesondere für Investoren, die, beispielsweise im Zusammenhang mit dem Ausbau erneuerbarer Energien, in verschiedenen Bereichen der Energiewirtschaft größere Beträge investieren möchten.[77] 323

2. Unabhängiger Systembetreiber (ISO) § 9 EnWG

Das vertikal integrierte Unternehmen kann Eigentümer des Netzes bleiben, wenn es den Betrieb des Netzes einem unabhängigen Systembetreiber[78] unterstellt. Der unabhängige Systembetreiber muss dabei ebenso unabhängig sein, wie im Falle der eigentumsrechtlichen Entflechtung. Die Rechte des vertikal integrierten Unternehmens beschränken sich dabei im Wesentlichen auf eine **rein formale Eigentümerstellung.** Das vertikal integrierte Unternehmen darf keine Kontrolle oder Rechte iSd § 8 Abs. 2 S. 6 EnWG an dem unabhängigen Systembetreiber ausüben oder umgekehrt. Dieser übernimmt die Aufgaben, die mit dem Betrieb des Netzes in Zusammenhang stehen, in eigener Verantwortung. Die **Finanzierung,** Besicherung oder die Zustimmung zur Dritt-Finanzierung der durch den ISO geplanten und die BNetzA genehmigten Netzentwicklung obliegt noch dem Netzeigentümer. Der ISO muss außerdem mit ausreichenden Mitteln für den Netzbetrieb ausgestattet und von der **Haftung** für Schäden durch das Netz, die nicht unmittelbar aus dessen Betrieb entstehen, freigestellt werden. Der Transportnetzbetreiber muss innerhalb der Konzernstruktur des vertikal integrierten Unternehmens mindestens nach den Vorgaben des § 7 b EnWG entflochten sein.[79] 324

Da hier Finanzierung und Haftung trotz fehlender Rechte und Vorteile für das vertikal integrierte Unternehmen verbleiben, hat das Modell kaum praktische Bedeutung.[80]

3. Unabhängiger Transportnetzbetreiber §§ 10–10 e EnWG

Eine weitere Möglichkeit, welche die Eigentümerschaft am Netz erhält, ist das Modell eines unabhängigen Transportnetzbetreibers (ITO).[81] Der Netzbetrieb bleibt insofern im Konzernverbund, doch enthalten die §§ 10–10 e EnWG bestimmte Erweiterungen zur organisatorischen und rechtlichen Entflechtung.[82] 325

Zunächst muss der Netzbetrieb in eine (Tochter-)Gesellschaft in einer durch die RL 2009/101/EG zugelassenen Rechtsform (zB AG, GmbH, KGaA) ausgegliedert wer- 326

77 *Pritzsche/Vacha*, Energierecht, 1. Auflage 2017, S. 198 Rn. 37.
78 Zusammenfassend *Mitto*, Energierecht, 2. Auflage 2019, S. 120 Rn. 63.
79 *Kühling/Rasbach/Busch*, Energierecht, 4. Auflage 2018, S. 168 f. Rn. 110 ff.
80 *Pritzsche/Vacha*, Energierecht, 1. Auflage 2017, S. 199 Rn. 41.
81 Siehe auch *Mitto*, Energierecht, 2. Auflage 2019, S. 20 Rn. 63–67.
82 *Pritzsche/Vacha*, Energierecht, 1. Auflage 2017, S. 199 f. Rn. 43 ff.

den. Diese Gesellschaft nimmt die Aufgaben des Netzbetreibers nach §§ 11 ff. EnWG sowie die in § 10 Abs. 1 Nr. 1–5 EnWG bezeichneten Aufgaben wahr. Die §§ 10 – 10 e EnWG konkretisieren insofern das Verhältnis zwischen der Netzbetreibergesellschaft und dem vertikal integrierten Unternehmen.

327 Zunächst muss der ITO unmittelbar oder mittelbar Eigentümer des Transportnetzes sein und zudem über die für die Erfüllung seiner Aufgaben notwendige finanzielle, technische, materielle und personelle Ausstattung verfügen (§ 10 a Abs. 1 EnWG). § 10 a Abs. 2 EnWG verbietet, dass Personal, welches für den Transportnetzbetrieb erforderlich ist, in anderen Gesellschaften des vertikal integrierten Unternehmens angestellt wird. Bei dem für den Netzbetrieb **erforderlichen Personal** handelt es sich nach sinngemäßer Auslegung um Personen, die im Kerngeschäft des Netzbetriebs beschäftigt sind und solche, die mit besonders diskriminierungsanfälligen Aufgaben betraut sind.[83] § 10 a Abs. 3 EnWG schränkt das vertikal integrierte Unternehmen bei der **Erbringung von Dienstleistungen** für den Transportnetzbetreiber ein. Nach Abs. 4 müssen die Unternehmen in ihrem Auftreten nach Außen sicherstellen, dass keine Verwechslungsgefahr entsteht. Die **gemeinsame Nutzung** von Software und Hardware ist nur eingeschränkt möglich (Abs. 5). Eine gemeinsame Nutzung von Büro- und Geschäftsräumen ist unzulässig (Abs. 6). Die Prüfung der Rechnungslegung muss von unterschiedlichen Personen durchgeführt werden (Abs. 7).

328 § 10 b EnWG regelt die **Rechte und Pflichten** des ITO im vertikal integrierten Unternehmen. Dieser muss über wirksame **Entscheidungsbefugnisse** verfügen und diese unabhängig von der Leitung der anderen Sparten ausüben können. Dies geht sogar so weit, dass er sich im Rahmen des vom Aufsichtsrat beschlossenen Finanzplans zusätzliche **Finanzmittel** am Kapitalmarkt besorgen kann (§ 10 b Abs. 1 S. 3 EnWG). Die Unabhängigkeit des Transportnetzbetreibers muss auch **satzungsgemäß** verankert werden. Dem vertikal integrierten Unternehmen ist bezüglich des Netzbetriebs und des Netzausbaus jegliche Einflussnahme untersagt (Abs. 2). Abs. 3 verbietet jeweils eine Beteiligung zwischen Transportnetzbetreiber und Gesellschaften, die in den Wettbewerbssparten tätig sind, da sich aus einem vertikalen Beteiligungsverhältnis Diskriminierungspotentiale ergeben können. Das bedeutet, im vertikal integrierten Unternehmen können diese Gesellschaften nur als **Schwestergesellschaften** unter einer Holding angesiedelt werden.[84] Bei der Konzerninnenfinanzierung unter Beteiligung der Transportnetzgesellschaft sind **marktüblich Bedingungen** zu vereinbaren. Es bestehen dahingehend eine Dokumentierungspflicht sowie Einsichtsbefugnisse der BNetzA (Abs. 5). Für Organmitglieder des vertikal integrierten Unternehmens ist die organschaftliche Haftung für Vorgänge beim Transportnetzbetreiber, die deren Einfluss entzogen sind, ausgeschlossen (Abs. 6).

329 § 10 c EnWG trifft Regelungen zur **Unabhängigkeit von Personal und Unternehmensleitung.** Bezüglich der Unternehmensleitung (§ 3 Nr. 29 b, 33 a EnWG) geht es auch hier im Wesentlichen um die Sicherstellung der beruflichen Handlungsunabhängigkeit.[85] Die Personalien der obersten Leitungsebene (§ 3 Nr. 29 EnWG) müssen der BNetzA mitgeteilt werden. Diese kann Einwände erheben, wenn Zweifel an der Unab-

83 *Kühling/Rasbach/Busch,* Energierecht, 4. Auflage 2018, S. 170 Rn. 119.
84 *Kühling/Rasbach/Busch,* Energierecht, 4. Auflage 2018, S. 172 Rn. 127.
85 *Mitto,* Energierecht, 2. Auflage 2019, S. 21 Rn. 67; *Kühling/Rasbach/Busch,* Energierecht, 4. Auflage 2018, S. 173 Rn. 130.

hängigkeit bestehen (§ 10 c Abs. 1 EnWG). Konkrete Vorgaben (**Karenzzeiten**[86]) zur Vermeidung von Interessenkonflikten durch vorhergehende Tätigkeiten sind in Abs. 2, 5, 6 aufgeführt. Die Absätze 3 und 4 untersagen den Beschäftigten des Transportnetzbetreibers den Erwerb von Anteilen des integrierten Energieversorgungsunternehmens und verbieten eine von dessen Erfolg abhängige Bezahlung.

In § 10 d EnWG ist zwingend die Einrichtung eines **Aufsichtsrates** vorgesehen, dessen personelle Ausstattung zum Teil ebenfalls den Unabhängigkeitsregelungen unterfällt.[87] 330

Schließlich benötigt auch der unabhängige Transportnetzbetreiber ein Gleichbehandlungsprogramm und einen Gleichbehandlungsbeauftragten mit gesteigerten Unabhängigkeitserfordernissen (§ 10 e EnWG).[88] 331

Ausnahmen von der Entflechtung für Ladepunkte für Elektromobile und für Energiespeicheranlagen ermöglicht der europäische Gesetzgeber in den Art. 33, 36 und 54 EL 2019/944. Eine Umsetzung plant die Bundesregierung mit den neuen § 7 c, 11 a und 11 b EnWG-E.[89]

VI. Aufgaben

1. Die im Energievertrieb tätige X-AG ist Gesellschafterin der C-GmbH, welche im Vertriebsgebiet der X ein örtliches Verteilernetz betreibt. Stellen X und C als Unternehmensgruppe ein vertikal integriertes Unternehmen iSd § 3 Nr. 38 EnWG dar, wenn: 332
   a) Die X 51 % der Geschäftsanteile an der C hält?
   b) Die X 45 % der Geschäftsanteile an der C hält, der Privatier B weitere 15 % und der Rest auf einzelne kleinere Beteiligungen entfällt?
   c) Die X 40 % der Geschäftsanteile hält, aber das Recht besitzt, 9 von 16 Mitgliedern des Aufsichtsrates der C zu bestimmen?

   Begründen Sie Ihre Antwort.
2. Erstellen Sie eine Tabelle anhand der verschiedene Formen der Entflechtung und deren Rechtsgrundlagen, sowie Adressaten und Rechtfolgen verglichen werden können.
3. Vergleichen Sie die Anforderungen des § 10 d EnWG für den Aufsichtsrat des ITO mit den Normen des Aktiengesetzes. Welche Modifikationen ergeben sich hier und welchem Zweck dienen diese?
4. Die Y-AG ist ein Energielieferant, der Strom aus erneuerbaren Energien zu einem günstigen Preis anbietet. Etwa 250.000 Haushalte nehmen dieses Angebot wahr und haben jeweils einen Liefervertrag mit der Vertriebssparte der Y abgeschlossen. Etwa 15.000 dieser Haushalte werden durch das Verteilernetz, welches im Eigentum der X-GmbH steht, beliefert. An dieses Netz sind insgesamt 80.000 Kunden angeschlossen. Die Y möchte gerne in den Netzbetrieb investieren, dieses Netz von

86 Nach Ansicht der Europäischen Kommission hat der deutsche Gesetzgeber in Hinblick auf die einzuhaltenden Karenzzeiten das europäische Recht unzureichend umgesetzt (siehe EuGH C-718/18); zur Karenzzeit siehe auch BGH, Beschl. v. 26.1.2016 – EnVR 51/14; BGH, Beschl. v. 17.7.2018 – EnVR 21/17.

87 *Kühling/Rasbach/Busch,* Energierecht, 4. Auflage 2018, S. 174 f. Rn. 135 f.

88 *Kühling/Rasbach/Busch,* Energierecht, 4. Auflage 2018, S. 175 Rn. 137 f.

89 BT-Drs. 19/27453.

der X kaufen und unter eigener Leitung weiter betreiben. Sehen Sie hier Probleme? Was muss die Y dabei beachten?

5. Die Z-AG besitzt ein Verteilernetz mit ca. 200.000 angeschlossenen Kunden. Der Netzbetrieb wird von ihrer Tochtergesellschaft, der Z-Netz GmbH durchgeführt. Weitere Tochtergesellschaften der Z sind mit dem Vertrieb (Z-Vertrieb GmbH) und der Gewinnung von Strom (Z-Kraftwerke GmbH) befasst. Die Z-Netz GmbH nutzt das Netz, welches im Eigentum der Z steht und entrichtet dafür an die Muttergesellschaft einen jährlichen Pachtzins.
   a) Was müssen die Gesellschaften hinsichtlich ihres Vertragsverhältnisses beachten?
   b) Können sich Probleme hinsichtlich einer Konzerninnenfinanzierung des Netzausbaus ergeben?
   c) Dürfen die verschiedenen Gesellschaften zentrale Einrichtungen der Holding, wie beispielsweise einen IT-Service oder eine gemeinsame Personalabteilung nutzen?

Fall 7) „Vertikal integriertes Unternehmen“

333 Die X-GmbH beliefert durch das von ihr betriebene Verteilernetz ca. 20.000 Haushalte mit Strom. Die zuständige Regulierungsbehörde möchte, dass die X

a) für den Netzbetrieb und den Vertrieb von Strom an Haushaltskunden getrennte Konten führt und eigene Jahresabschlüsse anfertigt.
b) zur Verhinderung der Weitergabe von Informationen zwischen Netzbetriebs- und Vertriebssparte eigene Gesellschaften gründet und die jeweiligen Unternehmensteile darauf ausgliedert.

Zu Recht?

Fall 8) „Firmenkommunikation“

334 Die SWDD Infrastruktur GmbH (D) betreibt je ein Energieversorgungsnetz im Strom- und Gasbereich, an das jeweils mehr als 100.000 Kunden angeschlossen sind. Im Rahmen ihrer nach außen gerichteten Kommunikation tritt die D unter der Verwendung der Firmierung „SWDD Infrastruktur GmbH“ und der Verwendung des folgenden Firmenlogos auf:

SW*DD*

Die Vertriebsgesellschaft des vertikal integrieren Energieversorgungsunternehmens verwendet ihrerseits die Firmenbezeichnung „SWDD Versorgungs-GmbH“ und das Firmenlogo:

SW*DD*

Stadtwerke Dresden

Nachdem die Bundesnetzagentur ein Verfahren wegen Verletzung des § 7a Abs. 6 EnWG eingeleitet hat, bot die D an, ihr Firmenlogo wie folgt zu ändern:

SWDD Infrastruktur GmbH

Ein Unternehmen

der Stadtwerke Dresden / SW*DD*

Die BNetzA ist der Ansicht, dass auch das geänderte Firmenlogo eine Verwechslungsgefahr noch nicht hinreichend ausschließen würde. Dem Namen SWDD Infrastruktur komme in dem Logo keine hinreichende Kennzeichnungskraft zu, da die anderen Bestandteile des Logos nicht dahinter zurücktreten würden und der Gesamteindruck noch immer von **SW*DD*** geprägt sei. Daher untersagt die BNetzA am 13.5.2020 in einem Beschluss der D die Nutzung der Marke **SW*DD*** im Internet, in Musterverträgen und auf dem Geschäftspapier.

Die D hingegen ist der Meinung, dass die BNetzA das Verfahren, wie in vergleichbaren Fällen, nach dem Angebot der freiwilligen Änderung der Firmenkommunikation hätte einstellen müssen, da das neue Logo den Anforderungen des § 7a Abs. 6 EnWG entsprechen würde.

Auf welchem Wege kann die D sich gegen die Entscheidung der BNetzA wehren? Hat die Klage Aussicht auf Erfolg?

Lösung Kapitel G

1. **Die im Energievertrieb tätige X-AG ist Gesellschafterin der C-GmbH, welche im Vertriebsgebiet der X ein örtliches Verteilernetz betreibt. Stellen X und C als Unternehmensgruppe ein vertikal integriertes Unternehmen iSd § 3 Nr. 38 EnWG dar?**

Die Aufgabe ermöglicht es, die Struktur der gutachterlichen Prüfung und dabei insbe- 335
sondere die Subsumtion nochmals anhand einiger Beispiele darzustellen. Es geht hier jeweils um die Frage, ob die Definition einer Unternehmensgruppe (§ 3 Nr. 38 EnWG) erfüllt ist. In der Fallprüfung kann es darauf ankommen, wenn die Frage nach der Anwendung der Entflechtungsvorschriften geprüft werden soll.

a) Die X 51 % der Geschäftsanteile an der C hält?

Obersatz:

Fraglich ist, ob X und C eine Unternehmensgruppe iSd § 3 Nr. 38 EnWG darstellen.

Definition:

Eine Unternehmensgruppe iSd § 3 Nr. 38 EnWG liegt vor, wenn eine Gesellschaft die Kontrolle iSd Art. 3 Abs. 2 EU-Fusionskontrollverordnung über mindestens eine andere ausübt. Kontrolle in diesem Sinne bezeichnet Rechte, Verträge oder andere Mittel, die es der Gesellschaft ermöglichen, einen bestimmenden Einfluss auf die Tätigkeit eines Unternehmens auszuüben.

Subsumtion:

X könnte die Kontrolle über C ausüben, da sie 51 % der Geschäftsanteile der C hält. Fraglich ist, ob X dadurch einen bestimmenden Einfluss auf die Tätigkeit der C hat. Die X hat, da sie 51 % der Geschäftsanteile besitzt, eine Mehrheit in der Gesellschafterversammlung der C. Die Gesellschafterversammlung ist oberstes Willensbildungsorgan der GmbH und insbesondere befugt, den Geschäftsführern bindende Weisungen in Geschäftsführungsangelegenheiten zu erteilen (§ 37 Abs. 1 GmbHG)[90]. Dadurch ergibt sich ein bestimmender Einfluss der X auf die Tätigkeit der C.

Ergebnis:

X und C stellen eine Unternehmensgruppe iSd § 3 Nr. 38 EnWG dar.

b) Die X 45 % der Geschäftsanteile an der C hält, der Privatier B weitere 15 % und der Rest auf einzelne kleinere Beteiligungen entfällt?

Subsumtion:

X könnte die Kontrolle über C ausüben, da sie durch ihren Geschäftsanteil einen bestimmenden Einfluss auf die Hauptversammlung der X faktisch ausüben kann.

X hat in der Hauptversammlung mit 45 % beinahe eine Mehrheit. Aufgrund der Verteilung der anderen Anteile auf relativ kleine Beteiligungen, ist es unwahrscheinlich, dass sich ein Gegenpol zum Einfluss der X bildet. Wahrscheinlich ist, dass die X durch ihren sehr großen Anteil tatsächlich einen bestimmenden Einfluss ausübt und sich eine stabile Mehrheit verschaffen kann. Für eine abschließende Entscheidung ist jedoch das Stimmverhalten in der Vergangenheit zu untersuchen.[91]

c) Die X 40 % der Geschäftsanteile hält, aber das Recht besitzt, 9 von 16 Mitgliedern des Aufsichtsrates der C zu bestimmen?

Subsumtion:

Zwar besitzt X nicht die Mehrheit in der Gesellschafterversammlung, doch hat sie durch ihr Recht, mehr als die Hälfte der Aufsichtsratsmitglieder zu bestimmen, die Möglichkeit, die Geschäftsstrategie der X zu bestimmen. Dies stellt ebenfalls einen bestimmenden Einfluss im Sinne der Vorschrift dar.[92]

90 *Schäfer*, Gesellschaftsrecht, 5. Auflage 2018, § 34 Rn. 16.

91 Konsolidierte Mitteilung der Kommission zu Zuständigkeitsfragen gemäß der Verordnung (EG) Nr. 139/2004 des Rates über die Kontrolle von Unternehmenszusammenschlüssen S. 26 Rn. 56.

92 Konsolidierte Mitteilung der Kommission zu Zuständigkeitsfragen gemäß der Verordnung (EG) Nr. 139/2004 des Rates über die Kontrolle von Unternehmenszusammenschlüssen S. 26 Rn. 57.

Ergebnis:

X und C sind eine Unternehmensgruppe iSd § 3 Nr. 38 EnWG.

2. Erstellen Sie eine Tabelle anhand der verschiedene Formen der Entflechtung und deren Rechtsgrundlagen, sowie Adressaten und Rechtfolgen verglichen werden können.

336

Ebenen der Entflechtung	Rechts-grundlage	Adressaten	Rechtsfolge
Informatorische Entflechtung	§ 6 a EnWG	Verteiler- und Transportnetzbetreiber	Vertraulichkeit bzw. diskriminierungsfreie Weitergabe von Informationen
Buchhalterische Entflechtung	§ 6 b EnWG	Verteiler- und Transportnetzbetreiber	Getrennte Kontoführung und Rechnungslegung
Operationelle Entflechtung	§ 7 a EnWG	Verteilernetzbetreiber mit mehr als 100.000 Kunden	Organisatorische Trennung des Netzbetriebs vom Bereich der Energieerzeugung/-lieferung
Rechtliche Entflechtung	§ 7 EnWG	Verteilernetzbetreiber mit mehr als 100.000 Kunden	Gesellschaftsrechtliche Trennung des Netzbetriebs vom Bereich der Energieerzeugung/-lieferung
Eigentumsrechtliche Entflechtung	§ 8 EnWG	Transportnetzbetreiber	Eigentumsrechtliche Trennung des Netzbereichs (wahlweise auch Einrichtung eines ISO/ ITO)

3. Vergleichen Sie die Anforderungen des § 10 d EnWG für den Aufsichtsrat des ITO mit den Normen des Aktiengesetzes. Welche Modifikationen ergeben sich hier und welchem Zweck dienen diese?

Der Aufsichtsrat entscheidet gem. § 10 d Abs. 2 EnWG abweichend von § 119 AktG auch über: 337

- die Genehmigung der jährlichen und langfristigen Finanzpläne des Unabhängigen Transportnetzbetreibers,
- die Höhe der Verschuldung des Unabhängigen Transportnetzbetreibers
- die Höhe der an die Anteilseigner des Unabhängigen Transportnetzbetreibers auszuzahlenden Dividenden.

Da der Eigentümer keinen Einfluss auf die Netzgesellschaft ausüben soll, übernimmt der Aufsichtsrat diese Aufgaben der Hauptversammlung. Für die Mitglieder des Aufsichtsrates gelten außerdem besondere Anforderungen (§ 10 d Abs. 3 EnWG), auch unterscheiden sich teilweise die Aufgaben und Rechte (§ 111 AktG; § 10 d Abs. 2 S. 1, 3 EnWG).

4. Die Y möchte gerne in den Netzbetrieb investieren, dieses Netz von der X kaufen und unter eigener Leitung weiter betreiben. Sehen Sie hier Probleme? Was muss die Y dabei beachten?

338 Die Y wird durch den Kauf des Netzes zum vertikal integrierten Unternehmen. Es finden folglich die Vorschriften zur informatorischen (§ 6 a EnWG) und buchhalterischen Entflechtung (§ 6 b EnWG) Anwendung.

Fraglich ist, ob auch die Vorschriften zur gesellschaftsrechtlichen und operationellen Entflechtung (§§ 7, 7 a EnWG) Anwendung finden. Zwar hat die Vertriebssparte der Y 250.000 Kunden. Für die Ausnahmeregelung des § 7 Abs. 2 EnWG kommt es jedoch auf die an dem Netz angeschlossenen Kunden an. Mit nur 80.000 angeschlossenen Kunden unterfällt der Betrieb des in Frage stehenden Netzes allein nicht den Vorschriften des §§ 7, 7 a EnWG.

5. Die Z-Netz GmbH nutzt das Netz, welches im Eigentum der Z steht und entrichtet dafür an die Muttergesellschaft einen jährlichen Pachtzins.

a) Was müssen die Gesellschaften hinsichtlich ihres Vertragsverhältnisses beachten?

339 Grundsätzlich ist die Z als Unternehmensgruppe iSd § 3 Nr. 38 EnWG mit mehr als 100.000 an das Netz angeschlossenen Kunden Adressat der Vorschriften der organisatorischen und gesellschaftsrechtlichen Verflechtung. Das daraus abgeleitete Erfordernis, dass der Netzbetrieb in einer rechtlich selbstständigen Gesellschaft und zugleich unabhängig ausgeübt wird, erfordert zunächst nicht zwingend, dass das Eigentum am Netz auf die Netzgesellschaft übertragen wird. Ein sog. Pachtmodell ist grundsätzlich zulässig, es bedarf dann jedoch vertraglicher Maßnahmen, um die unabhängige Verantwortlichkeit für den Netzbetrieb in der Netzgesellschaft zu gewährleiten. Dazu gehören:

- Mindestvertragslaufzeit des Pachtvertrages (min. 3 Jahre)
- Vertraglich festgelegte Unabhängigkeit
- Besonders sorgfältige Umsetzung der organisatorischen Entflechtung → ggf. „wirtschaftliches Eigentum“ an den für den Netzbetrieb notwendigen Wirtschaftsgütern (kann steuerlich zur Aufdeckung stiller Reserven führen).[93]

b) Können sich Probleme hinsichtlich einer Konzerninnenfinanzierung des Netzausbaus ergeben?

340
- Nach § 7a Abs. 4 EnWG müssen vertikal integrierte Unternehmen gewährleisten, dass die Verteilernetzbetreiber tatsächliche Entscheidungsbefugnisse bezüglich der für Betrieb, Wartung und Ausbau des Netzes notwendigen Vermögenswerte haben.
- Einhaltung der informatorischen Entflechtung § 6 a EnWG.

c) Dürfen die verschiedenen Gesellschaften zentrale Einrichtungen der Holding, wie beispielsweise einen IT-Service oder eine gemeinsame Personalabteilung nutzen?

341 Die Zulässigkeit von Querschnittabteilungen (zB Personal, Rechtsabteilung, Materialwirtschaft, Finanzen/Rechnungswesen, IT-Dienstleistungen, Call Center, Immobilien)

93 Gemeinsame Auslegungsgrundsätze der Regulierungsbehörden des Bundes und der Länder in §§ 6–10 EnWG vom. 1.3.2006 S. 13, 15.

richtet sich maßgeblich nach § 7a Abs. 2 EnWG. Demnach ist lediglich das Leitungspersonal mit Letztentscheidungsbefugnissen in diskriminierungsrelevanten Bereichen zwingend organisatorisch der Netzgesellschaft zuzuordnen. Mitarbeiter, die in anderen Abteilungen sonstige Tätigkeiten ausüben, können durch den Abschluss von Dienstleistungsverträgen unter die fachlichen Weisungen des Netzbetreibers unterstellt werden. Wenn mit der Nutzung eines „Shared Service“ keine Übertragung von diskriminierungsrelevanten Letztentscheidungsbefugnissen stattfindet, ist die Nutzung durch den Netzbetrieb möglich. Dabei müssen allerdings die Vorschriften der informationellen Entflechtung beachtet werden.[94]

Fall 7)

Die Regulierungsbehörde darf nach § 65 EnWG die Einhaltung der Entflechtungsvorschriften anordnen. 342

Rechtsgrundlage → § 65 EnWG

A. Formelle Rechtmäßigkeit
- I. *Zuständigkeit*
- II. *Verfahren*
- III. *Form*

B. Materielle Rechtmäßigkeit
- I. *Verstoß gegen EnWG*
- II. *Rechtsfolge* (Ermessen)

C. Ergebnis

Variante a) Die Regulierungsbehörde möchte, dass die X für den Netzbetrieb und den Vertrieb von Strom an Haushaltskunden getrennte Konten führt und eigene Jahresabschlüsse anfertigt.

Die Frage „Zu Recht?“ bezieht sich in diesem Fall insbesondere auf die materielle Rechtmäßigkeit der Forderung der Regulierungsbehörde. Zur Einhaltung der in § 65 EnWG geforderten Verfahrensschritte finden sich im Sachverhalt keine Angaben. Die materielle Rechtmäßigkeit hängt wesentlich davon ab, dass ein Verstoß gegen das EnWG vorliegt. In der folgenden Lösung wurde daher auf die sonstigen Prüfungspunkte verzichtet.

B. Materielle Rechtmäßigkeit

I. Verstoß gegen Vorschriften des EnWG

Wenn die X für den Netzbetrieb und den Energievertrieb in ihrem Unternehmen gemeinsame Konten führt (bzw. den Jahresabschluss gemeinsam erstellt), könnte dies gegen § 6b Abs. 3 EnWG verstoßen.

94 *Kühling/Rasbach/Busch*, Energierecht, 4. Auflage 2018, S. 158 f. Rn. 75, 76.

1. Adressaten des § 6 b Abs. 3 EnWG

Definition:

Adressaten des § 6 b EnWG sind vertikal integrierte Unternehmen iSd § 3 Nr. 38 EnWG (§ 6 b Abs. 1 EnWG). Dabei handelt es sich um Unternehmen, die (…)

Subsumtion:

Die X betreibt ein Verteilernetz und ist zugleich im Bereich der Energielieferung tätig. X ist ein vertikal integriertes Unternehmen iSd § 3 Nr. 38 EnWG).

Ergebnis:

Die X ist Adressat der buchhalterischen Entflechtung.

2. Rechtsfolge des § 6 b Abs. 3 EnWG

Vertikal integrierte Unternehmen müssen gem. § 6 Abs. 3 S. 1 EnWG getrennte Konten führen (und gem. S. 6 getrennte Tätigkeitsabschlüsse anfertigen).

3. Ergebnis

Gemeinsame Konten der X für Netzbetrieb und Vertrieb verstoßen gegen § 6 b Abs. 3 EnWG. (Mit dem Jahresabschluss müssen getrennte Tätigkeitsabschlüsse angefertigt werden.)

Variante b) Die zuständige Regulierungsbehörde möchte, dass X zur Verhinderung der Weitergabe von Informationen zwischen Netzbetriebs- und Vertriebssparte eigene Gesellschaften gründet und die jeweiligen Unternehmensanteile darauf ausgliedert.

1. Verstoß gegen § 7 Abs. 1 EnWG

Adressaten des § 7 Abs. 1 EnWG sind vertikal integrierte Unternehmen iSd § 3 Nr. 38 EnWG. Die X ist ein vertikal integriertes Unternehmen, da sie sowohl in Netzbetrieb als auch im Energievertrieb tätig ist. Eine Ausnahme gilt jedoch für Verteilernetze mit weniger als 100.000 Kunden. Die X hat an ihrem Verteilernetz nur 20.000 Kunden angeschlossen. Sie ist daher nicht zur rechtlichen Entflechtung nach § 7 Abs. 1 EnWG verpflichtet (§ 7 Abs. 2 EnWG).

2. Verstoß gegen § 6 a EnWG

Die X ist als vertikal integriertes Unternehmen zur informationellen Entflechtung verpflichtet. Fraglich ist jedoch, ob aus der Pflicht zur informationellen Entflechtung eine Verpflichtung zur rechtlichen Verselbständigung des Netzbetriebs abgeleitet werden kann. Aus § 6 a EnWG folgt zwar eine Pflicht des Unternehmens, ein organisatorisches Konzept umzusetzen, das die unzulässige Weitergabe von Informationen verhindert. Dieses muss jedoch nicht so weit gehen, dass der Netzbetrieb rechtlich entflochten wird. Eine solche Auslegung würde die in § 7 Abs. 2 EnWG getroffene gesetzgeberische Entscheidung konterkarieren.[95]

95 Mit systematischer Auslegung begründend: *Kühling/Rasbach/Busch*, Energierecht, 4. Auflage 2018, S. 152.

Fall 8)

Gegen die Entscheidung der Regulierungsbehörde ist gem. § 75 Abs. 1 EnWG die Beschwerde zulässig, die auch auf neue Tatsachen und Beweismittel gestützt werden kann. 343

Die Beschwerde der D gegen die Entscheidung der Bundesnetzagentur hat Aussicht auf Erfolg, wenn sie zulässig und begründet ist. (…)

I. Zulässigkeit

1. Statthaftigkeit (§ 75 Abs. 1 EnWG)
2. Zuständigkeit (§ 75 Abs. 6 EnWG)
3. Beschwerdebefugnis (§ 75 Abs. 2 EnWG)
4. Rechtsschutzinteresse (im Falle eines Beteiligten idR anzunehmen)
5. Beschwer
6. Frist und Form (§ 78 EnWG)
7. Anwaltszwang (§ 80 EnWG)

Auch in diesem Sachverhalt finden sich zur Zulässigkeit der Beschwerde kaum Anhaltspunkte, weshalb auf die gutachterliche Prüfung in der Lösung verzichtet wird. Die D ist als am Aufsichtsverfahren Beteiligte nach § 66 Abs. 2 Nr. 2 EnWG beschwerdebefugt.

II. Begründetheit

Fraglich ist, ob die Entscheidung der Bundesnetzagentur, den Verstoß festzustellen und die Betroffene gem. § 65 Abs. 1 iVm § 7 a Abs. 6 EnWG zu verpflichten, dieses den Bestimmungen des EnWG zuwiderlaufende Verhalten zu unterlassen, rechtmäßig ist.

1. Tatbestand

Nach § 7 a Abs. 6 EnWG müssen Verteilernetzbetreiber die erfolgte rechtliche und operationelle Trennung von den Vertriebsaktivitäten auch dadurch kenntlich machen, dass sie in ihrem Kommunikationsverhalten und ihrer Markenpolitik jede Verwechslung zwischen ihrer Geschäftstätigkeit und den Vertriebsaktivitäten des vertikal integrierten Energieversorgungsunternehmens ausschließen. Hinsichtlich des Vorliegens der Verwechslungsgefahr sind die markenrechtlichen Grundsätze zum Schutz des Markeninhabers heranzuziehen.[96] Für einen Verbraucher wird aufgrund des kleinen Zusatzes „Stadtwerke Dresden“ neben dem großen und prägnanten Logo zunächst nicht klar, dass es sich um zwei verschiedene Unternehmen handelt.

Im aktuell verwendeten Außenauftritt der D ist die Verwechslungsgefahr demnach zu bejahen.

2. Rechtsfolge

Nach § 65 Abs. 1 S. 1 EnWG hat die Regulierungsbehörde ein Ermessen hinsichtlich der Rechtsfolge eines Verstoßes.

In der von der D vorgeschlagenen Änderung ist das Symbol der SW*DD* nicht mehr derart prägend. Es wird deutlich, dass es sich um zwei verschiedene Unternehmen einer Unternehmensgruppe handelt. Dies ist nach § 7 a EnWG zulässig.[97] Wenn die Re-

---

96 OLG Düsseldorf Beschl. v. 21.10.2015 – VI-3 Kart 128/14 (V) in EnWZ 2016, 33 Rn. 52 ff.; *Mitto*, Energierecht, 2. Auflage 2019, S. 16 Rn. 51.

97 OLG Düsseldorf Beschl. v. 21.10.2015 – VI-3 Kart 128/14 (V), Rn. 52 ff.

gulierungsbehörde die Ausübung ihres Ermessens auf die Annahme stützt, auch die geplante Änderung sei nicht mit den Grundsätzen des EnWG vereinbart, so ist der Beschluss als ermessensfehlerhaft anzusehen.[98]

Da die von der D vorgeschlagene Änderung des Firmenlogos den Anforderungen des § 7a Abs. 6 EnWG entsprechen würde, hätte die Regulierungsbehörde – wie in gleichgelagerten Fällen – das Verfahren einstellen müssen.[99]

III. Ergebnis

Die Beschwerde ist zulässig und begründet.

98 OLG Düsseldorf Beschl. v. 21.10.2015 – VI-3 Kart 128/14 (V), Rn. 51.
99 OLG Düsseldorf Beschl. v. 21.10.2015 – VI-3 Kart 128/14 (V), Rn. 45 ff.

H. Wegenutzung und Konzession

Das EnWG enthält Vorschriften über die **Nutzung privaten und öffentlichen Grundeigentums**, die zum **Ausbau der Energieleitungen** notwendig wird. Die sondergesetzlichen Vorschriften unterscheiden die Nutzung öffentlicher Verkehrswege (§§ 46 ff. EnWG) und die Nutzung privater Grundstücke (§§ 43 ff. EnWG). 344

I. Nutzung öffentlicher Verkehrswege

Bei der Nutzung öffentlicher Wege unterscheidet das Gesetz weiterhin zwischen sog. einfachen Wegenutzungsverträgen (§ 46 Abs. 1 EnWG) und qualifizierten Wegenutzungsverträgen (§ 46 Abs. 2-4 EnWG). Gegenstand der **einfachen Wegenutzungsverträge** sind Leitungen zur unmittelbaren Versorgung.[1] Die **qualifizierten Wegenutzungsverträge** (Konzessionsverträge[2]) betreffen die Energieleitungen, die zu einem Energieversorgungsnetz der allgemeinen Versorgung (§ 3 Nr. 17 EnWG) gehören.[3] Für die Netze der allgemeinen Versorgung soll der Wettbewerb um den Netzbetrieb geschützt werden. Deshalb sieht das Gesetz Einschränkungen der Vertragsfreiheit vor.[4] Die Verträge müssen mindestens Regelungen zur Laufzeit, zu Höhe der Konzessionsabgabe, zur Haftung und zu den Pflichten des Netzbetreibers enthalten.[5] 345

1. Einfache Wegenutzungsverträge

Die Gemeinden müssen gem. § 46 Abs. 1 S. 1 EnWG ihre öffentlichen Verkehrswege für die Verlegung und den Betrieb von Leitungen, einschließlich Fernwirkleitungen zur Netzsteuerung und Zubehör zur **unmittelbaren** Versorgung von Letztverbrauchern[6] im Gemeindegebiet diskriminierungsfrei durch Vertrag[7] zur Verfügung stellen. Ein solcher **Kontrahierungszwang** besteht nur für Gemeinden, nicht für andere öffentlich-rechtliche Körperschaften. 346

Bei **öffentlichen Verkehrswegen** handelt es sich um Straßen, Wege und Plätze, die dem öffentlichen Verkehr gewidmet sind.[8] **Leitungen** im Sinne der Norm sind Leitungen, die zur Fortleitung oder Abgabe von Energie dienen. **Fernwirkleitungen** zur Netzsteuerung sind Anlagen zur Weiterleitung von Signalen, die beispielsweise der Erfassung der Ein- und Ausspeisungen mehrerer Verbraucher dienen können. Das **Zubehör** umfasst unter anderem Kabelschränke und Ortsnetzstationen.[9] 347

Der einfache Wegenutzungsvertrag enthält in der Regel Vereinbarungen bezüglich der Wegerechte, der Konzessionsabgaben und Regelungen zu Bau und Betrieb der Anla- 348

1 *Kühling/Rasbach/Busch*, Energierecht, 4. Auflage 2018, S. 206 Rn. 3; *Theobald* in *Theobald/Kühling*, Energierecht, 108. EL 2020, EnWG § 46 Rn. 20.
2 Siehe zu den Begriffen auch *Mitto*, Energierecht, 2. Auflage 2019, S. 78 f. Rn. 214–216.
3 *Kühling/Rasbach/Busch*, Energierecht, 4. Auflage 2018, S. 206 Rn. 3.
4 *Pritzsche/Vacha*, Energierecht, 1. Auflage 2017, S. 125 Rn. 339.
5 *Mitto*, Energierecht, 2. Auflage 2019, S. 79 Rn. 217.
6 *Theobald* in *Theobald/Kühling*, Energierecht, 108. EL 2020, § 46 Rn. 23.
7 Zur Rechtsnatur siehe BGH, Urt. v. 2.4.1998 – III ZR 91-95, VIZ 1998, 397 (399); *Theobald* in *Theobald/Kühling*, Energierecht, 108. EL 2020, EnWG § 46 Rn. 24 ff.
8 BGH, Urt. v. 11.11.2008 – KZR 43/07, NVwZ-RR 2009, 596; *Kühling/Rasbach/Busch*, Energierecht, 4. Auflage 2018, S. 206 f., Rn. 2, 4 ff.
9 *Pritzsche/Vacha*, Energierecht, 1. Auflage 2017, S. 125 Rn. 341.

gen.[10] Die Gemeinden dürfen aufgrund ihrer planungsrechtlichen Hoheit (Art. 28 GG) Bedingungen, wie beispielweise die unterirdische Verlegung der Leitungen, festlegen.[11]

349 Die Gemeinde kann dem Netzbetreiber die Wegenutzung nach dem Wortlaut des Gesetzes nur versagen, wenn keine Einigung bezüglich der Konzessionsabgaben erzielt werden kann und der Netzbetreiber auch nicht bereit ist, die Höchstsätze nach § 48 Abs. 2 EnWG zu bezahlen (§ 46 Abs. 1 S. 2 EnWG).[12] Ob ungeschriebene Gründe für die Leistungsverweigerung in Frage kommen, ist bisher nicht abschließend geklärt worden. Denkbar ist die tatsächliche Unmöglichkeit der Leitungsverlegung[13] oder auch die Unzumutbarkeit.[14]

2. Qualifizierte Wegenutzungsverträge

350 Qualifizierte Wegenutzungsverträge (Konzessionsverträge) sind spezielle gebietsbezogene[15] Verträge, die den Betrieb von Netzen zur allgemeinen Versorgung (§ 3 Nr. 17 EnWG) zum Gegenstand haben.[16] Die allgemeine Versorgung ist ein Teilaspekt der unmittelbaren Versorgung von Letztverbrauchern im Gemeindegebiet nach § 46 Abs. 1 EnWG und liegt vor, wenn der Netzbetreiber sein Netz zur Versorgung aller Letztverbraucher im Einzugsbereich seines Netzes betreibt.[17]

351 Die Konzessionsverträge sind **zeitlich befristet** (max. 20 Jahre, § 46 Abs. 2 S. 1 EnWG), damit in regelmäßigen Abständen ein Wettbewerb um die Netze stattfindet.[18] Die Neuvergabe muss durch ein formalisiertes Ausschreibungsverfahren erfolgen, bei dem die europäischen Grundfreiheiten und Vergabeprinzipien beachtet werden müssen.[19] Ferner muss der alte Konzessionär dem neuen Konzessionär das Eigentum an der Anlage gegen eine angemessene Vergütung[20] überlassen (§ 46 Abs. 2 S. 2 EnWG).

▶ **Ablauf des Vergabeprozesses**

1. Bekanntmachung des Auslaufens der Konzessionsverträge (§ 46 Abs. 3 EnWG)
   - → Zwei Jahre vor Vertragsende oder bei vorzeitiger Beendigung sofort (§ 46 Abs. 3 S. 3 EnWG)
   - → Bei < 100.000 Kunden im Bundesanzeiger und bei > 100.000 Kunden im Amtsblatt der EU
2. Diskriminierungsfreie Informationsgrundlage für alle Interessenten vor Angebotsabgabe

---

10 *Pritzsche/Vacha*, Energierecht, 1. Auflage 2017, S. 125 Rn. 341.
11 *Pritzsche/Vacha*, Energierecht, 1. Auflage 2017, S. 125 Rn. 342.
12 *Theobald* in *Theobald/Kühling*, Energierecht, 108. EL 2020, EnWG § 46 Rn. 30.
13 *Kühling/Rasbach/Busch*, Energierecht, 4. Auflage 2018, S. 207 Rn. 4.
14 *Hellermann* in *Britz/Hellermann/Hermes* (Hrsg.), EnWG, 3. Auflage 2015, § 46 Rn. 50; *Kment* (Hrsg.), Energiewirtschaftsgesetz, 2. Auflage 2019, § 46 Rn. 23 ff.
15 *Theobald* in *Theobald/Kühling*, Energierecht, 108. EL 2020, EnWG § 46 Rn. 31.
16 *Kühling/Rasbach/Busch*, Energierecht, 4. Auflage 2018, S. 206 Rn. 3; *Pritzsche/Vacha*, Energierecht, 1. Auflage 2017, S. 126 Rn. 343.
17 *Kühling/Rasbach/Busch*, Energierecht, 4. Auflage 2018, S. 209 Rn. 11; *Pritzsche/Vacha*, Energierecht, 1. Auflage 2017, S. 126 Rn. 343.
18 *Pritzsche/Vacha*, Energierecht, 1. Auflage 2017, S. 126 Rn. 344; *Theobald* in *Theobald/Kühling*, Energierecht, 108. EL 2020, EnWG § 46 Rn. 33.
19 *Pritzsche/Vacha*, Energierecht, 1. Auflage 2017, S. 126 Rn. 346; siehe hierzu den Gemeinsamen Leitfaden von Bundeskartellamt und Bundesnetzagentur zur Vergabe von Strom- und Gaskonzessionen und zum Wechsel des Konzessionsnehmers vom 21.5.2015.
20 Dazu *Theobald* in *Theobald/Kühling*, Energierecht, 108. EL 2020, EnWG § 46 Rn. 59 ff.

3. Auswahl des Konzessionärs nach vorher veröffentlichten, objektiven Kriterien
4. Öffentliche Bekanntgabe mit Begründung
5. Überlassung der Anlage ◀

a) Bekanntmachung und Informationsgrundlage

Die Bekanntmachung[21] muss Hinweise darauf enthalten, wo die für die Konzession relevanten Daten eingesehen werden können.[22] Dazu muss der Netzbetreiber spätestens ein Jahr vor der Bekanntmachung nach § 46 Abs. 3 EnWG die Gemeinde über die technische und wirtschaftliche Situation des Netzes informieren, um die für die Ausschreibung notwendige **Bewertung des Netzes** zu ermöglichen (§ 46 a S. 1 EnWG).[23] 352

b) Vergabeverfahren und Vergabekriterien

Die Gemeinde ist bei der Vergabe der Konzessionen an die **Ziele des § 1 Abs. 1 EnWG** gebunden (§ 46 Abs. 4 S. 1 EnWG). Weiterhin enthält § 46 Abs. 4 EnWG materiellrechtliche Anforderungen für die Vergabeentscheidung. Zu berücksichtigen sind neben **netzwirtschaftlichen Anforderungen** auch **„Angelegenheiten der örtlichen Gemeinschaft“**, was der kommunalen Selbstverwaltungsgarantie des Art. 28 Abs. 2 GG Rechnung tragen soll[24]. Die Gewichtung der Kriterien darf sich außerdem an den **„Anforderungen des jeweiligen Netzgebietes“** orientieren. Bei der Gewichtung müssen die Kriterien, welche die Ziele des § 1 Abs. 1 EnWG konkretisieren, überwiegen.[25] Eine solche vorrangige Gewichtung ist jedenfalls bei einem Gewicht von mindestens 70 % gegeben („safe harbour“).[26] 353

Die Gemeinde muss interessierte Unternehmen bereits im Verfahren über die festgelegten Kriterien und deren Gewichtung informieren (§ 46 Abs. 4 S. 4 EnWG) und die Anforderungen im Auswahlverfahren einhalten. Für die Vergabe und das Auswahlverfahren gilt das Gebot der Diskriminierungsfreiheit.[27] Insbesondere darf die Gemeinde nicht eigene Unternehmen bevorteilen (**kein Inhouse-Privileg** und kein **Konzernprivileg**).[28] 354

Zwar kann die Gemeinde im Rahmen der Neuausschreibung von Konzessionen auch eine **Rekommunalisierung**[29] des gemeindlichen Netzbetriebs anstreben. Das 355

21 Zur Bedeutung der Bekanntmachung BGH, Urt. v. 18.11.2014 – EnZR 33/13.

22 *Kühling/Rasbach/Busch*, Energierecht, 4. Auflage 2018, S. 209 Rn. 11; *Theobald* in *Theobald/Kühling*, Energierecht, 108. EL 2020, EnWG § 46 Rn. 116.

23 Dazu BGH, Urt. v. 14.4.2015 – EnZR 11/14.

24 *Kühling/Rasbach/Busch*, Energierecht, 4. Auflage 2018, S. 210 Rn. 12; dazu auch *Theobald* in *Theobald/Kühling*, Energierecht, 108. EL 2020, EnWG § 46 Rn. 120 ff.

25 BGH Urt. v. 17.12.2013 – KZR 66/12 – Stromnetz Berkenthin; Zur Zulässigkeit konkreter Vergabekriterien siehe *Probst*, Auswahlkriterien bei der Vergabe von energiewirtschaftlichen Konzessionsverträgen, S. 191 ff.

26 Gemeinsamer Leitfaden von Bundeskartellamt und Bundesnetzagentur zur Vergabe von Strom- und Gaskonzessionen und zum Wechsel des Konzessionsnehmers vom 21.5.2015, S. 10 ff., Rn. 29 ff.

27 Siehe hierzu *Kühling/Rasbach/Busch*, Energierecht, 4. Auflage 2018, S. 216 Rn. 20.

28 BT-Drs. 73/16, S. 11; *Kühling/Seiler* EnWZ 2017, 99 ff.; *Kühling/Rasbach/Busch*, Energierecht, 4. Auflage 2018, S. 211 Rn. 13; dazu auch *Theobald* in *Theobald/Kühling*, Energierecht, 108. EL 2020, EnWG § 46 Rn. 151 ff.

29 Dazu *Probst*, Auswahlkriterien bei der Vergabe von Energiewirtschaftlichen Konzessionsverträgen, S. 9 ff.; *Richter/Brahms*, KommJur 2014, 6.

(teil-)kommunale Unternehmen muss dazu jedoch am Auswahlverfahren teilnehmen und darf nicht gegenüber privaten Unternehmen bevorzugt werden.[30]

c) Bekanntgabe der Entscheidung

356 Die für den Vertragsschluss **maßgeblichen Gründe** müssen öffentlich bekannt gegeben werden (§ 46 Abs. 5 S. 2 EnWG). Abgelehnte Bewerber müssen schriftlich über die Ablehnungsgründe und den frühestmöglichen Zeitpunkt des Vertragsschlusses informiert werden (§ 46 Abs. 5 S. 1 EnWG).

d) Akteneinsichts- und Rügerechte

357 Um die Einhaltung der Verfahrensgrundsätze sicherzustellen, hat der Gesetzgeber den Bewerbern Akteneinsichts- und Rügerechte im Verfahren eingeräumt.[31]

358 Einen Verstoß gegen die Grundsätze eines transparenten und diskriminierungsfreien Verfahrens nach § 46 Abs. 1 – 4 EnWG kann ein Unternehmen geltend machen, wenn es binnen der in § 47 Abs. 2 EnWG normierten **Ausschlussfristen** den Verstoß in Textform und mit Begründung gegenüber der Gemeinde rügt. Zur Vorbereitung der Rüge muss die Gemeinde dem betroffenen Unternehmen Akteneinsicht einräumen (§ 47 Abs. 3 EnWG), wodurch sich auch der Beginn der Rügefrist verschiebt (§ 47 Abs. 2 S. 4 EnWG). Hilft die Gemeinde der Rüge nicht ab, so kann das betroffene Unternehmen Rechtsschutz vor den **Zivilgerichten** geltend machen, dies jedoch nur binnen einer Ausschlussfrist von 15 Kalendertagen ab Zugang der begründeten Ablehnung (§ 47 Abs. 4, 5 EnWG).

Rügefristen nach § 47 Abs. 2 EnWG	
Rechtsverletzungen, die aufgrund einer Bekanntmachung nach § 46 Abs. 3 EnWG erkennbar sind (Bekanntmachung der Neuvergabe)	Frist nach § 46 Abs. 4 S. 4 EnWG
Rechtsverletzungen, die aus einer Mitteilung nach § 46 Abs. 4 S. 4 EnWG erkennbar sind (Informationen über Vergabeverfahren)	15 Kalendertage ab Zugang
Rechtsverletzungen im Rahmen der Auswahlentscheidung, die aus der Information nach § 46 Abs. 5 S. 1 EnWG erkennbar sind (Ablehnung der Bewerbung)	30 Kalendertage nach Zugang
Bei Akteneinsicht bzgl. Auswahlentscheidung	30 Tage nach Bereitstellung der Akten

e) Überlassung der Anlage

359 Im Sinne des Neukonzessionärs ist nach dessen Belieben auch die Verpachtung möglich (§ 46 Abs. 2 S. 3 EnWG). Bemessungsgrundlage für den wirtschaftlichen Wert der Anlage[32] ist der sog. **Ertragswert** (§ 46 Abs. 2 S. 4 EnWG[33]). Dies ist der Wert, der „aus der Sicht des Käufers unter Berücksichtigung der sonstigen Kosten der Stromver-

30 Gemeinsamer Leitfaden von Bundeskartellamt und Bundesnetzagentur zur Vergabe von Strom- und Gaskonzessionen und zum Wechsel des Konzessionsnehmers vom 21.5.2015, S. 16 f., Rn. 25 ff.

31 *Kühling/Rasbach/Busch*, Energierecht, 4. Auflage 2018, S. 212 Rn. 14 ff.

32 Zum Anlagenbegriff BGH, Urt. v. 7.4.2020 – EnZR 75/18, EnWZ 2020, 314.

33 Siehe hierzu auch BGH Urt. v. 16.11.1999 – KZR 12/97, BGHZ 143, 128 ff. – Kaufering; zu Endschaftsbestimmungen in den Konzessionsverträgen weiterführend *Mitto*, Energierecht, 2. Auflage 2019, S. 79 f. Rn. 218–220.

sorgung einerseits und der zu erwartenden Erlöse aus dem Stromverkauf andererseits für den Erwerb des Netzes kaufmännisch und betriebswirtschaftlich vertretbar erscheint".[34] Die durch das Netz erzielbaren Einnahmen werden grundsätzlich durch die Vorschriften der StromNEV und ARegV bestimmt. Allerdings sind ggf. auch Synergieeffekte des erwerbenden Netzbetreibers einzubeziehen.[35]

Wendet der Altkonzessionär gegen den Übereignungsanspruch die Nichtigkeit des Konzessionsvertrags ein, so trägt er für die Voraussetzungen dieser Einwendung die Darlegungs- und Beweislast.[36]

3. Konzessionsabgaben

Die Wegenutzung erfolgt gegen ein Entgelt (§ 48 EnWG).[37] Dieses wird mit der Gemeinde vertraglich vereinbart. Die Bemessung und die zulässige Höhe der Entgelte richtet sich nach der Konzessionsabgabenverordnung (KAV), da die Gemeinde hinsichtlich des Wegerechts eine absolut marktbeherrschende Stellung innehat[38]. 360

Durch die **Festbetragsregelung** in § 2 KAV ist die Höhe der Entgelte weitgehend unabhängig von der Entwicklung des Energiemarktes.[39] Der Konzessionsinhaber kann der Gemeinde für ihren Eigenverbrauch einen bis zu 10-prozentigen Rabatt auf die Netzentgelte gewähren (§ 3 Abs. 1 Nr. 1 KAV), sonstige **Nebenleistungen** sind **unzulässig** (§ 3 Abs. 2 KAV). 361

Die Konzessionsabgaben werden nach kWh berechnet. Sie stellen **Kosten des Netzbetriebs** dar (vgl. § 11 Abs. 2 Nr. 2 ARegV). Entgegen der früheren Rechtslage stellt das Entgelt[40] allerdings keine Gegenleistung mehr für das Recht dar, die Letztverbraucher durch die Nutzung öffentlicher Verkehrswege zu versorgen. Versorgungsrechtliche Aspekte sind kein zulässiger Inhalt der Konzessionsverträge mehr (Entflechtung!).[41] 362

4. Aufsicht

Die Bundesnetzagentur (§§ 54 Abs. 3, 56 EnWG) und das Bundeskartellamt (§§ 48 ff. iVm §§ 19, 20 GWB) überwachen die Einhaltung der Vorgaben.[42] Die Einhaltung der Konzessions- und Wegenutzungsverträge überwachen die BNetzA und die Landesregulierungsbehörden (§ 54 Abs. 3 EnWG analog).[43] 363

II. Nutzung privater Grundstücke

Für die Nutzung von privaten Grundstücken kommen zunächst die Miete/Pacht oder der Ankauf vom Eigentümer sowie dingliche Belastungen (§§ 1090, 1018 BGB) in Be- 364

34 OLG Karlsruhe Beschl. v. 24.10.2012 – 6 U 168/10, RdE 2013, 88 (90).
35 BT-Drs. 18/8184, S. 12.
36 BGH, Urt. v. 28.1.2020 – EnZR 116/18.
37 Zum Begriff des „Entgelts" siehe *Mitto*, Energierecht, 2. Auflage 2019, S. 80 Rn. 221.
38 *Mitto*, Energierecht, 2. Auflage 2019, S. 81 Rn. 223.
39 *Kühling/Rasbach/Busch*, Energierecht, 4. Auflage 2018, S. 208 Rn. 10; zur Begründung *Theobald/Templin* in *Theobald/Kühling*, Energierecht, 108. EL 2020, KAV § 2 Rn. 13.
40 Bei den Konzessionsabgaben handelt es sich nicht um eine öffentlich-rechtliche Gebühr, sondern um ein Entgelt für die Wegenutzung, *Theobald/Templin* in *Theobald/Kühling*, Energierecht, 108. EL 2020, KAV § 1 Rn. 4.
41 *Kühling/Rasbach/Busch*, Energierecht, 4. Auflage 2018, S. 208 Rn. 8.
42 *Pritzsche/Vacha*, Energierecht, 1. Auflage 2017, S. 127 Rn. 349.
43 *Kühling/Rasbach/Busch*, Energierecht, 4. Auflage 2018, S. 217 Rn. 24 mwN.

tracht.[44] Verweigert der Eigentümer eine solche Lösung, ermöglichen die §§ 45 ff. EnWG eine **Enteignung** im Sinne der Entziehung oder Beschränkung des Eigentumsrechts.[45] Wegen der **Bindung an Art. 14 Abs. 3 GG** wird in einer Einzelfallabwägung ermittelt, ob das **Allgemeininteresse** an dem Bauvorhaben dem **Eigentumserhaltungsinteresse** des Grundstückseigentümers überwiegt.[46]

1. Zulässigkeit der Enteignung § 45 Abs. 1, 2 EnWG

365 Die für die Zulässigkeit der Enteignung notwendige Einzelfallabwägung kann entweder im Rahmen des **Planfeststellungs- bzw. Plangenehmigungsverfahrens** (§ 43 Abs. 3 EnWG) vorgenommen oder durch die **nach Landesrecht zuständige Behörde** durchgeführt werden (§ 45 Abs. 2 S. 3 EnWG).

a) Zulässigkeit aufgrund eines vorangegangenen Planfeststellungs- oder Plangenehmigungsverfahrens

366 Beim Bau von in **§ 43 Abs. 1 EnWG** genannten Hochspannungsleitungen und Gasversorgungsleitungen wird über die Zulässigkeit bereits im Planfeststellungsbeschluss oder im Rahmen der Plangenehmigung entschieden (§ 43 EnWG iVm § 73 ff. VwVfG). Nach dem Wortlaut des § 45 Abs. 1 Nr. 1 EnWG kommt dem Planfeststellungsbeschluss und der Plangenehmigung eine **enteignungsrechtliche Vorwirkung** zu.[47]

367 Spezielle Vorgaben für das Planfeststellungsverfahren für eine beschleunigte Planung zum Bau von Energieinfrastruktur sehen die §§ 43 ff. EnWG vor.[48] Nach § 44 b EnWG ist eine vorzeitige Besitzeinweisung bereits dann möglich, wenn der Planfeststellungsbeschluss oder die -genehmigung vollziehbar sind (§ 44 b Abs. 1 S. 2 EnWG) – im Einzelfall sogar noch früher (§ 44 Abs. 1 EnWG).[49]

b) Zulässigkeit nach § 45 Abs. 1 Nr. 2 EnWG

368 Nach § 45 Abs. 1 Nr. 2 EnWG ist eine Enteignung zulässig, wenn sie zur Durchführung eines sonstigen Vorhabens zum Zwecke der Energieversorgung erforderlich ist. Dies richtet sich im Einzelfall grundsätzlich nach den verfassungsrechtlichen Vorgaben für eine Enteignung.

c) Verfassungsrechtliche Vorgaben

369 Für jede Enteignung gelten die verfassungsrechtlichen Vorgaben des Art. 14 Abs. 3 GG. Demnach ist eine Enteignung von Privatpersonen (Grundstückseigentümer) zugunsten von Privatpersonen (Energieversorgungsunternehmen) nur dann zulässig, wenn erhebliche Allgemeinwohlzwecke (Daseinsvorsorge) es erfordern. Die Bindung an die Gemeinwohlzwecke muss sowohl für das Energieversorgungsunternehmen als

---

44 *Pritzsche/Vacha*, Energierecht, 1. Auflage 2017, S. 128 Rn. 353.
45 *Kühling/Rasbach/Busch*, Energierecht, 4. Auflage 2018, S. 218 Rn. 25.
46 *Pritzsche/Vacha*, Energierecht, 1. Auflage 2017, S. 128 Rn. 354.
47 *Kühling/Rasbach/Busch*, Energierecht, 4. Auflage 2018, S. 218 Rn. 26; str.
48 *Kühling/Rasbach/Busch*, Energierecht, 4. Auflage 2018, S. 219 f. Rn. 27, 30.
49 Siehe hierzu auch die parallelen Normen in § 21 AEG oder § 18 f FStrG und die dazu entwickelten Grundsätze der Rechtsprechung.

auch für das konkrete Bauprojekt vorliegen. Ausschlaggebend ist die Erforderlichkeit des Leitungsbaus.[50]

Ein Bauvorhaben ist erforderlich, wenn es eine vorhandene Versorgungslücke schließen soll oder der **Versorgungssicherheit** dient.[51] Ein erheblicher Zweck des Allgemeinwohls liegt bei den in § 43 EnWG genannten Überlandleitungen in der Regel vor.[52] 370

Erforderlich ist die Enteignung, wenn es **keine wirtschaftlich zumutbare Alternative** zur Benutzung des betroffenen Grundstücks gibt.[53] Eine solche Alternative kann die Nutzung öffentlicher Wege sein, selbst wenn dies zu einer Verlängerung der Transportwege führt. Technische Alternativen müssen ebenso in Betracht gezogen werden[54], wie sonstige Möglichkeiten zur Verwirklichung des Versorgungsziels.[55] Eine Planungsalternative ist für das Energieversorgungsunternehmen zumutbar, wenn der dadurch entstehende **Mehraufwand** den zu erwartenden Betrag der Enteignungsentschädigung nicht erheblich übersteigt.[56] 371

2. Durchführung der Enteignung § 45 Abs. 3 EnWG

Die Durchführung der Enteignung richtet sich nach den Landesgesetzen. Über die Modalitäten der Enteignung entscheidet die nach Landesrecht zuständige Behörde. Diese trifft auch unter Abwägung der Interessen der Beteiligten und der Allgemeinheit die Entscheidung über die Höhe der gebotenen Entschädigung (Art. 14 Abs. 3 S. 2 GG; § 45 a EnWG).[57] 372

III. Aufgaben

1. Greift im Falle krasser Substanzbeeinträchtigung von Verkehrswegen des gemeindlichen Eigentums durch den Leitungsbau der Schutz des Art. 14 Abs. 1 S. 1 GG? 373
2. Welche Unstimmigkeit ergibt sich aus der Regelung in § 3 Abs. 1 Nr. 1 KAV?
3. Die Gemeinde D besitzt 12 Grundstücke, welche an ein Grundstück angrenzen, auf dem die E-AG den Bau von acht Windkraftanlagen plant, die an das Netz der E-Netz-GmbH angeschlossen werden sollen. Bei den Grundstücken handelt es sich um an den Bauern T verpachtetes Ackerland. Um den Windpark zu bauen, möchte E die auf den Grundstücken vorhandenen Feldwege für den Schwerlastverkehr ausbauen. Außerdem möchte E auf dem Grundstück der D Zuleitungen verlegen, um den Windpark schließlich an das Netz anzuschließen. Die D und E können sich nicht auf die Nutzung der Grundstücke einigen. Außerdem hat die D in einem anderen aktuell laufenden Verfahren die vorläufig vollziehbare immissionsschutzrechtliche Genehmigung des Windparks angefochten.

   Kann die Gemeinde D zur Verwirklichung der Bauvorhaben der T enteignet werden?

---

50 *Kühling/Rasbach/Busch*, Energierecht, 4. Auflage 2018, S. 220 Rn. 31; siehe dazu auch *Theobald* in *Theobald/Kühling*, Energierecht, 108. EL 2020, EnWG § 45 Rn. 28 ff.
51 BVerwG Urt. v. 11.7.2002 – 4 C 9/00, NJW 2003, 230 (233).
52 *Kühling/Rasbach/Busch*, Energierecht, 4. Auflage 2018, S. 220 Rn. 32.
53 *Theobald* in *Theobald/Kühling*, Energierecht, 108. EL 2020, EnWG § 45 Rn. 32.
54 *Kühling/Rasbach/Busch*, Energierecht, 4. Auflage 2018, S. 219 Rn. 28.
55 *Kühling/Rasbach/Busch*, Energierecht, 4. Auflage 2018, S. 220 Rn. 31.
56 BayVGH Urt. v. 13.2.2003 – 22 A 97.40029, NVwZ 2003, 1534 (1536).
57 *Kühling/Rasbach/Busch*, Energierecht, 4. Auflage 2018, S. 219 Rn. 29.

Fall 9) „Konzessionsabgabenverordnung"

374 Die X-Gas GmbH (XE), eine kommunale Eigengesellschaft der Stadt X, betreibt das örtliche Gas-Verteilernetz in und um die mittelgroße Stadt X, an das weniger als 100.000 Kunden angeschlossen sind. Dieses hat sie zusammen mit deren städtischen Tarifkundenvertragsverhältnissen von der früheren Konzessionsnehmerin Y übernommen. Haushaltskunden mit einem Verbrauch unter 100.000 kWh versorgt die X ausschließlich im Rahmen ihrer Aufgabe als Grund- und Ersatzversorger. Kunden aus dem Umland und Kunden mit einem Verbrauch über 100.000 kWh versorgt sie über Sonderverträge.

In dem mit der Stadt abgeschlossenen Konzessionsvertrag hat die XE eine dem § 2 KAV entsprechende Regelung zu den Konzessionsabgaben vereinbart. Für Durchleitungen von Drittanbietern sieht der Konzessionsvertrag eine der Regelung des § 2 Abs. 6 KAV entsprechende Klausel vor. Die Konzessionsabgaben rechnet die XE jeweils den Durchleitungsentgelten hinzu. In der Praxis berechnet die XE für die Kunden in der Stadt X, die weniger als 100.000 kWh verbrauchen, eine Konzessionsabgabe von 0,61 Cent/kWh und für Kunden mit einem höheren Verbrauch 0,03 Cent/kWh, unabhängig davon, ob sie selbst oder Drittgesellschaften die Versorgung übernehmen. Durch diese Praxis ist das Konzessionsaufkommen in der Stadt X erheblich gestiegen. Die Preise für Verbraucher sind jedoch insgesamt gesunken.

Die Bundesnetzagentur leitet aufgrund dieser Praxis ein Missbrauchsverfahren ein. Zu Recht?

Fall 10) „Konzessionsvertragsklauseln"

375 Die Gemeinde O machte am 28.3.2018 im elektronischen Bundesanzeiger bekannt, ihren Konzessionsvertrag über das Verteilernetz in O mit der X-AG fristgerecht zum 30.5.2020 kündigen zu wollen und forderte Netzbetreiber zu Interessenbekundungen auf. Nach einem rechtsfehlerfreien Auswahlverfahren wird die Z, eine im Eigentum der Stadtwerke der O stehende Gesellschaft als Konzessionsnehmer ausgewählt. Am 1.6.2020 schlossen die Gemeinde O und die Z einen Konzessionsvertrag, der in § 7 Abs. 2 folgende Regelung enthielt:

> *„(2) Die Gesellschaft wird die Gemeinde bei der Erstellung von kommunalen Energiekonzepten unterstützen. Sie wird die erforderlichen Daten zur Verfügung stellen. Wenn die Gemeinde die Erstellung eines kommunalen Energiekonzepts beauftragt, ist die Gesellschaft nach Abstimmung bereit, hierfür im Rahmen des konzessionsabgaberechtlich Zulässigen einen Zuschuss zu gewähren."*

Auch eine salvatorische Klausel ist in dem Vertrag enthalten. Die Z begehrt von der X die Übereignung des Stromnetzes. Die X ist jedoch der Auffassung, dass der Konzessionsvertrag zwischen O und Z nichtig ist, da die Klausel in § 7 Abs. 2 gegen den § 3 Abs. 2 Nr. 1 KAV verstößt.

a) Kann Z von X die Übereignung des Stromnetzes verlangen?
b) Kann Z von X zudem die Übereignung einer notwendigen, gemischt genutzten Mittelspannungsverteilungsanlage, die im Stadtgebiet der O liegt, verlangen?

Fall 11) „Konzessionsvergabekriterien“

Die B ist Eigentümerin des Stromversorgungsnetzes im Stadtgebiet der K. Die K hatte mit der B einen Konzessionsvertrag mit einer Laufzeit von 20 Jahren ab dem Jahr 2000 geschlossen, der dieser gestattete, Stromversorgungsleitungen auf und unter den öffentlichen Wegen des Stadtgebietes zu betreiben. Am 30.12.2017 machte die K das Vertragsende zum 31.12.2019 bekannt und setzte eine Frist zur Interessenbekundung bis zum 1.6.2018. Nach Informationen durch die Gemeinde über die unten genannten Kriterien gaben schließlich die B und ein weiteres Unternehmen Angebote ab. Der Stadtrat der K entschied am 1.12.2019, keinem der Interessenten den Abschluss eines Konzessionsvertrages anzubieten, sondern den Netzbetrieb durch einen neu zu gründenden Eigenbetrieb selbst zu übernehmen. Bei der Entscheidung wurden laut Sitzungsprotokoll folgende gleichgewichtete Kriterien berücksichtigt: 376

- Höhe der Konzessionsabgabe
- Höhe des Kommunalrabatts
- Kostenverteilung für Leitungsumlegung
- Bereitschaft zu Erdverkabelung
- Kommunales Energiekonzept
- Netzinvestition
- Förderung des Klimaschutzes

Am 25.3.2020 machte die K ihre begründete Entscheidung amtlich bekannt. Dabei führte sie aus, dass durch die Kommunalisierung des Netzbetriebes in K und dem damit gewonnenen Einfluss auf das Netzeigentum und strategische Entscheidungen insgesamt bessere Bedingungen für eine zuverlässige, preisgünstige und umweltgerechte Stromversorgung geschaffen würden. Am 6.4.2020 geht der B die begründete Entscheidung der Gemeinde zu. Die B sieht sich in ihren Rechten verletzt und wendet sich daher am 4.5.2020 (Zugang) schriftlich an die Stadt.

Sie führt unter Anderem aus, dass die Gewichtung des kommunalen Einflusses auf das Netzeigentum im Auswahlverfahren gegen das Diskriminierungsverbot des § 46 Abs. 1 EnWG verstoße. Außerdem hätte die Gemeinde im Rahmen der Auswahlkriterien die kommunalen Interessen zu hoch bewertet und zudem unzulässige Kriterien gewählt. Die Stadt erlässt am 18.5.2020 einen ablehnenden Bescheid. Sie führt darin aus, die Rüge der B sei verfristet und zudem unbegründet. Am 20.5.2020 beantragt der Prokurist der B einstweiligen Rechtsschutz beim zuständigen Zivilgericht.

Hat das Begehren Aussicht auf Erfolg?

Lösung Kapitel H

1. Greift im Falle krasser Substanzbeeinträchtigung von Verkehrswegen des gemeindlichen Eigentums durch den Leitungsbau der Schutz des Art. 14 Abs. 1 S. 1 GG?

Um diese relativ abstrakt formulierte Frage zu beantworten, kann zunächst das Prüfungsschema zum Eigentumsgrundrecht herangezogen werden. 377

Auszug Prüfungsschema Eigentumsgrundrecht

Fraglich ist, ob durch die Regelung bzw. die Maßnahme ein Eingriff in den Schutzbereich des Art. 14 Abs. 1 S. 1 GG vorliegt und dieser sachlich gerechtfertigt und insbesondere verhältnismäßig ist.

A. Schutzbereich
   I. **Persönlicher Schutzbereich**
   II. Sachlicher Schutzbereich
B. Eingriff
C. Verfassungsrechtliche Rechtfertigung
   (…)

Hier sollte sich sofort die Frage aufdrängen, ob eine Gemeinde als Körperschaft öffentlichen Rechts Träger von Grundrechten ist. Denn Grundrechte schützen in erster Linie natürliche Personen vor Eingriffen durch staatliches Handeln. Eine Prüfung dieses Punktes im Gutachtenstil hilft, die Frage zu beantworten:

I. Persönlicher Schutzbereich

Fraglich ist, ob für die Gemeinde der persönliche Schutzbereich des Art. 14 Abs. 1 S. 1 GG eröffnet ist.

Die Gemeinde ist eine Körperschaft öffentlichen Rechts und damit eine juristische Person. Nach Art. 19 Abs. 3 GG können juristische Personen in den Schutzbereich von Grundrechten einbezogen sein, wenn das Grundrecht auf eine juristische Person wesensgemäß anwendbar ist.

Maßgeblich ist also, ob das Grundrecht auf Eigentum, welches den Schutz privaten Eigentums bezweckt[58], auf öffentliches Eigentum wesensgemäß anwendbar ist.

Zwar billigt der Gesetzgeber einer Gemeinde die Möglichkeit zu, (privatrechtliches) Eigentum innezuhaben. Daraus lässt sich aber nicht ohne Weiteres eine grundrechtliche Schutzposition ableiten. Soweit gemeindliches Eigentum der Erfüllung öffentlicher Aufgaben gewidmet ist, kommt ein Grundrechtsschutz von vornherein nicht in Betracht.

Im Falle von Eigentum, welches der Gemeinde nicht zur Erfüllung öffentlicher Aufgaben dient, könnte allerdings eine grundrechtstypische Gefährdungslage anzunehmen sein. Diese Gefährdungslage ergibt sich aus der Funktion des Eigentums, als Grundlage privater Initiative und eigenverantwortlichem privatem Interesse von Nutzen zu sein. Dabei handelt es sich um eine Zweckrichtung, die für gemeindliches Eigentum grundsätzlich nicht vorliegt.[59] Auch gemeindliches Eigentum, das nicht der Erfüllung öffentlicher Aufgaben dient, ist also nicht durch das Grundrecht aus Art. 14 Abs. 1 S. 1 GG geschützt, da eine „grundrechtstypische Gefährdungslage“ nicht besteht.[60]

58 Vgl. dazu *Manssen*, Staatsrecht II, 17. Auflage 2020, § 28 Rn. 727–729 mit einem kleinen Fall zur Verfassungsbeschwerde zu einer ähnlichen Situation im Zusammenhang mit dem TKG.
59 BVerfG Beschl. v. 8.6.1982 – 2 BvR 1187/780 = BVerfGE 61, 82, Rn. 72 f.
60 Zur Grundrechtsfähigkeit kommunaler Unternehmen siehe BVerfG, Beschl. v. 18.8.2020 – 1 BvQ 82/20, EnWZ 2020, 450.

Daraus folgt, dass auch im Falle krasser Substanzverletzung durch den Leitungsbau die Gemeinde sich nicht auf den Schutz ihres Eigentums nach Art. 14 Abs. 1 GG berufen kann.

2. Welche Unstimmigkeit ergibt sich aus der Regelung in § 3 Abs. 1 Nr. 1 KAV?

Der Wortlaut in § 3 Abs. 1 Nr. 1 KAV suggeriert, dass das Netzentgelt Teil der vom 378
Konzessionsnehmer gelieferten Energie ist. Auch wenn der Letztverbraucher die Netzentgelte mit der Energielieferung bezahlt, sind Versorgung und Transport sauber zu trennen. Aufgrund der nunmehr geltenden Entflechtungsvorschriften sind Konzessionsnehmer und Lieferant unterschiedliche Personen, weshalb die Regelung also etwas irreführend ist. Versorgungsrechtliche Aspekte sind heute nicht mehr Teil der Konzessionsverträge.[61]

3. Kann die Gemeinde D zur Verwirklichung der Bauvorhaben der T enteignet werden?

Maßgeblich ist, ob im vorliegenden Fall die Voraussetzung einer Enteignung nach § 45 379
Abs. 1 Nr. 2 EnWG vorliegen.

Nach § 45 Abs. 1 Nr. 2 EnWG ist die Entziehung oder Beschränkung von Rechten am Grundeigentum zulässig, soweit sie zur Durchführung eines sonstigen Vorhabens zum Zwecke der Energieversorgung erforderlich ist. Dies erfasst alle Vorhaben, mit denen typische elektrizitäts- bzw. gaswirtschaftliche Funktionen unmittelbar oder mittelbar gemeinnützig erfüllt werden. Davon sind auch Anlagen erfasst, die für die Funktionsfähigkeit des Leitungsnetzes benötigt werden.

Grundsätzlich ist davon also auch der Anschluss von Kabeltrassen zur Einspeisung von Energie aus Erzeugungsanlagen erfasst.[62] Eine Enteignung scheint folglich denkbar.

Wegen der *Ausstrahlwirkung der Grundrechte* aus Art. 14 Abs. 1 GG ist allerdings § 45 Abs. 1 EnWG auch dann eingrenzend auszulegen, wenn sich die Person, die enteignet werden soll nicht auf den grundrechtlichen Schutz berufen kann. Da § 45 EnWG nicht zwischen juristischen Personen des öffentlichen und privaten Rechts unterscheidet, gelten insofern dieselben Voraussetzungen. Die Enteignung muss also dem Allgemeinwohl dienen.

Dies ist nur dann der Fall, wenn das Bauvorhaben mit dem geltenden Recht (zB Immissionsschutzrecht) vereinbar ist. Liegen für die etwaige Erteilung der immissionsschutzrechtlichen Genehmigung des Vorhabens erhebliche Zweifel vor, ist die Enteignung folglich nicht rechtmäßig. Die sofortige Vollziehbarkeit einer angefochtenen Genehmigung reicht nicht aus, um diese Zweifel auszuräumen.[63] Bis zur rechtskräftigen Erteilung der immissionsschutzrechtlichen Genehmigung sind folglich auch die Voraussetzungen der Enteignung nicht erfüllt.

Die Gemeinde D kann also (noch) nicht enteignet werden.

61 *Kühling/Rasbach/Busch*, Energierecht, 4. Auflage 2018, S. 208 f. Rn. 8, 10 Fn. 555.
62 BGH Urt. v. 12.3.2015 – III ZR 36/14, Rn. 21 ff.
63 BGH Urt. v. 12.3.2015 – III ZR 36/14, Rn. 26 ff.

Fall 9)

380 **Die Bundesnetzagentur leitet aufgrund dieser Praxis ein Missbrauchsverfahren ein. Zu Recht?**

Zur Prüfung der Rechtmäßigkeit eines Missbrauchsverfahrens dient das folgende Schema.

▶ **Missbrauchsverfahren gem. § 30 Abs. 1 Satz 2 Nr. 2 EnWG**

A. Zulässigkeit
   I. Zuständigkeit
   II. Verfahren
   III. Form
B. Begründetheit
   I. Tatbestand (Behinderungsmissbrauch durch Netzbetreiberin)
      1. Netzbetreiberin iSd § 30 Abs. 1 EnWG
      2. Marktbeherrschende Stellung iSd § 18 GWB
      3. Missbrauch der marktbeherrschenden Stellung iSd. § 19 Abs. 2 Nr. 4 GWB
      4. Erheblichkeit der Beeinträchtigung § 30 Abs. 1 Satz 2 Nr. 2 EnWG
   II. Rechtsfolge (Ermessen vgl. § 30 Abs. 2 EnWG)
C. Ergebnis ◀

Auch hier kann zunächst nur die Begründetheit des Verfahrens geprüft werden. Diese beginnt mit der Frage, ob der Tatbestand des § 30 Abs. 1 Satz 2 Nr. 2 EnWG erfüllt ist.

▶ (...)

1. *Netzbetreiberin* / 2. *Marktbeherrschende Stellung*

Die XE ist Netzbetreiberin iSd § 30 Abs. 1 EnWG. Durch ihre Stellung als Konzessionsnehmerin ist sie im Versorgungsgebiet der X hinsichtlich der Durchleitung ohne Wettbewerber und hat damit eine marktherrschende Stellung inne. ◀

Es ist klar, dass die XE hier das Netzmonopol hat, daher kann der Feststellungsstil verwendet werden. Ob hingegen ein Missbrauch vorliegt, ist nicht ohne Weiteres erkennbar.

▶ 3. *Missbrauch*

Die XE könnte durch ihre Praxis der Hinzurechnung von Konzessionsabgaben in Höhe von 0,61 Cent/kWh zu den Durchleitungsentgelten Dritter ihre marktbeherrschende Stellung missbrauchen.

Grundsätzlich darf die XE den Durchleitungsentgelten die Konzessionsabgaben hinzurechnen (§ 2 Abs. 6 KAV). Ein Missbrauch könnte jedoch vorliegen, wenn die XE überhöhte Konzessionsabgaben erhebt und damit gegen die Regelungen der KAV verstößt.

Die XE berechnet bei Lieferungen Dritter die höhere Konzessionsabgabe für Tarifkunden, wenn es sich bei diesen Kunden um Haushaltskunden iSd § 3 Nr. 22 EnWG handelt.

Diese Abrechnungspraxis könnte gegen § 2 Abs. 3 KAV verstoßen, der für Sonderkunden eine Konzessionsabgabe in Höhe von höchstens 0,03 Cent vorsieht. Die erhöhte Konzessionsabgabengrenze ist nur für Tarifkunden iSd § 1 Abs. 6 KAV anzuwenden.

Fraglich ist, ob es sich bei den Kunden der Drittanbieter um Tarifkunden oder um Sonderkunden handelt.

Tarifkunden iSd § 1 Abs. 6 KAV sind Kunden, die im Rahmen von Verträgen nach den §§ 36, 38 EnWG (Grund- und Ersatzversorgung) oder nach §§ 115 Abs. 2, 116 EnWG beliefert werden. Alle anderen Kunden sind Sonderkunden (§ 1 Abs. 4 KAV).

Bei den in Rede stehenden Drittanbietern handelt es sich jeweils nicht um den Grundversorger. Folglich sind die von Ihnen mit ihren Kunden geschlossenen Verträge auch keine der Grund- oder Ersatzversorgung. Auch für ein Vorliegen von Verträgen nach §§ 115 Abs. 2, 116 EnWG ergeben sich keine Anhaltspunkte.

Eine dem § 2 Abs. 7 KAV entsprechende Regelung gibt es im Gasbereich nicht.[64]

Es handelt sich bei den Kunden von Dritten folglich um Sonderkunden, für die grundsätzlich die niedrigere Konzessionsabgabenhöhe von 0,03 Cent/kWh gilt.

Fraglich ist, ob sich aus § 2 Abs. 6 Satz 1 KAV ein Recht der XE ableiten lässt, die erhöhte Konzessionsabgabe für Tarifkunden, die sie für ihre eigenen Haushaltskunden berechnet, auch für die Sondervertragsverhältnisse Dritter anzuwenden.

Aus § 2 Abs. 6 Satz 1 KAV ergibt sich, dass die XE vergleichbare Entgelte den Durchleitungsentgelten hinzurechnen darf, wenn die Vertragsverhältnisse des Dritten ihren Vertragsverhältnissen vergleichbar sind.

Aus historischen, systematischen und schließlich auch teleologischen Erwägungen ergibt sich, dass es für die Ähnlichkeit iSd § 2 Abs. 6 S. 1 KAV auf die materiell-rechtliche Kundenstruktur und nicht etwa auf die Tarifgestaltung des mit dem Netzbetreiber verbundenen Vertriebs ankommt.[65]

Die Vertragsverhältnisse sind folglich nicht vergleichbar und es bleibt kein Raum für eine Berechnung der erhöhten Konzessionsabgabe.

Die XE missbraucht folglich ihre marktbeherrschende Stellung, indem sie dem Durchleitungsentgelt überhöhte Konzessionsabgaben hinzurechnet.

4. *Erheblichkeit der Wettbewerbsbeschränkung*

Ferner müsste der Missbrauch den Wettbewerb der Unternehmen auf dem nachgelagerten Markt für die Belieferung von Verbrauchern mit Gas auf erhebliche Weise beeinträchtigen.

Eine erhebliche Wettbewerbsbeeinträchtigung iSd § 30 Abs. 1 S. 2 Nr. 2 EnWG liegt vor, wenn die Wettbewerbsbeeinträchtigung spürbar ist oder das in Rede stehende Verhalten dazu geeignet ist, eine spürbare Einschränkung oder Verfälschung des Wettbewerbs hervorzurufen.

Die Hinzurechnung unberechtigter Kostenbestandteile bei Wettbewerbern ist ohne Weiteres geeignet, den Wettbewerb erheblich zu beeinträchtigen, dies insbesondere, wenn die Erlöse in der Praxis dem marktbeherrschenden Unternehmen zugutekommen.

Es liegt also eine erhebliche Wettbewerbsbeeinträchtigung vor.

Die Abrechnungspraxis der XE stellt einen Missbrauch einer marktbeherrschenden Stellung als Netzbetreiber iSd § 30 Abs. 1 Satz 2 Nr. 2 ENWG dar.

64 Zum Streit um die analoge Anwendung siehe *Mitto*, Energierecht, 2. Auflage 2019, S. 81 Rn. 224–227 mwN.
65 Siehe dazu OLG Düsseldorf Beschl. v. 19.10.2011 – VI-3 Kart 1/11 (V), Rn. 70 ff.

II. Rechtsfolge

Die BNetzA kann das Verfahren einleiten. Anhaltspunkte für eine ermessenfehlerhafte Entscheidung zur Einleitung des Verfahrens ergeben sich hier nicht.

C. Ergebnis

Die Bundesnetzagentur hat das Missbrauchsverfahren rechtmäßig eingeleitet. ◀

Fall 10)

381 ▶ Im Fall 10) handelt es sich um eine privatrechtliche Fragestellung, denn der potenzielle zukünftige Netzbetreiber möchte etwas vom alten Netzbetreiber erhalten. Der Fall eignet sich daher zur Wiederholung der Grundlagen der zivilrechtlichen Fallbearbeitung. ◀

a) Kann Z von X die Übereignung des Stromnetzes verlangen?

382 Z kann die Übereignung des Stromnetzes von X verlangen, wenn Z einen Anspruch auf Übereignung des Stromnetzes gegen X hat.

▶ **Schritt 1) Finden der Anspruchsgrundlage**

→ **Wer** will **was** von **wem woraus**?

Wer: Der Konzessionsnehmer Z

Was: Übereignung des Stromnetzes

Von wem: X den Altkonzessionär

Woraus?

→ Vertrag? (-)

→ Gesetzliches Schuldverhältnis → **§ 46 Abs. 2 Satz 2 EnWG** ◀

Z könnte einen Anspruch auf Übereignung des Stromnetzes aus § 46 Abs. 2 Satz 2 EnWG haben.

▶ **Schritt 2) Ermitteln der Anspruchsvoraussetzungen**

> *§ 46 Abs. 2 Satz 2 EnWG*
>
> *„Werden solche Verträge nach ihrem Ablauf nicht verlängert, so ist der* ***bisher Nutzungsberechtigte*** *verpflichtet, seine für den Betrieb der Netze der allgemeinen Versorgung im Gemeindegebiet notwendigen* ***Verteilungsanlagen*** *dem* ***neuen Energieversorgungsunternehmen*** *gegen Zahlung einer wirtschaftlich angemessenen Vergütung zu übereignen."* ◀

Voraussetzung für den Anspruch ist, dass es sich bei Z um das neue Energieversorgungsunternehmen iSd § 46 Abs. 2 Satz 2 EnWG handelt.

▶ **Schritt 3) Prüfung der Anspruchsvoraussetzungen**

Voraussetzung dafür, dass Z neues Energieversorgungsunternehmen iSd § 46 Abs. 2 S. 2 EnWG wird, ist, dass zwischen der Gemeinde O und der Z ein gültiger Konzessionsvertrag abgeschlossen wurde.

Zwar hat die O die Z in einem rechtsfehlerfreien Verfahren als neuen Konzessionsnehmer ausgewählt. Der Konzessionsvertrag könnte aber nach § 134 BGB nichtig sein, falls die Klausel in § 7 Abs. 2 gegen § 3 Abs. 2 Nr. 1 KAV verstößt und dies zur Nichtigkeit der gesamten Vereinbarung führt.

Die Klausel in § 7 Abs. 2 des Konzessionsvertrages sieht eine Kooperation bei der Erstellung kommunaler Energiekonzepte vor. Nach § 3 Abs. 2 Nr. 1 KAV ist in Konzessionsverträgen die Vereinbarung sonstiger unentgeltlicher Leistungen verboten. Da aufgrund der Auslegung der Klausel davon auszugehen ist, dass diese eine unentgeltliche Leistung der Z an die O zum Gegenstand hat, verstößt sie gegen das Nebenleistungsverbot in § 3 Abs. 2 Nr. 1 KAV.

Fraglich ist, ob die Rechtswidrigkeit der Klausel in § 7 Abs. 2 Konzessionsvertrag zu einer Gesamtnichtigkeit des Vertrags führt.

aa) Nichtigkeit wg. gesetzlichem Verstoß (§ 134 BGB)?

Nach ständiger Rechtsprechung führt ein Verstoß gegen die § 3 Abs. 2 Nr. 1 KAV, welche als Höchstpreisregelung zu verstehen ist, nur zu Teilnichtigkeit (§§ 134 2. Hs., 139 BGB) der Vereinbarung.[66]

bb) Gesamtnichtigkeit wg. unheilbarer Teilnichtigkeit (§ 139 BGB)?

Auch aus einer Teilnichtigkeit könnte eine Gesamtnichtigkeit folgen. Dies ist eine Frage der Auslegung. Da in dem Vertrag eine salvatorische Klausel enthalten ist, bleibt die Wirksamkeit des restlichen Vertrages zunächst unberührt.

▶ Verträge enthalten für solche Fälle in aller Regel eine sog. salvatorische Klausel, also eine Klausel, die besagt, dass die Nichtigkeit einzelner Klauseln den Vertrag als Ganzes nach dem Willen der Vertragsparteien nicht berühren soll.
Der Vertragsinhalt ist dann im Falle der Teilnichtigkeit durch ergänzende Vertragsauslegung zu ermitteln. In aller Regel tritt dann an Stelle der nichtigen Regelung die gesetzliche Regelung. Im aktuellen Fall ist allerdings nur relevant, ob der Konzessionsvertrag gesamtnichtig ist. Das ist nach dem Willen der Vertragsparteien so nicht anzunehmen. Es verbleibt aber die Möglichkeit einer Gesamtnichtigkeit, wenn die rechtswidrig vereinbarte Nebenleistung ein Auswahlkriterium war. ◀

cc) Nichtigkeit, da Nebenleistung Auswahlkriterium war?

Im Sachverhalt finden sich keine Anhaltspunkte dafür, dass die Nebenleistung für die Auswahl des Konzessionärs ausschlaggebend war. Vielmehr ist eine fehlerfreie Auswahlentscheidung laut Sachverhalt anzunehmen.[67]

▶ Es bleibt die Frage nach dem Anspruchsinhalt. So musste beispielsweise im EnWG 2005 noch durch Auslegung der Anspruchsnorm ermittelt werden, ob die Übereignung des Netzes geboten ist oder beispielsweise auch eine Verpachtung in Betracht käme.[68] Heute ist der Wortlaut des § 46 Abs. 2 S. 2 EnWG klar und räumt dem Neukonzessionär einen Anspruch auf Übereignung des Netzes explizit ein. Die Besitzverschaffung zB durch einen Pachtvertrag ist nach dessen Belieben auch möglich, was aber den Anspruch auf Übereignung zunächst nicht berührt.

Schritt 4) Anspruchsinhalt § 46 Abs. 2 S. 2 EnWG

66 St. Rspr. seit BGH Beschl. v. 11.1.1984 – VIII ARZ 13/83, BGHZ 89, 316 (319).
67 BGH Urt. v. 7.10.2014 – EnZR 86/13, Rn. 19–24; Rn. 38–51.
68 Siehe dazu Kapitel A Rn. 22.

„(...) verpflichtet, seine ***für den Betrieb der Netze der allgemeinen Versorgung im Gemeindegebiet notwendigen Verteilungsanlagen*** *(...) zu übereignen."* ◀

dd) Ergebnis

Z kann von X die Übereignung des Netzes verlangen.

b) Kann Z von X zudem die Übereignung einer notwendigen, gemischt genutzten Mittelspannungsverteilungsanlage, die im Stadtgebiet der O liegt, verlangen?

383 Welche Anlagen vom Übereignungsanspruch nach § 46 Abs. 2 S. 2 EnWG erfasst sind ergibt sich ebenfalls durch Auslegung. Dieser spricht von den „für den Betrieb der Netze der allgemeinen Versorgung im Gemeindegebiet notwendigen Verteilungsanlagen".

Zur weiteren Konkretisierung bieten sich zunächst die Definitionen in § 3 EnWG an:

- „Verteilung" § 3 Nr. 37 EnWG
- „Energieversorgungsnetz" § 3 Nr. 16 EnWG
- „Örtliches Verteilernetz" § 3 Nr. 29 c EnWG
- „Versorgung" § 3 Nr. 36 EnWG

Unbestimmte Begriffe müssen sodann anhand der Zielsetzung des EnWG ausgelegt werden.

- „Notwendigkeit" = Erforderlichkeit für die sichere Versorgung im Gemeindegebiet[69]

Nach teleologischer Auslegung ist die Notwendigkeit das vorrangige Kriterium.[70] Daraus folgt, dass der Anspruch auch die benannte Mittelspannungsanlage erfasst.[71]

Fall 11)

Hat das Begehren Aussicht auf Erfolg?

384 Zum Verständnis des Falles muss die Frage zunächst dahin gehend konkretisiert werden, welches Begehren die B hier vor den Zivilgerichten verfolgen könnte. Möglich wäre beispielsweise ein Antrag auf Erlass einer einstweiligen Verfügung auf Nichtunterzeichnung des Konzessionsvertrages. Dieser Anspruch ergibt sich, einen Verstoß vorausgesetzt, aus dem vorvertraglichen Schuldverhältnis, welches durch die Interessenbekundung im Vergabeverfahren entsteht.[72] Ist der Vertrag bereits unterzeichnet worden, so ist eine Feststellungsklage mit dem Ziel, die Nichtigkeit des Vertrages feststellen zu lassen, denkbar.[73] Da die Rügeobliegenheit auch den Altkonzessionär betrifft, kann die B nicht (wie nach alter Rechtslage) einfach die Übereignung des Netzes an den Neukonzessionär verweigern.[74]

---

69 Gemeinsamer Leitfaden von Bundeskartellamt und Bundesnetzagentur zur Vergabe von Strom- und Gaskonzessionen und zum Wechsel des Konzessionsnehmers, Rn. 52 ff.

70 BGH Urt. v. 17.12.2013 – KZR 66/12 – Stromnetz Berkenthin, Rn. 36; BGH Beschl. v. 3.6.2014 – EnVR 10/13 – Stromnetz Homberg, Rn. 30 ff. (Netze höherer Spannungsebene); OLG Frankfurt Urt. v. 14.6.2011 – 11 U 36/10 (Kart), Rn. 63 ff.

71 BGH Urt. v. 3.6.2014 – EnVR 10/13 – Stromnetz Homberg, Rn. 30 ff.

72 *Probst,* Auswahlkriterien bei der Vergabe von Energiewirtschaftlichen Konzessionsverträgen, S. 306 mwN.

73 *Probst,* Auswahlkriterien bei der Vergabe von Energiewirtschaftlichen Konzessionsverträgen, S. 306.

74 BGH Urt. v. 28.1.2020 – EnZR 116/18 – Stromnetz Steinbach.

Fraglich ist, ob die Auswahlkriterien gegen das Diskriminierungsverbot des § 46 EnWG verstoßen.

Überblick – Auswahlkriterien

- Die Auswahl ist nach sachgerechten Kriterien zu treffen, dh die Kriterien müssen einen sachlichen Bezug zur Wegenutzung oder dem Netz haben.[75]
- Die Kriterien müssen entweder:
  - die Ziele des § 1 EnWG konkretisieren[76] (min. 70 %) oder
  - nach der KAV zulässige Leistungen betreffen.
- Die Kriterien dürfen aufgrund der Entflechtungsvorschriften nur Errichtung und Betrieb des örtlichen Verteilernetzes betreffen und keine anderen Bereiche der energiewirtschaftlichen Wertschöpfungskette.[77]
- Die Festlegung der Auswahlkriterien darf kommunale Träger nicht bevorzugen.[78]
- Auch die Gewichtung muss sachgerecht sein.[79]

Die Gemeinde berücksichtigte bei der Auswahl die folgenden Kriterien:

Kriterium	Beurteilung	Nachweis
Höhe der Konzessionsabgabe	naturgemäß sachgerecht	BGH, Stromnetz Berkenthin, Rn. 76[80]
Höhe des Kommunalrabatts	im Rahmen des § 3 Abs. 1 S. 1 Nr. 1 KAV keine Bedenken	BGH, Stromnetz Berkenthin, Rn. 77
Kostenverteilung für Leitungsumlegung	Legitim, da Bezug zur Durchführung des Vertrages	BGH, Stromnetz Berkenthin, Rn. 77
Bereitschaft zu Erdverkabelung	Zulässiges qualitatives Kriterium	BGH, Stromnetz Berkenthin, Rn. 49.
Rückbau stillgelegter Leitungen	Zulässig	*Probst*, Auswahlkriterien, S. 236 ff.
Kommunales Energiekonzept	Bezug zur Umweltverträglichkeit	*Probst*, Auswahlkriterien, S. 234 ff.
Netzinvestition	Bezug zur Versorgungssicherheit	*Probst*, Auswahlkriterien, S. 205
Förderung des Klimaschutzes	Grundsätzlich zulässig, allerdings konkretisierungsbedürftig	*Probst*, Auswahlkriterien, S. 238.

Die bekanntgegebenen Kriterien sind zunächst nicht zu beanstanden. Aufgrund der Rügefristen in § 47 Abs. 2 EnWG könnten fehlerhafte Kriterien, die sich bereits aus

75 BGH Urt. v. 17.12.2013 – KZR 66/12 – Stromnetz Berkenthin, Rn. 36.
76 Siehe *Probst*, Auswahlkriterien bei der Vergabe von Energiewirtschaftlichen Konzessionsverträgen, S. 103 ff.
77 Gemeinsamer Leitfaden von Bundeskartellamt und Bundesnetzagentur zur Vergabe von Strom- und Gaskonzessionen und zum Wechsel des Konzessionsnehmers, S. 10 f. Rn. 29.
78 BGH Urt. v. 17.12.2013 – KZR 66/12 – Stromnetz Berkenthin, Rn. 53.
79 BGH Urt. v. 17.12.2013 – KZR 66/12 – Stromnetz Berkenthin, Rn. 83.
80 BGH Urt. v. 17.12.2013 – KZR 66/12 – Stromnetz Berkenthin.

der Bekanntmachung der Kriterien ergeben, allerdings ohnehin nicht mehr geltend machen.

Allerdings führt die Gemeinde bei der Bekanntmachung ihrer Entscheidung aus, dass sie „durch die Kommunalisierung des Netzbetriebes in K und dem damit gewonnenen Einfluss auf das Netzeigentum und strategische Entscheidungen insgesamt bessere Bedingungen für eine zuverlässige, preisgünstige und umweltgerechte Stromversorgung" schaffen wolle. Dies lässt darauf schließen, dass die Gemeinde bei ihrer Entscheidung den kommunalen Einfluss auf den Netzbetreiber als zusätzliches Entscheidungskriterium berücksichtigt hat.

Zwar spricht die Planungshoheit der Gemeinde für die Legitimität dieses Auswahlkriteriums, doch darf diese damit nicht ihre marktbeherrschende Stellung im Rahmen der Konzessionsvergabe missbrauchen. Daraus folgt, dass die Gemeinde bei der Entscheidung über ein solches Kriterium nicht ihren Eigenbetrieb bevorzugen darf, sofern die übrigen Bewerber bereit sind, dem legitimen Interesse der Gemeinde durch geeignete vertragsrechtliche Regelungen (zB Informationspflichten, Mitwirkungs- und Konsultationsrechte) Rechnung zu tragen.[81] Hierzu finden sich im Sachverhalt keine Anhaltspunkte.

Aufgrund des Transparenzgebotes im Vergabeverfahren ist es der Gemeinde jedoch ohnehin verwehrt, die Auswahlkriterien nach Bekanntgabe zu verändern.[82]

Das Auswahlverfahren ist folglich fehlerhaft. Fraglich bleibt jedoch, ob die B sich auf diese Fehlerhaftigkeit berufen kann. Voraussetzung hierfür ist nämlich nach § 47 Abs. 2 EnWG eine rechtzeitige Rüge.

▶ Rügeverfahren

Der § 47 Abs. 2 EnWG unterscheidet zwischen Rechtsverletzungen vor Angebotsabgabe und Rechtsverletzungen im Rahmen der Auswahlentscheidung.

- Rechtsverletzungen, die aufgrund der Bekanntmachung (§ 46 Abs. 3 EnWG) erkennbar sind, müssen innerhalb der Interessenbekundungsfrist (§ 46 Abs. 4 Satz 4 EnWG) gerügt werden.
- Rechtsverletzung, die aus der Mitteilung der Auswahlkriterien und deren Gewichtung (§ 46 Abs. 4 Satz 4 EnWG) erkennbar sind, müssen innerhalb von 15 Tagen nach Zugang der Mitteilung gerügt werden.
- Rechtsverletzungen, die aus der Information der unterlegenen Bewerber (§ 46 Abs. 5 Satz 1 EnWG) erkennbar sind, müssen innerhalb von 30 Tagen ab Zugang oder ab Akteneinsicht gerügt werden. ◀

Fraglich ist, welche der oben genannten Fristen für die Rüge der B gilt. Am 25.3.2020 hat die Gemeinde ihre Entscheidung und die den Fehler indizierende Begründung amtlich bekanntgemacht. Die B hat sie erst am 6.4.2020 über ihre Entscheidung informiert. Ersichtlich handelt es sich hier um eine „Rechtsverletzung im Rahmen der Auswahlentscheidung" im Sinne des § 47 Abs. 2 S. 2 EnWG für die eine Frist von 30 Tagen gilt. Diese Frist beginnt nach dem Wortlaut des § 47 EnWG mit dem Zugang der

81 BGH Urt. v. 17.12.2013 – KZR 66/12 – Stromnetz Berkenthin, Rn. 52, 53; ausführlich auch *Probst*, Auswahlkriterien bei der Vergabe von Energiewirtschaftlichen Konzessionsverträgen, S. 256 ff.

82 *Probst*, Auswahlkriterien bei der Vergabe von Energiewirtschaftlichen Konzessionsverträgen, S. 298 ff.

Auswahlentscheidung beim unterlegenen Bieter und ist damit am 4.5.2020 noch nicht abgelaufen, das Vorbringen der B also nicht präkludiert.

Bei Vorliegen der sonstigen Klagevoraussetzungen könnte sich die B also erfolgreich gegen das Auswahlverfahren wehren. Die Gemeinde müsste dann das Auswahlverfahren erneut durchführen. Sie könnte dabei zwar den kommunalen Einfluss auf die Umsetzung der strategischen Ziele der Energiewirtschaft als Auswahlkriterium heranziehen. Die B könnte dem jedoch durch vertragliche Regelungen Rechnung tragen und hätte damit eine neue Chance auf den Konzessionsvertrag.

I. Energieerzeugung, Messung und Klimaschutz

I. Energieerzeugung

385 In Deutschland gibt es zahlreiche unterschiedliche Erzeugungsformen[1] von Strom:

- **Kernenergie** – Die Nutzung der Kernenergie ist bereits seit 1958 auf europäischer Ebene geregelt.[2] Das deutsche Atomgesetz[3] verliert im Zuge des deutschen Atomausstiegs bis 2022 an Bedeutung, wenngleich bei der Gewinnung von Kernenergie keine Treibhausgase entstehen.[4]
- **Kohleverstromung** – Aufgrund der hohen Treibhausgasemission ist die relativ gesehen günstige und im Vergleich mit erneuerbaren Energien flexible Kohleverstromung politisch umstritten.[5] In Deutschland ist der schrittweise Ausstieg aus der Stromerzeugung durch Kohle bis zum Jahr 2038 vorgesehen.[6]
- **Gaskraftwerke** – Die weniger klimaschädlichen Gaskraftwerke sind wegen der kostenintensiven Gaserzeugung[7] derzeit nur als Brückentechnologie wirtschaftlich nutzbar.[8] Wegen der klimaschädlichen Kohlenstoffdioxidemissionen ist auch der Einsatz vor Erdgas umstritten.
- **Erneuerbare Energien** – Im Zuge der Energiewende ist die Erzeugung aus erneuerbaren Energien auf dem Vormarsch.[9] Auf europäischer Ebene werden zwar verbindliche Ziele zur Verbesserung des Klimaschutzes erarbeitet und Maßnahmen zur Förderung erneuerbarer Energien vorangetrieben[10], die Auswahl des Energiemix und die Struktur der Energieversorgung liegt aber in der Souveränität der Mitgliedsstaaten (Art. 194 Abs. 2 UAbs. 2 AEUV).[11]

386 Gas kann aus natürlichen Erdgasvorkommen gefördert oder aus anderen Stoffen erzeugt werden. Die Erdgasgewinnung erfolgt durch das Anbohren konventioneller Gasvorkommen oder durch das sog. Fracking. Die Zulässigkeit regelt das Bergrecht.[12]

Daneben ist auch die Nutzung von Wasserstoff als Kraftstoff in Brennstoffzellen und als Energiespeicher bzw. als Element der Sektorenkopplung geplant.[13] Die „Herstellung" von Wasserstoff ist umweltfreundlich durch die Elektrolyse von Wasser mithilfe

1 Siehe auch Kraftwerksliste der BNetzA abrufbar unter: https://www.bundesnetzagentur.de/DE/Sachgebiete/ElektrizitaetundGas/Unternehmen_Institutionen/Versorgungssicherheit/Erzeugungskapazitaeten/Kraftwerksliste/kraftwerksliste-node.html (zuletzt abgerufen 24.7.2020).
2 Vertrag über die Gründung der Europäischen Atomgemeinschaft (EURATOM) vom 25.3.1957, BGBl. II S. 1014.
3 Gesetz über die friedliche Verwendung der Kernenergie und den Schutz gegen ihre Gefahren in der Fassung vom 15.7.1985 (BGBl. I S. 1565), zuletzt geändert am 17.7.2015.
4 *Pritzsche/Vacha*, Energierecht, 1. Auflage 2017, S. 43 Rn. 55; ausführlich ders. S. 55 f. Rn. 37–44.
5 *Pritzsche/Vacha*, Energierecht, 1. Auflage 2017, S. 43 Rn. 55; detailliert ders. S. 52 ff. Rn. 27–32.
6 Gesetz zur Reduzierung und zur Beendigung der Kohleverstromung und zur Änderung weiterer Gesetze (Kohleausstiegsgesetz) v. 8.8.2020 (BGBl. I S. 1818), zuletzt geändert durch Art. 23 Nr. 1 Gesetz zur Änderung des Erneuerbare-Energien-Gesetzes. Und weiterer energierechtlicher Vorschriften v. 21.12.2020 (BGBl. I S. 3138).
7 *Pritzsche/Vacha*, Energierecht, 1. Auflage 2017, S. 43 Rn. 55.
8 *Pritzsche/Vacha*, Energierecht, 1. Auflage 2017, S. 54 Rn. 33 f.; siehe weiterführend *Ennuschat*, NVwZ 2015, 1553.
9 Siehe unten Nr. III.
10 Zur Entwicklung siehe *Ludwigs* in *Ruffert*, Europäisches Sektorale Wirtschaftsrecht, 2. Auflage 2020, § 5 Rn. 28 ff.
11 *Kreuter-Kirchhoff*, EuZW 2017, 829 (830).
12 *Pritzsche/Vacha*, Energierecht, 1. Auflage 2017, S. 213 Rn. 45 ff.
13 BMWI, Die Nationale Wasserstoffstrategie, 2020, S. 2 ff.

von Strom aus erneuerbaren Energien („grüner Wasserstoff“)[14] oder auch durch unterschiedliche ebenfalls Energie erfordernde Verfahren aus fossilen Brennstoffen (teilweise unter Freisetzung von Kohlenstoffdioxid oder Kohlenstoff) möglich.[15] Auch die Europäische Kommission sieht in der Nutzung von Wasserstoff großes Potential für eine treibhausgasneutrale Energieerzeugung und -nutzung in Europa.[16]

II. Messung

Das Messstellenbetriebsgesetz regelt den Einbau von Messeinrichtungen und den Umgang mit den gewonnenen Daten.[17] Seit 2009 sieht das europäische Recht auch eine Liberalisierung im Bereich des Messwesens vor, wobei der deutsche Gesetzgeber mit dem MsbG[18] die europäischen Vorgaben in dieser Hinsicht übertroffen hat.[19] 387

1. Messstellenbetrieb

Der Messstellenbetrieb umfasst[20]: 388

- Einbau, Betrieb und die Wartung der Messstelle, der Messeinrichtung und Messsysteme
- Gewährleistung der Einhaltung der mess- und eichrechtlichen Anforderungen
- Messung der entnommenen, verbrauchten und eingespeisten Energie
- Aufbereitung der Messwerte
- Datenübertragung, die den Anforderungen des MsbG entspricht

Verantwortlich für den Messstellenbetrieb ist der grundzuständige Messstellenbetreiber (§ 2 S. 1 Nr. 4 MsbG; Genehmigungsvorbehalt § 4 Abs. 1 S. 1, Abs. 3 MsbG), wenn nicht der Anschlussnehmer einen Dritten mit dem Messstellebetrieb beauftragt hat (§§ 5, 6 MsbG). Die Durchführung des Messstellenbetriebs basiert auf einer vertraglichen Vereinbarung (§ 9 MsbG), deren Mindestinhalt gesetzlich festgelegt ist (§ 10 MsbG). Das für den Messstellenbetrieb anfallende Entgelt muss sich in den Grenzen der §§ 31, 32 MsbG bewegen und darf nicht über die Netzentgelte auf die Letztverbraucher gewälzt werden (§ 7 Abs. 2 MsbG).[21] Einen Wechsel des Messstellenbetreibers regeln die §§ 14 ff. MsbG. 389

Das EnWG stellt in § 40 Abs. 3, 5 EnWG einen Bezug zur Nutzung intelligenter Messsysteme her, indem es Lieferanten verpflichtet, monatliche Verbrauchsinformationen zur Verfügung zu stellen sowie Tarife mit einem Anreiz zur Einsparung von Energie anzubieten (zB lastenvariable oder tageszeitabhängige Tarife).[22] Energieversorgungs- 390

14 Zur Privilegierung im EEG *Große/Wieland*, EnWZ 2021, 55.
15 *Fehling/Franzius/Schütte*, ZUR 2021, 193.
16 Siehe auch EU-KOM, A hydrogen strategy for a climate-neutral Europe v. 8.7.2020, COM(2020), 301 final.
17 *Kühling/Rasbach/Busch*, Energierecht, 4. Auflage 2018, S. 241 f. Rn. 49; siehe weiterführend *Kelly*, Das intelligente Energiesystem der Zukunft.
18 Gesetz über den Messstellenbetrieb und die Datenkommunikation in intelligenten Energienetzen (Messstellenbetriebsgesetz) v. 29.8.2016 (BGBl. I S. 2034), zuletzt geändert durch Art. 5 des Gesetzes v. 21.12.2020 (BGBl. S. 3138).
19 So *Mitto*, Energierecht, 2. Auflage 2019, S. 65 ff. Rn. 169–182.
20 *Kühling/Rasbach/Busch*, Energierecht, 4. Auflage 2018, S. 242 Rn. 50.
21 *Kühling/Rasbach/Busch*, Energierecht, 4. Auflage 2018, S. 242 Rn. 50 f.
22 *Kühling/Rasbach/Busch*, Energierecht, 4. Auflage 2018, S. 245 Rn. 57, 58.

unternehmen sollen dafür Energiemanagementdienstleistungen anbieten und neue Preismodelle entwickeln.[23]

2. Messeinrichtung

391 Die Anforderungen an die Messeinrichtung sind in den §§ 29 ff. MsbG geregelt. Letztverbraucher, die mehr als 6000 kWh verbrauchen oder am Flexibilitätsmechanismus nach § 14 a EnWG[24] teilnehmen und Betreiber von Erzeugungsanlagen mit einer installierten Leistung über 7 kW sind, wenn dies technisch möglich (§ 30 MsbG) und wirtschaftlich vertretbar (§ 31 MsbG[25]) ist, mit intelligenten Messsystemen (§ 2 S. 1 Nr. 7 MsbG), die den Anforderungen der §§ 21, 22 MsbG entsprechen, auszustatten.[26] Auch Letztverbraucher mit einem geringeren Verbrauch können im Ermessen des grundzuständigen Messstellenbetreibers mit intelligenten Messsystemen (Smart Meter[27]) ausgestattet werden.[28] Zukünftig soll durch einen flächendeckenden Einbau intelligenter Messsysteme den Kunden die Möglichkeit gegeben werden, aktiv am Strommarkt teilzunehmen und ihren Stromverbrauch zu optimieren. Alle Letztverbraucher sollen daher zukünftig einen Anspruch auf den Einbau eines intelligenten Messsystems erhalten.[29]

3. Datenschutz und Interoperabilität

392 Die §§ 19–27 MsbG stellen im Sinne des Datenschutzes[30] und der Interoperabilität technische Anforderungen an Messsysteme auf, insbesondere[31]:

- § 19 – Allgemeine Anforderungen
- § 21 – Spezielle Anforderungen für intelligente Messsysteme
- § 22 und Anhang MsbG – Mindestanforderungen an den Smart Meter Gateway
- § 23 – Vorgaben zur sicheren Anbindung
- § 24 – Zertifizierung des Smart Meter Gateway
- § 25 – Zertifizierung des Smart Meter Gateway-Betreibers (§ 3 Abs. 1 S. 2 MsbG)

393 In den §§ 49 ff. MsbG sind die Rechte und Pflichten der Beteiligten hinsichtlich der Datenerhebung und -nutzung abschließend festgelegt.[32] Den Berechtigten dürfen ohne ausdrückliche Zustimmung des Anschlussnutzers nur die Daten zur Verfügung gestellt werden, die sie zur Erfüllung ihrer Aufgabe benötigen.[33] Nach dem „Grundsatz der Sternförmigen Kommunikation“[34] erfolgt die Datenweitergabe zentral über das Smart

---

23 Siehe Art. 19 ff. RL 2019/944.
24 Siehe dazu *Kühling/Rasbach/Busch*, Energierecht, 4. Auflage 2018, S. 245. Rn. 59.
25 Siehe dazu BT-Drs. 18/7555, S. 91.
26 *Kühling/Rasbach/Busch*, Energierecht, 4. Auflage 2018, S. 243 f. Rn. 53, 54; *Mitto*, Energierecht, 2. Auflage 2019, S. 44 Rn. 119, 120.
27 Dazu ausführlich *Mitto*, Energierecht, 2. Auflage 2019, S. 70 ff. Rn. 187–198.
28 *Kühling/Rasbach/Busch*, Energierecht, 4. Auflage 2018, S. 243 Rn. 53; *Mitto*, Energierecht, 2. Auflage 2019, S. 74 ff. Rn. 202–205.
29 In § 33 MsbG-E, siehe BT-Drs. 19/27453, S. 142.
30 Dazu ausführlich *Mitto*, Energierecht, 2. Auflage 2019, S. 76 f. Rn. 205–210.
31 *Kühling/Rasbach/Busch*, Energierecht, 4. Auflage 2018, S. 244 Rn. 55.
32 *Kühling/Rasbach/Busch*, Energierecht, 4. Auflage 2018, S. 244 f. Rn. 56.
33 Bt-Drs. 18/7555, S. 104.
34 *Kühling/Rasbach/Busch*, Energierecht, 4. Auflage 2018, S. 245 Rn. 56.

Meter Gateway. Anstelle des Verteilernetzbetreibers wird dadurch bei intelligenten Messsystemen der Messstellenbetreiber als „sogenannte Datendrehscheibe etabliert“.[35]

Die intelligenten Messsysteme sollen auch dazu beitragen, Schwankungen im Verbrauch und in der Erzeugung aus erneuerbaren Energien auszugleichen, um so eine bessere Versorgung zu gewährleisten.[36] 394

III. Klimaschutz

Zentrale Bedeutung für den europäischen Klimaschutz hat das **Pariser Klimaschutzabkommen**[37], welches im Dezember 2015 als völkerrechtlich verbindlicher Vertrag mit dem Ziel, die **Erderwärmung** auf zwei Grad Celsius (im Vergleich zur vorindustriellen Zeit) zu begrenzen, geschlossen wurde.[38] Im April 2021 einigte sich die EU auf das Ziel, die Treibhausgasemissionen bis 2030 um 55% zu reduzieren.[39] Wegen des relativ hohen Anteils an Treibhausgasemissionen bei der Energieerzeugung aus fossilen Energieträgern hat der Klimaschutz große Auswirkungen auf das Energierecht.[40] Auf nationaler Ebene sieht § 1 Abs. 3 EEG das Erreichen einer treibhausgasneutralen Stromerzeugung bis zum Jahr 2050 vor.[41] 395

Möglichkeiten, die Klimaziele zu erreichen, bietet die Förderung erneuerbarer Energien, welche jedoch wiederum von einem umfassenden (möglichst EU-übergreifenden[42]) Ausbau der Energienetze, dem flächendeckenden Einsatz von intelligenten Messsystemen und der Entwicklung neuer Speichermöglichkeiten (z. B. grüner Wasserstoff) abhängt sowie die Steigerung der Energieeffizienz[43] (§ 3 Nr. 15 b EnWG und Art. 2 Nr. 4 RL 2012/27/EU[44]), welche technische Innovationen erfordert und letztlich die Einsparung von Energie ermöglicht. Bei der staatlichen Förderung energiepolitischer Ziele sind aufgrund der europäischen Grundsatzentscheidung zur wettbewerblichen Organisation des Binnenmarktes und auch der Energiewirtschaft die Regelungen des europäischen Beihilferechts zu beachten.[45]

1. Staatliche Beihilfen

Nicht nur im Bereich der erneuerbaren Energien spielt die Frage der Vereinbarkeit staatlicher Fördermechanismen zum Zweck des Klimaschutzes mit dem europäischen Beihilferecht eine Rolle. Im wettbewerblich organisierten europäischen Binnenmarkt 396

35 Bt-Drs. 18/7555, S. 108.
36 Siehe dazu *Schäfer-Stradowsky/Boldt* EnWZ 2015, 349.
37 siehe ABl. 2016 L 282/4; *Saurer*, NvwZ 2017, 1574 (1574 f.); *Kreuter-Kirchhoff*, ZUR 2019, 396.
38 *Pritzsche/Vacha*, Energierecht, 1. Auflage 2017, S. 29 Rn. 79; *Ludwigs* in *Ruffert*, Europäisches Sektorales Wirtschaftsrecht, 2. Auflage 2020, § 5 Rn. 17.
39 Zur Entwicklung auf europäischer Ebene siehe *Ludwigs* in *Ruffert*, Europäisches Sektorales Wirtschaftsrecht, 2. Auflage 2020, § 5 Rn. 17 ff; *Winkler/Baumgart/Ackermann*, Europäisches Energierecht, 1. Auflage 2021, Teil 1 Rn. 21 ff.
40 *Pritzsche/Vacha*, Energierecht, 1. Auflage 2017, S. 37 Rn. 27.
41 Zur unzureichenden nationalen Klimaschutzgesetzgebung siehe BVerfG, Beschl. v. 24.3.2021 – 1 BvR 2656/18; 1 BvR 96/20; 1 BvR 78/20; 1 BvR 288/20; 1 BvR 96/20; 1 BvR 78/20; BT-Drs. 19/30230.
42 Siehe dazu *Winkler/Baumgart/Ackermann*, Europäisches Energierecht, 1. Auflage 2021, Teil 2 Rn. 38 ff.
43 Zur Entwicklung auf europäischer Ebene siehe *Ludwigs* in *Ruffert*, Europäisches Sektorales Wirtschaftsrecht, 2. Auflage 2020, § 5 Rn. 33 ff.; *Winkler/Baumgart/Ackermann*, Europäisches Energierecht, 1. Auflage 2021, Teil 2 Rn. 77 ff.
44 Richtlinie 2012/27/EU des europäischen Parlaments und des Rates v. 25.10.2012 zur Energieeffizienz, zur Änderung der Richtlinien 2009/125/EG und 2010/30/EU und zur Aufhebung der Richtlinie 2004/8/EG und 2006/32/EG (ABl. L 315/1).
45 *Winkler/Baumgart/Ackermann*, Europäisches Energierecht, 1. Auflage 2021, Teil 1 Rn Rn. 174 ff.

sind grundsätzlich alle staatlich finanzierten Wettbewerbsverzerrungen, wie zB durch Subventionen für den Ausbau erneuerbarer Energien[46], rechtfertigungsbedürftig. Mit den Leitlinien für Energie- und Umweltschutzbeihilfen 2014 bis 2020[47] wurden Ausnahmeregelungen zum Verbot staatlicher Beihilfen gem. Art. 107 Abs. 1 AEUV statuiert, welche insbesondere Beihilfen für Energieeffizienzmaßnahmen, Erneuerbare Energien und Fernwärme erfassen und unter bestimmten Umständen als mit dem Binnenmarkt vereinbar erklären.[48]

▶ ***Übersicht:*** **EU-Beihilferecht**

Die Art. 107 ff. AEUV stellen staatliche Eingriffe in den Wettbewerb durch die Gewährung von Beihilfen unter die Kontrolle der Europäischen Kommission (Art. 108 AEUV). Der Kommission kommt bei der Anwendung des Art. 107 AEUV ein Ermessensspielraum zu.[49]

Der Begriff der Beihilfe erfasst staatliche Maßnahmen mit den Merkmalen:

- **Begünstigung** – Jeder geldwerte Vorteil, der nicht durch eine unter normalen Marktbedingungen angemessene Gegenleistung kompensiert wird[50]
- Staatliche oder aus **staatlichen Mitteln** gewährte Beihilfe
- Bestimmte Unternehmen
- Wettbewerbsverfälschung
- Beeinträchtigung des zwischenstaatlichen Handels ◀

397 Neben der beihilferechtlichen Zulässigkeit müssen die Fördersysteme für Erneuerbare Energien auch mit den Grundfreiheiten des Europäischen Binnenmarktes vereinbar sein.[51]

2. Energieeffizienz, Energieeinsparung und Förderung erneuerbarer Energien

398 In Art. 194 Abs. 1 AEUV werden die Ziele der europäischen Energiepolitik benannt. In Buchstabe c werden die „Förderung der Energieeffizienz und von Energieeinsparungen sowie die Entwicklung neuer und erneuerbarer Energiequellen" aufgeführt. Zur Erreichung der Ziele dient der mit dem Winterpaket eingeführte Governance-Mechanismus.[52] Im März 2021 hat die EU-Kommission einen Vorschlag für ein europäisches Klimagesetz gemacht, welches die Treibhausgasneutralität bis zum Jahr 2050 als verbindliches Ziel beinhaltet.[53]

---

46 Zum Verhältnis des EU-Beihilferechts und der nationalen Förderung erneuerbarer Energien siehe *Auer*, Das Europäische Beihilferecht und die Förderung erneuerbarer Energien.

47 EU-Kommission Mitteilung vom 28.6.2014, Leitlinien für staatliche Umweltschutz- und Energiebeihilfen 2014–2020 (2014/C 200/01).

48 *Pritzsche/Vacha*, Energierecht, 1. Auflage 2017, S. 37 Rn. 30.

49 *Schroeder*, Grundkurs Europarecht, 6. Auflage 2019, § 19 Wettbewerbsrecht Rn. 57, 58; *Winkler/Baumgart/Ackermann*, Europäisches Energierecht, 1. Auflage 2021, Teil 1 Rn. 187.

50 *Schroeder*, Grundkurs Europarecht, 6. Auflage 2019, § 19 Wettbewerbsrecht Rn. 60 ff.

51 Siehe zB EuGH Urt. v. 1.7.2014 – C-573/12.

52 Governance-Verordnung (EU) 2018/1999 des Europäischen Parlaments und des Rates vom 11.12.2018; dazu *Ludwigs* in *Ruffert*, Europäisches Sektorales Wirtschaftsrecht, 2. Auflage 2020, § 5 Rn. 278 ff.; *Schlacke/Knodt*, ZUR 2019, 404.

53 EU-KOM, Vorschlag für eine Verordnung des Europäischen Parlaments und des Rates zur Schaffung des Rahmens für die Verwirklichung der Klimaneutralität und zur Änderung der Verordnung (EU) 2018/1999 (Europäisches Klimagesetz), COM(2020) 80 final; weiterführend zu den EU Klimazielen *Schlacke/Köster/Thierjung*, EnWZ 2021, 7.

Dimensionen der Energieunion

- Sicherheit der Energieversorgung
- Energiebinnenmarkt
- Energieeffizienz
- Dekarbonisierung
- Forschung, Innovation und Wettbewerbsfähigkeit

Energieeffizienz ist gem. § 3 Nr. 15 b EnWG das Verhältnis von Energieaufwand zum erzielten Ergebnis.[54] Maßnahmen zur Verbesserung der Energieeffizienz und der Einsparung von Energie im Sinne des Klimaschutzes sind auf nationaler und auf europäischer Ebene vorgesehen.[55] 399

3. Emissionshandel

Die Rahmenbedingungen des europäischen Emissionshandelssystems wurden bereits mit dem Kyoto-Protokoll im Jahr 1998 gesetzt.[56] Der Emissionshandel unterwirft die Nutzung der natürlichen Ressource Luft einem knappheitsinduzierenden Handelssystem, indem es deren Verschmutzung durch den Ausstoß von Schadstoffen in handelbaren Rechten verbrieft.[57] Diese Rechte werden kostenpflichtig im Rahmen von Auktionen für die jeweilige Handelsperiode zugeteilt.[58] Dabei wird zunächst die Gesamtmenge der Zertifikate durch die Kommission veröffentlicht (Art. 9 RL 2003/87/EG). Ein Teil davon wird kostenlos zugeteilt (§ 10 a, c RL 2003/87/EG). Eine kostenlose Zuteilung an Stromerzeuger erfolgt nur noch in Ausnahmefällen.[59] Dadurch soll für Unternehmen ein finanzieller Anreiz entstehen, ihre Emissionen durch technische Verbesserungen zu verringern.[60] Die Menge der verteilten Zertifikate sinkt ab 2021 jährlich um 2,2%.[61] 400

Es handelt sich dabei um eine fiskalische Steuerungsmaßnahme, welche im Vergleich zu ordnungsrechtlichen Maßnahmen höhere Innovationsanreize setzen kann, allerdings im Ergebnis in der Regel weniger präzise ist.[62]

Das Treibhausgas-Emissionshandelsgesetz verpflichtet jeden Anlagenbetreiber (vgl. § 1 TEHG) jeweils bis zum 30. April, Emissionszertifikate in äquivalenter Höhe zu seinen Emissionen des vergangenen Jahres bei der zuständigen Behörde abzugeben (§ 7 Abs. 1 TEHG). Fehlende Zertifikate können am Markt erworben werden.[63] Bezüglich der 401

54 *Hakenberg* in *Weber*, Creifelds Rechtswörterbuch, 24. Edition 2020, Energieeffizienz.

55 Siehe *Theobald* in *Theobald/Kühling*, Energierecht, 105. Ergänzungslieferung 2020. Rn. 36–39; *Falke* ZUR 2020, 440; *Ludwigs* in *Ruffert*, Europäisches Sektorales Wirtschaftsrecht, 2. Auflage 2020, § 5 Rn. 248 ff.

56 *Jacobs*, Europäischer Emissionshandel, Erneuerbare-Energien-Gesetz und das Recht der Umweltbeihilfen, S. 25; *Winkler/Baumgart/Ackermann*, Europäisches Energierecht, 1. Auflage 2021, Teil 2 Rn. 120; *Ludwigs* in *Ruffert*, Europäisches Sektorales Wirtschaftsrecht, 2. Auflage 2020, § 5 Rn. 18.

57 *Kühling/Rasbach/Busch*, Energierecht, 4. Auflage 2018, S. 249 Rn. 70; zum theoretischen Hintergrund siehe *Winkler/Baumgart/Ackermann*, Europäisches Energierecht, 1. Auflage 2021, Teil 2 Rn 122, insbesondere die Ausführungen in Fn. 15.

58 *Kühling/Rasbach/Busch*, Energierecht, 4. Auflage 2018, S. 249 Rn. 71; ausführlich *Winkler/Baumgart/Ackermann*, Europäisches Energierecht, 1. Auflage 2021, Teil 2 Rn. 123 ff.

59 *Kühling/Rasbach/Busch*, Energierecht, 4. Auflage 2018, S. 250 Rn. 72.

60 *Pritzsche/Vacha*, Energierecht, 1. Auflage 2017, S. 37 Rn. 29.

61 *Winkler/Baumgart/Ackermann*, Europäisches Energierecht, 1. Auflage 2021, Teil 2 Rn. 125.

62 *Winkler/Baumgart/Ackermann*, Europäisches Energierecht, 1. Auflage 2021, Teil 2 Rn. 117; *Wustlich*, ZUR 2009, 515 (517).

63 *Ludwigs* in *Ruffert*, Europäisches Sektorales Wirtschaftsrecht, § 5 Rn. 19.

Versteigerung verweist § 8 Abs. 1 TEHG auf das europäische Richtlinienrecht bzw. die EU-Versteigerungsverordnung.[64]

402 Die Versteigerung folgt einem Auktionskalender (Art. 8 VO 1031/2010[65]). Versteigerungen sollen mindestens einmal wöchentlich stattfinden (Art. 8 Abs. 4). Die Gebote können während bestimmter Zeitfenster abgegeben werden, die mindestens zwei Stunden umfassen.[66] Die Versteigerung erfolgt zu einem Einheitspreis, der in dem in Art. 7 festgelegten Verfahren ermittelt wird.[67]

Komm ein Unternehmen der Verpflichtung nach § 7 Abs. 1 TEHG nicht nach, so werden 100 Euro je unberechtigt emittierter Tonne Kohlenstoffdioxidäquivalent fällig (§ 30 Abs. 1 TEHG). Die fehlenden Zertifikate müssen nachgereicht werden (§ 30 Abs. 3 TEHG).

403 In der Entwicklung des europäischen Emissionshandels sieht die Bundesregierung auch eine Chance für eine marktgetrieben Förderung erneuerbarer Energien. Bis zum Jahr 2027 will sie einen Entwurf vorlegen, um von der aktuellen finanziellen Förderung auf einen marktgetriebenen Ausbau umzusteigen.[68]

Neben dem europäischen Emissionshandel wurde mit dem Brennstoffemissionshandelsgesetz[69] ab 2021 ein nationales Emissionshandelssystem eingeführt, wobei Emissionszertifikate für Emissionen aus bestimmten Brennstoffen zu einem jährlich steigenden Preis (Festpreisphase bis 2025) erworben werden müssen. Das System setzt nicht, wie der europäische Emissionshandel, an der tatsächlichen Emission an, sondern an das Inverkehrbringen von Brennstoffen. Betroffen sind also Unternehmen, die mit Brennstoffen handeln. Nach der Festpreisphase soll sich auch beim nationalen Emissionshandelssystem der Preis am Markt bilden.[70]

IV. Förderung erneuerbarer Energien

404 Ziel der Regelungen des Gesetzes für den Vorrang erneuerbarer Energien (EEG) ist die kosteneffiziente und netzverträgliche Erhöhung des Anteils erneuerbarer Energien an der Stromversorgung[71] (Energiewende[72]). Zu diesem Zweck sieht das Gesetz seit seiner Einführung im Jahr 2000 in unterschiedlichen Ausprägungen einen **vorrangigen Anschluss** von Erneuerbare-Energien-Anlagen, eine **vorrangige Abnahme** von darin produziertem Strom und eine **feste Vergütung** oder einen **Zuschuss** (Marktprämie) für die

---

64 Verordnung (EU) Nr. 1031/2010 der Kommission v. 12.11.2010 über den zeitlichen und administrativen Ablauf sowie sonstige Aspekte der Versteigerung von Treibhausgasemissionszertifikaten gem. der Richtlinie 2003/87/EG des Europäischen Parlaments und des Rates über ein System für den Handel mit Treibhausgasemissionen in der Gemeinschaft, ABl. EU Nr. L 302, S. 1 v. 18.11.2010.

65 Verordnung (EU) Nr. 1031/2010 der Kommission vom 12.11.2010 über den zeitlichen und administrativen Ablauf sowie sonstige Aspekte der Versteigerung von Treibhausgasemissionszertifikaten gemäß der Richtlinie 2003/87/EG des Europäischen Parlaments und des Rates über ein System für den Handel mit Treibhausgasemissionszertifikaten in der Gemeinschaft (ABl. L 302, 1), zuletzt geändert durch VO 2019/1868 (ABl. L 289, 9).

66 *Kühling/Rasbach/Busch*, Energierecht, 4. Auflage 2018, S. 250 Rn. 75.

67 *Kühling/Rasbach/Busch*, Energierecht, 4. Auflage 2018, S. 250 Rn. 76 ff.

68 *Bundesregierung*, Entwurf eines Gesetzes zu Änderung des Erneuerbare-Energien-Gesetzes und weiterer energierechtlicher Vorschriften vom 23.9.2020, S. 91.

69 Gesetz über einen nationalen Zertifikatehandel für Brennstoffemissionen (BEHG) v. 12.12.2019 (BGBl. I S. 2728), zuletzt geändert durch Art. 1 des Gesetzes v. 3.11.2020 (BGBl. I S. 2291).

70 Weiterführend *Zenke/Telschow*, EnWZ 2020, 157.

71 *Kühling/Rasbach/Busch*, Energierecht, 4. Auflage 2018, S. 223 Rn. 1.

72 *Pritzsche/Vacha*, Energierecht, 1. Auflage 2017, S. 41 Rn. 51; zur Entwicklung auf europäischer Ebene siehe *Ludwigs* in *Ruffert*, Europäisches Sektorales Wirtschaftsrecht, § 5 Rn. 28 ff.

verkaufte Menge an Strom aus erneuerbaren Energien vor.[73] Die Regelungen sollen im Wesentlichen dafür sorgen, dass Investitionen in EEG-Anlagen erfolgen, auch wenn der damit produzierte Strom nicht kostendeckend veräußert werden könnte.[74] In jüngerer Zeit fanden vermehrt **wettbewerbliche Elemente** Eingang in die rechtliche Ausgestaltung der Energiewende[75] (Ausschreibungen § 3 Nr. 4 EEG)[76]. Dies betrifft insbesondere die Bereiche Solar, Wind und Biomasse, da diese Technologien durch die langfristige Entwicklung nahe an eine **Wettbewerbsfähigkeit** zur konventionellen Erzeugung herangerückt sind.[77] Das **EEG 2021** soll die Weichen für einen Einstieg in die Post-Förderungs-Ära stellen, in der die Ausbauziele im Bereich der erneuerbaren Energien marktgetrieben realisiert werden können.[78]

Zu den erneuerbaren Energieträgern gehören: 405

- Wind (Offshore[79] und an Land)
- Sonne (Photovoltaik, auf Gebäuden und Freiflächen)
- Biomasse/Biogas
- Wasserkraft
- Deponie-, Klär- und Grubengas
- Geothermie[80]

Die Kosten der Förderung der erneuerbaren Energien werden über die **EEG-Umlage** (§§ 60 ff. EEG) auf fast alle Letztverbraucher verteilt.[81] 406

1. Anschluss-, Abnahme- und Übertragungspflicht

Das EEG verpflichtet Netzbetreiber (§ 3 Nr. 36 EEG), Anlagen zur Erzeugung von Strom aus erneuerbaren Energien unverzüglich vorrangig anzuschließen (§ 8 Abs. 1 S. 1, 1 Hs. EEG) und deren Strom abzunehmen, zu übertragen und zu verteilen (§ 11 Abs. 1 S. 1 EEG). 407

a) Anschlusspflicht

Die Anlage zur Erzeugung von Strom aus erneuerbaren Energien (EEG-Anlage) ist an den technisch geeigneten Verknüpfungspunkt anzuschließen, der die geringste Entfernung vom Standort der Anlage aufweist. Ausnahmsweise ist auch der Anschluss an einen technisch und wirtschaftlich (unmittelbare Anschlusskosten) günstigeren Verknüpfungspunkt möglich. Technisch günstiger ist beispielsweise ein Anschlusspunkt, wenn die Anbindungsleitung schneller realisiert werden kann.[82] Nach § 8 Abs. 2 EEG 408

73 *Pritzsche/Vacha*, Energierecht, 1. Auflage 2017, S. 42 Rn. 54.
74 *Pritzsche/Vacha*, Energierecht, 1. Auflage 2017, S. 59 Rn. 57.
75 Zur Entwicklung des EEG siehe *Kühling/Rasbach/Busch*, Energierecht, 4. Auflage 2018, S. 223 ff. Rn. 2,3.
76 Illustrativ zusammenfassend siehe *Mitto*, Energierecht, 2. Auflage 2019, S. 83 ff. Rn. 228–232.
77 *Pritzsche/Vacha*, Energierecht, 1. Auflage 2017, S. 59 Rn. 59.
78 *Bundesregierung*, Entwurf eines Gesetzes zur Änderung des Erneuerbare-Energien-Gesetzes und weiterer energierechtlicher Vorschriften vom 23.9.2020, S. 4, 91; BT-Drs. 19/23482.
79 Zur völkerrechtlichen Zulässigkeit des Baus von Offshore-Anlagen auf dem Meer siehe *Pritzsche/Vacha*, Energierecht, 1. Auflage 2017, S. 44 f. Rn. 59, 60.
80 Zur Verteilung der Erzeugungskapazitäten siehe *Bundesnetzagentur* EEG in Zahlen 2018; zur Beschreibung der verschiedenen Anlagen iSd EEG siehe *Pritzsche/Vacha*, Energierecht, 1. Auflage 2017, S. 86 ff. Rn. 99–140.
81 *Pritzsche/Vacha*, Energierecht, 1. Auflage 2017, S. 60 Rn. 60.
82 *Kühling/Rasbach/Busch*, Energierecht, 4. Auflage 2018, S. 225 f. Rn. 5.

kann der Anschlussnehmer zwischen dem nächstgelegenen oder dem technisch/wirtschaftlich günstigeren Anschlusspunkt wählen, wenn dadurch keine erheblichen Mehrkosten im Vergleich zum gesamtwirtschaftlich günstigsten Verknüpfungspunkt entstehen.[83] Die notwendigen Kosten für den Anschluss trägt der Betreiber der EEG-Anlage (§ 16 Abs. 1 EEG). Die Anschlusspflicht besteht auch, wenn zur Abnahme des produzierten Stroms, ein Ausbau oder eine technische Umrüstung des Netzes notwendig wird (§ 8 Abs. 4 EEG). Diese vorrangige Anschlusspflicht ist in neuerer Zeit nicht mehr unumstritten.[84]

b) Ausbaupflicht

409 Der Netzbetreiber ist auf Verlangen des Betreibers der EEG-Anlage zur Erweiterung der Netzkapazitäten zur Sicherstellung der Abnahmemöglichkeit verpflichtet, wenn dies wirtschaftlich zumutbar ist (§ 12 EEG). Die Anschlusspflicht ist von der Ausbaupflicht abzugrenzen. Entscheidend ist, ob die Errichtung oder Verstärkung der technischen Einrichtung vor oder hinter dem Netzverknüpfungspunkt stattfindet.[85] Die Ausbaupflicht erfasst alle für den Netzbetrieb notwendigen – dh für dessen Funktion unentbehrlichen – technischen Anlagen, die im Eigentum des Netzbetreibers stehen (werden).[86] Die im Rahmen der Netzkapazitätserweiterung notwendigen Kosten für den Netzausbau (Optimierung, Verstärkung, Ausbau[87]) trägt der Netzbetreiber (§ 17 EEG).

c) Verweigerung von Abnahme, Übertragung und Verteilung

410 Bei Kapazitätsengpässen muss Strom aus erneuerbaren Energien, Grubengas und Strom aus KWK-Anlagen **vorrangig** vor konventionell erzeugter Energie übertragen werden (§ 11 Abs. 1 S. 1, 3 EEG). Erzeuger von Strom aus erneuerbaren Energien dürfen – anders als Betreiber konventioneller Anlagen – so viel Strom produzieren, wie es ihnen möglich ist, dies unabhängig davon, ob gerade Bedarf besteht oder nicht.[88] Reicht die Kapazität dennoch nicht aus, greift zunächst die Ausbaupflicht des § 8 Abs. 4 iVm § 12 EEG. Erst wenn der Ausbau für den Netzbetreiber unzumutbar ist, kommt eine Verweigerung in Betracht.[89] Von dem grundsätzlichen Vorrang von Strom aus erneuerbaren Energien kann nach § 11 Abs. 3, 4 EEG und § 14 EEG[90] abgewichen werden.

2. Vergütung

411 Korrespondierend zur Abnahmepflicht der Netzbetreiber hat der Gesetzgeber eine Vergütungspflicht vorgesehen.[91] Dabei ist zunächst zu unterscheiden, ob der Strom direkt vermarktet wird (§§ 19 Abs. 1 Nr. 1, 20 EEG) oder nicht (§§ 19 Abs. 1 Nr. 1, 21 EEG). Zur Konkretisierung der Investitionsanreize, technologischen Anpassung und Vermeidung von Überförderung wurden die Vergütungsregelungen oftmals verändert. Das

83 BGH Urt. v. 10.10.2012 – VIII ZR 362/11, Rn. 57.
84 *Mitto*, Energierecht, 2. Auflage 2019, S. 85 Rn. 223–235.
85 BGH Urt. v. 28.11.2007 – VIII ZR 306/04, Rn. 16.; BGH Urt. v. 1.10.2008 – VIII ZR 21/07, Rn. 17 ff.
86 *Kühling/Rasbach/Busch*, Energierecht, 4. Auflage 2018, S. 227 Rn. 8.
87 *Kühling/Rasbach/Busch*, Energierecht, 4. Auflage 2018, S. 228 Rn. 9.
88 *Pritzsche/Vacha*, Energierecht, 1. Auflage 2017, S. 58 Rn. 56.
89 *Kühling/Rasbach/Busch*, Energierecht, 4. Auflage 2018, S. 228 Rn. 10.
90 Ab 1.10.2021 § 13 EnWG.
91 *Kühling/Rasbach/Busch*, Energierecht, 4. Auflage 2018, S. 228 Rn. 11.

Verfahren zur gesetzlichen Festsetzung von Mindestvergütungen (Einspeisevergütung, §§ 40 ff. EEG)[92] ist heute nur noch eingeschränkt anwendbar (§ 22 Abs. 1 EEG). Es diente in erster Linie als Anschubfinanzierung.[93] Außerdem wurden die Vergütungssätze degressiv gestaltet (§ 23 Abs. 3, 23a-26 EEG).[94]

a) Einspeisevergütung

412 Betreiber von EEG-Anlagen mit einer installierten Höchstleistung unter 100 kW, die ihren Strom nicht direkt vermarkten, haben bei physikalischer Zurverfügungstellung im Netz einen Anspruch auf Zahlung einer Einspeisevergütung gegen den Netzbetreiber (§ 21 Abs. 1 Nr. 1 EEG), wobei sich der Anspruch nach Maßgabe des § 53 Abs. 1 EEG verringert. Betreibern größerer Anlagen steht diese Möglichkeit nur übergangsweise (§ 21 Abs. 1 Nr. 2 EEG) mit einem Abschlag von 20 % zur Verfügung (§ 53 Abs. 3 EEG). Die Höhe der Einspeisevergütung ergibt sich aus § 23 iVm §§ 40 ff. EEG. Ein zeitlich begrenzter Anspruch ist im EEG 2021 auch für ausgeförderte Anlagen (§ 3 Nr. 3 a EEG) vorgesehen (§§ 21 Abs. 1 Nr. 3, 25 Abs. 2 EEG).

b) Direktvermarktung

413 Neuanlagen, die die Voraussetzung des § 21 EEG nicht erfüllen, sind zur Direktvermarktung verpflichtet, erhalten jedoch zusätzlich zum erzielten Preis unter den Bedingungen des § 20, 10 b Abs. 1 EEG eine Marktprämie.[95] Die Zahlung der Marktprämie ist grundsätzlich auf 20 Jahre befristet (§ 25 Abs. 1 S. 1, 3 EEG). Die Vergütungspflicht besteht dann in Höhe des Marktpreises für konventionellen Strom (Strombörse Leipzig) fort.[96]

414 Die Marktprämie wird in der Regel[97] in technologiespezifischen[98] **Ausschreibungsverfahren** ermittelt (§ 22 EEG), welche die Bundesnetzagentur bis zu vier Mal im Jahr durchführt.[99] Das Ausschreibungsverfahren gliedert sich in das Gebots- (§§ 28–31 EEG) und das Zuschlagsverfahren (§§ 32–35 a EEG).[100] Durch das Gebotsverfahren wird der sog. anzulegende Wert (§ 3 Nr. 3 EEG) ermittelt. Dabei handelt es sich um die Summe aus Marktprämie und erzieltem Erlös in Cent pro kWh.[101]

▶ **Ausschreibungsverfahren für EEG-Marktprämien**

1) Bekanntmachung auf der Internetseite des BNetzA, 5–8 Wochen vor Gebotstermin (§ 29 EEG)
2) Abgabe der Gebote (§ 30 EEG) bis zum Gebotstermin
3) Erteilung des Zuschlags auf Basis der Gebotswerte aller form- und fristgerecht abgegebenen Gebote (§§ 32 Abs. 1 iVm 33 Abs. 1, 30 a EEG).
4) Bekanntgabe der Zuschläge auf der Internetseite der BNetzA (§ 35 EEG) ◀

---

92 Siehe auch *Pritzsch/Vacha*, Energierecht, 1. Auflage 2017, S. 59 Rn. 58.
93 *Pritzsche/Vacha*, Energierecht, 1. Auflage 2017, S. 61 Rn. 68.
94 *Kühling/Rasbach/Busch*, Energierecht, 4. Auflage 2018, S. 228 f. Rn. 11.
95 *Kühling/Rasbach/Busch*, Energierecht, 4. Auflage 2018, S. 230 f. Rn. 14, 15.
96 *Kühling/Rasbach/Busch*, Energierecht, 4. Auflage 2018, S. 229 Rn. 13.
97 Zur Berechnung über den Anzulegenden Wertes für von der Ausschreibung ausgenommene Anlagen, siehe *Pritzsche/Vacha*, Energierecht, 1. Auflage 2017, S. 63 ff. Rn. 75–79.
98 Zum Pilotprojekt zur technologieneutralen Ausschreibung 2018–2020 siehe § 39 i EnWG.
99 *Kühling/Rasbach/Busch*, Energierecht, 4. Auflage 2018, S. 230 ff. Rn. 16–18.
100 *Kühling/Rasbach/Busch*, Energierecht, 4. Auflage 2018, S. 231 Rn. 17.
101 Siehe Anlage 1 zu § 23 a EEG.

415 Die Bekanntmachung muss den Gebotstermin, das Ausschreibungsvolumen, die Höchstwerte (§§ 36 b, 37 b, 39 b EEG) und die zu berücksichtigenden Formatvorgaben und Festlegungen enthalten.[102] In § 30 Abs. 2 EEG sind Mindestgebotsgrößen festgelegt. Der Zuschlag wird nach Rangfolge der Gebotshöhe, beginnend mit dem niedrigsten Gebot, erteilt (§ 32 Abs. 1 S. 3 Nr. 1 EEG). Bei gleicher Höhe erhält zunächst die niedrigere Menge den Zuschlag, bei gleicher Menge entscheidet das Los, wenn die Reihenfolge relevant ist (§ 32 Abs. 1 S. 3 Nr. 2 EEG).[103] Für bestimmte Arten erneuerbarer Energien regelt das Gesetz bzw. die Innovationsausschreibungsverordnung abweichende Verfahren. Eine Ausnahme gilt beispielsweise für das Zuschlagsverfahren für Windenergieanlagen an Land (§ 36 d EEG).

416 Neben der geförderten Direktvermarktung ist auch die sonstige Direktvermarktung ohne Förderung möglich (§ 21 a EEG). Diese steht auch den Betreibern von ausgeförderten Anlagen offen. Der Anlagenbetreiber kann jeweils zum ersten des Monats die Art der Vermarktung wählen.[104]

3. Ausgleichsregelungen

417 Die durch die Anschluss-, Abnahme- und Vergütungspflicht entstehenden Belastungen des Netzbetreibers werden bundesweit ausgeglichen.[105] Zunächst ist der dem aufnehmenden Netzbetreiber vorgelagerte Übertragungsnetzbetreiber zur Aufnahme und Vergütung verpflichtet (§§ 11 Abs. 5, 56, 57 Abs. 1 EEG). In einem bundesweiten Ausgleichsverfahren soll sodann jeder Übertragungsnetzbetreiber so gestellt werden, als hätte er gemäß dem bundesweiten Durchschnitt EEG-Strom abgenommen und vergütet (§ 58 Abs. 3 S. 1 EEG).[106]

418 Schließlich wird der von den Übertragungsnetzbetreibern vergütete Strom an der Strombörse vermarktet (§ 59 EEG iVm EVV[107]). Zusätzlich erhalten die Übertragungsnetzbetreiber von den Elektrizitätsversorgungsunternehmen (bzw. den Verbrauchern §§ 60 a, 61 EEG) für den gelieferten Strom Ausgleichsleistungen in Form der **EEG-Umlage** (§ 60 EEG). Die Pflicht zur Zahlung der EEG-Umlage entfällt bei Eigenversorgung nach Maßgabe des § 61 a EEG. Insgesamt ergibt sich ein fünfstufiges Ausgleichsverfahren, an dessen Ende der Letztverbraucher steht.[108] Details regeln die EEV[109] und die diese konkretisierende EEAV.[110] Die BNetzA überwacht das Verfahren.[111]

Unternehmen sollen für den Strom, der zur Herstellung von „Grünem Wasserstoff" verwenden wird, zukünftig von der EEG-Umlage befreit werden (§ 69 b EEG).

---

102 *Kühling/Rasbach/Busch*, Energierecht, 4. Auflage 2018, S. 231 Rn. 17.
103 *Kühling/Rasbach/Busch*, Energierecht, 4. Auflage 2018, S. 232 Rn. 17, 18.
104 *Pritzsche/Vacha*, Energierecht, 1. Auflage 2017, S. 65 Rn. 80, 81.
105 *Kühling/Rasbach/Busch*, Energierecht, 4. Auflage 2018, S. 232 Rn. 19.
106 *Kühling/Rasbach/Busch*, Energierecht, 4. Auflage 2018, S. 232 Rn. 19.
107 Verordnung zur Durchführung des Erneuerbare-Energien-Gesetzes und des Windenergie-auf-See-Gesetzes v. 17.2.2015 (BGBl. I S. 146).
108 *Kühling/Rasbach/Busch*, Energierecht, 4. Auflage 2018, S. 233 Rn. 19.
109 Verordnung zur Durchführung des Erneuerbare-Energien-Verordnung und des Wind-auf-See-Gesetzes v. 17.2.2015 (BGBl. I S. 146), zuletzt geändert durch Art. 10 des Gesetzes v. 21.12.2020 (BGBl. I S. 3138).
110 Verordnung zur Ausführung der Erneuerbaren-Energien-Verordnung vom 22.2.2010 (BGBl. I S. 134).
111 Siehe https://www.bundesnetzagentur.de/DE/Sachgebiete/ElektrizitaetundGas/Unternehmen_Institutionen/ErneuerbareEnergien/EEGAufsicht/AusglMechanismus/AusglMech-node.html (zuletzt abgerufen am 10.6.2020).

Fünfstufiger Ausgleichsmechanismus nach §§ 56 ff. EEG[112]

1. Anlagenbetreiber → aufnehmender (Verteiler-)Netzbetreiber (§§ 8, 11, 19 EEG)
2. Aufnehmender Netzbetreiber → Übertragungsnetzbetreiber (§§ 11 Abs. 5, 56, 57 Abs. 1 EEG)
3. Übertragungsnetzbetreiber → Übertragungsnetzbetreiber (§ 58 EEG)
4. Übertragungsnetzbetreiber → Markt (§ 59 EEG) + Elektrizitätsversorger (§ 60 EEG)
5. Elektrizitätsversorger → Letztverbraucher

4. Vereinbarkeit mit höherrangigem Recht

Das EEG ist in seinen Grundzügen mit dem Grundgesetz, insbesondere Art. 12 GG, 419 vereinbar.[113] Auch greift die Umstellung von einem Förder- zu einem Ausschreibungsverfahren nicht unzulässig in die Eigentumsfreiheit ein, da ein schützenswertes Vertrauen auf die Förderung durch die vorgehenden Regelungen nicht geschaffen wurde.[114] Bedenken hinsichtlich der finanzverfassungsrechtlichen Zulässigkeit ergeben sich nicht, da die EEG-Umlage **keine Aufkommenswirkung** hinsichtlich der öffentlichen Hand hat, sondern lediglich eine Preisregelung darstellt.[115] Bedenken hinsichtlich einer Vereinbarkeit des Fördersystems mit dem europäischen Beihilferecht ergeben sich seit der Umstellung auf die wettbewerbliche Ausschreibung im EEG 2017 nicht mehr.[116]

5. Gebäudeenergiegesetz

Das GEG[117] regelt seit dem 1.11.2020 den möglichst sparsamen Einsatz von Energie 420 in Gebäuden und bezweckt außerdem die zunehmende Nutzung erneuerbarer Energien (§ 1 GEG). In dem Gesetz wurden das Energieeinspargesetz, das Erneuerbare-Energien-Wärmegesetz und die Energiespar-VO in einem Gesetz zusammengeführt und die Vorgaben der EU-Gebäude-RL umgesetzt.[118]

V. Kraft-Wärme-Kopplung

Die Kraft-Wärme-Kopplung ist die gleichzeitige Nutzung von Energie als elektrische 421 Energie und Nutzwärme in einer ortsfesten technischen Anlage (§ 2 Nr. 13 KWKG). Dadurch wird der Nutzungsgrad der Energie gesteigert, indem die bei der Stromgewinnung entstehende Wärme anderweitig genutzt wird, beispielsweise als Nutzwärme, in Umwandlung als Nutzkälte (§ 2 Nr. 12 KWKG) oder zur Erzeugung weiteren Stroms.[119] Um die Erzeugung von Strom in KWK-Anlagen zu erhöhen, sehen die §§ 18–21 KWKG die Förderung von Wärme- und Kältenetzen und die §§ 22–25 KWKG die Förderung von Wärme- und Kältespeichern vor. Ansonsten ist die Förderung von KWK-Anlagen ähnlich wie die Förderung nach EEG ausgestaltet.[120] Die anspruchsverpflichteten Netzbetreiber werden durch das Ausgleichsverfahren gleichmä-

112 *Pritzsche/Vacha*, Energierecht, 1. Auflage 2017, S. 60 f. Rn. 62–66.
113 BVerfG Beschl. v. 9.1.1996 – 2 BvL 12/95; BGH Urt. v. 11.6.2003 – VIII ZR 160/02.
114 *Kühling/Rasbach/Busch*, S. 234 Rn. 22.
115 BGH Urt. v. 25.6.2014 – VIII ZR 169/13 Rn. 12 ff.
116 *Kühling/Rasbach/Busch*, Energierecht, 4. Auflage 2018, S. 235.
117 Gesetz zur Vereinheitlichung des Energieeinsparrechts für Gebäude und zur Änderung weiterer Gesetze v. 8.8.2020 (BGBl. I S. 1728).
118 *Scholtka/Frizen*, NJW 2021, 906 (908).
119 *Kühling/Rasbach/Busch*, Energierecht, 4. Auflage 2018, S. 235 Rn. 28.
120 *Kühling/Rasbach/Busch*, Energierecht, 4. Auflage 2018, S. 236 Rn. 29.

ßig belastet (§ 28 KWKG), außerdem sieht § 26 KWKG eine Umlage auf die Netzentgelte zur Refinanzierung vor, wobei allerdings bestimmte stromintensive Unternehmen privilegiert werden (§§ 27, 27 a-d KWKG).[121]

1. Förderung von KWK-Strom

422 Die Förderung von KWK-Strom sieht Anschluss- und Abnahmepflichten für die Netzbetreiber sowie Zuschläge auf den Erlös vor.[122] Hinzu kommen bestimmte Nachweisverpflichtungen.

a) Anschluss- und Abnahmepflicht (§ 3 Abs. 1 KWKG)

423 Die Anschlusspflicht in § 3 Abs. 1 KWKG verpflichtet Netzbetreiber, hocheffiziente KWK-Anlagen iSd Art. 2 Nr. 34 RL 2012/27/EU[123] (§§ 2 Nr. 14, Nr. 8 a KWKG) vorrangig anzuschließen und den in diesen Anlagen erzeugten Strom abzunehmen, zu übertragen und zu verteilen.[124] Der § 6 Abs. 1 KWKG sieht weitere Kriterien für die Förderung vor. Demnach ist beispielsweise erforderlich, dass es sich um eine neue, modernisierte oder nachgerüstete Anlage handelt, die Strom auf Basis von Abfall, Abwärme, Biomasse oder gasförmigen oder flüssigen Brennstoffen erzeugt (also nicht aus Kohle). Die Anlage muss außerdem bis spätestens 1.1.30 in Dauerbetrieb genommen werden und von der BAFA[125] zugelassen worden sein (Verfahren §§ 10, 11 KWKG; Vorbescheid § 12 KWKG).

424 Anschlussverpflichtet sind Betreiber von Stromnetzen aller Spannungsebenen für die allgemeine Versorgung mit Elektrizität sowie Betreiber von geschlossenen Verteilernetzen nach § 110 EnWG (§ 2 Nr. 21 KWKG). Das KWKG verweist hinsichtlich der Anschlusspflicht auf § 8 EEG (§ 3 Abs. 1 S. 2 KWKG). Dies schließt jedoch nicht die Regelung zur Kostentragung ein, so dass diese der Vertragsautonomie unterliegt.[126]

b) Vergütung (§ 4 Abs. 1, 2 iVm § 7 KWKG)

425 Betreiber größerer Anlagen (ab 100 kW) sind zur Direktvermarktung verpflichtet (§ 4 Abs. 1 KWKG). Für kleinere Anlagen besteht ein Wahlrecht (§ 4 Abs. 2 S. 1 KWKG). Statt der Direktvermarktung können Sie auch die kaufmännische Abnahme des Stroms durch den Netzbetreiber verlangen.[127] Für mittlere Anlagen (50–100 kW) gilt dieses Wahlrecht nur, wenn sie nach §§ 6–13 KWKG den Zuschlag erhalten haben (§ 4 Abs. 2 S. 1, 3 KWKG). Der Abnahmepreis wird zwischen Netzbetreiber und Anlagenbetreiber ausgehandelt, wobei Kontrahierungs- und Verhandlungszwang besteht. Wird kein Preis festgelegt, gilt der im vorangegangenen Quartal an der Strombörse in Leipzig bezahlte Preis als vereinbart, es sei denn der Anlagenbetreiber weist nach, dass ein Dritter den Strom zu einem höheren Preis erwerben würde (§ 4 Abs. 3 S. 4 KWKG).

---

121 *Kühling/Rasbach/Busch*, Energierecht, 4. Auflage 2018, S. 240 Rn. 45, 46.

122 Zur beihilferechtlichen Zulässigkeit siehe *Schmidt-Preuß*, Kraft-Wärme-Kopplung und Beihilfe; *Scholtka/Frizen*, NJW 2021, 906 (908).

123 Effizienzrichtlinie; Richtlinie 2012/27/EU des Europäischen Parlaments und des Rates v. 25.10.2012 zur Energieeffizienz, zur Änderung der Richtlinien 2009/125/EG und 2010/30/EU und zur Aufhebung der Richtlinien 2004/7/EG und 2006/32/EG.

124 *Kühling/Rasbach/Busch*, Energierecht 4. Auflage 2018, S. 236 f. Rn. 30 ff.

125 Bundesamt für Wirtschaft und Ausfuhrkontrolle.

126 *Kühling/Rasbach/Busch*, Energierecht, 4. Auflage 2018, S. 238 Rn. 37.

127 *Kühling/Rasbach/Busch*, Energierecht, 4. Auflage 2018, S. 238 Rn. 40.

Daraus folgt, dass der Netzbetreiber den Strom zu dem mit einem Dritten ausgehandelten Preis vom Anlagenbetreiber kaufen muss (§ 4 Abs. 3 S. 4, 5 KWKG).[128]

Zusätzlich sieht das Gesetz einen zeitlich begrenzten (§ 8 KWKG) Zuschlag vor, der nach Leistungsklassen der Anlagen gestaffelt ist (§ 7 KWKG). Für Bestandsanlagen sieht § 13 Abs. 2 ff. KWKG Sonderregelungen vor, um deren Stilllegung zu verhindern.[129] 426

c) Nachweispflicht

Die eingespeiste Menge an Strom und Wärme muss von dafür beauftragten Dritten (MsbG) gemessen werden (§ 14 Abs. 1 KWKG). Die Anlagenbetreiber treffen darüber hinaus die Mitteilungspflichten nach § 15 KWKG. Die BAFA prüft diese gemäß § 16 KWKG nach.[130] 427

2. Förderung von Kälte- und Wärmenetzen und -speichern

Die Förderung von Wärmenetzen (§ 2 Nr. 32 KWKG) in den §§ 18–20 KWKG findet entsprechend Anwendung auf Kältenetze (§ 2 Nr. 10 KWKG).[131] Förderberechtigt ist unter den Voraussetzungen des § 18 KWKG (insbes. Genehmigung durch BAFA § 20 KWKG) sowohl der Neubau als auch der Ausbau. Die Förderung besteht aus einem Zuschlag (§ 19 KWKG), den der Übertragungsnetzbetreiber zu zahlen hat. 428

Die in den §§ 22–24 KWKG geregelte Förderung des Neubaus von Wärmespeichern (§ 2 Nr. 11 KWKG) gilt auch für Kältespeicher (§ 2 Nr. 33 KWKG; § 25 KWKG). Der Zuschlag nach § 23 KWKG setzt unter anderem die Zulassung durch die BAFA voraus (§§ 22, 24 KWKG).[132] 429

VI. Aufgaben

1. Was sind die Ziele des EEG und des KWKG? 430
2. Welche Ansprüche ergeben sich aus dem EEG? Erstellen Sie Prüfungsschemata, aus denen die Anspruchsvoraussetzungen und die zugehörigen Definitionen hervorgehen.
3. In welchem Verhältnis steht das Förderungsregime des EEG zum europäischen Beihilferecht und zu den Grundfreiheiten des Europäischen Binnenmarktes?
4. Was ist eine Bürgerenergiegesellschaft und was bezweckt der Gesetzgeber mit dieser Regelung?

Fall 12) „Anschlussprobleme"

Die X-GmbH errichtet in der Gemeinde D eine Windkraftanlage und möchte, dass der Betreiber des örtlichen Verteilernetzes, die D-Netz GmbH, die Anlage an das örtliche Netz anschließt. Für den Anschluss an den nächstgelegenen Verteilungspunkt ist eine Umrüstung der technischen Anlagen notwendig, die ca. 3 Mio. Euro Kosten verursa- 431

128 *Kühling/Rasbach/Busch*, Energierecht, 4. Auflage 2018, S. 238 Rn. 40.
129 *Kühling/Rasbach/Busch*, Energierecht, 4. Auflage 2018, S. 239 Rn. 41.
130 *Kühling/Rasbach/Busch*, Energierecht, 4. Auflage 2018, S. 239 Rn. 42.
131 *Kühling/Rasbach/Busch*, Energierecht, 4. Auflage 2018, S. 239 Rn. 43.
132 *Kühling/Rasbach/Busch*, Energierecht, 4. Auflage 2018, S. 239 f. Rn. 44.

chen würde. Deshalb bietet die D-Netz der X den Anschluss an einen technisch geeigneten, allerdings etwa 5 km entfernten Verteilungspunkt an. Die X erwartet für diese Alternative zusätzliche Kosten für den Leitungsbau zwischen der Anlage und dem Anschlusspunkt in Höhe von 500.000 Euro. Deshalb fordert sie die D-Netz auf, ihre Anlage am nächstgelegenen Anschlusspunkt entsprechend auszubauen.

a) Hat X einen Anspruch auf Anschluss an den nächstgelegenen Verteilungspunkt?
b) Wer trägt die Kosten des Anschlusses?
c) Welche weiteren Ansprüche hat X grundsätzlich gegen die D-Netz hinsichtlich des produzierten Stroms?

Fall 13) „Wind des Zorns"

432 Der europäische Mitgliedsstaat F hat zur Förderung der Stromerzeugung aus Windkraftanlagen einen Fördermechanismus installiert, der einen garantierten Abnahmepreis für in den Windkraftanlagen erzeugten Strom vorsieht, den die Energieversorgungsunternehmen den Erzeugern bezahlen müssen. Dieser garantierte Abnahmepreis liegt über dem Marktpreis für Strom.

Um den Energieversorgern die dadurch entstehenden Mehrkosten auszugleichen, wird von den Stromverbrauchern eine verbrauchsabhängige Abgabe erhoben. Diese wird durch die Netzbetreiber bei den Endkunden erhoben und an eine eigens dafür gegründete, staatlich verwaltete sog. „Hinterlegungskasse" abgegeben. Die Hinterlegungskasse verwaltet und verteilt die Gelder. Eine Auszahlung an die Unternehmen erfolgt vierteljährlich. Überschüssige Gelder legt die Hinterlegungskasse an. Sie werden sodann im darauffolgenden Jahr verrechnet. Reichen die von den Verbrauchern gezahlten Beiträge nicht aus, so wird der Fehlbetrag durch den Staat F mit Steuermitteln ausgeglichen. Zahlt ein Abgabepflichtiger nicht, so drohen ihm verwaltungsrechtliche Sanktionen des Ministeriums für Energie in F.

Die Interessengemeinschaft „Wind des Zorns" in F äußert in einem anhängigen gerichtlichen Verfahren die Ansicht, dass es sich bei diesem in einer Verordnung festgelegten Mechanismus um eine staatliche Beihilfe iSd Art. 107 Abs. 1 AEUV handelt.

a) Was muss das nationale Gericht jetzt tun?
b) Worin unterscheidet sich der Fördermechanismus in F von dem des EEG 2012?
c) Handelt es sich bei dem Mechanismus um eine staatliche Beihilfe iSd Art. 107 Abs. 1 AEUV?

Lösung Kapitel I

1. Was sind die Ziele des EEG und des KWKG?

433 Der Aufbau moderner Gesetze erleichtert die Beantwortung dieser Frage. Um die Auslegung zu erleichtern hat der Gesetzgeber in jüngerer Zeit bei der Konzeption der Gesetze darauf geachtet, die Ziele des jeweiligen Gesetzes an den Anfang zu stellen. Darauf folgen in aller Regel die wichtigsten Definitionen. Dadurch wird der Umgang mit dem Gesetz auch für Anfänger erleichtert.

§ 1 EEG – Ziel und Zweck des Gesetzes

(1) Zweck dieses Gesetzes ist es, insbesondere im Interesse des Klima- und Umweltschutzes eine nachhaltige Entwicklung der Energieversorgung zu ermöglichen, die volkswirtschaftlichen Kosten der Energieversorgung auch durch die Einbeziehung langfristiger externer Effekte zu verringern, fossile Energieressourcen zu schonen und die Weiterentwicklung von Technologien zur Erzeugung von Strom aus erneuerbaren Energien zu fördern.

(2) Ziel dieses Gesetzes ist es, den Anteil des aus erneuerbaren Energien erzeugten Stroms am Bruttostromverbrauch auf 65 Prozent im Jahr 2030 zu steigern.

(3) Ziel dieses Gesetzes ist es ferner, dass vor dem Jahr 2050 der gesamte Strom, der im Staatsgebiet der Bundesrepublik Deutschland einschließlich der deutschen ausschließlichen Wirtschaftszone (Bundesgebiet) erzeugt oder verbraucht wird, treibhausgasneutral erzeugt wird.

(4) Der für die Erreichung der Ziele nach den Absätzen 2 und 3 erforderliche Ausbau der erneuerbaren Energien soll stetig, kosteneffizient und netzverträglich erfolgen.

Neben den eigentlichen Zielen des Gesetzes finden sich im EEG auch noch „Grundsätze“, welche die Methoden, mit denen die Ziele erreicht werden sollen, konkretisieren.

§ 2 EEG – Grundsätze des Gesetzes

(1) Strom aus erneuerbaren Energien und aus Grubengas soll in das Elektrizitätsversorgungssystem integriert werden.

(2) Strom aus erneuerbaren Energien und aus Grubengas soll zum Zweck der Marktintegration direkt vermarktet werden.

(3) Die Höhe der Zahlungen für Strom aus erneuerbaren Energien soll durch Ausschreibungen ermittelt werden. Dabei soll die Akteursvielfalt bei der Stromerzeugung aus erneuerbaren Energien erhalten bleiben.

(4) Die Kosten für Strom aus erneuerbaren Energien und aus Grubengas sollen geringgehalten und unter Einbeziehung des Verursacherprinzips sowie gesamtwirtschaftlicher und energiewirtschaftlicher Aspekte angemessen verteilt werden.

Auch im KWKG sind explizite Ziele für den Umfang der Einspeisung aus KWK-Anlagen festgelegt. Zugleich wird in § 1 KWKG der Bezug zum Umwelt- und Klimaschutz betont.

§ 1 KWKG Anwendungsbereich

(1) Dieses Gesetz dient der Erhöhung der Nettostromerzeugung aus Kraft-Wärme-Kopplungsanlagen auf 110 Terawattstunden bis zum Jahr 2020 sowie auf 120 Terawattstunden bis zum Jahr 2025 im Interesse der Energieeinsparung sowie des Umwelt- und Klimaschutzes.

(2) (...)

Ziel des EEG ist also der Ausbau erneuerbarer Energien im Rahmen eines festgelegten Zeitplans und unter Heranziehung der in den §§ 1 und 2 EEG bezeichneten Prämissen. Das KWKG soll im Sinne einer effizienteren Energieerzeugung und damit im Interesse des Umwelt- und Klimaschutzes die Erhöhung der Stromerzeugung in effizienten KWK-Anlagen fördern.

2. Welche Ansprüche ergeben sich aus dem EEG? Erstellen Sie Prüfungsschemata, aus denen die Anspruchsvoraussetzungen und die zugehörigen Definitionen hervorgehen.

434 Um die Ansprüche aus dem EEG prüfen zu können, bietet es sich an, Prüfungsschemata zu erstellen, welche die Anspruchsvoraussetzungen übersichtlich darstellen. Der Aufbau kann sich an dem allgemeinen Schema für zivilrechtliche Ansprüche orientieren.

▶ ***Wiederholung*** **– Der zivilrechtliche Anspruch**

Ein Anspruch ist gem. § 194 Abs. 1 BGB das Recht, von einem Anderen ein Tun oder Unterlassen zu verlangen. Eine Anspruchsgrundlage ist eine Rechtsnorm, die einen Tatbestand und eine Rechtsfolge beinhaltet.

Der Tatbestand stellt die Voraussetzungen des Anspruchs dar. Dies sind in der Regel Anforderungen hinsichtlich des Anspruchsberechtigten, des Anspruchsverpflichteten und weitere Umstände, die der Gesetzgeber für die Begründung des Anspruches als notwendig erachtet.

Konkretisiert werden die Anspruchsvoraussetzungen durch Hilfsnormen, wie beispielsweise Definitionen.

Die Rechtsfolge entspricht dem Anspruchsinhalt – in der Falllösung also dem Begehren des potenziellen Anspruchsinhabers.

Daraus ergibt sich der grundsätzliche Aufbau eines Prüfungsschemas:

1. Anspruchsberechtigter
2. Anspruchsverpflichteter
3. Anspruchsvoraussetzungen

} (Tatbestand)

4. Anspruchsinhalt } (Rechtsfolge)

Um Tatbestand und Rechtsfolge zu trennen, kann man die Norm in Wenn-dann-Sätze umformen. ◀

Wichtigste Anspruchsgrundlagen des EEG

- Anspruch auf Anschluss § 8 Abs. 1 S. 1 S. 1. Hs. EEG
- Anspruch auf Abnahme des Stroms § 11 Abs. 1 S. 1 EEG
- Anspruch auf Vergütung des abgenommenen Stroms § 19 Abs. 1 EEG
- Anspruch auf Zahlung der EEG-Umlage § 60 Abs. 1 EEG

Zur Veranschaulichung werden hier zwei Anspruchsgrundlagen herausgegriffen.

Die Anschlusspflicht § 8 Abs. 1 Satz 1 EEG

„Netzbetreiber müssen Anlagen zur Erzeugung von Strom aus erneuerbaren Energien und aus Grubengas unverzüglich vorrangig an der Stelle an ihr Netz anschließen, die im Hinblick auf die Spannungsebene geeignet ist und die in der Luftlinie kürzeste Entfernung zum Standort der Anlage aufweist, wenn nicht dieses oder ein anderes Netz einen technisch und wirtschaftlich günstigeren Verknüpfungspunkt aufweist"

Um Tatbestand und Rechtsfolge zu trennen, kann man die Norm in Wenn-dann-Sätze umformen. Ordnet man den Wortlaut in das oben benannte Schema, so ergibt sich das Grundgerüst des Prüfungsschemas:

▶ Die Anschlusspflicht, § 8 Abs. 1 Satz 1 EEG

- Anwendungsbereich des Gesetzes § 4 EEG
- Anspruchsinhaber: Betreiber von EEG-Anlagen → § 3 Nr. 1, 2 EEG, § 17 EnWG
- Anspruchsverpflichteter: Netzbetreiber → § 3 Nr. 36 EEG
- Weitere Voraussetzungen:
  - geeignete Spannungsebene,
  - kürzeste Entfernung oder technisch und wirtschaftlich günstigster Verknüpfungspunkt
  - Technische Realisierbarkeit § 10 Abs. 2 EEG
- Anspruchsinhalt: Anschluss an das Netz ◀

Eine Rationalisierung der Darstellung ergibt dann das fertige Prüfungsschema:

▶ Die Anschlusspflicht § 8 Abs. 1 Satz 1 EEG – Prüfungsschema (vereinfacht)

1. Räumlicher und sachlicher Anwendungsbereich (§ 4 EEG)
2. Anspruchsberechtigte Anlage (§ 8 EEG)
3. Anspruchsverpflichteter Netzbetreiber (§ 3 Nr. 36 EEG)
4. Richtiger Verknüpfungspunkt (§ 8 Abs. 1 EEG)
   a) Spezialvorschriften (§ 8 Abs. 1 S. 2 EEG)
   b) Kürzeste Entfernung
   c) Spannungsebene geeignet
   d) Stromabnahme möglich
   e) Kein besser gelegener Netzpunkt ◀

Der Anspruch auf Zahlung der EEG-Umlage § 60 Abs. 1 EEG

„Die Übertragungsnetzbetreiber sind berechtigt und verpflichtet, von Elektrizitätsversorgungsunternehmen, die Strom an Letztverbraucher liefern, anteilig zu dem jeweils von den Elektrizitätsversorgungsunternehmen an ihre Letztverbraucher gelieferten Strom die Kosten für die erforderlichen Ausgaben nach Abzug der erzielten Einnahmen und nach Maßgabe der Erneuerbare-Energien-Verordnung zu verlangen (EEG-Umlage).“

▶ Der Anspruch auf Zahlung der EEG-Umlage, § 60 EEG

- Anspruchsberechtigter: Übertragungsnetzbetreiber § 3 Nr. 44 EEG
- Anspruchsverpflichteter: Elektrizitätsversorgungsunternehmen § 3 Nr. 20 EEG
- Anspruchsvoraussetzung: Belieferung von Letztverbrauchern § 3 Nr. 33 EEG ◀

3. In welchem Verhältnis steht das Förderungsregime des EEG zum europäischen Beihilferecht und zu den Grundfreiheiten des Europäischen Binnenmarktes?

Fraglich ist, ob die Förderung nach EEG als staatliche Beihilfe qualifizierbar ist. 435

▶ Art. 107 AEUV

(1) Soweit in den Verträgen nicht etwas Anderes bestimmt ist, sind staatliche oder aus staatlichen Mitteln gewährte Beihilfen gleich welcher Art, die durch die Begünstigung bestimmter Unternehmen oder Produktionszweige den Wettbewerb verfälschen oder

zu verfälschen drohen, mit dem Binnenmarkt unvereinbar, soweit sie den Handel zwischen Mitgliedstaaten beeinträchtigen.
(...) ◀

Dafür muss zunächst der Begriff der Beihilfe im Sinne der EU-Rechts definiert werden. Im Kommentar finden sich dazu die notwendigen Hinweise:

> *„Der Begriff der Beihilfe ist im AEUV nicht definiert und erst durch die Rechtsprechung und Praxis der Kommission konkretisiert worden. Entsprechend dem Ziel eines wirksamen Wettbewerbsschutzes wird der Begriff der „Beihilfe" weit verstanden. Erfasst werden staatliche Maßnahmen, die bestimmten Unternehmen, Unternehmensgruppen oder Wirtschaftszweigen wirtschaftliche Vorteile gewähren und damit den unternehmerischen Leistungswettbewerb und die Handelsströme im Binnenmarkt verfälschen."*[133]

Dies erweckt den Eindruck, sämtliche staatliche Wirtschaftspolitik sei von der beihilferechtlichen Regelung der EU erfasst. Eine solche Auffassung widerspricht allerdings der Kompetenzordnung der EU:

> *„Gleichzeitig muss sich der Beihilfebegriff in die Kompetenzordnung des Unionsrechts einfügen. (...) Zu unterscheiden ist (vielmehr) zwischen beihilferechtlich nicht erfassten allgemeinen Rahmenpolitiken und den in den Anwendungsbereich des Art. 107 Abs. 1 AEUV fallenden selektiv begünstigenden staatlichen Maßnahmen."*[134]

Beachtet man dies, ergibt sich eine Definition, die es ermöglicht, staatliche Beihilfen von sonstigen Maßnahmen der Mitgliedsstaaten abzugrenzen. Demnach sind *„staatliche Beihilfen iSd Art. 107 Abs. 1 AEUV dem Staat zurechenbare Maßnahmen, die durch den Transfer staatlicher Mittel selektiv bestimmten Unternehmen wirtschaftliche Vorteile verschaffen."*[135]

Es ergibt sich das folgende Prüfungsschema:

▶ **Prüfung Art. 107 Abs. 1 AEUV**

- Unternehmen
- Wirtschaftlicher Vorteil für ein Unternehmen
- Selektivität der Vorteilsgewährung
- Zurechenbarkeit der Maßnahme zum Staat
- Belastung staatlicher bzw. dem Staat zurechenbarer Mittel
- Eignung der Maßnahme zur Verfälschung des Wettbewerbs und zur Beeinträchtigung des zwischenstaatlichen Handels[136] ◀

Ein Blick in die Rechtsprechung hilft, den Sachverhalt tiefgreifender zu beurteilen. In seinem Urteil vom 28.3.2019 (C-405/16 P) äußert sich der EuGH zum Vorliegen einer Beihilfe im Falle des EEG 2012.[137] Demnach kommt es auf eine Beurteilung nach der konkreten Ausgestaltung im Einzelfall an. Indizien für eine Beihilfe sind:

---

133 *Mestmäcker/Schweitzer*, Wettbewerbsrecht, 5. Auflage 2016, Art. 107 Abs. 1 AEUV, Rn. 1.
134 *Mestmäcker/Schweitzer*, Wettbewerbsrecht, 5. Auflage 2016, Art. 107 Abs. 1 AEUV, Rn. 3, 4.
135 *Mestmäcker/Schweitzer*, Wettbewerbsrecht, 5. Auflage 2016, Art. 107 Abs. 1 AEUV, Rn. 3, 4.
136 *Mestmäcker/Schweitzer*, Wettbewerbsrecht, 5. Auflage 2016, Art. 107 Abs. 1 AEUV, Rn. 4.
137 Zur Rechtslage vor dem EEG 2012 siehe EuGH Urt. v. 13.3.2001 – Rs. C-379/98 – PreussenElektra; dazu *Auer*, Das europäische Beihilferecht und die Förderung erneuerbarer Energien, S. 46 ff.

- Umlagemechanismen über fondsähnliche Einrichtungen
- Betrauung von Unternehmen
- Starke organisationsrechtliche Verflechtung mit staatlichen Behörden
- Staatliche Finanzierungsverantwortung

Dagegen spricht:

- Private tragen die Belastung, zB durch Mindestpreise, Beiträge oder Abgaben
- Ein Ausgleich erfolgt lediglich zwischen den Privaten

Im Ergebnis qualifiziert der EuGH die Regelungen im EEG 2012 nicht als staatliche Beihilfe, weil die in der Systematik des EEG 2012 angelegten Kontrollmechanismen nicht ausreichen, um die Mittel als staatlich zu qualifizieren.[138]

Die neueren Fassungen des EEG wurden vorsorglich der Kommission zur Genehmigung vorgelegt (EEG 2014)[139] bzw. den Leitlinien der KOM[140] entsprechend konzipiert. Bezüglich des KWKG prüft das BMWi derzeit die Auswirkungen des Urteils des europäischen Gerichtshofs.[141]

4. Was ist eine Bürgerenergiegesellschaft und was bezweckt der Gesetzgeber mit dieser Regelung?

▶ § 3 Nr. 15 EEG – Bürgerenergiegesellschaft 436

„Bürgerenergiegesellschaft (ist) jede Gesellschaft,

a) die aus mindestens zehn natürlichen Personen als stimmberechtigten Mitgliedern oder stimmberechtigten Anteilseignern besteht,

b) bei der mindestens 51 Prozent der Stimmrechte bei natürlichen Personen liegen, die seit mindestens einem Jahr vor der Gebotsabgabe in der kreisfreien Stadt oder dem Landkreis, in der oder dem die geplante Windenergieanlage an Land errichtet werden soll, nach § 21 oder § 22 des Bundesmeldegesetzes mit ihrem Hauptwohnsitz gemeldet sind, und

c) bei der kein Mitglied oder Anteilseigner der Gesellschaft mehr als 10 Prozent der Stimmrechte an der Gesellschaft hält.

wobei es beim Zusammenschluss von mehreren juristischen Personen oder Personengesellschaften zu einer Gesellschaft ausreicht, wenn jedes der Mitglieder der Gesellschaft die Voraussetzungen nach den Buchstaben a bis c erfüllt. ◀

In § 36 g EEG hat der Gesetzgeber bezüglich des Baus von Windenergieanlagen besondere Ausschreibungsbedingungen für Bürgerenergiegesellschaften normiert. Die Bürgerenergiegesellschaften können zwischen dem normalen Ausschreibungsverfahren und dem Verfahren nach § 36 g EEG wählen. Dieses bringt zahlreiche Erleichterungen:

---

138 Siehe dazu *Auer*, Das europäische Beihilferecht und die Förderung erneuerbarer Energien, S. 63 ff.

139 *Europäische Kommission*, Genehmigung staatlicher Beihilfen nach den Art. 107 und 108 des Vertrages über die Arbeitsweise der Europäischen Union – Vorhaben, gegen die von der Kommission keine Einwände erhoben werden, ABl. EU Nr. C 234, S. 5 v. 17.7.2015.

140 *Europäische Kommission*, Leitlinien für staatliche Umweltschutz- und Energiebeihilfen 2014–2010, ABl. EU C 200, S. 1 v. 28.6.2014.

141 *Kühling/Rasbach/Busch*, Energierecht, 4. Auflage 2018, S. 234 f. Rn. 25, 26; https://www.bmwi.de/Redaktion/DE/Meldung/2019/20190527-eeg-2012-ist-keine-staatliche-beihilfe.html; dazu *Schmidt-Preuß*, Kraft-Wärme-Kopplung und Beihilfe – Konsequenzen aus dem EuGH-Urteil v. 28.3.2019.

- Statt immissionsschutzrechtlicher Genehmigung reicht zur Gebotsabgabe ein zertifiziertes Windgutachten und eine Eigenerklärung aus
- Reduziertes Risiko durch geringere Sicherheitsleistungen bei der Teilnahme an Ausschreibungsverfahren
- Landkreisbindung statt fester Standortbindung
- Verlängerte Realisierungsfrist

Zweck der Regelung:

- Förderung der Akteursvielfalt, die für die Umsetzung der Energiewende wichtig ist
- Erhöhung der Akzeptanz von Windenergie-Anlagen durch Beteiligung regionaler Akteure[142]

Leider zeigt sich in der Praxis, dass die Ausnahmeregelungen überwiegend von mit etablierten Projektierern verbundenen, kurzfristig gegründeten Gesellschaften genutzt werden, so dass der Verdacht nahe liegt, dass es sich um Umgehungskonstrukte handelt, der Gesetzeszweck also von der Regelung nicht erreicht wird.[143] In Art. 2 Nr. 11 RL 2019/944 definiert der europäische Gesetzgeber die „Bürgerenergiegemeinschaft". Das Konzept unterscheidet sich geringfügig von der nationalen Regelung[144], die Bundesregierung sieht allerdings ausweislich des aktuellen Gesetzesentwurfs für die EnWG-Novelle keinen Bedarf für eine Novellierung der Regelung zur Bürgerenergiegesellschaft.[145]

Fall 12)

a) Hat X einen Anspruch auf Anschluss an den nächstgelegenen Verteilungspunkt?

437 ▶ **Vorüberlegung: *Anspruchsgrundlage finden***

Was ist das Begehren der X?

→ Anschluss an ein Stromnetz

→ Welche Anspruchsgrundlagen haben diese Rechtsfolge?

§ 17 EnWG
§ 8 Abs. 1 EEG

→ Verhältnis der möglichen Anspruchsgrundlagen: Spezialität des § 8 EEG ◀

Obersatz: **X könnte gegen D-Netz einen Anspruch auf Anschluss an den nächstgelegenen Verteilungspunkt aus § 8 Abs. 1 EEG haben.**

▶ **Die Anschlusspflicht § 8 Abs. 1 Satz 1 EEG – Prüfungsschema (vereinfacht)**

1. Räumlicher und sachlicher Anwendungsbereich (§ 4 EEG)
2. Anspruchsberechtigte Anlage (§ 8 EEG)
3. Anspruchsverpflichteter Netzbetreiber (§ 3 Nr. 36 EEG)

---

142 *Theobald/Kühling*, Energierecht, 104. EL 2019, EEG 2017 Einführung und Überblick Rn. 45 – 52; BT-Drs. 18/8832, 214–216; BNetzA, Hinweispapier zur Zuordnung von genehmigten Windenergieanlagen an Land § 36 g EEG.

143 BT-Drs. 19/3030, S. 14; *Winkler/Baumgart/Ackermann*, Europäisches Energierecht, 1. Auflage 2021, Teil 2 Rn. 134.

144 *Winkler/Baumgart/Ackermann*, Europäisches Energierecht, 1. Auflage 2021, Teil 2 Rn. 133.

145 BT-Drs. 19/27453, S. 55 f.

4. Richtiger Verknüpfungspunkt (§ 8 Abs. 1 EEG)
   a) Spezialvorschriften (§ 8 Abs. 1 S. 2 EEG)
   b) Kürzeste Entfernung
   c) Spannungsebene geeignet
   d) Stromabnahme möglich
   e) Kein besser gelegener Netzpunkt ◀

Für die technische Eignung reicht es aus, dass diese durch einen Ausbau erreicht werden kann. Problematisch ist daher im vorliegenden Fall nur die Frage, auf welchen Verknüpfungspunkt sich der Anspruch bezieht. X begehrt den Anschluss an dem Netzanschlusspunkt, der zur Anlage die kürzeste Entfernung hat. Nach § 8 EEG muss der Netzbetreiber den Anschluss an dem Anschlusspunkt ermöglichen, der die kürzeste Entfernung zur Anlage hat, es sei denn ein anderer Anschlusspunkt ist technisch oder wirtschaftlich günstiger.

Fraglich ist, ob der von der D vorgeschlagene Anschlusspunkt technisch oder wirtschaftlich günstiger ist. Dies ist im Rahmen einer gesamtwirtschaftlichen Betrachtung zu ermitteln.[146] Der Anschluss am nächstgelegenen Verteilungspunkt verursacht Kosten in Höhe von 3 Mio. Euro, der Anschluss am von der D vorgeschlagenen Punkt allerdings nur 0,5 Mio. Euro. Dieser ist demnach günstiger.

Nach § 8 Abs. 2 EEG ist der Anlagenbetreiber berechtigt, einen anderen Verknüpfungspunkt zu wählen als den nach § 8 Abs. 1 EEG geschuldeten. Dies allerdings nur dann, wenn die daraus resultierenden Mehrkosten des Netzbetreibers unerheblich sind. Da die Kosten sich hier erheblich unterscheiden, steht dem Anlagenbetreiber kein Wahlrecht zu.

Deshalb hat die X keinen Anspruch auf Anschluss an den nächstgelegenen Verteilungspunkt und muss sich mit dem wirtschaftlich günstigeren Anschlusspunkt begnügen.

b) Wer trägt die Kosten des Anschlusses?

Für die Kostentragung von Umbau- und Ausbaumaßnahmen des Netzes zum Anschluss und Transport von Strom aus erneuerbaren Energiequellen sieht das EEG verschiedene Regelungen vor. Es muss hier zunächst festgestellt werden, welche Norm für die Kosten einschlägig ist. 438

Die Kosten des Anschlussbegehrens verteilen sich hierbei auf zwei Bestandteile:

- Die Kosten für den technischen Anschluss selbst
- Die Kosten für den Leitungsbau zum entfernten Anschlusspunkt

▶ **§ 16 EEG – Netzanschluss**

(1) Die notwendigen Kosten des Anschlusses von Anlagen zur Erzeugung von Strom aus erneuerbaren Energien oder aus Grubengas an den Verknüpfungspunkt nach § 8 Absatz 1 oder 2 sowie der notwendigen Messeinrichtungen zur Erfassung des gelieferten und des bezogenen Stroms trägt der Anlagenbetreiber.

146 BGH Urt. v. 10.12.2012 – VIII ZR 362/11, Rn. 24.

(2) Weist der Netzbetreiber den Anlagen nach § 8 Absatz 3 einen anderen Verknüpfungspunkt zu, muss er die daraus resultierenden Mehrkosten tragen.

§ 12 EEG – Erweiterung der Netzkapazität

(1) Netzbetreiber müssen auf Verlangen der Einspeisewilligen unverzüglich ihre Netze entsprechend dem Stand der Technik optimieren, verstärken und ausbauen, um die Abnahme, Übertragung und Verteilung des Stroms aus erneuerbaren Energien oder Grubengas sicherzustellen. Dieser Anspruch besteht auch gegenüber den Betreibern von vorgelagerten Netzen mit einer Spannung bis 110 Kilovolt, an die die Anlage nicht unmittelbar angeschlossen ist, wenn dies erforderlich ist, um die Abnahme, Übertragung und Verteilung des Stroms sicherzustellen.

(2) Die Pflicht erstreckt sich auf sämtliche für den Betrieb des Netzes notwendigen technischen Einrichtungen sowie die im Eigentum des Netzbetreibers stehenden oder in sein Eigentum übergehenden Anschlussanlagen.

§ 17 EEG – Kapazitätserweiterungen

Die Kosten der Optimierung, der Verstärkung und des Ausbaus des Netzes trägt der Netzbetreiber. ◀

Fraglich ist, ob es sich bei den Kosten für den Leitungsbau um Anschlusskosten iSd § 16 EEG oder um eine Kapazitätserweiterung iSd § 17 EEG handelt.

Der Netzausbau erfasst auch die Erweiterung des Netzes durch neue Leitungen. Um Baumaßnahmen zum Netzanschluss handelt es sich jedoch, wenn die neue Leitung ausschließlich dem Anschluss der Anlage an das Netz dient.[147] Der Netzausbau erfasst nämlich nur die technische Eignung des Netzes zur Aufnahme des Stroms aus erneuerbaren Energien und nicht seine räumliche Ausdehnung.[148]

Demnach müssten Kosten für Leitungen zwischen der Anlage und einem Anschlusspunkt der Anlagenbetreiber nach § 16 EEG tragen. In § 16 Abs. 2 EEG statuiert das Gesetz allerdings eine Erstattungspflicht des Netzbetreibers für die Mehrkosten, die den Anschlusspetenten aus der Zuweisung des wirtschaftlich günstigeren Anschlusspunktes treffen.

Im Falle des nächstgelegenen Anschlusspunktes wären die 3 Mio. für die technische Umrüstung der Anlage zur Aufnahme des Stroms nach §§ 12, 17 EEG dem Netzbetreiber zugefallen. Der X hätte nur die sonstigen Anschlusskosten bezahlen müssen. Die 500.000 Euro für den Leitungsbau stellen folglich Mehrkosten dar, die nach § 16 Abs. 2 EEG die D zu tragen hat.

c) Welche weiteren Ansprüche hat X grundsätzlich gegen die D-Netz hinsichtlich des produzierten Stroms?

439 ▶ **§ 19 Abs. 1 EEG – Zahlungsanspruch**

(1) Betreiber von Anlagen, in denen ausschließlich erneuerbare Energien oder Grubengas eingesetzt werden, haben für den in diesen Anlagen erzeugten Strom gegen den Netzbetreiber einen Anspruch auf

147 BGH Urt. v. 18.7.2007 – VIII ZR 288/05, Rn. 34; siehe zur Abgrenzung zwischen Netzausbau und Netzanschluss auch BGH Urt. v. 28.11.2007 – VIII ZR 306/04 Rn. 11 ff.; BGH Urt. v. 1.10.2008 – VIII ZR 21/07, Rn. 10 ff.

148 BGH Urt. v. 7.2.2007 – VIII ZR 225/05, Rn. 17.

1. Die Marktprämie nach § 20
2. Eine Einspeisevergütung nach § 21 Abs. 1 Nr. 1, 2 oder 3 oder
3. Einen Mieterstromzuschlag nach § 21 Abs. 3. ◀

Fall 13)

a) **Was muss das nationale Gericht jetzt tun?**

Es handelt sich hierbei um eine Frage nach der Auslegung europäischen Rechts. Das nationale Gericht muss, wenn die Auslegung entscheidungserheblich ist, den europäischen Gerichtshof im Rahmen eines sog. Vorabentscheidungsverfahrens (Art. 267 AEUV) anrufen. 440

b) **Worin unterscheidet sich der Fördermechanismus in F von dem des EEG 2012?**

Der Fördermechanismus in F unterscheidet sich von dem Fördermechanismus im EEG 2012 zum einen dadurch, dass die Abgaben zur Förderung der erneuerbaren Energien durch eine staatliche Stelle verwaltet werden und nicht wie die EEG-Umlage durch Private. Außerdem muss der Staat F einspringen, falls die gezahlten Abgaben zur Deckung der Mehrkosten der Unternehmen nicht ausreichen. Eine solche staatliche Einstandspflicht sieht das EEG 2012 nicht vor.[149] 441

c) **Handelt es sich bei dem Mechanismus um eine staatliche Beihilfe iSd Art. 107 Abs. 1 AEUV?**

Die Abgabe der F ist als Zwangsabgabe mit verwaltungsrechtlichen Sanktionen bedroht. Sie wird durch eine staatliche Stelle verwaltet. Außerdem ergibt sich durch die staatliche Einstandspflicht eine direkte Verknüpfung staatlicher Haushaltsmittel mit dem Mehrkostenausgleich bei den Unternehmen. 442

Damit handelt es sich um eine Maßnahme unter Inanspruchnahme staatlicher Mittel.[150] Nachdem die weiteren Voraussetzungen des Art. 107 Abs. 1 AEUV ebenfalls erfüllt sind, handelt es sich hierbei um eine staatliche Beihilfe.

149 *Auer*, Das Europäische Beihilferecht und die Förderung erneuerbarer Energien, 1. Auflage 2020, S. 66.
150 EuGH Urt. v. 19.12.2013 – C-262/12 – „Vent de colère"; EuGH Urt. v. 28.3.2019 – C-405/16 P – „EEG 2012" Rn. 82 ff.; *Auer*, Das Europäische Beihilferecht und die Förderung erneuerbarer Energien, 1. Auflage 2020, S. 66; *Schlacke/Kröger* ZUR 2015, 27.

J. Energielieferung an Letztverbraucher

443 Die öffentliche Daseinsvorsorge in Deutschland erfasst auch die Versorgung mit Energie.[1] Dies spiegelt sich in den Zielen des EnWG (§ 1 EnWG) ebenso wie in den §§ 36–42 EnWG wider, die sich explizit der Versorgung von Letztverbrauchern widmen.[2]

444 Vor der Liberalisierung des Strommarktes belieferte idR ein für das Netzgebiet zuständiges Unternehmen den überwiegenden Teil der Letztverbraucher, während heute ein reger Wettbewerb zwischen einer Vielzahl von Energieversorgern herrscht.[3] Die Belieferung der Kunden erfolgt grundsätzlich auf der Basis privatrechtlicher Verträge (§§ 433, 453 BGB, ggf. § 36 EnWG).[4] Im Fall der Ersatzversorgung (§ 38 EnWG) handelt es sich um ein gesetzliches Schuldverhältnis.[5] Die Belieferung von Letztverbrauchern erfolgt also entweder auf Basis eines Grundversorgungsvertrages, eines Sondervertrags oder der Ersatzversorgung.[6]

I. Grund- und Ersatzversorgung

445 Grundsätzlich geht der Gesetzgeber davon aus, dass sich eine flächendeckende, ausreichende und angemessene Energieversorgung durch den Wettbewerb verschiedener Energieversorgungsunternehmen einstellt (**Daseinsvorsorge durch Wettbewerb**). Bei den Regelungen der §§ 36 ff. EnWG zur **Grund- und Ersatzversorgung** handelt es sich insofern um Auffangregelungen für den Fall, dass der Markt eine unter Daseinsvorsorgegesichtspunkten angemessene Energieversorgung der Letztverbraucher nicht sicherstellt.[7]

1. Grundversorgung

446 Die Grundversorgung iSd § 36 Abs. 1 EnWG verpflichtet ein für jedes Netzgebiet individuell zu bestimmendes Versorgungsunternehmen, als Grundversorger die Haushaltskunden in diesem Gebiet zu allgemeinen, öffentlich bekannt gegebenen und im Internet veröffentlichten Bedingungen und Preisen zu versorgen.[8]

447 Grundversorger ist jeweils das Versorgungsunternehmen, das in einem Netzgebiet der allgemeinen Versorgung (§ 3 Nr. 17 EnWG) die meisten Haushaltskunden (§ 3 Nr. 22 EnWG[9]) beliefert. Zur Abgrenzung des Netzgebietes ist in räumlicher Hinsicht an das jeweilige Konzessionsgebiet anzuknüpfen.[10] Die Anzahl der Haushaltskunden ist, unabhängig davon, in welchen Versorgungsverhältnissen die einzelnen Haushalte stehen,

---

1 BVerfG, Beschl. v. 20.3.1984 – 1 BvL 28/82, BVerfGE 66, 248 (258) = NJW 1984, 1872.
2 *Kühling/Rasbach/Busch*, Energierecht, 4. Auflage 2018, S. 178.
3 *Pritzsche/Vacha*, Energierecht, 1. Auflage 2017, S. 154 f. Rn. 472.
4 *Pritzsche/Vacha*, Energierecht, 1. Auflage 2017, S. 155 Rn. 477.
5 *Heinlein/Weitenberg* in *Theobald/Kühling*, Energierecht, 108. EL 2020, EnWG § 36 Rn. 24.
6 Zur Abgrenzung *Heinlein/Weitenberg* in *Theobald/Kühling*, Energierecht, 108. EL 2020, EnWG § 36 Rn. 25 ff.
7 *Kühling/Rasbach/Busch*, Energierecht, 4. Auflage 2018, S. 178 Rn. 3; zur Rechtfertigung des Kontrahierungszwangs *Heinlein/Weitenberg* in *Theobald/Kühling*, Energierecht, 108. EL 2020, EnWG § 36 Rn. 6 ff.
8 *Kühling/Rasbach/Busch*, Energierecht, 4. Auflage 2018, S. 178 f., Rn. 4, 5; *Pritzsche/Vacha*, Energierecht, 1. Auflage 2017, S. 166 Rn. 517–524.
9 Zur Abgrenzung *Heinlein/Weitenberg* in *Theobald/Kühling*, Energierecht, 108. EL 2020, EnWG § 36 Rn. 41 ff.
10 *Kühling/Rasbach/Busch*, Energierecht, 4. Auflage 2018, S. 179 Rn. 7 f.; *Pritzsche/Vacha*, Energierecht, 1. Auflage 2017, S. 166 Rn. 519; ausführlich *Heinlein/Weitenberg* in *Theobald/Kühling*, Energierecht, 108. EL 2020, EnWG § 36 Rn. 88 ff.

zu ermitteln. Der Status als Grundversorger ist netzbezogen und besteht jeweils für ein bestimmtes Netzgebiet.[11]

Zur Ermittlung des Grundversorgers stellt der nach § 18 Abs. 1 EnWG verpflichtete Netzbetreiber jeweils alle drei Jahre zum 1. Juli das Versorgungsunternehmen fest, welches die meisten Haushaltskunden versorgt, und veröffentlicht dies bis zum 30. September im Internet. Über Einwände, welche bis zum 31. Oktober vorgebracht werden können, entscheidet die nach Landesrecht zuständige Behörde. Ansonsten trifft das bezeichnete Unternehmen in den darauffolgenden drei Jahren die Pflicht zur Grundversorgung.[12] 448

Zunächst muss der Grundversorger die allgemeinen Bedingungen und Preise für das Netzgebiet öffentlich bekanntgeben und im Internet veröffentlichen (§ 36 Abs. 1 EnWG). Haushaltskunden im Niederdruck- bzw. Niederspannungsbereich muss es dann zu diesen Bedingungen versorgen (Kontrahierungszwang).[13] Betreibt ein Haushaltskunde Anlagen zur Eigenversorgung oder wird von Dritten versorgt (§ 37 Abs. 1 S. 1 EnWG), reduziert sich die Pflicht auf die Reserveversorgung. Die Pflicht zur Grundversorgung und zur Reserveversorgung entfällt, wenn sie wirtschaftlich unzumutbar ist.[14] Im Rahmen der Privatautonomie steht es den Haushaltskunden frei, sich von Dritten oder dem Grundversorger zu alternativen Bedingungen versorgen zu lassen.[15] Bei einem Wechsel des Grundversorgers bleiben die Verträge mit dem ursprünglichen Versorger bestehen (§ 36 Abs. 3 EnWG), können jedoch nach Maßgabe der StromGVV/GasGVV[16] gekündigt werden.[17] 449

Zur Konkretisierung der Bedingungen der Grundversorgung, die sich zunächst an den Zielen des § 1 EnWG orientieren müssen, hat der Gesetzgeber auf Basis des § 39 EnWG die StromGVV und die GasGVV erlassen.[18] Die darin enthaltenen, überwiegend verbraucherschützenden[19] Regelungen werden automatisch Teil des Grundversorgungsvertrages (§§ 1 Abs. 1 S. 2 Strom/GasGVV). Dem Versorger bleibt dabei nur ein geringer Spielraum, durch ergänzende Bestimmungen auf die Vertragsgestaltung Einfluss zu nehmen.[20] Ein Vertrag mit dem Grundversorger kann auch konkludent durch die Entnahme von Energie aus dem Netz zustande kommen (§ 2 Abs. 2 Strom/GasGVV).[21] 450

11 *Kühling/Rasbach/Busch*, Energierecht, 4. Auflage 2018, S. 180 Rn. 8 f.; siehe dazu auch *Schüler/Tittel*, EnWZ 2018, 154.

12 *Kühling/Rasbach/Busch*, Energierecht, 4. Auflage 2018, S. 180 Rn. 11; *Pritzsche/Vacha*, Energierecht, 1. Auflage 2017, S. 166 Rn. 519; *Heinlein/Weitenberg* in *Theobald/Kühling*, Energierecht, 108. EL 2020, EnWG § 36 Rn. 101.

13 *Kühling/Rasbach/Busch*, Energierecht, 4. Auflage 2018, S. 181, Rn. 12, 13.

14 *Kühling/Rasbach/Busch*, Energierecht, 4. Auflage 2018, S. 181 Rn. 14; *Heinlein/Weitenberg* in *Theobald/Kühling*, Energierecht, 108. EL 2020, EnWG § 37 Rn. 2 ff.

15 *Kühling/Rasbach/Busch*, Energierecht, 4. Auflage 2018, S. 181 Rn. 15.

16 Stromgrundversorgungsverordnung v. 26.10.2006 (BGBl. I S. 2391), zuletzt geändert durch Art. 4 der Verordnung v. 14.3.2019 (BGBl. I S. 333); Gasgrundversorgungsverordnung v. 26.10.2006 (BGBl. I S. 2391, 2396), zuletzt geändert durch Art. 10 des Gesetzes v. 29.10.2016 (BGBl. I S. 2034).

17 *Kühling/Rasbach/Busch*, Energierecht, 4. Auflage 2018, S. 182 Rn. 17; *Heinlein/Weitenberg* in *Theobald/Kühling*, Energierecht, 108. EL 2020, EnWG § 36 Rn. 109 ff.

18 *Kühling/Rasbach/Busch*, Energierecht, 4. Auflage 2018, S. 182 Rn. 17, 18.

19 *Kühling/Rasbach/Busch*, Energierecht, 4. Auflage 2018, S. 183 Rn. 19.

20 *Kühling/Rasbach/Busch*, Energierecht, 4. Auflage 2018, S. 184 Rn. 23.

21 *Pritzsche/Vacha*, Energierecht, 1. Auflage 2017, S. 166 Rn. 520.

451 Die Verordnung sieht keine Regelung hinsichtlich der Preise vor. Diese unterliegen daher allein der kartellrechtlichen Missbrauchskontrolle.[22]

452 Die Grundversorgung kann nur ausnahmsweise verweigert oder unterbrochen[23] werden, wenn diese unzumutbar ist (§§ 36 Abs. 1 S. 2, 37 EnWG, § 19 StromGVV).[24]

2. Ersatzversorgung

453 Die Ersatzversorgungsregelung begründet ein gesetzliches Schuldverhältnis, wenn ein Letztverbraucher (§ 3 Nr. 25 EnWG) ohne vertragliche Grundlage Energie aus dem Niederdruck- oder Niederspannungsnetz entnimmt[25], dh die gelieferte Energie keinem Vertragsverhältnis zugeordnet werden kann.[26] Vertragspartner ist der Grundversorger iSd § 36 Abs. 1 EnWG. Die Ersatzversorgung endet automatisch mit dem Ablauf von drei Monaten (§ 3 Abs. 2 Strom/GasGVV) bzw. der Begründung eines Vertragsverhältnisses. Der Inhalt des Schuldverhältnisses richtet sich nach der Strom/GasGVV.[27]

II. Der Energieliefervertrag

454 Rechtsnatur und Inhalt des Energieliefervertrages (§ 3 Nr. 14 EnWG) richten sich nach den allgemeinen zivilrechtlichen Regeln.[28] Das EnWG enthält jedoch zusätzlich in der Hauptsache dem Verbraucherschutz dienende Anforderungen an die Verträge, Transparenz- und Informationspflichten sowie formale Vorgaben zur Behandlung von Verbraucherbeschwerden (§§ 111 a, b EnWG).[29]

455 Der Energieliefervertrag ist ein schuldrechtlicher Vertrag, der nach den Regelungen der §§ 145 ff. BGB zustande kommt. Bei Streitigkeiten ergibt sich eine Zuständigkeit der Zivilgerichte (§ 13 GVG) am Ort der Abnahme[30]. Die vertraglichen Hauptleistungspflichten (Energielieferung und Bezahlung) stehen zueinander im Synallagma (§§ 320 ff. BGB).[31] Ob es sich um ein echtes Dauerschuldverhältnis[32] oder um einen Sukzessivlieferungsvertrag handelt ist umstritten. Jedenfalls steht dem Lieferanten ein Kündigungsrecht aus wichtigem Grund zu und er kann die Rechte aus den einzelnen Raten auch isoliert geltend machen.[33] Nach herrschender Ansicht finden die Regeln des Kaufrechts (§§ 433 BGB ff. entsprechend) Anwendung.[34] Elektrizität und Gas sind „sonstige Gegenstände“ iSd § 453 Abs. 1 BGB.[35] Hinsichtlich der Energielieferung stellt der Vertrag ein absolutes Fixgeschäft (§ 275 Abs. 1 BGB) dar. Für vertragliche

22 *Kühling/Rasbach/Busch*, Energierecht, 4. Auflage 2018, S. 184 Rn. 24; siehe dazu auch BGH, Urt. v. 7.3.2017 – EnZR 56/15, NZKart 2017, 245.
23 Siehe dazu BGH, Urt. v. 14.4.2015 – EnZR 13/14; BGH, Beschl. v. 13.11.2018 – EnVR 33/17.
24 *Pritzsche/Vacha*, Energierecht, 1. Auflage 2017, S. 167 Rn. 524; ausführlich *Heinlein/Weitenberg* in *Theobald/Kühling*, Energierecht, 108. EL 2020, EnWG § 36 Rn. 72 ff.; siehe dazu auch OLG Dresden, Beschl. v. 17.11.2009 – 9 U 1467/09.
25 *Kühling/Rasbach/Busch*, Energierecht, 4. Auflage 2018, S. 178 Rn. 4; *Pritzsche/Vacha*, Energierecht, 1. Auflage 2017, S. 168 Rn. 526.
26 *Kühling/Rasbach/Busch*, Energierecht, 4. Auflage 2018, S. 184 Rn. 25.
27 *Kühling/Rasbach/Busch*, Energierecht, 4. Auflage 2018, S. 185 Rn. 26.
28 *Kühling/Rasbach/Busch*, Energierecht, 4. Auflage 2018, S. 186 Rn. 29.
29 *Kühling/Rasbach/Busch*, Energierecht, 4. Auflage 2018, S. 186 Rn. 29.
30 BGH, Urt. v. 17.9.2003 – VIII ZR 321/02, NJW 2003, 3418.
31 *Kühling/Rasbach/Busch*, Energierecht, 4. Auflage 2018, S. 186 Rn. 31.
32 *Scholz/Tüngler*, EnWZ 2020, 201.
33 *Kühling/Rasbach/Busch*, Energierecht, 4. Auflage 2018, S. 187 Rn. 32.
34 *Pritzsche/Vacha*, Energierecht, 1. Auflage 2017, S. 155 Rn. 477.
35 *Kühling/Rasbach/Busch*, Energierecht, 4. Auflage 2018, S. 187 Rn. 34.

Leistungen des Kunden gelten die Verzugsregeln.[36] Im Falle der Nichtzahlung ist eine Unterbrechung der Versorgung möglich, deren Modalitäten sich durch vertragliche Bezugnahme meistens an der Regelung des § 19 StromGVV orientieren.[37]

Parteien des Energieliefervertrages sind jeweils der Energielieferant (oder -händler) und der Abnehmer der Energie (Letztverbraucher § 3 Nr. 25 EnWG oder Großhändler § 3 Nr. 21 EnWG). Auch die Stromabnahme an Ladepunkten für Elektroautos zählt zur Energielieferung an den Letztverbraucher (§ 3 Nr. 25 EnWG).[38] Der Transport ist dabei grundsätzlich nicht Teil des Liefervertrages, sondern eines entweder zwischen Kunde oder Lieferant und dem Netzbetreiber abgeschlossenen Netznutzungsvertrages. Rechnet der Lieferant die Kosten aus dem Netznutzungsvertrag im Energieliefervertrag gegenüber dem Letztverbraucher ab, handelt es sich bei dem Energieliefervertrag um einen sog. „All-inclusive-Vertrag".[39] Ferner kann der Energieliefervertrag auch mit Regelungen zur Messstellennutzung und zum Messstellenbetrieb kombiniert werden (§ 9 Abs. 2 MsbG).[40] 456

1. Inhaltliche Vorgaben

Abgesehen vom Bereich der Grundversorgung, besteht hinsichtlich des Inhalts von Energielieferverträgen grundsätzlich ein großer Spielraum für privatautonome Vereinbarungen.[41] Für die Bestimmung der Hauptleistungspflichten wesentlich ist die Art und Weise der Energielieferung sowie die technischen Anforderungen (zB Niederdruck/Niederspannung). Da ein Rückgriff auf § 269 BGB nicht immer interessengerecht ist, sollte auch der Erfüllungsort festgelegt werden. Ferner empfehlen sich Regelungen zu Kündigungsmodalitäten.[42] 457

2. Mindestregelungen bei der Belieferung von Haushaltskunden in Sonderverträgen

Für Haushaltskundensonderverträge, also solche Verträge mit Haushaltskunden, die nicht der Grundversorgung unterfallen, sieht § 41 EnWG ergänzend zu den allgemeinen zivilrechtlichen Bestimmungen (z. B. AGB-Recht[43]) einen Mindestinhalt und verschiedene Informationspflichten vor.[44] Ferner muss der Lieferant dem Kunden verschiedene Zahlungsmodalitäten (zB Vorauszahlung) anbieten, wobei unterschiedliche Preisgestaltungen (zB Rabatt bei jährlicher Zahlung) je nach Zahlungsmodalität zulässig sind.[45] Einseitige Veränderungen der Vertragsbedingungen inklusive der Preise[46] berechtigen den Letztverbraucher zur fristlosen Kündigung.[47] Der Gesetzgeber hat die in § 41 Abs. 5 EnWG geregelte Möglichkeit, die Vertragsbedingungen einer umfangreichen gesetzlichen Normierung zuzuführen, bisher nicht genutzt.[48] 458

---

36 *Kühling/Rasbach/Busch*, Energierecht, 4. Auflage 2018, S. 187 Rn. 33.
37 *Pritzsche/Vacha*, Energierecht, 1. Auflage 2017, S. 165 Rn. 513.
38 *Kühling/Rasbach/Busch*, Energierecht, 4. Auflage 2018, S. 187 f. Rn. 35.
39 *Kühling/Rasbach/Busch*, Energierecht, 4. Auflage 2018, S. 188 Rn. 36.
40 Siehe dazu *Germer*, EnWZ 2017, 67.
41 *Kühling/Rasbach/Busch*, Energierecht, 4. Auflage 2018, S. 189 Rn. 38.
42 *Kühling/Rasbach/Busch*, Energierecht, 4. Auflage 2018, S. 189 Rn. 39.
43 Dazu z. B. BGH Urt. v. 25.11.2015 – VIII ZR 360/14.
44 *Heinlein/Weitenberg* in *Theobald/Kühling*, Energierecht, 108. EL 2020, EnWG § 41 Rn. 1 f.
45 BGH Urt. v. 5.6.2013 – VIII ZR 131/12, Rn. 29.
46 BGH Urt. v. 9.12.2015 – VIII ZR 349/14; BGH Urt. v. 5.7.2017 – VIII ZR 169/16; BGH Urt. v. 19.12.2018 – VIII ZR 336/18; zur Zulässigkeit von Preisanpassungsklauseln *Eder/Reiter*, EuZW 2020, 9.
47 *Kühling/Rasbach/Busch*, Energierecht, 4. Auflage 2018, S. 190 Rn. 42.
48 *Heinlein/Weiterberg* in *Theobald/Kühling*, Energierecht, 108. EL 2020, EnWG § 41 Rn. 63.

459 Außerdem müssen Lieferanten einen Tarif anbieten, der einen Anreiz zur Steuerung und Einsparung von Energie bietet (§ 40 Abs. 5 EnWG). Dies sind zB lastenvariable oder tageszeitabhängige Tarife, welche allerdings in der Regel intelligente Messsysteme benötigen und bisher noch keine hinreichende praktische Bedeutung erlangt haben.[49]

460 Für die Belieferung von Mietern oder Eigentümern mit auf dem bewohnten Gebäude durch eine Solaranlage gewonnenem Strom ohne Nutzung des öffentlichen Netzes (Mieterstromzuschlag § 21 Abs. 3 EEG) gilt die Sonderregelung der § 42 a EnWG.[50]

461 Für vorformulierte Haushaltskundensonderverträge gilt das Recht der allgemeinen Geschäftsbedingungen.[51] Für die Einbeziehung von AGB gilt die Sonderregelung des § 310 Abs. 2 BGB, welche Energielieferverträge von der Inhaltskontrolle nach §§ 308, 309 BGB ausnimmt, wenn diese nicht nachteilig von den Bestimmungen der Verordnungen über die allgemeinen Bedingungen für die Versorgung von Tarifkunden abweichen.[52] Einzelnen Klauseln der Strom- und GasGVV spricht die Rechtsprechung eine Leitbildfunktion zu[53] und reduziert damit die Inhaltkontrolle auf eine Überprüfung an den unionsrechtlichen Vorgaben, dabei insbesondere der Klausel-Richtlinie 93/13/EG.[54]

Im Zuge der Umsetzung der RL 2019/944 sollen die §§ 40, 41 EnWG neu gefasst und durch die §§ 40 a – c EnWG-E und § 41 a ff. EnWG-E ergänzt werden.[55] Die Rechte von (Letzt-)Verbrauchern gegenüber den Energieversorgungsunternehmen werden durch zahlreiche Informationspflichten ergänzt und insgesamt umfangreich erweitert.

3. Arten von Energielieferverträgen

462 Man unterscheidet nach Inhalt und Vertragspartner folgende Arten von Energielieferverträgen:

- All-inclusive-Vertrag – Der Energielieferant verpflichtet sich zur Lieferung der Energie bis zum Anschluss der Kunden und schließt zu diesem Zweck selbst einen Netznutzungsvertrag mit dem Netzbetreiber ab (idR gebündelt für mehrere Endkunden).[56]
- Ökostrom – Der Lieferant verpflichtet sich zur Lieferung von Strom, der ausschließlich aus regenerativen Energiequellen stammt. Dieser Verpflichtung kommt er praktisch nur durch die Einspeisung der vorgesehenen Menge nach, da im Netz der Strom untrennbar vermischt wird.[57]
- Offene Lieferverträge – Der Energielieferant verpflichtet sich zur Lieferung nach Bedarf.[58]

49 *Kühling/Rasbach/Busch*, Energierecht, 4. Auflage 2018, S. 190 Rn. 43; *Heinlein/Weitenberg* in *Theobald/Kühling*, Energierecht, 108. EL 2020, EnWG § 40 Rn. 54.
50 *Kühling/Rasbach/Busch*, Energierecht, 4. Auflage 2018, S. 191 f. Rn. 42.
51 *Pritzsche/Vacha*, Energierecht, 1. Auflage 2017, S. 160 ff. Rn. 492 ff.
52 *Pritzsche/Vacha*, Energierecht, 1. Auflage 2017, S. 161 Rn. 492.
53 Dies gilt jedoch nicht für alle Klauseln OLG, Dresden, Urt. v. 27.9.2019 – 9 U 481/19, EnWZ 2020, 12.
54 *Kühling/Rasbach/Busch*, Energierecht, 4. Auflage 2018, S. 191 Rn. 45; BGH Urt. v. 31.7.2013 – VIII ZR 162/09.
55 BT-Drs. 19/27453, S. 32 ff. und Erläuterungen S. 120 ff.
56 *Kühling/Rasbach/Busch*, Energierecht, 4. Auflage 2018, S. 191 f. Rn. 47; *Pritzsche/Vacha*, Energierecht, 1. Auflage 2017, S. 160 Rn. 487.
57 *Kühling/Rasbach/Busch*, Energierecht, 4. Auflage 2018, S. 192 Rn. 48.
58 *Kühling/Rasbach/Busch*, Energierecht, 4. Auflage 2018, S. 192 Rn. 49.

- Volllastlieferverträge – Der Lieferant muss zu einem festgelegten Zeitpunkt die gesamte Last bereitstellen.[59]
- Programm- oder Fahrplanlieferung – Der Lieferant verpflichtet sich zur Lieferung einer vorher bestimmten Menge. Der Vorteil besteht im planbaren Bedarf, so dass der Lieferant keine teure Ausgleichenergie benötigt.[60]
- Reststromliefervertrag – Der Lieferant muss zu einem bestimmten Zeitpunkt die Differenz zwischen der Fahrplanlieferung und der tatsächlich benötigten Menge liefern.[61]
- Reservelieferungen – Unternehmen, die ihren Energiebedarf idR durch eigene Anlagen decken, schließen zur Sicherung der Versorgung meist einen Reserve- oder Zusatzversorgungsvertrag ab.[62]
- Portfolio-Bildung – Eine geschickte Kombination von offenen Lieferverträgen und Band- oder Programmlieferverträgen ermöglichen eine Optimierung der Energiekosten.[63]

4. Vertragsgestaltung

Der zu liefernde Strom ist zwar technisch gesehen immer gleich, doch sind Vereinbarungen hinsichtlich der Qualität des zu liefernden Stroms nicht selten. Bei der Lieferung von „Ökostrom" beispielsweise, verpflichtet sich der Lieferant, im Sinne des Kunden Kapazitäten im versprochenen Umfang bei Erzeugern von erneuerbaren Energien unter Vertrag zu nehmen.[64] Auch hinsichtlich der Liefersicherheit können unterschiedliche vertragliche Vereinbarungen getroffen werden.[65] So kann beispielsweise zum Zwecke des Lastenmanagements eine zeitweise Lieferunterbrechungsmöglichkeit vereinbart werden (Demand Side Management).[66] 463

III. Lieferantenwechsel

Im Sinne eines zügigen und reibungslosen Lieferantenwechsels sieht § 20 a EnWG vor, dass ab Zugang der Anmeldung zur Netznutzung durch den neuen Lieferanten der Wechsel höchstens drei Wochen dauern darf. Ansonsten stehen dem Verbraucher Schadenersatzansprüche zu (§§ 249 ff. BGB). Ferner darf der Lieferantenwechsel nicht mit zusätzlichen Kosten verbunden werden.[67] Die Regelung zum Lieferantenwechsel soll einen funktionierenden Wettbewerb ermöglichen und die Verbraucherrechte stärken.[68] 464

IV. Rechnungsstellung

In § 40 EnWG finden sich Vorgaben zur Rechnungsstellung. Diese muss einfach und verständlich sein und zudem eine Fülle von Informationen enthalten, die dem Kunden 465

---

59 *Pritzsche/Vacha*, Energierecht, 1. Auflage 2017, S. 170 Rn. 541.
60 *Kühling/Rasbach/Busch*, Energierecht, 4. Auflage 2018, S. 192 Rn. 49.
61 *Pritzsche/Vacha*, Energierecht, 1. Auflage 2017, S. 170 Rn. 541.
62 *Kühling/Rasbach/Busch*, Energierecht, 4. Auflage 2018, S. 192 Rn. 49.
63 *Kühling/Rasbach/Busch*, Energierecht, 4. Auflage 2018, S. 192 Rn. 49.
64 *Pritzsche/Vacha*, Energierecht, 1. Auflage 2017, S. 171 Rn. 544.
65 *Pritzsche/Vacha*, Energierecht, 1. Auflage 2017, S. 171 Rn. 545.
66 *Pritzsche/Vacha*, Energierecht, 1. Auflage 2017, S. 171 f. Rn. 545, 550 f.
67 *Kühling/Rasbach/Busch*, Energierecht, 4. Auflage 2018, S. 193 Rn. 51; *Mitto*, Energierecht, 2. Auflage 2019, S. 26 Rn. 79; zum Lieferantenwechsel siehe auch *Pritzsche/Vacha*, Energierecht, 1. Auflage 2017, S. 164 f. Rn. 508–512.
68 *Hartmann/Wagner* in *Theobald/Kühling*, Energierecht, 108. EL 2020, EnWG § 20 a Rn. 2.

eine Kontrolle der Rechnung, einfach zugänglichen Rechtsschutz und auch einen Vergleich des eigenen Verbrauchs ermöglichen.[69] Auch die Abrechnungsmodalitäten (Intervalle, Verbrauchsinformation, Abrechnungsfrist) folgen genauen gesetzlichen Vorgaben. In § 40 Abs. 7 EnWG sieht das Gesetz eine Ermächtigung der Bundesnetzagentur zur Festlegung von Mindestinhalten der Rechnung vor.

Zur Umsetzung der RL 2019/944 soll die Vorschrift novelliert und ergänzt werden. § 40 EnWG-E regelt zukünftig, den Inhalt von Strom- und Gasabrechnungen, § 40 a EnWG-E normiert Rahmenbedingungen der Verbrauchsermittlung, § 40 b EnWG-E legt die Rechnungs- und Informationszeiträume fest und § 40 c EnWG-E trifft Festlegungen hinsichtlich der Fälligkeit der Abrechnung.[70]

466 Da die Verbraucher die Möglichkeit erhalten sollen, sich mit ihrer Nachfrageentscheidung an den durch den Lieferanten eingesetzten Primärenergieträgern zu orientieren, sieht § 42 EnWG eine Informationspflicht in den Rechnungen vor, die ebenfalls eine Auflistung der Umweltauswirkungen (Kohlenstoffdioxidausstoß) erfasst.[71]

V. Preiskontrolle

467 Auf Preiserhöhungen findet § 315 BGB Anwendung, wenn eine vertraglich vereinbarte Preisvorbehaltsklausel dem Energieversorger ein einseitiges Leistungsbestimmungsrecht einräumt.[72] Beanstandet der Kunde in der auf die Preiserhöhung folgenden Jahresabrechnung den erhöhten Preis nicht, so geht die Rechtsprechung wieder von einem vereinbarten Preis aus und schließt ab dann eine Billigkeitskontrolle aus.[73] Werden lediglich gestiegene Bezugskosten an den Kunden weitergegeben, so liegt idR Billigkeit vor.[74]

468 Eine behördliche Preiskontrolle findet nur noch im Rahmen der kartellrechtlichen Missbrauchsaufsicht statt.[75]

▶ ***Übersicht:* Kartellrecht**

Das Kartellrecht dient dem Schutz der Freiheit der Marktteilnehmer und des funktionsfähigen Wettbewerbs vor Beschränkungen durch:

- Mehrseitige Absprachen → Verbot wettbewerbsbeschränkender Vereinbarungen (§ 1 GWB/ Art. 101 AEUV)
- Einseitigen Marktmachtmissbrauch → Missbrauchskontrolle gegenüber marktbeherrschenden oder marktstarken Unternehmen (§§ 19 ff., 29 GWB/ Art. 102 AEUV)
- Unternehmenskonzentration → Zusammenschlusskontrolle (§§ 35 ff. GWB/ FKVO[76])

auch im Bereich der Energiewirtschaft.[77] Das kasuistisch geprägte Kartellrecht wird durch zahlreiche Leitlinien und Studien der Kartellbehörden gestaltet.[78] ◀

69 Siehe hierzu *Kühling/Rasbach/Busch*, Energierecht, 4. Auflage 2018, S. 193 Rn. 52.
70 BT-Drs. 19/27453, S. 32 ff. und Erläuterungen S. 120 ff.
71 *Kühling/Rasbach/Busch*, Energierecht, 4. Auflage 2018, S. 195 Rn. 55; zu den Kennzeichnungspflichten siehe *Pritzsche/Vacha*, Energierecht, 1. Auflage 2017, S. 162 f. Rn. 501 f.
72 *Danner* in *Theobald/Kühling*, Energierecht, 108. EL 2020, Einführung Rn. 108.
73 BGH, Urt. v. 8.7.2009 – VIII ZR 314/07, NJW 2009, 2894 Rn. 16.
74 *Kühling/Rasbach/Busch*, Energierecht, 4. Auflage 2018, S. 194 Rn. 54 mwN.
75 *Pritzsche/Vacha*, Energierecht, 1. Auflage 2017, S. 164 Rn. 503–507.
76 Fusionskontrollverordnung.
77 *Hoch* in *Haucap/Hoch*: Praxishandbuch Energiekartellrecht, 1. Auflage 2018, S. 27 Rn. 3,4.
78 Siehe beispielsweise *BKartA/BNetzA*, Leitfaden für die kartellrechtliche und energiegroßhandelsrechtliche Missbrauchsaufsicht im Bereich Stromerzeugung/-großhandel vom 27.9.2019.

VI. Aufgaben

1. Erstellen Sie eine Tabelle, die Regelungen der Strom- oder GasGVV übersichtlich und verbraucherfreundlich darstellt. 469
2. Welcher Unterschied besteht zwischen Haushaltskunden und Letztverbrauchern?
3. Erstellen Sie ein Prüfungsschema für die rechtliche Beurteilung von AGB anhand der einschlägigen Normen des BGB. Welche Besonderheiten ergeben sich für Energielieferverträge?
4. Welche Bedeutung hat der Lieferantenwechsel im Hinblick auf die Ziele des EnWG? Welche Regelungen sieht das Gesetz hierfür vor?

Fall 14) „Der billige Preis"

Die B beliefert im Bereich der Stadt H Endkunden mit Gas, welches sie ihrerseits von der G bezieht. K ist Tarifkunde der B. Im September 2019 veröffentlicht die B eine Erhöhung der Gastarife zum 1.10.2019. Der Arbeitspreis erhöhe sich von 3,47 Cent auf 3,84 Cent bei gleichbleibendem Grundpreis, da die Bezugspreise von Gas bei der G gestiegen seien. Der K ist mit dem Preis unzufrieden und begehrt die gerichtliche Festsetzung des billigerweise anzunehmenden Preises. 470

a) Welche Klageart steht dem K in dieser Sache zur Verfügung und was sind deren Voraussetzungen?
b) Hat die Klage des K materiell Aussicht auf Erfolg?

Fall 15) „Lieferanteninsolvenz I"

Die K ist der Grundversorger und betreibt zudem das örtliche Verteilernetz im Gemeindegebiet Z, in dem auch das Seniorenheim der B liegt. Dieses wird jedoch seit einigen Jahren von der E über das Netz der K versorgt. Dabei entrichtete die B jeweils zum Monatsersten eine Vorauszahlung an die E. Diese betrug für das Jahr 2019 insgesamt 1000 Euro/Monat. Die E wiederum bezog ihren Strom von der K im Rahmen einer Kooperationsvereinbarung. 471

Da die E mit den Zahlungen in Verzug geriet, kündigte die K den Vertrag mit der E fristlos zum 12.11.2019. Darüber informierte sie am 28.11.2019 auch die B, die weiterhin Strom aus dem Netz der K bezog, und schickte ihr am 13.12.2019 ein Vertragsangebot zur Unterschrift zu.

Die B jedoch ging davon aus, dass ihr Versorger weiterhin die E sei und versuchte in der Folgezeit vergeblich von der E Auskunft darüber zu erlangen, ob der von ihr bezogene Strom noch von der E geliefert werde. Die vereinbarten Abschläge wurden aufgrund einer nicht widerrufenen Einzugsermächtigung noch bis einschließlich April vom Konto der B durch die E eingezogen.

Nachdem am 13.3.2020 das Insolvenzverfahren über das Vermögen der E eröffnet wurde, kündigte die B den Vertrag am 15.4.2020 fristlos und nahm das Vertragsangebot der K vom 13.12.2019 rückwirkend zum 1.4.2020 an.

Für den Zeitraum vom 13.11.2019 bis zum 31.3.2020 verlangt K, auf Basis ihres Grundversorgungstarifs abgerechnet, einen Betrag von 6300 Euro. Die B vertritt weiterhin die Ansicht, sie hätte den Strom in der fraglichen Zeit von der E bezogen und an diese bereits einen hohen Abschlag gezahlt. Dieser hätte, die tarifliche Vereinbarung mit der E zugrundgelegt, auch ausgereicht, den tatsächlichen Verbrauch der B abzudecken (was stimmt). Wenigstens müssten allerdings die an die E geleisteten Abschläge auf die Forderung der K angerechnet werden.

a) Hat die K einen Anspruch auf Zahlung? Wenn ja, für welche Zeiträume?
b) Wieso können die Zahlungen der B an die E nicht mit dem Zahlungsanspruch der K verrechnet werden?
c) Kann die B von der E eine Rückzahlung erlangen?

Fall 16) „Allgemeine Geschäftsbedingungen"

472 Sind die folgenden Klauseln in AGB zulässig?

Nr. 1 – Dem Kunden steht im Fall einer Preisänderung das Recht zu, den Vertrag ohne Einhaltung einer Kündigungsfrist außerordentlich auf das Datum des Wirksamwerdens der Preisänderung zu kündigen.

Nr. 2 – Anpassungen des Vertrags, ausgenommen Preisanpassungen und vertragswesentliche Regelungen, werden dem Kunden mit einer Frist von mindestens 6 Wochen zum Zeitpunkt ihres Inkrafttretens schriftlich mitgeteilt. In diesem Fall ist der Kunde berechtigt, den Vertrag in Textform ohne Einhaltung einer Kündigungsfrist zum Inkrafttreten der Anpassung zu kündigen. Kündigt er den Vertrag nicht, so treten die Anpassungen ab dem in der Mitteilung genannten Zeitpunkt in Kraft. Der Lieferant ist verpflichtet, den Kunden in der schriftlichen Mitteilung auf die Bedeutung seines Schweigens hinzuweisen.

Nr. 3 – Ändern sich die allgemein veröffentlichten Tarifpreise (Haushalt und Gewerbe) des Energielieferanten, so ist der Lieferant berechtigt, die Vertragspreise angemessen zu ändern. Die Änderungen werden wirksam mit dem in der öffentlichen Bekanntgabe angegebenen Zeitpunkt.

Fall 17) „Lieferanteninsolvenz II"

473 Der Bauer B lebt auf einem mittelgroßen Anwesen in einem Waldstück unweit der kleinen Ortschaft O. Seinen Strom bezieht er, sowie 200 weitere der örtlich angeschlossenen Einfamilienhäuser, von der Billiger Strom GmbH (BS). Die BS wirbt mit einem unschlagbaren Rabatt für Kunden, die ihren Jahresverbrauch ausgehend von der Vorjahresabrechnung im Voraus bezahlen. Dieses Angebot nimmt B am 1.1.2020 in Anspruch. Mit dem gesparten Geld möchte er die Stallanlagen für seine berühmte Buntschweinezucht ausbauen. Die Haltung und Zucht dieser empfindlichen und seltenen Tiere ist zwar mit recht hohen Kosten verbunden, stellt aber für B seine größte Leidenschaft dar.

Von den 650 an das Verteilernetz in O angeschlossenen Kunden haben 300 einen Liefervertrag mit der Grundständigen Versorgungs-GmbH (GV). Weitere 150 Kunden entschieden sich für eine nachhaltige Stromversorgung der Öko-Energy-Service Ltd.

In der Folge ergeben sich bei der BS aufgrund ihres nicht ausgereiften Geschäftsmodells Zahlungsschwierigkeiten. Am 31.3.2020 erklärt die BS öffentlich, dass sie Insolvenz angemeldet habe und keinen Strom mehr zur Verfügung stellen könne. Die Einstellung der Stromlieferung solle am 1.4.2020 erfolgen.

B glaubt an einen Aprilscherz und fühlt sich, als er am 1.4.2020 feststellt, dass immer noch Strom geliefert wird, in dieser Ansicht bestätigt. Drei Tage später erhält er ein Schreiben von der GV, dass diese als Grundversorgerin in O die Lieferung der BS seit dem 1.4.2020 ersetze und ihm dafür den günstigeren Tarif „super versorgt III" anbieten würde. Binnen zwei Wochen könne er den Vertrag rückwirkend zum 1.4.2020 abschließen. Ansonsten gelte der deutliche höhere Ersatzversorgungstarif.

B nimmt zwar das Angebot zu Kenntnis. Da er nicht versteht, weshalb er nun einen neuen Vertrag mit der GV eingehen soll, versucht er mehrfach vergeblich die BS zu erreichen, um die Sachlage zu klären. Als er im Mai die erste Rechnung der GV auf Basis seines Verbrauchs und des Ersatzversorgungstarifs erhält, schickt er sie zusammen mit einem wütenden Anschreiben an die BS weiter, erhält jedoch wieder keine Antwort.

Als die GV die offene Forderung gerichtlich geltend macht, erklärt O, dass er keinen Vertrag mit der GV abgeschlossen habe und daher auch nicht zur Zahlung verpflichtet sei. Sollte die O ihm tatsächlich Strom geliefert haben, sei dies nicht sein Problem, sondern das der BS. Ohnehin sei die Forderung viel zu hoch und er habe außerdem für das ganze Jahr schon genug bezahlt. Das müsse man auf jeden Fall auf die Nachforderung anrechnen.

Hat GV gegen B einen Anspruch auf Zahlung des Abschlags für April?

Zusatzfrage: Kann B von der BS sein Geld zurückbekommen?

Fall 18) „Verspätete Abrechnung"

Die O ist langjährige Tarifkundin der Energy-GmbH (E). Im Jahr 2014 bezog sie bereits ihren Strom für ihren Haushalt in L bei der E. Dafür bezahlte die alleinstehende O einen Abschlag in Höhe von 53 Euro monatlich an die E. In aller Regel wird der Verbrauch durch die E einmal jährlich abgerechnet. Aufgrund eines Mitarbeiterwechsels bei der E vergisst diese, der O für das Verbrauchsjahr 2014 eine Abrechnung zu schicken. 474

Die O stellt zwar im April 2015 fest, dass sie noch immer keine Stromabrechnung für das Jahr 2014 erhalten hat. Weil der Verbrauch der O kaum großen Schwankungen unterworfen ist, geht sie jedoch davon aus, dass die E keine Nachforderungen hätte und kümmert sich nicht weiter um eine Rechnung. Für die darauffolgenden Jahre erhält O die Abrechnungen wieder im gewohnten Turnus.

Im Januar 2020 bemerkt ein neuer, sehr gründlicher Mitarbeiter der E bei der Durchsicht der Vertragsunterlagen, dass die Zustellung der Abrechnung von 2014 an die O unterlassen worden war. Bei der Prüfung der Verbrauchsdaten ergibt sich eine Nachzahlung von 115,87 Euro, für die kein Zahlungseingang verzeichnet ist. Die E schickt daraufhin die Abrechnung mit einer Zahlungsaufforderung an die O, welche dieser am 17.1.2020 zugeht.

Die O ärgert sich sehr darüber, dass die E nun Jahre später mit so einer hohen Forderung „daherkommt". Diese sei für sie nach fünf Jahren nicht mehr nachvollziehbar oder nachprüfbar. Sie fragt daher ihren Enkel S, der im zweiten Semester Jura an der Universität Bayreuth studiert, ob sie die Forderung noch zu zahlen habe. Der sehr strebsame, aber überhebliche S, ist sich sicher, dass die Forderung spätestens zum Ende des Jahres 2018 verjährt sei.

Muss die O die 115,87 Euro an die E bezahlen?

Lösung Kapitel J

1. Erstellen Sie eine Tabelle, die Regelungen der Strom- oder GasGVV übersichtlich und verbraucherfreundlich darstellt.

475 Möglich ist hier beispielsweise eine Tabelle, welche die Regelungen nach Stichworten in alphabetischer Reihenfolge wiedergibt.

Stichwort	*Fundstelle*	*Inhalt*
Ablesung	§ 11	→ Ablesung durch Versorger oder Kunden → Bei Verhinderung, Schätzung möglich
Abrechnung	§ 12	→ Nach Maßgabe des § 40 Abs. 3 EnWG → Zeitanteilige Berechnung bei Preisänderungen → Pauschalierung im Falle des § 2 Abs. 2 möglich
Abschlagszahlung	§ 13	→ Anhand des vorherigen Verbrauchs oder vergleichbarem Kunden zu bemessen → Abrechnung mit unverzüglicher Erstattung/Verrechnung → Anpassung bei Preisanpassung möglich
Anwendungsbereich	§ 1	→ Anhand des vorherigen Verbrauchs oder vergleichbarem Kunden zu bemessen → Abrechnung mit unverzüglicher Erstattung/Verrechnung → Anpassung bei Preisanpassung möglich
Bedarfsdeckung	§ 4	→ Nur durch Grundversorgung → Ausnahme: Eigenversorgung EEG/KWK und Notstromaggregate bei Ausfall der Grundversorgung
	§ 6 Abs. 2	→ Verpflichtung der Grundversorgers
(...)	(...)	(...)

2. Welcher Unterschied besteht zwischen Haushaltskunden und Letztverbrauchern?

476 Die Frage lässt sich einfach durch einen Vergleich der Definitionen in § 3 EnWG beantworten.

▶ § 3 Nr. 22 EnWG – **Haushaltskunden**

Letztverbraucher, die Energie überwiegend für den Eigenverbrauch im Haushalt oder für den einen Jahresverbrauch von 10 000 Kilowattstunden nicht übersteigenden Eigenverbrauch für berufliche, landwirtschaftliche oder gewerbliche Zwecke kaufen.

§ 3 Nr. 25 EnWG – **Letztverbraucher**

Natürliche oder juristische Personen, die Energie für den eigenen Verbrauch kaufen; auch der Strombezug der Ladepunkte für Elektromobile[79] steht dem Letztverbrauch im Sinne dieses Gesetzes und den aufgrund dieses Gesetzes erlassenen Verordnungen gleich ◀

Beide Begriffe bezeichnen Kunden, die Energie für den eigenen Verbrauch beziehen. Der Begriff der Letztverbraucher schließt Haushaltskunden mit ein, umfasst allerdings zusätzlich auch gewerbliche Kunden, deren Verbrauch höher als 10.000 kWh ist.

79 Die Gleichstellung soll mit der geplanten EnWG-Novelle auch für den Strombezug für Landstromanlagen gelten, BT-Drs. 19/27453, S. 10.

3. Erstellen Sie ein Prüfungsschema für die rechtliche Beurteilung von AGB anhand der einschlägigen Normen des BGB. Welche Besonderheiten ergeben sich für Energielieferverträge?

▶ **AGB-Prüfung**[80] 477

1. *Vorliegen von AGB* § 305 Abs. 1 BGB
2. *Einbeziehung in den Vertrag wirksam* (§§ 305 Abs. 2, 3, 305 b, c Abs. 1 BGB)
3. *Auslegung vor Inhaltskontrolle* (§ 305 Abs. 2 c BGB)
4. *Inhaltskontrolle der AGB*
   a) Anwendbarkeit §§ 307 Abs. 3, **310 Abs. 2 BGB**
   b) ggf. Klauselverbote ohne Wertungsmöglichkeit § 309 BGB
   c) ggf. Klauselverbote mit Wertungsmöglichkeit § 308 BGB
   d) Generalklausel des **§ 307 Abs. 1 S. 1, Abs. 2 BGB** (Verbraucher: § 310 Abs. 3 BGB)
5. *Transparenzkontrolle* § 307 Abs. 1 S. 2 BGB ◀

Nach § 310 Abs. 2 BGB finden die Regelungen der §§ 308 und 309 BGB keine Anwendung auf Energielieferverträge, wenn die darin vereinbarten Vertragsbedingungen nicht zum Nachteil der Verbraucher von der StromGVV abweichen.[81] Eine Prüfung nach § 307 Abs. 1 S. 1 BGB bleibt davon jedoch unberührt.[82]

4. Welche Bedeutung hat der Lieferantenwechsel im Hinblick auf die Ziele des EnWG? Welche Regelungen sieht das Gesetz hierfür vor?

▶ **§ 1 EnWG** 478

Um den Zweck des Absatzes 1 auf dem Gebiet der leitungsgebundenen Versorgung der Allgemeinheit mit Elektrizität zu erreichen, verfolgt dieses Gesetz insbesondere die Ziele,

1. die freie Preisbildung für Elektrizität durch wettbewerbliche Marktmechanismen zu stärken,
2. den Ausgleich von Angebot und Nachfrage nach Elektrizität an den Strommärkten jederzeit zu ermöglichen,

(...) ◀

Die Möglichkeit des Lieferantenwechsels ist notwendige Voraussetzung des Wettbewerbs auf dem Markt für Energielieferungen. Die Regelung des § 20 a EnWG sieht daher einen möglichst einfachen und verbraucherfreundlichen Lieferantenwechsel vor.

Fall 14)

a) Welche Klageart steht dem K in dieser Sache zur Verfügung und was sind deren Voraussetzungen?

Die statthafte Klageart richtet sich nach dem klägerischen Begehren. K begehrt die Feststellung, dass ein bestimmter Arbeitspreis für sein Gaslieferverhältnis gilt. 479

80 Angelehnt an *Junker*, Grundkurs Arbeitsrecht, 18. Auflage 2019, S. 42.
81 Dazu *Becker* in *Hau/Poseck*, BeckOK BGB, § 310 Rn. 7–10.
82 OLG Dresden Urt. v. 27.9.2019 – 9 U 481/19, EnWZ 2020, 12 Rn. 16.

▶ ***Übersicht: Klagearten im Zivilprozessrecht***

- Leistungsklage – Durchsetzung eines Anspruchs (§ 194 BGB)
- Feststellungsklage (§ 256 ZPO) – Gerichtliche Feststellung des Bestehens oder Nichtbestehens eines Rechtsverhältnisses
- Gestaltungsklage – Erreichen einer materiellrechtlichen Rechtsänderung in gesetzlich vorgesehenen Fällen (zB Scheidung § 1564 BGB; Nichtigkeitserklärung von Gesellschafterbeschluss §§ 246, 248 AktG). ◀

Statthafte Klageart ist demnach die Feststellungsklage nach § 256 ZPO.

▶ I. Ordnungsgemäße Klageerhebung § 253 ZPO
II. Statthafte Klageart
III. Zuständigkeit (sachlich GVG; örtlich § 12 ff. ZPO)
IV. Parteifähigkeit § 50 Abs. 1 ZPO
V. Prozessfähigkeit § 51 ZPO
VI. Prozessführungsbefugnis (idR Inhaber des Anspruchs)
VII. Rechtsschutzbedürfnis (zB Feststellungsinteresse)
VIII. Keine entgegenstehende Rechtskraft § 322 ZPO
IX. Keine anderweitige Rechtshängigkeit § 261 Abs. 3 Nr. 1 ZPO ◀

Die Feststellungsklage ist gegenüber der Leistungsklage subsidiär. Der Kläger bedarf hier außerdem eines Rechtsschutzbedürfnisses in Form eines berechtigten Feststellungsinteresses.[83] In dem zugrundliegenden Urteil nimmt der BGH dazu wie folgt Stellung:

> *„Gegen die Zulässigkeit der Klage bestehen keine Bedenken. Der Kläger hat ein rechtliches Interesse an der Feststellung der von ihm behaupteten Unbilligkeit der Erhöhung der Gastarife. Auf eine Leistungsklage kann er schon deshalb nicht verwiesen werden, weil das Rechtsschutzziel der hier gegebenen negativen (leugnenden) Feststellungsklage mit einer Leistungsklage nicht erreicht werden kann.“*[84]

b) Hat die Klage des K materiell Aussicht auf Erfolg?

480 B erhöht seinerseits *einseitig* den Gaspreis. K begehrt die gerichtliche Festsetzung des billigerweise anzunehmenden Preises. In Betracht kommt daher eine Anwendung des § 315 BGB.

▶ **§ 315 BGB Bestimmung der Leistung durch eine Partei**

(1) Soll die Leistung durch einen der Vertragschließenden bestimmt werden, so ist im Zweifel anzunehmen, dass die Bestimmung nach billigem Ermessen zu treffen ist.

(2) Die Bestimmung erfolgt durch Erklärung gegenüber dem anderen Teil.

(3) Soll die Bestimmung nach billigem Ermessen erfolgen, so ist die getroffene Bestimmung für den anderen Teil nur verbindlich, wenn sie der Billigkeit entspricht. Entspricht sie nicht der Billigkeit, so wird die Bestimmung durch Urteil getroffen; das Gleiche gilt, wenn die Bestimmung verzögert wird. ◀

---

83 *Lüke*, Zivilprozessrecht I, § 11 Rn. 2–9.
84 BGH Urt. v. 13.6.2007 – VIII ZR 36/07, Rn. 10.

Der BGH nimmt zur Anwendung des § 315 BGB in diesem Fall wie folgt Stellung:

1. Anwendungsbereich des § 315 BGB

> *„Haben die Vertragsparteien vereinbart, dass eine von ihnen die Vertragsleistung bestimmen soll, so hat diese die Bestimmung im Zweifel nach billigem Ermessen vorzunehmen. Die getroffene Bestimmung ist für den anderen Teil nur verbindlich, wenn sie der Billigkeit entspricht. Der Vertragspartner, der sich der Bestimmung des anderen unterworfen hat, soll hierdurch gegen eine willkürliche Vertragsgestaltung durch den Anderen geschützt werden. Dieser allgemeine Schutzgedanke ist auch heranzuziehen, wenn das Gesetz einer Vertragspartei das unter § 315 BGB fallende Leistungsbestimmungsrecht zuweist.“*[85]

2. Verhältnis von § 315 BGB zu §§ 2 Abs. 1, 2 Nr. 2; 33 GWB

> *„...nicht subsidiär. (...) ermöglicht dem der Leistungsbestimmung Unterworfenen, die vorgenommene Bestimmung gerichtlich auf ihre Billigkeit überprüfen und durch (gestaltendes) Urteil neu treffen zu lassen (§ 315 Abs. 3 Satz 2 BGB). Demgegenüber ist der Beseitigungs- und Unterlassungsanspruch gemäß (...) GWB ein deliktischer Anspruch, der eine Gestaltungsmöglichkeit nicht unmittelbar bereitstellt,(...)“*[86]

3. Vorliegen der Unbilligkeit?

> *„Durch Preiserhöhungen wegen gestiegener Bezugskosten nimmt das Gasversorgungsunternehmen sein berechtigtes Interesse wahr, Kostensteigerungen während der Vertragslaufzeit an die Kunden weiterzugeben (...) Für diesbezügliche Vertragsklauseln zur einseitigen Leistungsbestimmung ist (...) anerkannt, dass sie ein geeignetes und zulässiges Instrument zur Bewahrung des Gleichgewichts von Preis und Leistung darstellen. Sie dienen dazu, einerseits dem Verwender das Risiko langfristiger Kalkulation abzunehmen und ihm seine Gewinnspanne trotz nachträglicher, ihn belastender Kostensteigerungen zu sichern, und andererseits den Vertragspartner davor zu bewahren, dass der Verwender mögliche künftige Kostensteigerungen bereits bei Vertragsschluss durch Risikozuschläge aufzufangen versucht.“*[87]

Im Ergebnis bedeutet das, dass Preisanpassungen grundsätzlich zulässig sind, wenn sie die Bezugskosten widerspiegeln und nicht durch anderweitige rückläufige Kosten ausgeglichen werden.[88] Damit hat die Klage im vorliegenden Fall keine Aussicht auf Erfolg.

Fall 15)

a) Hat die K einen Anspruch auf Zahlung? Wenn ja, für welche Zeiträume?

1. Primärvertraglicher Anspruch §§ 433 Abs. 2, 453 BGB

▶ B könnte gegen K einen Anspruch auf Zahlung der 6300 Euro aus §§ 433 Abs. 2, 453 BGB 481
iVm einem Energieliefervertrag haben.

---

85 BGH Urt. v. 13.6.2007 – VIII ZR 36/07, Rn. 16.
86 BGH Urt. v. 13.6.2007 – VIII ZR 36/07, Rn. 18.
87 BGH Urt. v. 13.6.2007 – VIII ZR 36/07, Rn. 22.
88 BGH Urt. v. 13.6.2007 – VIII ZR 36/07, Rn. 26.

Voraussetzung ist ein wirksam geschlossener Energieliefervertrag zwischen K und B. Voraussetzungen dafür sind zwei inhaltlich übereinstimmende, mit Bezug auf einander abgegebene Willenserklärungen, Angebot und Annahme (§§ 145, 147 BGB).

a) Angebot der K (+)

b) Annahme der B?

   i. Ausdrücklich (-)

   ii. Konkludent? ◀

Bezüglich eines konkludenten Vertragsschlusses führt der BGH aus:

> *„Ein konkludenter Abschluß eines Energielieferungsvertrages durch Entnahme des von dem Netzbetreiber zur Verfügung gestellten Stroms kommt grundsätzlich nicht in Betracht, wenn der Abnehmer einen Stromlieferungsvertrag mit einem Dritten geschlossen hat und weder weiß noch wissen muß, daß der Dritte ihn nicht mehr mit Energie beliefert.“*[89]

Im konkreten Fall bedeutet dies:

> *„Für das Zustandekommen eines Stromlieferungsvertrages zwischen den Parteien fehlte es jedoch – auch auf der Grundlage der Lehre vom Vertragsschluß durch sozialtypisches Verhalten – an den für einen Vertragsschluß erforderlichen Willenserklärungen, solange die Beklagte keine Kenntnis von der Kündigung der Kooperationsvereinbarung hatte und nicht wußte, daß die Klägerin sie für eigene Rechnung belieferte.“*[90]

Die notwendige Kenntnis erlangte die B erst zum 28.11.2019. Folglich erfolgt die Lieferung ab dem 28.11.2019 aus einem konkludent geschlossenen Vertrag.

▶ B hat einen Anspruch auf Zahlung aus §§ 433 Abs. 2, 453 BGB für den Zeitraum ab dem 28.11.2019.

Fraglich ist, ob ein Anspruch auf Zahlung auch für die Lieferung zwischen 13.11.2019 und 28.11.2019 besteht. Für diesen Zeitraum scheidet ein konkludenter Vertragsschluss mangels Kenntnis der B aus. ◀

Scheitert ein vertraglicher Anspruch an den Voraussetzungen eines wirksamen Vertragsschlusses, so kommen quasivertragliche Ansprüche in Betracht. Ein solcher quasivertraglicher Anspruch ergibt sich aus dem durch § 38 Abs. 1 S. 1 EnWG begründeten gesetzlichen Schuldverhältnis[91].

2. Anspruch aus § 38 Abs. 1 S. 1 EnWG

482 Voraussetzungen:

a) Bezug von Energie aus einem Netz der allgemeinen Versorgung (+)

b) Zuordnungsdiskrepanz?

89 BGH Urt. v. 26.1.2005 – VIII ZR 66/04, Rn. 10 ff.
90 BGH Urt. v. 26.1.2005 – VIII ZR 66/04, Rn. 13.
91 BGH Urt. v. 6.7.2011 – VIII ZR 217/10, Rn. 20.

Zum Vorliegen einer Zuordnungsdiskrepanz führt der BGH in dem zugrundeliegenden Fall aus:

> *„Eine Ersatzversorgung liegt aber vor, wenn der Letztverbraucher fälschlicherweise von der Lieferung eines dritten Lieferanten ausgeht, die aber, zB weil der Lieferant den Kunden wegen schlechter Bonität gar nicht erst beim Netzbetreiber zur Belieferung angemeldet hat, nicht stattfindet. Auch bei Haushaltskunden greift hier die Grundversorgung in Ermangelung eines Erklärungswerts des Energiebezugs des Kunden nicht.“*[92]

Demnach hat B einen Anspruch auf Zahlung aus § 38 Abs. 1 EnWG für den Zeitraum vom 13.11.2019 – 28.11.2019.

b) Wieso können die Zahlungen der B an die E nicht mit dem Zahlungsanspruch der K verrechnet werden?

Zwar sieht das allgemeine Zivilrecht eine Verrechnung von Ansprüchen („Aufrechnung“) vor. Diese ist jedoch an bestimmte Voraussetzungen geknüpft. 483

Voraussetzungen der Aufrechnung

1. Aufrechnungslage § 378 BGB

   „Schulden zwei Personen einander Leistungen, die ihrem Gegenstand nach gleichartig sind, so kann jeder Teil seine Forderung gegen die Forderung des anderen Teils aufrechnen, sobald er die ihm gebührende Leistung fordern und die ihm obliegende Leistung bewirken kann.“
2. Aufrechnungserklärung § 388 BGB
3. Kein Ausschluss

Im vorliegenden Fall schuldet zwar die E der B die Abschläge, die diese nach dem Ende der Belieferung noch bezahlt hat. Allerdings kann die B mit dieser Schuld nicht gegen die K aufrechnen. Die Aufrechnung setzt voraus, dass zwei Personen *einander* gleichartige Leistungen schulden. Dies ist hier nicht der Fall.

c) Kann die B von der E Rückzahlung erlangen?

Sofern die E ihre Verpflichtungen aus dem Energieliefervertrag gegenüber der B nicht erfüllt, kann die B Ansprüche auf Schadenersatz wegen einer Pflichtverletzung geltend machen. 484

Ansprüche bei Nichtleistung

Grundsätzlich: Schadenersatz bei Pflichtverletzung § 280 Abs. 1 BGB

(1) Schuldverhältnis, zB Vertrag

(2) Pflichtverletzung, zB Nichtleistung § 281 Abs. 1 BGB

(3) Vertretenmüssen, § 276 Abs. 1 BGB = Vorsatz + Fahrlässigkeit

(4) Schaden = unfreiwilliges Vermögensopfer + Kausalität

Auch wenn der Anspruch materiell besteht, wird die B von der E wahrscheinlich kein oder wenig Geld zurückerhalten, da über das Vermögen der E das Insolvenzverfahren

92 *Heinlein/Weitenberg* in *Theobald/Kühling*, Energierecht, 104. EL Dezember 2019, § 38 Rn. 13.

eröffnet wurde. B kann ihre Forderung zur Tabelle anmeldet und wird im Rahmen des Insolvenzverfahrens eine Quote erhalten.

▶ *Übersicht:* Verträge in der Insolvenz

Ist ein gegenseitiger Vertrag zum Zeitpunkt der Insolvenzeröffnung ganz erfüllt, gelten die allgemeinen Vorschriften (§§ 320 ff. BGB)

- Hat der Vertragsgegner ganz erfüllt, so kann er seine Leistung nicht aus der Insolvenzmasse zurückverlangen, sondern nur seinen Gegenanspruch als Insolvenzforderung geltend machen (§ 38 InsO).
- Hat der Schuldner ganz erfüllt, so muss der Vertragsgegner seine Leistung an die Insolvenzmasse erbringen.

Insolvenzforderung § 38 InsO
Insolvenzgläubiger sind alle persönlichen Gläubiger, die einen zur Zeit der Eröffnung des Insolvenzverfahrens begründeten Vermögensanspruch gegen den Schuldner haben (§ 38 InsO). Sie müssen ihre Forderungen nach Eröffnung zur Tabelle anmelden, wenn sie ihre Quote erhalten wollen (§§ 87, 174 ff. InsO). ◀

Fall 16)

Klausel Nr. 1)

485 Bei der Klausel Nr. 1 handelt es sich um eine Preisanpassungsklausel.[93] Die Klausel könnte nach § 307 Abs. 1, Abs. 2 Nr. 1 BGB unwirksam sein, da sie von den wesentlichen Grundgedanken des § 41 Abs. 3 Satz 2 EnWG abweicht.

▶ § 41 Abs. 3 EnWG

(3) Lieferanten haben Letztverbraucher rechtzeitig, in jedem Fall jedoch vor Ablauf der normalen Abrechnungsperiode und auf transparente und verständliche Weise über eine beabsichtigte Änderung der Vertragsbedingungen und über ihre Rücktrittsrechte zu unterrichten. Ändert der Lieferant die Vertragsbedingungen einseitig, kann der Letztverbraucher den Vertrag ohne Einhaltung einer Kündigungsfrist kündigen. ◀

Die Klausel räumt dem Kunden zwar ein Kündigungsrecht bei einseitigen Preisänderungen ein, legt dieses jedoch auf einen bestimmten Termin fest. Der BGH meint dazu:

> *„Diese Klausel, die das bei Preisänderungen bestehende Kündigungsrecht des Kunden auf den Zeitpunkt des Wirksamwerdens der Preisänderung beschränkt, weicht entgegen der Auffassung der Revision nicht zum Nachteil des Kunden von wesentlichen Grundgedanken des § 41 Abs. 3 Satz 2 EnWG ab und ist deshalb nicht nach § 307 Abs. 1, 2 Nr. 1 BGB unwirksam.“*[94]

Diese zeitliche Beschränkung bewegt sich nach Ansicht des BGH im Rahmen des nach § 41 Abs. 3 EnWG zulässigen, da dieser ein zeitlich unbegrenztes Kündigungsrecht nicht erforderlich macht. Die Klausel ist damit zulässig.

93 Siehe dazu *Pritzsche/Vacha*, Energierecht, 1. Auflage 2017, S. 161 f. Rn. 493-498.
94 BGH Urt. v. 9.12.2015 – VIII ZR 349/14, Rn. 10 ff.

Klausel Nr. 2)

Bei der Klausel handelt es sich um die Fiktion einer Erklärung. Sobald der Kunde den Vertrag nach Mitteilung der Anpassung nicht kündigt, gilt dies als Zustimmung. Da eine solche Klausel von den Vorgaben der StromGVV abweicht, sind zunächst die Klauselverbote des §§ 308, 309 BGB einschlägig. 486

§ 308 Nr. 5 BGB Fingierte Erklärungen

In Allgemeinen Geschäftsbedingungen ist **insbesondere unwirksam,** eine Bestimmung, wonach eine Erklärung des Vertragspartners des Verwenders bei Vornahme oder Unterlassung einer bestimmten Handlung als von ihm abgegeben oder nicht abgegeben gilt, es sei denn, dass

a) dem Vertragspartner eine angemessene Frist zur Abgabe einer ausdrücklichen Erklärung eingeräumt ist und
b) der Verwender sich verpflichtet, den Vertragspartner bei Beginn der Frist auf die vorgesehene Bedeutung seines Verhaltens besonders hinzuweisen.

Soweit die Klausel eine angemessene Frist vorsieht und der Verwender sich verpflichtet, im Rahmen der Mitteilung der Änderung die Auswirkungen eines Schweigens des Vertragspartners mitzuteilen, ist die Klausel also nicht von dem Verbot erfasst. Ob hier eine solche Verpflichtung anzunehmen ist, kann aber dahinstehen, wenn die Klausel trotzdem gegen § 307 BGB verstößt, weil sie eine unangemessene Benachteiligung darstellt.

Der BGH sieht die unangemessene Benachteiligung hier insbesondere darin, dass dem Kunden nur die Kündigung oder die Zustimmung zum Vertrag, aber keine einfach Widerspruchsmöglichkeit eingeräumt wird.[95] Hinzu tritt die Problematik, dass die Klausel nicht klar verständlich ist.

§ 307 Abs. 1 BGB

Bestimmungen in Allgemeinen Geschäftsbedingungen sind unwirksam, wenn sie den Vertragspartner des Verwenders entgegen den Geboten von Treu und Glauben unangemessen benachteiligen. Eine unangemessene Benachteiligung kann sich auch daraus ergeben, dass die Bestimmung nicht klar und verständlich ist.

Maßgeblich bei der Beurteilung der Verständlichkeit sind die Erwartungen und Erkenntnismöglichkeiten eines durchschnittlichen Vertragspartners und der objektive Sinn und typische Inhalt des Vertrages. Zweifel gehen nach § 305 c Abs. 3 BGB zulasten des Verwenders, dh mehrdeutige Klauseln werden so ausgelegt, dass von mehreren Auslegungsvarianten die anzunehmen ist, die sie unwirksam macht.[96] Der BGH führt hierzu aus:

> *„Dem durchschnittlichen Kunden wird nicht in der gebotenen Weise verständlich, welcher Art die Vertragsanpassung ist, mit der die Beklagte möglicherweise während der Laufzeit des Energieliefervertrags an ihn herantreten wird. Der Kunde kann nach Lektüre der Klausel mit hinreichender Klarheit nur erkennen, dass eine Preisanpassung nicht*

95 BGH, Urteil v. 2015 – VIII ZR 349/14, Rn. 23 ff. insbesondere Rn. 27.
96 BGH Urt. v. 9.12.2015 – VIII ZR 349/14, Rn. 29, 30.

Gegenstand des Änderungsverlangens sein kann. Nicht ausreichend verständlich ist hingegen der Begriff der "vertragswesentlichen Regelung" (...)"[97]

Auslegungsbedürftige Begriffe dürfen also nur verwendet werden, wenn der Vertragspartner ohne fremde Hilfe herausfinden kann, worum es sich handelt, wie beispielsweise die Begriffe „Transportkosten" oder „Verwaltungskosten"[98].[99]

Folglich handelt es sich bei der Klausel um eine unangemessene Benachteiligung.

Klausel Nr. 3)

487 Auch die Klausel Nr. 3 hält der AGB-Kontrolle nicht stand. Aufgrund der Unklarheit ist auch hier die kundenfeindlichste Auslegung für die Bewertung maßgeblich. Zwar ist es grundsätzlich zulässig, steigende Bezugskosten an die Verbraucher weiterzugeben, doch enthält die Klausel keine korrespondierende Verpflichtung zur Preisanpassung bei gesunkenen Kosten. Dies stellt eine unangemessene Benachteiligung der Kunden iSd § 307 Abs. 1 BGB dar.[100]

Fall 17)

A. Anspruch von GV gegen B aus Stromliefervertrag (§ 433 Abs. 2 BGB)

488 *Obersatz:* GV könnte gegen B einen Anspruch auf Zahlung der Stromlieferung für April aus § 433 Abs. 2, 453 BGB iVm einem Energieliefervertrag haben.

I. Anspruch entstanden

Voraussetzung hierfür ist ein wirksamer Energieliefervertrag. Dieser wiederum setzt zwei übereinstimmende Willenserklärungen, Angebot und Annahme (§§ 145, 147 BGB), voraus.

1. Angebot der GV

In ihrem Schreiben vom 4.4.2020 erklärt die GV, dass sie den B ab 1.4.2020 mit Energie beliefere und bietet ihm dafür den rückwirkenden Abschluss eines Energieliefervertrages mit dem Tarif „super versorgt III" *oder* dem Ersatzversorgungstarif. Dabei handelt es sich um ein Angebot der GV zum Abschluss eines Energieliefervertrages.

Hinweis:

Das Schreiben der GV enthält unproblematisch ein Angebot der GV zum Vertragsschluss. Daher kann hier der Feststellungsstil gewählt werden. Allerdings sollte das Verhalten der GV insoweit beschrieben werden, dass der Korrektor erkennt, dass die Erklärung der GV die vertragswesentlichen Bestandteile erhält und damit die Voraussetzung eines Angebots erfüllt.

→ **Definition des Angebots:** *Ein Angebot (§ 145 BGB) ist eine einseitige und empfangsbedürftige Willenserklärung, die auf den Abschluss eines Vertrages gerichtet und so formu-*

97 BGH Urt. v. 9.12.2015 – VIII ZR 349/14, Rn. 31.
98 BGH Urt. v. 25.10.2006 – VIII ZR 23/06 Rn. 41; BGH Urt. v. 9.12.2009 – XII ZR 109/08, Rn. 21 ff.
99 BGH Urt. v. 9.12.2015 – VIII ZR 349/14, Rn. 33.
100 BGH Urt. v. 31.7.2013 – VIII ZR 162/09, Rn. 39–41; siehe auch BGH Urt. v. 17.12.2008 – VIII ZR 274/06; *Pritzsche/Vacha*, Energierecht, 1. Auflage 2017, S. 161 Rn. 495.

liert ist, dass die Annahme durch ein einfaches „Ja“ erfolgen kann (= hinreichend bestimmt). ◀

2. Annahme durch B

B nimmt laut Sachverhalt das Angebot der GV zur Kenntnis, möchte aber, da er am Vertragsverhältnis mit der BS festhalten möchte, keinen Vertrag mit der GV eingehen. Er nimmt also das Angebot zunächst nicht ausdrücklich an.

Allerdings bezieht B weiterhin Strom durch die GV. Indem B die Leistung der GV abnimmt, könnte er konkludent in das Angebot der GV eingewilligt haben (§ 151 BGB). Ob in der Abnahme der Leistung durch B eine konkludente Annahme des Vertragsangebotes der GV zu sehen ist, ergibt sich durch Auslegung aus der Sicht eines objektiven Erklärungsempfängers nach Treu und Glauben unter Berücksichtigung der Verkehrssitte (§§ 133, 157 BGB).

▶ **Hinweis:**

Der objektive Empfängerhorizont ist für alle empfangsbedürftigen Willenserklärungen maßgeblich. Darin liegt eine Interessenabwägung zwischen dem aus der Privatautonomie folgenden Schutz des Erklärenden (nur sein wirklicher Wille sollte eine rechtliche Bindung auslösen) und dem Interesse des Geschäftsverkehrs an der Rechtssicherheit (wer redlich an den Abschluss eines Geschäfts glaubt, sollte in seinem Vertrauen geschützt werden, wenn sein Gegenüber in verantwortlicher Weise dieses Vertrauen durch sein Verhalten ausgelöst hat). ◀

Grundsätzlich bedarf es auch für die konkludente Erklärung der Annahme eines Bewusstseins, mit dem eigenen Verhalten eine Erklärung betreffenden Inhalts abzugeben (Erklärungsbewusstsein). Eine Ausnahme bilden hier jedoch Massenleistungen der modernen Daseinsvorsorge (zB Strom). Hier reicht es aus, wenn der Kunde Kenntnis davon hat, dass er eine entgeltliche Leistung in Anspruch nimmt und diese zu bezahlen hat.[101]

▶ **Hinweis:**

Dieses Ergebnis resultiert aus der oben benannten Interessenabwägung. B wusste, dass er eine entgeltliche Leistung der GV in Anspruch nimmt und mit seinem Verhalten (einfach weiter Strom beziehen) hat er ein Vertrauen in der GV geweckt, er wolle den Vertrag abschließen. Die GV konnte und musste nicht wissen, dass der B an einen Scherz glaubt. Das Gericht wertet hier den Vertrauensschutz des Versorgers höher als den Schutz des wirklichen Willens des B. Man kann aber natürlich auch anders argumentieren, zB, dass die GV kein schützenswertes Vertrauen entwickeln konnte, da ein Vertragsschluss ohne ausdrückliche Erklärung in der Branche ganz unüblich ist. Im Wesentlichen geht es darum, welche Partei hier einen größeren Beitrag zu dem Missverständnis geleistet hat. Hätte beispielsweise die GV den B nicht informiert, so würde dies wiederum zu ihren Lasten gehen (so, wie für den Zeitraum vom 1.4.-4.4.).
Im Wesentlichen kommt es darauf an, ob die GV das Verhalten des B redlich als Annahme ihres Angebots auffassen durfte. Die Argumentation muss sich hier darauf berufen, ob es nach der Verkehrssitte üblich ist, in einer solchen Fallkonstellation allein durch Abnahme der Leistung und ohne ausdrückliche Erklärung den Willen zum Vertragsschluss zum Aus-

101 BGH Urt. v. 10.10.1991 – III ZR 100/90.

druck zu bringen. Ein anderes Beispiel hierfür ist die Situation beim Kauf im Supermarkt. Niemand würde hier erwarten, dass durch ausdrückliche Erklärung ein Vertragsschluss angetragen wird, denn allen Beteiligten ist auch aus der Situation heraus klar, dass ein Kauf (inklusive Vertrag und Übergabe der Ware) stattfinden soll. Es entspricht der Verkehrssitte hier keine ausdrückliche Erklärung abzugeben.
Hier können Sie auch die andere Ansicht vertreten und den Vertragsschluss ablehnen. In diesem Fall folgt die Prüfung von § 38 Abs. 1 EnWG. ◀

Diese Kenntnis hat B durch das Schreiben der GV am 4.4.2020 erlangt. Nachdem der B nach dem 4.4.2020 weiterhin den Strom der GV bezieht, darf die GV redlich davon ausgehen, dass B das Vertragsangebot annehmen möchte. Eine Annahme des B liegt also für den Zeitraum ab dem 4.4.2020 im Ersatzversorgungstarif vor.

▶ **Hinweis:**

Bei der Argumentation ist – unabhängig davon, welche Ansicht Sie vertreten – darauf zu achten, dass der Korrektor erkennen kann, dass Sie das Trennungs- und Abstraktionsprinzip verstanden haben. Nach diesem Prinzip sind nämlich der Kaufvertragsschluss (Schuldrecht) und die Übergabe der Leistungen (Sachenrecht) jeweils eigene Geschäfte, die jeweils eigene übereinstimmende Willenserklärungen benötigen.
Deshalb wäre es falsch einfach nur zu schreiben, dass der B den Vertrag durch Abnahme der Leistung annimmt. Vielmehr ist es so, dass B durch die Abnahme der Leistung *zusätzlich* bzw. *implizit* eine Erklärung zum Schluss des Kaufvertrags abgegeben haben könnte. Dies ist dann der Fall, wenn sein Gegenüber (die GV) das Verhalten des B (die Abnahme der Leistung) nach Auffassung der Verkehrssitte (dh nach dem für den Verkehrskreis von Energielieferverträgen gültigen allgemeinen Konsens zur Auslegung von menschlichem Verhalten) als eine Willenserklärung zum Vertragsschluss auffassen durfte. ◀

3. Zwischenergebnis

Zwischen B und GV ist für den Zeitraum ab 4.4.2020 ein Vertrag über die Lieferung von Energie durch konkludente Annahme des Angebots der GV mittels Abnahme der Leistung in Kenntnis der Belieferung durch die GV zustande gekommen.[102]

II. Anspruch erloschen

1. Erfüllung

Der Anspruch könnte durch Erfüllung gem. §§ 362 Abs. 1, 2 iVm § 185 BGB durch die Zahlung des B gegenüber der BS erloschen sein. Die Erfüllung einer Verbindlichkeit gegenüber einem Dritten setzt die Einwilligung der Gläubigerin voraus. Diese liegt nicht vor.

2. Aufrechnung

Der Anspruch könnte auch durch Aufrechnung gem. § 389 BGB erloschen sein. Voraussetzung dafür ist, dass eine Aufrechnungslage (§ 387 BGB) und eine Aufrechnungserklärung (§ 388 BGB) vorliegt. Voraussetzung der Aufrechnungslage ist, dass sich GV und B gegenseitig gleichartige Leistungen schulden. Der B möchte gegen eine Geldfor-

102 BGH Urt. v. 26.1.2005 – VIII ZR 66/04.

derung aufrechnen. Da die GV dem B kein Geld schuldet, liegt eine Aufrechnungslage nicht vor.

Übersicht: Die Aufrechnung prüfen

Obersatz: Die Forderung des Anspruchstellers gegen den Anspruchsgegner (Hauptforderung) könnte gem. § 389 BGB erloschen sein.

Voraussetzungen:

1. Aufrechnungserklärung (§ 388 BGB)
2. Aufrechnungslage (§ 387 BGB)
   a) Gegenseitigkeit
   b) Gleichartigkeit
   c) Fälligkeit und Durchsetzbarkeit der Gegenforderung
   d) Erfüllbarkeit der Hauptforderung

III. Anspruch durchsetzbar

Mangels Hinweisen im Sachverhalt ist davon auszugehen, dass der Anspruch durchsetzbar ist.

IV. Ergebnis

Die GV hat gegen B einen Anspruch auf Zahlung der Energielieferung von 4.4.2020 – Monatsende aus § 433 Abs. 2, 453 BGB iVm Energieliefervertrag.

B. Anspruch von GV gegen B aus § 38 Abs. 1 EnWG

Obersatz: Die GV könnte gegenüber B einen Anspruch auf Zahlung der Energielieferung aus § 38 Abs. 1 EnWG haben.

I. Anspruch entstanden

Voraussetzung hierfür ist, dass B Letztverbraucher (§ 3 Nr. 25 EnWG) ist und Energie aus einem Netz der allgemeinen Versorgung (§ 3 Nr. 17 EnWG) bezieht. Außerdem müsste die Energielieferung keinem Vertragsverhältnis zuzuordnen sein. Die GV müsste außerdem als Anspruchsberechtigte Grundversorgerin iSd § 36 Abs. 1, 2 EnWG sein.

B bezieht Energie zum Verbrauch für seinen eigenen Haushalt. Er ist damit Letztverbraucher iSd § 3 Nr. 25 EnWG. Zudem handelt es sich bei dem Verteilernetz in O, an das auch der B angeschlossen ist, um ein Netz der allgemeinen Versorgung iSd § 3 Nr. 17 EnWG.

Fraglich ist, ob die GV Grundversorgerin iSd § 36 Abs. 1, 2 EnWG ist. Grundversorger ist gem. § 36 Abs. 2 EnWG das Versorgungsunternehmen, welches die meisten Haushalte in einem Netzgebiet der allgemeinen Versorgung beliefert. An das Verteilernetz von O sind laut Sachverhalt 650 Kunden angeschlossen, von denen die GV 300 beliefert. Aus dem Sachverhalt ergibt sich, dass kein anderes Unternehmen mehr als 300 Kunden beliefert, daher ist GV Grundversorgerin in O und damit nach § 38 Abs. 1 EnWG anspruchsberechtigt.

Fraglich ist, ob die Energielieferung keinem Vertragsverhältnis zugeordnet werden kann (Zuordnungsdiskrepanz). Dies ist nur für den Zeitraum vom 1.4. – 4.4.2020 denkbar. Im Zeitraum vom 4.4.2020 bis zum Monatsende kann die Lieferung dem Vertragsverhältnis (s. o.) zwischen GV und B zugeordnet werden. Fraglich ist, ob die Lieferung zwischen dem 1.4.-4.4.2020 einem Vertragsverhältnis zugeordnet werden kann. Ein Vertragsverhältnis mit der GV bestand zu diesem Zeitpunkt nicht. Da die Lieferung nicht durch die BS, sondern durch die GV erfolgte, scheidet auch eine Zuordnung zu dem Vertragsverhältnis mit der BS aus.

GV hat gegen B einen Anspruch auf Zahlung des Restbetrages (1.4.2020 – 4.4.2020) aus § 38 Abs. 1 EnWG.

II. Anspruch erloschen

Bezüglich eines Erlöschens des Anspruchs durch Erfüllung oder Aufrechnung gilt hier das oben geschriebene.

III. Anspruch durchsetzbar

Mangels Anhaltspunkten im Sachverhalt ist der Anspruch durchsetzbar.

IV. Ergebnis

B hat gegen GV einen Anspruch auf Zahlung des Abschlags vom 1.4.-4.4.2020 auf § 38 Abs. 1 EnWG.

C. Endergebnis

GV hat gegen B einen Anspruch auf Zahlung des Abschlags vom April, und zwar vom 1.4.2020 – 4.4.2020 aus § 38 Abs. 1 EnWG und ab 4.4.2020 aus dem konkludent geschlossenen Energieliefervertrag.

Zusatzfrage:

Kann B von BS sein Geld zurückbekommen?

B hat gegen BS, da diese ab 1.4.2020 keine Energie mehr geliefert hat, einen Schadenersatzanspruch statt der Leistung (§ 280 Abs. 1 BGB) in Geld. Dabei handelt es sich allerdings wegen der Eröffnung der Insolvenz über das Vermögen der BS um eine Insolvenzforderung (§ 38 InsO). Der B muss diese Forderung zur Tabelle anmelden und wird dann im Insolvenzverfahren nur eine (in der Praxis meist geringe) Quote erhalten.

Fall 18)

489 Die E könnte gegen die O einen Anspruch auf Zahlung der 119,87 Euro aus §§ 433 Abs. 2, 453 BGB iVm dem Stromliefervertrag haben.

I. Anspruch entstanden

Laut Sachverhalt hat die O einen Energieliefervertrag mit der E geschlossen, aus dem sich die Forderung bei korrekter Abrechnung für das Verbrauchsjahr 2014 ergibt. Anhaltspunkte für Fehler in der Abrechnung finden sich im Sachverhalt nicht. Der Anspruch ist folglich entstanden.

II. Anspruch erloschen

Der Anspruch könnte aufgrund eines Verstoßes gegen § 40 Abs. 4 EnWG erloschen sein. Zwar hat die E mit der verspäteten Abrechnung gegen die in § 40 Abs. 4 EnWG normierte Abrechnungsfrist verstoßen. Da es sich bei § 40 Abs. 4 EnWG nicht um eine Ausschlussfrist handelt[103] führt eine Überschreitung der Abrechnungsfrist nicht zum Erlöschen des Anspruchs.

III. Anspruch durchsetzbar

1. Verjährung

Der Anspruch könnte jedoch gem. § 214 Abs. 1 BGB nicht durchsetzbar sein. Fraglich ist, ob der Anspruch verjährt ist. Voraussetzung hierfür ist, dass die Verjährungsfrist abgelaufen ist. Für den Zahlungsanspruch aus Stromlieferverträgen gilt die regelmäßige Verjährungsfrist von drei Jahren (§ 195 BGB).[104] Die Frist beginnt gem. § 199 BGB mit dem Schluss des Jahres, in dem der „Anspruch entstanden" ist. Nach herrschender Ansicht bezieht sich diese Formulierung auf den Zeitpunkt der Fälligkeit des Anspruchs. Nach § 17 Abs. 1 Satz 1 StromGVV ist der Anspruch des Grundversorgers frühestens zwei Wochen nach Zugang der Zahlungsaufforderung fällig. Laut Sachverhalt ist die Zahlungsaufforderung der O aber erst am 17.1.2020 zugegangen. Die Verjährung beginnt damit erst zum Ende des Jahres 2020. Die Forderung ist damit nicht verjährt.[105]

2. Verwirkung

Der Anspruch des E könnte jedoch nach § 242 BGB verwirkt sein.[106] Maßgeblich neben dem Zeitmoment ist, dass der Schuldner ein schützenswertes Vertrauen aufgebaut hat, vom Gläubiger nicht mehr in Anspruch genommen zu werden (Umstandsmoment).[107]

Allein der Verzicht auf eine Rechnungstellung ist nur ein schwaches Indiz und vermag erst nach sehr langer Zeit ein schützenswertes Vertrauen des Schuldners zu begründen.[108] Das Zeitmoment ergibt sich aus dem Zeitraum, in dem der Berechtigte untätig blieb, obwohl er das Recht hätte geltend machen können. Damit setzt die Verwirkung eines Forderungsrechts, ebenso wie die Verjährung, die Fälligkeit eines Anspruchs voraus.[109] Anders als die Verjährung, deren Zweck darin liegt, den Schuldner vor Beweisschwierigkeiten hinsichtlich einer Tilgung der Forderung zu bewahren[110], dient die Verwirkung dem Vertrauensschutz. Es kann hier also nur darauf ankommen, ob der Gläubiger die Forderung tatsächlich zur Durchsetzbarkeit hätte bringen können, ohne dass es dafür des Eintritts von ihm nicht beeinflussbarer Umstände oder der Mitwirkung des Schuldners bedurfte. Im Falle der Abrechnung von Energielieferungen ist als Zeitmoment im Sinne der Verwirkung also der Zeitraum zwischen Ende des Abrech-

103 *Heinlein/Weitenberg* in *Theobald/Kühling*, Energierecht, 105. EL 2020, EnWG § 40 Rn. 48.
104 *Grothe*, in MüKoBGB, 8. Aufl. 2018, § 195 Rn. 4.
105 BGH Urt. v. 17.7.2019 – VIII ZR 224/18, EnWZ 2019, 349 Rn. 13.
106 *Mansel* in *Jauernig*, Bürgerliches Gesetzbuch, 17. Auflage 2018, § 242 Rn. 53.
107 *Mansel* in *Jauernig*, Bürgerliches Gesetzbuch, 17. Auflage 2018, § 242 Rn. 55, 57.
108 OLG Hamburg Urt. v. 3.11.2017 – 3 U 58/14 – BeckRS 2017, 153032 Rn. 28 ff.; BGH Rechtsentscheid in Mietsachen vom 11.4.1984 – VIII ARZ 16/83, Rn. 26.
109 *Mansel* in *Jauernig*, Bürgerliches Gesetzbuch, 17. Auflage 2018, § 242 Rn. 59.
110 RG, Urteil vom 15.12.1905 – VII 120/05 – RGZ 62, 178–184 (181).

nungszeitraums und tatsächlicher Erteilung der Abrechnung maßgeblich. Dieser Zeitraum beträgt fünf Jahre.

Ein solcher, verhältnismäßig geringer Zeitraum allein reicht nicht aus, um eine Verwirkung anzunehmen. Es müssten weitere Umstände vorliegen, die ein Vertrauen, nicht mehr in Anspruch genommen zu werden, begründen.[111] Allein die Tatsache, dass in den vorherigen Abrechnungen keine Nachzahlung fällig wurde, reicht dafür nicht aus. Die O hätte wissen müssen, dass bei einer fehlenden Abrechnung noch eine zukünftige Nachzahlung möglich ist.

Der Anspruch der E gegen die O ist durchsetzbar.

E hat einen Anspruch gegen O auf Zahlung der 119,87 Euro aus §§ 433 Abs. 2, 453 BGB iVm dem Stromliefervertrag.

▶ Die Lösung eines Falles ist nicht immer eindeutig. Der BGH hat zwar in einem ähnlichen Fall so entschieden. Aber es kommt nicht selten vor, dass sich die Rechtsprechung wieder ändert. In diesem Fall ist es möglich mit guten Argumenten zu einem anderen Ergebnis zu kommen. Beispielsweise ist es vorstellbar, dass man ein Vertrauen der O, nicht mehr in Anspruch genommen zu werden, begründet sieht. Man muss dabei nur aufpassen, nichts in den Sachverhalt hineinzudichten. Daneben ist auch die Frage berechtigt, ob die Auslegung des § 40 Abs. 4 EnWG mit dem europäischen Recht vereinbar ist, denn dieser beruht auf einer europäischen Richtlinie.[112] ◀

111 OLG Hamburg Urt. v. 3.11.2017 – 3 U 58/14 – BeckRS 2017, 153032 Rn. 34, 35.
112 *Möller-Klapperich/Wormit*, EnWZ 2021, 105.

K. Haftung von Energieversorgungsunternehmen

Energieversorgungsunternehmer, Kraftwerks- und Netzbetreiber haften für Schäden, die im Zusammenhang mit dem Betrieb von Energieversorgungsanlagen entstehen, zunächst nach den allgemeinen, also vertraglichen, nachbarrechtlichen oder deliktischen Haftungsregelungen. Für Versorgungsanlagen der Daseinsvorsorge sieht § 2 HaftPflG allerdings eine besondere Gefährdungshaftung vor.[1] Das Produkthaftungsgesetz sieht ebenfalls eine verschuldensunabhängige Haftung für den Hersteller fehlerhafter Produkte vor, die auch auf die Produkte Strom und Gas anwendbar ist (§ 2 ProdHaftG).[2] 490

Bei Schäden, die aus Unregelmäßigkeiten oder Unterbrechungen in der Anschluss- und Netznutzung im Niederspannungsbereich herrühren, modifiziert § 18 NAV/NDAV sowohl die vertragliche als auch die verschuldensabhängige gesetzliche Haftung.[3] 491

I. Vertragliche Haftung

Besteht ein Vertrag[4] zwischen der geschädigten Person und dem Anlagenbetreiber, so kommt eine Haftung aus Verletzung vertraglicher Schutzpflichten nach den allgemeinen Regelungen des BGB in Betracht. 492

Grundvoraussetzungen des § 280 Abs. 1 BGB

1 – Schuldverhältnis

Hier muss das Zustandekommen des Vertrages geprüft werden, sofern es noch nicht vorher geschehen ist. Ansonsten reicht ein Verweis.

2 – Pflichtverletzung

Welche Pflicht hier wie verletzt werden muss, ergibt sich meist aus den die Anspruchsgrundlage konkretisierenden Normen.

Beispiele für Pflichtverletzungen und spezielle gesetzliche Grundlagen

- Verletzung der Hauptleistungspflicht (Nichtleistung § 281 BGB, Unmöglichkeit der Leistung § 283 BGB oder Unzumutbarkeit der Leistung § 282 BGB)
- Verletzung einer Nebenpflicht (zB Sorgfaltspflicht) § 241 Abs. 2 BGB
- Mängel an Kaufobjekt §§ 434 ff. BGB

3 – Vertretenmüssen

Gemäß § 276 Abs. 1 BGB haftet der Schuldner grundsätzlich für Vorsatz und Fahrlässigkeit. Der Schuldner haftet gem. § 278 BGB für das Verhalten seines gesetzlichen Vertreters und seines Erfüllungsgehilfen. Voraussetzungen sind, dass eine Sonderverbindung besteht und der Erfüllungsgehilfe/Vertreter gerade in der Erfüllung der Verbindlichkeit tätig wird. Die Vertragsparteien können außerdem grundsätzlich abweichende Haftungsvereinbarungen treffen (vgl. § 276 Abs. 3 BGB).

Definitionen zum Vertretenmüssen

Vorsatz = wissentliches, willentliches Herbeiführen des rechts- oder planwidrigen Erfolgs, ausreichend ist regelmäßig auch bedingter Vorsatz, dh billigende Inkaufnahme.

---

1 *Salje* in *Schulte, Martin / Schröder, Rainer*: Handbuch des Technikrechts, 2. Auflage 2011, S. 307 ff.
2 *Unberath/Fricke* NJW 2007, 3601 (3604 f.); Walker in *Brox/Walker*, Besonderes Schuldrecht 44. Auflage 2020, § 54 Rn. 29.
3 *Bartsch/vom Wege* EnWZ 2014, 152 (153 f.).
4 Siehe dazu *Unberath/Fricke* NJW 2007, 3601; weiterführend siehe *Bartsch/vom Wege* EnWZ 2014, 152.

Leichte Fahrlässigkeit = außer Acht lassen der im Verkehr erforderlichen Sorgfalt

Grobe Fahrlässigkeit = Verletzung der im Verkehr erforderlichen Sorgfalt in besonders schwerem Maße.

4 – Schaden

Schaden ist ein unfreiwilliges Vermögensopfer (§§ 249 ff. BGB). Die Pflichtverletzung muss für den Schaden kausal sein („haftungsausfüllende Kausalität"). ◀

493 Unter Umständen können auch Dritte in den Schutzbereich, beispielsweise eines Anlagenliefervertrages, einbezogen sein. Es gelten die Grundsätze des § 328 BGB analog. Dabei kommt es darauf an, inwiefern der Lieferant der Anlage damit rechnen musste, dass Dritte mit der Anlage in Berührung kommen und ob er sich deren Interessen nach Treu und Glauben zurechnen lassen muss. Bei Mitarbeitern des Anlagenbetreibers ist dies idR zu bejahen, bei Nachbarn des Anlagenbetreibers nur dann, wenn die Gefährlichkeit für umliegende Grundstücke durch die Anlage erwartbar ist. Kommen Dritte in solchen Fällen durch eine fehlerhafte Anlage zu Schaden, haftet der Lieferant nach § 280 Abs. 1 BGB (Verschulden vorausgesetzt).[5]

II. Die Geschäftsführung ohne Auftrag

494 Auch die Geschäftsführung ohne Auftrag kommt in verschiedenen Konstellationen als Anspruchsgrundlage in Betracht. So beispielsweise, wenn unbeteiligte Dritte bei Unfällen oder Bränden von Erzeugungsanlagen Hilfe leisten und dadurch einen „Schaden" erleiden. Es handelt sich dann nämlich in aller Regel nicht um einen Schaden im Rechtssinne (unfreiwilliges Vermögensopfer), sondern um eine sog. Aufwendung (freiwilliges Vermögensopfer), so dass deliktische Schadenersatzansprüche nicht eingreifen. Die GoA hingegen gewährt uU einen Aufwendungsersatz.

495 Bei der Geschäftsführung ohne Auftrag unterscheidet man grundsätzlich drei Konstellationen. Die berechtigte und die unberechtigte GoA sowie die Eigengeschäftsführung.[6]

1. Die berechtigte Geschäftsführung ohne Auftrag

496 ▶ **Voraussetzungen (§§ 677 ff. BGB)**

I. Geschäftsbesorgung ist das rechtliche oder tatsächliche Tätigwerden des Geschäftsführers für den Geschäftsherrn.

II. Fremdgeschäftsführungswille

III. Ohne Auftrag oder sonstiges Rechtsverhältnis (zum Geschäftsherrn)

IV. Berechtigung ◀

Ob es sich bei der Geschäftsbesorgung um ein fremdes Geschäft, also ein solches im fremden Interesse und Sorgenkreis handeln muss, ist umstritten. Jedenfalls muss der Geschäftsführer den Willen und das Bewusstsein haben, Aufgaben im Rechtskreis eines anderen wahrzunehmen. Ob der Geschäftsführer dabei die Person des Geschäftsherrn kennt, ist unerheblich (§ 686 BGB). Für die Beweislast ist zu unterscheiden:

5 *Salje* in *Schulte/Schröder*: Handbuch des Technikrechts, 2. Auflage 2011, S. 297 ff.

6 *Brox/Walker*, Besonderes Schuldrecht, 42. Auflage, München 2018, S. 486 – 508.

▶ I. Objektiv fremdes Geschäft → Fremdgeschäftsführungswille wird vermutet, wenn dem Geschäftsführer die Fremdheit bewusst ist und er das Geschäft als eigenes führen will
II. Subjektiv fremdes Geschäft → Fremdgeschäftsführungswille muss äußerlich erkennbar in Erscheinung getreten sein
III. Auch-fremdes Geschäft → Fremdgeschäftsführungswille wird grundsätzlich vermutet, außer der GF hat spezielle öffentlich-rechtliche Pflichten, tätig zu werden. ◀

Das Gesetz sieht drei Berechtigungsgründe für die Übernahme eines fremden Geschäfts vor: 497

▶ I. Übernahme entsprechend des wirklichen Willens des Geschäftsherrn bzw. im (objektiven) Interesse und mit mutmaßlichem Willen des Geschäftsherrn (§ 683 S. 1 BGB).
II. Übernahme im objektiven Interesse aber gegen den Willen des Geschäftsherrn, wenn durch die Übernahme und das Eingreifen des Geschäftsführers eine im gesteigerten öffentlichen Interesse liegende Rechtspflicht des Geschäftsherrn (§ 683 S. 2 iVm § 679 1. Fall BGB) oder gesetzliche Unterhaltspflichten (§ 679 2. Fall BGB) erfüllt werden.
III. Genehmigung durch den Geschäftsherrn (§ 684 S. 2 BGB). ◀

Es schadet der GoA nicht, wenn der Geschäftsherr geschäftsunfähig oder beschränkt geschäftsfähig ist. Maßgeblich ist jedoch dann der (mutmaßliche) Wille des gesetzlichen Vertreters. Ob der Geschäftsführer geschäftsfähig sein muss, ist umstritten.[7] 498

Bei der berechtigten GoA ist der Geschäftsführer nach § 677 BGB zur **ordnungsgemäßen Geschäftsführung** verpflichtet, dh im Interesse des Geschäftsherrn und mit Rücksicht auf dessen wirklichen oder mutmaßlichen Willen. Daraus folgt jedoch nicht, dass der Geschäftsführer die einmal übernommene Aufgabe zwangsläufig fortführen muss, wenn dies ausnahmsweise nicht nach Treu und Glauben geboten ist. Nach § 681 S. 1 BGB muss der Geschäftsführer dem Geschäftsherrn baldmöglichst die **Geschäftsübernahme anzeigen** und dessen Entschließung abwarten, er muss nach § 681 S. 2, 666 BGB Nachricht geben, Auskunft erteilen und Rechenschaft ablegen. Das aus dem Geschäft **Erlangte muss er herausgeben** (§§ 681 S. 2, 667 BGB), dies unter Umständen sogar mit Zinsen (§§ 681 S. 2 668 BGB). Dies gilt nicht für einen beschränkt Geschäftsfähigen (vgl. § 682 BGB). Ein Bereicherungsanspruch besteht nicht. 499

Verstößt der Geschäftsführer schuldhaft gegen diese Pflichten, so richtet sich der **Schadenersatz** nach den allgemeinen Regeln (§§ 280 ff., 823 ff. BGB). Der Geschäftsführer hat nur Vorsatz und grobe Fahrlässigkeit zu vertreten, wenn die Geschäftsführung die Abwendung einer dem Geschäftsherrn (oder analog ihm nahen Angehörigen) drohenden dringenden Gefahr bezweckt hat (§ 680 BGB). Es reicht aus, wenn der Geschäftsführer, nach mit der Situation angemessener sorgfältiger Prüfung, vom Vorliegen einer Gefahr ausgehen durfte. 500

Der Geschäftsherr wiederum muss dem Geschäftsführer seine erforderlichen **Aufwendungen** (freiwillige Vermögensopfer) erstatten (§§ 683 S. 1, 670 BGB). Dazu zählen auch Schäden die als Folge der typischen und erkennbaren Gefahrenlage der Geschäftsbesorgung aufgetreten sind. Der Aufwendungsersatzanspruch entfällt, wenn der 501

7 Siehe dazu zB *Brox/Walker*, Besonderes Schuldrecht, 42. Auflage 2018, S. 498 Rn. 39 f.

Geschäftsführer nicht die Absicht hatte, vom Geschäftsherren Ersatz zu verlangen (§ 685 BGB). Bei Eigeninteresse des Geschäftsführers an der Geschäftsbesorgung sowie bei mitwirkendem Verschulden an erlittenen Schäden (§ 254 BGB, bei Gefahr gilt jedoch § 680 BGB), mindert sich der Anspruch entsprechend.[8]

2. Die unberechtigte GoA

502 Fehlt der Berechtigungsgrund, spricht man von einer unberechtigten GoA. Ob die §§ 677, 681 BGB auch hier anzuwenden sind, ist umstritten. Nach herrschender Ansicht kommen lediglich die §§ 812 ff. BGB und §§ 823 ff. BGB in Betracht. Darüber hinaus sieht § 678 BGB einen eigenständigen **Schadenersatzanspruch** vor, wenn der Geschäftsführer erkennen musste, dass sein Handeln dem Willen des Geschäftsherrn widersprach. Der Widerspruch kann sich auch auf die Art und Weise der Geschäftsführung und die Person des Geschäftsführers beziehen. Bei einer Fehleinschätzung durch den Geschäftsführer genügt regelmäßig leichte Fahrlässigkeit. Der Geschäftsführer hat dann jeden durch die Geschäftsführung adäquat verursachten Schaden zu ersetzen, auch wenn er bei der Ausführung nicht schuldhaft handelte. In der Konsequenz hat allerdings der Geschäftsherr dem Geschäftsführer nach den Vorschriften über die ungerechtfertigte Bereicherung auch das aus dem Geschäft erlangte herauszugeben (§ 684 BGB).[9]

3. Die Eigengeschäftsführung

503 Fehlt der Fremdgeschäftsführungswille, wird keine GoA begründet. Für die irrtümliche Eigengeschäftsführung finden die Vorschriften der §§ 677–686 BGB keine Anwendung. Es gelten vielmehr die allgemeinen Vorschriften über unerlaubte Handlung und ungerechtfertigte Bereicherung (§ 687 Abs. 1 BGB). Bei der unerlaubten Eigengeschäftsführung, also wenn der Handelnde ein objektiv fremdes Geschäft wissentlich nur zum eigenen Vorteil als eigenes führt, kann dies ebenso Ansprüche aus ungerechtfertigter Bereicherung (Ausschluss durch §§ 987 ff. BGB möglich) und unerlaubter Handlung auslösen. Nach § 687 Abs. 2 BGB kann jedoch der Geschäftsherr das Geschäft an sich ziehen und sodann Rechte aus GoA geltend machen, muss dann allerdings auch die Aufwendungen des Geschäftsführers bis zur Höhe der Bereicherung ersetzen (§§ 687 Abs. 2 S. 2, 684 S. 1 BGB).[10]

III. Nachbarrechtlicher Anspruch (§ 906 Abs. 2 BGB)

504 Kommt es zu Immissionen, die Nachbargrundstücke mehr als ortsüblich oder in zumutbarem Maße beeinträchtigen, ist ein Anspruch aus § 906 Abs. 2 S. 2 BGB auf angemessenen Ausgleich in Geld denkbar. Zumutbar ist die Beeinträchtigung durch eine Anlage insbesondere, wenn die Grenz- und Richtwerte des BImSchG eingehalten werden. Ein Verschulden des Anlagenbetreibers setzt der nachbarrechtliche Anspruch hingegen nicht voraus.[11]

---

8 *Brox/Walker*, Besonderes Schuldrecht, 42. Auflage 2018, S. 487 ff. Rn. 1–61.
9 *Brox/Walker*, Besonderes Schuldrecht, 42. Auflage 2018, S. 504 ff. Rn. 1–8.
10 *Brox/Walker*, Besonderes Schuldrecht, 42. Auflage 2018, S. 506 ff. Rn. 1–6.
11 *Salje* in *Schulte/Schröder*, Handbuch des Technikrechts, 2. Auflage 2011, S. 305 f.

IV. Haftung bei Gefährdung

Eine verschuldensunabhängige Haftung sieht das Gesetz an verschiedenen Stellen vor. Zur Einführung werden hier die Produkthaftung und die Anlagenhaftung nach HaftPflG beschrieben.[12] 505

1. Produkthaftungsgesetz

Die Produkthaftung ist eine verschuldensunabhängige Gefährdungshaftung, die auch bei der Lieferung von elektrischer Energie greifen kann. Sie schützt allerdings nicht das Vermögen und greift bei Sachschäden nur, wenn die beschädigte Sache dem privaten Gebrauch dient.[13] 506

Versorgungsunterbrechungen stellen keinen Fehler des Produktes Elektrizität dar. Erfasst sind jedoch Spannungs- oder Frequenzschwankungen. „Hersteller" iSd § 4 ProdHaftG ist in diesem Fall grundsätzlich der Netzbetreiber, da dieser für die Transformation des Stroms auf die vom Kunden gewünschte Spannungsebene verantwortlich ist.[14] 507

▶ *Übersicht* – Grundlagen der Produkthaftung § 1 Abs. 1 ProdHaftG

1. **Hersteller eines fehlerhaften Produktes**[15]
   a) Produkt ist jede bewegliche Sache, sowie Elektrizität und Gas
   b) Fehlerhaft ist ein Produkt, welches nicht die Sicherheit bietet, die unter Berücksichtigung der Umstände berechtigterweise zu erwarten ist (§ 3 Abs. 1 ProdHaftG)
   c) Hersteller ist der tatsächliche Hersteller, der Quasi-Hersteller (zB Verkauf unter eigener Marke), der Importeur und, sofern der Hersteller nicht ermittelt werden kann, auch der Lieferant (§ 4 ProdHaftG)
2. **Tötung/Verletzung eines Menschen oder Beschädigung einer Sache**[16]
   a) Ursächlicher Zusammenhang (sachgemäßer Gebrauch)
   b) Verletzung/Tötung einer Person oder
   c) Beschädigung einer *anderen* Sache, die für den privaten Ge- oder Verbrauch bestimmt ist
3. **Kein Ausschluss/Erlöschen**
   a) Ausschlussgründe § 1 Abs. 2 Nr. 1–5 ProdHaftG
      - Fehler bestand bei Inverkehrbringen durch Hersteller (§ 1 Abs. 2 Nr. 1 und 2 ProdHaftG)
      - Produkt mit wirtschaftlichem Zweck bzw. im Rahmen einer beruflichen Tätigkeit hergestellt oder vertrieben (§ 1 Abs. 2 Nr. 3. ProdHaftG)

---

12 Weiterführend siehe *Salje* in *Schulte/Schröder*, Handbuch des Technikrechts, 2. Auflage 2011, S. 306 ff.

13 *Unberath/Fricke* NJW 2007, 3601 (3604 f.); weiterführend zu Ansprüchen aus ProdHaftG *Fuchs/Baumgärtner* JuS 2011, 1057.

14 *Unberath/Fricke* NJW 2007, 3601 (3605).

15 *Walker* in *Brox/Walker*, Besonderes Schuldrecht 44. Auflage 2020, § 54 Rn. 29–35; siehe auch *Wandt*, gesetzliche Schuldverhältnisse, 9.Auflage 2019, § 22 Rn. 73, 74.

16 *Walker* in *Brox/Walker*, Besonderes Schuldrecht 44. Auflage 2020, § 54 Rn. 36–39.

   - Fehler beruht auf zwingenden Rechtsvorschriften (§ 1 Abs. 2 Nr. 4 ProdHaftG) oder war nach dem Stand der Technik/Wissenschaft nicht erkennbar (§ 1 Abs. 2 Nr. 5 ProdHaftG)
   - Fehler eines Teilproduktes beruht auf Konstruktion oder Anleitung des Endherstellers

  b) Erlöschen 10 Jahre nach Inverkehrbringen (§ 13 Abs. 1 S. 1 ProdHaftG)

4. **Mitverschulden des Geschädigten** (§ 6 Abs. 1 ProdHaftG, § 254 BGB)
5. **Umfang des Anspruchs** (§§ 7–11 ProdHaftG) ◀

508 Die Produkthaftung ist nicht anzuwenden, wenn die Haftung nach dem Atomgesetz eingreift. Vertragliche und andere deliktische Ansprüche finden neben der Produkthaftung Anwendung (§ 15 Abs. 2 ProdHaftG).[17] Der Umfang der Haftung kann nicht durch § 18 NAV beschränkt werden.[18]

2. Die Haftung des Anlagenbetreibers (§ 2 HaftPflG)

509 Das Haftpflichtgesetz enthält eine spezialgesetzliche Regelung im Bereich der Anlagenhaftung für Versorgungsanlagen der Daseinsvorsorge. In § 2 HaftPflG ist eine besondere Gefährdungshaftung normiert. § 2 Abs. 1 HaftPflG unterscheidet Wirkungs- und Zustandshaftung.[19]

a) Adressaten

510 Adressat ist der Inhaber einer Strom- oder Rohrleitungsanlage oder einer Anlage zur Abgabe von Elektrizität, Gasen, Dämpfen oder Flüssigkeiten. Beim Betrieb von Kernkraftwerken greifen zusätzlich die §§ 25 ff. Atomgesetz. Inhaber ist derjenige, der die **tatsächliche Sachherrschaft** über die Anlage ausübt. Mehrere Inhaber haften als Gesamtschuldner (§ 840 BGB).

511 Vom Tatbestand umfasst ist die Förderung, Produktion und Verarbeitung gefährlicher Gase, Flüssigkeiten, Dämpfe bzw. der Elektrizität. Anlagen iSd Vorschrift sind neben Strom- und Rohrleitungen allerdings nur Abgabeanlagen. Dazu zählen beispielsweise Messgeräte, Wandler, Schaltuhren, Anschlusssicherungen, Transformatoren, Hausanschlüsse und zugehörige Nebeneinrichtungen. Dient eine Anlage unmittelbar der Förderung, Produktion oder Verbreitung (zB Filterbecken, Turbinen, Pumpspeicherwerke), handelt es sich nicht um eine Abgabeanlage.

512 Die Haftung beginnt mit Fertigstellung und Inbetriebnahme. Sie endet, wenn der Betrieb endgültig aufgegeben wird.[20]

b) Wirkungshaftung

513 Die Wirkungshaftung setzt einen ursächlichen Zusammenhang zwischen typischen Funktionen der Anlage und der Zuführung der gefährlichen Energieträger oder Stoffe voraus (zB Gasexplosion).[21]

---

17 *Walker* in *Brox/Walker*, Besonderes Schuldrecht 44. Auflage 2020, § 54 Rn. 51.
18 BGH Urt. v. 25.2.2014 – VI ZR 144/13, Rn. 22; aA *Unberath/Fricke* NJW 2007, 3601 (3605).
19 *Salje* in *Schulte/Schröder*, Handbuch des Technikrechts, 2. Auflage 2011, S. 307.
20 *Salje* in *Schulte/Schröder*, Handbuch des Technikrechts, 2. Auflage 2011, S. 307 f.
21 *Salje* in *Schulte/Schröder*, Handbuch des Technikrechts, 2. Auflage 2011, S. 308; siehe auch BGH Urt. v. 22.6.2010 – VI ZR 226/09.

▶ Voraussetzungen der Wirkungshaftung[22]

I. Stromleitung, Rohrleitung oder Abgabeanlage
II. Inhaber als Ersatzverpflichteter
III. Wirkung von Elektrizität, Gasen, Dämpfen oder Flüssigkeiten
IV. Personen- oder Sachschaden
V. Adäquater Kausalzusammenhang
VI. Keine Ausnahme nach § 2 Abs. 3 HaftPflG ◀

c) Zustandshaftung

Die Zustandshaftung für Leitungsanlagen greift gem. § 2 Abs. 1 Satz 1 HaftPflG subsidiär ein, wenn der Schaden lediglich auf das Vorhandensein einer *nicht* ordnungsgemäßen Anlage zurückzuführen ist, beispielsweise auf die mechanischen Wirkungen der Anlage selbst (umstürzender Leitungsmast). Der Betreiber trägt die Beweislast für den Zustand der Anlage. 514

▶ Voraussetzung der Zustandshaftung

I. Stromleitung, Rohrleitung oder Abgabeanlage
II. Keine Haftung nach Satz 1
III. Nicht ordnungsgemäßer, also unversehrter und den *anerkannten Regeln der Technik* entsprechender Zustand
IV. Schaden/Adäquater Kausalzusammenhang
V. Keine Ausnahme nach § 2 Abs. 3 HaftPflG ◀

Die anerkannten Regeln der Technik setzen eine gewisse Übung in der Praxis voraus. 515
Sie müssen keinen Rechtsnormcharakter haben. Maßgeblicher Zeitpunkt für den ordnungsgemäßen Zustand der Anlage ist der Beginn einer in Gang gesetzten Kausalkette (zB Unfall), da der Inhaber einer Anlage sich nicht für ein von ihm nicht zu steuerndes Verhalten Dritter verantworten muss.[23]

d) Ausschluss

Nach § 2 Abs. 3 HaftPflG ist die Haftung in bestimmten Fällen ausgeschlossen, so ins- 516
besondere im Falle höherer Gewalt. Höhere Gewalt ist ein betriebsfremdes, von außen durch elementare Naturkräfte oder Handlungen dritter Personen herbeigeführtes Ereignis, das nach menschlicher Einsicht und Erfahrung unvorhersehbar ist, mit wirtschaftlich erträglichen Mitteln, auch durch die äußerste Sorgfalt, nicht verhütet oder unschädlich gemacht werden kann und auch nicht wegen seiner Häufigkeit in Kauf zu nehmen ist.[24]

V. Deliktische Haftung bei Verschulden

Bei schuldhaften Verletzungen geschützter Rechtsgüter oder von Schutzgesetzen 517
kommt außerdem die deliktische Haftung nach §§ 823 ff. BGB in Betracht.[25]

22 Nach *Salje* in *Schulte/Schröder*, Handbuch des Technikrechts, 2. Auflage 2011, S. 308.
23 *Salje* in *Schulte/Schröder*, Handbuch des Technikrechts, 2. Auflage 2011, S. 310–312.
24 *Salje* in *Schulte/Schröder*, Handbuch des Technikrechts, 2. Auflage 2011, S. 313.
25 *Brox/Walker*, Besonderes Schuldrecht, 42. Auflage 2018, S. 569 ff.

1. Schadenersatz wegen Verletzung eines Rechtsgutes § 823 Abs. 1 BGB

518 ▶ **Voraussetzungen**

I. Objektiver Tatbestand
- Menschliches Verhalten (Tun oder Unterlassen)
- Rechts(gut)verletzung (Leben, Körper, Gesundheit, Freiheit und absolute Rechte = Eigentum, berechtigter Besitz, Recht am eingerichteten und ausgeübten Gewerbebetrieb, APR)
- Haftungsbegründende Kausalität
  - Äquivalenztheorie (condition sine qua non),
  - eingeschränkt durch objektive Zurechnung (Adäquanztheorie, Schutzzweck der Norm, rechtmäßiges Alternativverhalten, hypothetische Kausalität, Pflichtverstoßerfordernis bei Unterlassen und mittelbarer Verletzung, Herausforderungsfälle)

II. Rechtswidrigkeit
- Wird durch Verletzung indiziert + keine Rechtfertigungsgründe (§§ 227, 228, 229, 904 BGB)
- Bei Verletzung von APR und Gewerbebetrieb ist eine Güterabwägung erforderlich.

III. Schuld
- Verschulden (Verschuldensfähigkeit, Vorsatz oder Fahrlässigkeit) oder Billigkeit (829 BGB)

IV. Schaden
- Vermögensschaden oder immaterieller Schaden (Verletzung APR/§ 253 Abs. 2 BGB)

V. Haftungsausfüllende Kausalität zwischen Rechts(gut)verletzung und Schaden
- Äquivalenz und objektive Zurechnung ◀

519 Die Haftung nach § 823 Abs. 1 BGB kommt insbesondere wegen Verletzung einer Verkehrssicherungspflicht in Betracht. Die Inbetriebnahme einer Anlage stellt insofern grundsätzlich die Eröffnung einer Gefahrenquelle dar. Der Betreiber ist deshalb verpflichtet, alle erforderlichen Maßnahmen zum Schutze Dritter vor Schaden durch den Anlagenbetrieb zu ergreifen. Ergreift der Anlagenbetreiber wirtschaftlich zumutbare Schutzmaßnahmen nicht, so kann daraus auf sein Verschulden geschlossen werden, dh ihm obliegt die Beweislast für die Exkulpation nach § 831 Abs. 1 S. 1 BGB analog. Eine Haftung wegen Verletzung einer Verkehrspflicht ist ausgeschlossen, wenn der Anlagenbetreiber nachweist, dass sein Verhalten objektiv mit der Rechtsordnung in Einklang stand.[26]

2. Schadenersatz wegen Verletzung eines Schutzgesetzes § 823 Abs. 2 BGB

520 ▶ **Voraussetzungen**

I. Objektiver Tatbestand

26 *Brox/Walker*, Besonderes Schuldrecht, 42. Auflage 2018, S. 574 ff. Rn. 1–60.

- Schutzgesetz = Rechtsnorm, die den Schutz eines Dritten bezweckt
- Verstoß (Tatbestand + ggf. Rechtswidrigkeit, Schuld)
- Schadenszurechnung = adäquate Verursachung + persönlicher/sachlicher Schutzbereich der Norm (Schutzzweck)

II. Rechtswidrigkeit und Verantwortlichkeit
- Setzt das Schutzgesetz kein Verschulden voraus, so ist für die Haftung mindestens Fahrlässigkeit bezüglich der Verletzung erforderlich. ◀

Eine Verletzung eines Schutzgesetzes kommt regelmäßig dann in Betracht, wenn der Anlagenbetreiber eine erforderliche Genehmigung nicht eingeholt hat. Aber auch die Verletzung technischer Vorschriften kann zur Haftung führen, wenn diese Schutzgesetzcharakter haben. Keine Schutzgesetze sind die Regeln der Technik, soweit sie in DIN-Vorschriften niedergelegt sind (Privatrecht) und auch die berufsgenossenschaftlichen Unfallverhütungsvorschriften (Schutzzweck).[27] 521

VI. Aufgaben

Fall 19) „Fracking"

Durch eine fehlerhafte Bohranlage (Fracking[28]) gerät mit giftigen Chemikalien versetzte Bohrflüssigkeit ins Grundwasser. Sowohl der Anlagenbetreiber als auch der Lieferant und die Genehmigungsbehörde hatten die fehlerhafte Anlage nicht bemerkt. Durch die Kontamination sind die anliegenden Felder des Bauern B für fünf Jahre nicht mehr landwirtschaftlich nutzbar. B möchte nun vom Anlagenbetreiber A Schadenersatz verlangen.[29] 522

a) Welche Ansprüche von B gegen A kommen hier in Betracht und was sind die Voraussetzungen?

b) Weil der Anlagenbetreiber A mittlerweile Insolvenz angemeldet hat, möchte B seinen Schaden von Lieferanten der Anlage C ersetzt bekommen. Kann B sich mit seinen Ansprüchen grundsätzlich direkt an C wenden? Was sind die Voraussetzungen eines Anspruchs des B gegen C?

Fall 20) „Kabelbrand"

Aufgrund eines Defekts an einer elektrischen Leitung des Netzbetreibers A gerät das Haus des B in Brand. Das Feuer vom Haus des B schlägt über und beschädigt eine Gartenlaube auf dem Grundstück des C sowie dessen vor dem Haus des B auf dem Bürgersteig geparkten Wagen. Haben B und C einen Schadenersatzanspruch gegen das Unternehmen A wegen der Schäden am Haus bzw. am Auto und der Gartenlaube? 523

Fall 21) „Gasexplosion"

Die A-GmbH betreibt in einer ländlichen Gegend eines sächsischen Landkreises eine Gashochdruckleitung. Die Anlage ist ordnungsgemäß, dh sie entspricht den Regeln der 524

27 *Brox/Walker*, Besonderes Schuldrecht, 42. Auflage 2018, S. 609 ff. Rn. 1–14; *Salje* in *Schulte/Schröder*, Handbuch des Technikrechts, 2. Auflage 2011, S. 301 f.

28 Siehe dazu *Pritzsche/Vacha*, Energierecht, 1. Auflage 2017, S. 9 Rn. 49; S. 214 ff. Rn. 50–59.

29 Frei nach *Salje* in *Schulte/Schröder*, Handbuch des Technikrechts, 2. Auflage 2011, S. 298 f.

Technik und ist mangelfrei. Die B-GmbH verlegt mit behördlicher Genehmigung neben der älteren Leitung der A eine weitere Gasleitung. Bei den Bauarbeiten beschädigt ein Mitarbeiter der B die Leitung der A mit einer Baumaschine, so dass Gas ausströmt und explodiert. Dabei wird ein auf einem naheliegenden Feldweg geparktes Auto des Jägers J beschädigt. Kann J Schadenersatz von A oder B verlangen?[30]

Fall 22) „Herunterfallende Leitungsdrähte"

525 Der LKW des A gerät auf einer Bundesstraße ins Schleudern und prallt gegen den neben der Straße befindlichen Stromleitungsmast des Netzbetreibers B. Die ansonsten ordnungsgemäße Leitungsanlage ist aufgrund einer Wartung gerade außer Betrieb, weshalb die Leitung keinen Strom führt. Jedoch fallen bei dem Aufprall die Leitungsdrähte auf den Wagen des C, der hierdurch beschädigt wird. Kann C von A oder B Schadenersatz verlangen?

Fall 23) „Sturmschäden"

526 Das Anwesen des B ist durch eine Freileitung an das Verteilernetz in O angeschlossen, welches von der Netz GmbH (N) betrieben wird. Während eines Unwetters in der Nacht vom 3. Juni kommt es durch auftretende Sturmböen zu einem Unfall: Ein neben dem Anwesen stehender Baum schlägt auf die unter Strom stehende Oberleitung und reißt sie herunter. Der dabei entstehende Lichtbogen setzt eine auf dem Anwesen befindliche kleine Scheune, in der B Stroh, Heu und weitere Futtermittel lagert, in Brand. Zwar gelingt es B und dessen Sohn den Brand zu löschen, so dass dieser nicht auf das Haupthaus überschlägt. Als die Leitung neben der Scheune auf dem Boden aufschlägt geraten jedoch die in dem anliegenden Stall befindlichen, wirklich sehr empfindlichen Buntschweine in Panik. Eines der Buntschweine wird dabei so schwer verletzt, dass es verstirbt. B ist darüber sehr verärgert – dies nicht zuletzt, da es sich um ein hervorragendes Zuchtexemplar gehandelt hat, welches einen Wert von mindestens 1400 Euro hatte. Durch den Brand und die Löschmittel sind die Futtermittel, das Stroh und das Heu in der Scheune nicht mehr zu gebrauchen. Dadurch und für die Reparatur der Scheune entsteht dem B ein Schaden in Höhe von 5000 Euro.

Hat B gegen N einen Anspruch auf Schadenersatz für

- die Scheune mit dem Stroh?
- den zum Löschen genutzten Feuerlöscher?
- das verstorbene Buntschwein?

Lösung Kapitel K

Fall 19)

527 Der Sachverhalt liefert nicht genügend Informationen, um die Ansprüche des B abschließend zu klären. Die Frage nach den in Betracht kommenden Anspruchsgrundlagen und deren Voraussetzungen ist jedoch gut geeignet, um die grundlegenden Voraussetzungen einer Haftung für Schäden durch Energiegewinnungsanlagen zu wiederholen.

30 Frei nach *Salje* in *Schulte/Schröder*, Handbuch des Technikrechts, 2. Auflage 2011, S. 308 ff.

a) Welche Ansprüche von B gegen A kommen hier in Betracht und was sind die Voraussetzungen?

▶ **Vorüberlegung:**
- Vertragliche Ansprüche (-)
- Quasivertragliche Ansprüche (-)
- Dingliche Ansprüche (-)
- Deliktische Ansprüche (!)
- Bereicherungsrechtliche Ansprüche (-) ◀

■ **§ 2 HaftPflG**

Eine Haftung nach § 2 HaftPflG scheitert, da es sich bei der *Bohranlage* nicht um eine Abgabeanlage iSd § 2 HaftPflG handelt.

■ **§ 823 Abs. 1 BGB**

Objektiver Tatbestand
- Menschliches Verhalten (Tun oder Unterlassen)
- Rechts(gut)
- Haftungsbegründende Kausalität

Rechtswidrigkeit

Schuld
- Verschulden (Verschuldensfähigkeit, Vorsatz oder Fahrlässigkeit) oder Billigkeit (829 BGB)

Schaden

Haftungsausfüllende Kausalität zwischen Rechts(gut)verletzung und Schaden

Der objektive Tatbestand wird im vorliegenden Fall durch den Betrieb der Anlage und den daraus entstehenden Schaden am Eigentum des B verwirklicht. Probleme ergeben sich erst bei der Frage nach dem Verschulden. Ein Verschulden setzt Vorsatz, Fahrlässigkeit oder die Verletzung einer Verkehrssicherungspflicht voraus. Es kommt also darauf an, ob der A hier alle technisch möglichen und wirtschaftlich zumutbaren Sicherungsmaßnahmen ergriffen hat.[31]

■ **§ 823 Abs. 2 BGB**

Auch § 823 Abs. 2 BGB, die Haftung wegen Verletzung eines Schutzgesetzes, kommt im vorliegenden Fall grundsätzlich in Betracht. Die Norm wäre zB anwendbar, wenn die Bohrung des A illegal gewesen wäre, beispielsweise weil eine gesetzlich vorgeschriebene Umweltverträglichkeitsprüfung[32] unterlassen worden wäre.

---

31 Am 11.2.2017 ist ein Regelungspaket in Kraft getreten, durch welches die gesetzlichen Anforderungen an Fracking-Vorhaben normiert wurden, siehe dazu https://www.bmwi.de/Redaktion/DE/Artikel/Industrie/fracking.html (zuletzt abgerufen am 11.9.2020).

32 Vgl. § 2 a Verordnung über die Umweltverträglichkeitsprüfung bergbaulicher Vorhaben (UVP-V Bergbau).

b) Weil der Anlagenbetreiber A mittlerweile Insolvenz angemeldet hat, möchte B seinen Schaden vom Lieferanten der Anlage C ersetzt bekommen. Kann B sich mit seinen Ansprüchen grundsätzlich direkt an C wenden? Was sind die Voraussetzungen eines Anspruchs des B gegen C?

▶ **Vorüberlegung:**

- Vertraglich (...)
- Quasivertraglich (-)
- Dinglich (-)
- Deliktisch (...)
- Bereicherungsrechtlich (-)

Im deutschen Recht ist eine Haftung nur im Zweipersonen-Verhältnis möglich. Lieferant C und B haben eigentlich nichts mit einander zu tun.

Aber § 328 BGB – „Vertrag mit Schutzwirkung zugunsten Dritter" – könnte helfen. ◀

■ § 280 Abs. 1 BGB, § 328 BGB

Dritte, zB Nachbarn, können in den Schutzbereich des Vertrages über die Lieferung/den Bau der Anlage einbezogen sein, wenn (§ 328 BGB) der Kontakt Dritter mit der Anlage und der verursachte Schaden wegen der Gefährlichkeit der Anlage erwartbar ist und ansonsten die Voraussetzungen des § 280 Abs. 1 BGB vorliegen. Dazu gehört auch ein Verschulden des Anlagenbauers.[33]

■ §§ 823 ff. BGB

Auch eine Haftung aus deliktischen Schadenersatzansprüchen ist denkbar, wenn der Lieferant eine Verkehrssicherungspflicht verletzt hat und dies kausal für den Schaden des B war.[34]

Fall 20)

528 In Betracht kommt hier die Haftung nach § 2 HaftPflG. Die Falllösung veranschaulicht den Unterschied zwischen Feststellungs- und Gutachtenstil sowie die verschiedenen Theorien zur Kausalität und zur objektiven Zurechnung.

***Obersatz:**

B könnte gegen A einen Anspruch auf Schadenersatz gem. § 2 HaftPflG haben. Voraussetzung hierfür ist (...)

▶ 1. Stromleitung, Rohrleitung oder Abgabeanlage (+)
2. Inhaber als Ersatzverpflichteter (+)
3. Wirkung von Elektrizität, Gasen, Dämpfen oder Flüssigkeiten (?)
4. Personen- oder Sachschaden (+)
5. Adäquater Kausalzusammenhang (?)
6. Keine Ausnahme nach § 2 Abs. 3 HaftPflG (+) ◀

33 *Salje* in *Schulte/Schröder*, Handbuch des Technikrechts, 2. Auflage 2011, S. 297 ff.
34 *Salje* in *Schulte/Schröder*, Handbuch des Technikrechts, 2. Auflage 2011, S. 299.

1. A als Inhaber einer Anlage iSd § 2 HaftPflG

***Beispiel Feststellungsstil**

Laut Sachverhalt handelt es sich bei der in Rede stehenden Anlage um eine Stromleitung, die durch A betrieben wird. Eine Stromleitung ist eine Anlage iSd § 2 HaftPflG.

A ist Inhaber der Anlage.

2. Wirkung von Elektrizität

***Beispiel „abgeschwächter" Gutachtenstil**

(Obersatz) Fraglich ist, ob der Schaden durch die Einwirkung von Elektrizität entstanden ist.

(Subsumtion) Laut Sachverhalt wurde durch einen Defekt in der elektrischen Leitung, das Haus des B in Brand gesteckt. Es ist also davon auszugehen, dass der Brand durch die Einwirkung von Elektrizität entstanden ist.

(Ergebnis) Es handelt sich folglich um eine Einwirkung durch Strom (§ 2 Abs. 1 HaftPflG).

3. Adäquater Kausalzusammenhang

Die Wirkung von Elektrizität muss in einem adäquaten Kausalzusammenhang mit dem Schaden stehen. Kausalität und objektive Zurechnung sind die Voraussetzung für jeden Haftungstatbestand. Zur relativ leicht zu bejahenden Kausalität tritt einschränkend das Erfordernis der objektiven Zurechnung, welches im Rahmen des Haftpflichtgesetzes mit dem Wort „adäquat" adressiert wird.

▶ ***Übersicht*: KAUSALITÄT UND OBJEKTIVE ZURECHNUNG**

– *Kausalität*

Äquivalenztheorie → conditio sine qua non: Kausal nach der Äquivalenztheorie ist jedes Ereignis, welches nicht hinweggedacht werden könnte, ohne dass die Verletzung bzw. der Schaden in seiner konkreten Ausgestaltung entfiele.

– *Objektive Zurechnung*

Adäquanztheorie → Handlung/Ereignis muss im allgemeinen und nicht nur unter besonders eigenartigen, ganz unwahrscheinlichen und nach dem regulären Lauf der Dinge außer Betracht zu lassenden Umständen zur Herbeiführung eines Verletzungserfolges der eingetretenen Art geeignet sein.

Schutzzweck der Norm → Von einer Haftungsnorm werden nur jene Schäden erfasst, vor denen der Gesetzgeber mit der Norm schützen wollte.

Selbstschädigung → Einschränkungen ergeben sich auch bei selbstschädigendem Handeln.[35] ◀

Bei konsequenter Anwendung der oben beschriebenen Theorie wird klar, dass die adäquate Kausalität hier jedenfalls für das in Brand gesteckte Haus zu bejahen ist. Im Ergebnis liegt folglich ein Anspruch vor. Schlägt das Feuer auf weitere Gegenstände über, so bleibt die adäquate Kausalität so lange gewahrt, bis Reserveursachen hinzutreten, völlig unwahrscheinliche Szenarien eintreten oder sich gänzlich andere Gefahrenkreise verwirklichen. Die Beurteilung des Vorliegens adäquater Kausalität gehört zu den schwierigeren Problemen im Haftpflichtrecht.

Fall 21)

529 ▶ Im vorliegenden Fall liegt es zunächst nahe, der B die Haftung für den durch den Unfall entstandenen Schaden zuzuschieben. Die A hat jedoch durch den Betrieb ihrer Leitung eine Gefahrenquelle geschaffen, die selbst wenn der A keine Pflichtverletzung anzulasten ist, eine Haftung auslöst. Auch die B haftet für das Verschulden ihres Mitarbeiters nicht ohne Weiteres.

Anspruch des J gegen A aus § 2 HaftPflG

1. Stromleitung, Rohrleitung oder Abgabeanlage (+)
2. Inhaber als Ersatzverpflichteter (+)
3. Wirkung von Elektrizität, Gasen, Dämpfen oder Flüssigkeiten (+)
4. Personen- oder Sachschaden (+)
5. Adäquater Kausalzusammenhang (+)
6. Keine Ausnahme nach § 2 Abs. 3 HaftPflG? ◀

(Obersatz) Nach § 2 Abs. 3 Nr. 3 HaftPflG ist die Schadenersatzpflicht ausgeschlossen, wenn der Schaden durch höhere Gewalt entstanden ist.

(Definition) Höhere Gewalt ist ein betriebsfremdes, von außen durch elementare Naturkräfte oder durch Handlungen dritter Personen herbeigeführtes Ereignis, das nach menschlicher Einsicht und Erfahrung unvorhersehbar und mit wirtschaftlich erträglichen Mitteln auch durch die äußerste nach der Sachlage vernünftigerweise zu erwartende Sorgfalt nicht verhütet oder unschädlich gemacht werden kann und auch nicht wegen seiner Häufigkeit in Kauf zu nehmen ist.[36]

(Subsumtion) (...)

▶ Folgt man konsequent der Definition, so liegt im Verhalten des Mitarbeiters der B keine höhere Gewalt und die A wird dem J für den Schaden haften müssen. Was zunächst unfair wirkt, wird durch die grundsätzliche Möglichkeit der A, ihrerseits bei dem Mitarbeiter der B Regress zu nehmen, kompensiert. Den Schadenersatz, den die A an den J bezahlen muss, kann die A ihrerseits wieder gegenüber dem Mitarbeiter der B geltend machen.

Zu untersuchen bleibt die Frage nach der Haftung der B. ◀

---

35 Siehe BeckOK BGB, § 823 Rn. 258 f.

36 BGH Urt. v. 23.10.1952 – III ZR 364/51.

Ansprüche des J gegen B aus § 823 Abs. 1 BGB

Aus § 823 Abs. 1 BGB haftet hier nur der Mitarbeiter der B selbst, es sei denn, der B kann eine Pflichtverletzung, zB Organisationsverschulden, angelastet werden, die hier zu dem Schaden geführt hat. Ist dies nicht der Fall, kann J nur den Mitarbeiter nach § 823 Abs. 1 BGB in Anspruch nehmen. Wenn dieser Arbeitnehmer ist, greifen allerdings die Grundsätze des innerbetrieblichen Schadensausgleichs.[37]

Ansprüche des J gegen B aus § 831 BGB

In Betracht kommt außerdem die Haftung des Geschäftsherrn nach § 831 BGB. Voraussetzung hierfür ist allerdings, dass die B ein Überwachungs- oder Auswahlverschulden hinsichtlich des betroffenen Mitarbeiters trifft.

Fall 22)

Kann C von A oder B Schadenersatz verlangen?

Hier muss zunächst in Zwei-Personen-Verhältnisse aufgeteilt werden. Sodann sind die Ansprüche der Reihe nach zu prüfen. Da Gefährdungstatbestände weniger Voraussetzungen haben als verschuldensabhängige Ansprüche werden diese zuerst geprüft. Da sich der Unfall im Straßenverkehr abspielt, kommt auch der Anspruch aus § 7 StVG, einem Gefährdungshaftungstatbestand, der an den Betrieb von Kraftfahrzeugen ansetzt, in Betracht. Eine grobe Lösungsskizze könnte wie folgt aussehen. 530

Ansprüche von C gegen B

- § 2 HaftPflG
- Wirkungshaftung (-)
- Zustandshaftung?
- § 823 Abs. 1 BGB / § 823 Abs. 2 BGB → Kein Verschulden.

Ansprüche von C gegen A

- § 7 StVG (+)
- § 823 Abs. 1 BGB (+)
- § 823 Abs. 2 BGB ggf. bei Verletzung der StVO

Der Schwerpunkt der Lösung liegt bei der Beantwortung der Frage, ob die Zustandshaftung eingreift. Dies hängt davon ab, ob die Anlage sich in einem ordnungsgemäßen Zustand befand.

▶ Voraussetzung der Zustandshaftung ist, dass sich die Leitungsanlage nicht in einem ordnungsgemäßen Zustand befand. Die Leitungsanlage war vor dem Unfall laut Sachverhalt in einem ordnungsgemäßen Zustand. Beim Eintritt des Schadensereignisses war sie jedoch durch den Unfall bereits beschädigt, also nicht mehr ordnungsgemäß. Maßgeblich ist bei einem einheitlichen Schadensereignis der Beginn der Kausalkette.[38] Würde man auf den Eintritt des Schadensereignisses abstellen, so wäre die Anlage in diesem Zeitpunkt in aller Regel defekt, so dass für die Ausnahme kein Anwendungsbereich verbliebe. Maßgeblich ist

37 Siehe dazu *Junker*, Grundkurs Arbeitsrecht, S. 172 Rn. 311.
38 *Salje* in *Schulte/Schröder*, Handbuch des Technikrechts, 2. Auflage 2011, S. 312.

also der Beginn der Kausalkette. Zu diesem Zeitpunkt befand sich die Anlage in einem ordnungsgemäßen Zustand und die Haftung entfällt. ◀

Fall 23)

531 **Hat B gegen N einen Anspruch auf Schadenersatz für die Scheune mit dem Stroh, das verstorbene Buntschwein und den zum Löschen genutzten Feuerlöscher?**

▶ Hier besteht grundsätzlich die Möglichkeit, die Fallfrage in drei Fragen aufzuteilen und die Lösung nach den jeweiligen gefragten Schäden zu gliedern. Alternativ kann man auch, um Schreibarbeit zu sparen, die Ansprüche auf Ersatz für die verschiedenen Dinge zusammen prüfen, da hier verschiedene Voraussetzungen gleich sind und dann sorgfältig (!) im jeweiligen Unterpunkt trennen. ◀

A. Anspruch des B gegen N aus Vertrag

Mangels Anhaltspunkten im Sachverhalt scheidet ein vertraglicher Anspruch (zB aus Netznutzungsvertrag) zwischen B und N aus.

B. Anspruch des B gegen N aus § 2 Abs. 1 HaftPflG

B könnte gegen N einen Anspruch auf Schadenersatz für die Scheune mit dem Stroh, den Feuerlöscher und das verstorbene Buntschwein aus § 2 Abs. 1 HaftPflG haben. Voraussetzung dafür ist eine Rechtsgutsverletzung, die auf die Wirkung von Elektrizität, Gasen, Dämpfen oder Flüssigkeiten, die von einer Stromleitungs- oder Rohrleitungsanlage ausgehen, zurückgeht.

I. Anlage iSd § 2 HaftPflG

Laut Sachverhalt wurde der Schaden durch eine Oberleitung zum Haus des B verursacht. Dabei handelt es sich um eine Stromleitung, mithin also um eine Anlage iSd § 2 HaftPflG.

II. Anspruchsverpflichteter

Anspruchsverpflichtet ist der Inhaber der Anlage, also derjenige, der die tatsächliche Verfügungsgewalt über die Anlage ausübt. Laut Sachverhalt ist N Inhaber der Anlage.

III. Schaden

Laut Sachverhalt entstand durch den Brand in der Scheune ein Schaden durch Sachbeschädigung in Höhe von 5000 Euro. Durch den Verlust des Buntschweins entstand ein Schaden in Höhe von 1400 Euro.

Fraglich ist, ob durch die Nutzung des Feuerlöschers ein Schaden entstanden ist. Schaden ist jedes unfreiwillige, dh nicht willentlich auf sich genommene Vermögensopfer.[39] Der B hat es durch die Nutzung des Feuerlöschers in Kauf genommen, dass dieser entleert wird. Ihm ist folglich hieraus kein Schaden entstanden.

39 *Krüger* in MüKoBGB, § 256 Rn. 2, 3.

IV. Wirkung von Elektrizität, Gas, Dämpfen, etc.

Fraglich ist, ob der Schaden auf die Einwirkung von Elektrizität, Gasen, Dämpfen oder Flüssigkeiten aus der Stromleitung zurückzuführen ist.

1. Scheunenbrand

Laut Sachverhalt wurde die Scheune durch einen bei Beschädigung der Leitung entstehenden Lichtbogen in Brand gesetzt. Der Brand entstand folglich durch die Einwirkung von Elektrizität aus der betroffenen Anlage.

2. Buntschweine

Lautsachverhalt wurden die Buntschweine durch den Aufprall der Leitung auf dem Boden erschreckt, was eine Panik im Stall auslöste, in deren Folge ein Schwein zu Tode kam. Auf eine Einwirkung von Stoffen iSd § 2 Abs. 1 HaftPflG gibt es dabei keine Hinweise. Kausal für die Stallpanik war lediglich die mechanische Einwirkung der herabfallenden Leitung auf den Boden.

Nach § 2 Abs. 1 S. 2 HaftPflG kommt eine Haftung jedoch auch dann in Frage, wenn der Schaden nicht auf die Einwirkung von Elektrizität, sondern allein auf das Vorhandensein der Anlage zurückzuführen ist, soweit diese sich zum Zeitpunkt des Schadenseintritts nicht in einem ordnungsgemäßen Zustand befand (Zustandshaftung). Fraglich ist, ob die Leitungsanlage zum Zeitpunkt der Schadensentstehung in einem ordnungsgemäßen Zustand war. Ordnungsgemäß ist eine Leitung, die den anerkannten Regeln der Technik entspricht und unversehrt ist.

Maßgeblicher Zeitpunkt bei einem einheitlichen Schadensvorgang ist der Beginn der in Gang gesetzten Kausalkette.[40] Die Leitungen wurden durch den aufgrund der Sturmböen umgerissenen Baum herabgerissen und verursachten so den die Schweine in Panik versetzenden Aufprall. Dabei handelt es sich um einen einheitlichen Schadensvorgang zu dessen Beginn sich keine Anhaltspunkte für einen nicht ordnungsgemäßen Zustand der Leitungen im Sachverhalt finden. Eine Zustandshaftung kommt demnach nicht in Betracht.

V. Adäquate Kausalität

Fraglich ist, ob der Schaden adäquat kausal auf die Wirkung von Elektrizität zurückzuführen ist. Voraussetzung hierfür ist einerseits, dass die Einwirkung der Elektrizität nicht hinweggedacht werden könnte, ohne dass der Schaden entfiele (Äquivalenz). Die Einwirkung der Elektrizität müsste außerdem im Allgemeinen und nicht nur unter besonders eigenartigen, ganz unwahrscheinlichen und nach regelmäßigem Verlauf der Dinge außer Betracht zu lassenden Umständen zur Herbeiführung eines derartigen Schadens geeignet sein.[41] Ferner darf sich im Rahmen der Gefährdungshaftung nicht ein gänzlich anderer Gefahrenkreis verwirklicht haben, als er sich aus dem Schutzzweck der Haftungsnorm ergibt.[42]

40 *Piontek* in *Filthaut/Piontek/Kayser*, Haftpflichtgesetz, 10. Auflage 2019, § 2 Rn. 39; *Salje* in *Schulte/Schröder*, Handbuch des Technikrechts, 2. Auflage 2011, S. 312.
41 *Piontek* in *Filthaut/Piontek/Kayser*, Haftpflichtgesetz, 10. Auflage 2019 § 2 Rn. 21, 1 Rn. 80, 81.
42 *Piontek* in *Filthaut/Piontek/Kayser*, Haftpflichtgesetz, 10. Auflage 2019 § 2 Rn. 21, 1 Rn. 82.

Im vorliegenden Fall entstanden die Schäden, da durch den mittels der Elektrizität aus der Anlage erzeugten Blitz die Scheune in Brand geriet. Ein solcher Brand wäre in diesem Zusammenhang ohne die Einwirkung der Elektrizität nicht ausgebrochen (Äquivalent). Auch sind Brände durch die Einwirkung von Elektrizität nicht selten oder abwegig, so dass auch die Adäquanz unproblematisch vorliegt. Zudem erfasst der Schutzbereich der Gefährdungshaftung für den Betrieb von Leitungen solche Fälle unstreitig.

▶ Bejaht man die Zustandshaftung bezüglich der Buntschweinpanik, weil man auf einen anderen maßgeblichen Zeitpunkt abstellt oder weil man davon ausgeht, die Leitung hätte, um in ordnungsgemäßem Zustand zu sein, gegen Unwetterschäden besonders abgesichert sein müssen, so ist hier im Rahmen der objektiven Zurechnung zu prüfen, ob sich in der Panik der Buntschweine nicht ein eigener Gefahrenkreis verwirklicht hat bzw. ein Mitverschulden des B anzunehmen ist (§ 254 BGB). ◀

VI. Ausnahme des § 2 Abs. 3 Nr. 3 HaftPflG

Die Haftung könnte gem. § 2 Abs. 3 Nr. 3 HaftPflG ausgeschlossen sein, weil der Schaden durch höhere Gewalt verursacht worden ist. Höhere Gewalt ist ein „betriebsfremdes, von außen durch elementare Naturkräfte oder durch Handlungen dritter Personen herbeigeführtes Ereignis, das nach menschlicher Einsicht und Erfahrung unvorhersehbar ist, mit wirtschaftlich erträglichen Mitteln auch durch die äußerste Sorgfalt nicht verhütet werden kann und auch nicht wegen seiner Häufigkeit in Kauf zu nehmen ist".[43] Fraglich ist, ob es sich bei dem durch den Sturm entwurzelten Baum um höhere Gewalt handelt. Zwar handelt es sich dabei um ein von außen auf die Anlage einwirkendes Ereignis, jedoch fehlt es an der entsprechenden Außergewöhnlichkeit.[44]

▶ Vertreten Sie hier eine andere Ansicht, kommen Sie über die Rückausnahme bezüglich der herunterfallenden Leitungen zum selben Ergebnis. ◀

VII. Ergebnis

B hat gegen N gem. § 2 HaftPflG einen Anspruch auf Schadenersatz wegen der abgebrannten Scheune in Höhe von 5000 Euro.

C. Anspruch des B gegen N aus § 823 Abs. 1 BGB

Ein Anspruch aus § 823 Abs. 1 BGB setzt unter anderem voraus, dass N den Schaden zu vertreten hat. In Betracht kommt hier die Verletzung einer Verkehrssicherungspflicht. Der Verkehrssicherungspflichtige hat diejenigen Sicherheitsvorkehrungen zu treffen, die ein verständiger, umsichtiger, vorsichtiger und gewissenhafter Angehöriger der betroffenen Verkehrskreise für ausreichend halten darf, um andere Personen vor Schäden zu bewahren, und die ihm den Umständen nach zuzumuten sind. Aus dem Sachverhalt ergeben sich keine Hinweise darauf, dass die Leitungen gegen Unfälle besser abzusichern gewesen wären. Deliktische Schadenersatzansprüche kommen daher mangels eines Verschuldens nicht in Betracht[45].

---

43 RGZ 101, 94 (95); *Kayser* in *Filthaut/Piontek/Kayser*, Haftpflichtgesetz, 10. Auflage 2019, § 2 Rn. 71.
44 *Kayser* in *Filthaut/Piontek/Kayser*, Haftpflichtgesetz, 10. Auflage 2019 § 2. Rn. 73.
45 Zum Umfang der Verkehrssicherungspflichten hinsichtlich von im öffentlichen Raum befindlichen Bäumen siehe *Mergner/Matz* NJW 2015, 197 (200 f.).

D. Anspruch des B gegen N aus GoA

B könnte gegen N einen Anspruch auf Ersatz des Feuerlöschers aus §§ 677 Hs. 1 BGB, 683 S. 1, 670 BGB haben.

Voraussetzung hierfür ist, dass B im Rechtskreis des N tätig wird, ohne dazu durch einen Auftrag oder auf andere Weise verpflichtet zu sein.

I. Geschäftsbesorgung

Geschäftsbesorgung ist jedes tatsächliche oder rechtliche Tun, soweit es über ein reines Dulden hinausgeht.[46] Beim Löschen des Brandes in der Scheune handelt es sich folglich um eine Geschäftsbesorgung iSd § 677 BGB.

II. Fremdgeschäftsführungswille

Fraglich ist, ob B hier ein fremdes Geschäft mit Fremdgeschäftsführungswillen ausführt. Da N für den durch den Brand entstandenen Schaden haften müsste (s. o.), handelt es sich jedenfalls um ein auch-fremdes Geschäft. Damit kann der Fremdgeschäftsführungswille vermutet werden, wenn nicht eine spezielle öffentlich-rechtliche Handlungspflicht für den B bestand. Mangels gegenteiliger Angaben im Sachverhalt ist folglich vom Vorliegen des Fremdgeschäftsführungswillens auszugehen.

III. Ohne Auftrag oder sonstiges Rechtsverhältnis

Ein Rechtsverhältnis, das dem B einen Auftrag zum Löschen des Brandes vermittelt, ist im Sachverhalt nicht zu erkennen.

IV. Berechtigung

Die Übernahme des Geschäftes müsste dem wirklichen Willen des N entsprechen oder seinem objektiven Interesse und seinem mutmaßlichen Willen (§ 683 S. 1 BGB). Da der N durch die Löschung vor noch größeren Schadenersatzforderungen durch größere Zerstörung geschützt wurde, entspricht das Verhalten des B dem mutmaßlichen Willen des N und seinem objektiven Interesse an einer Verhinderung weiterer Schäden.

V. Anspruchsinhalt

Nach § 683 S. 1 BGB kann der B Ersatz seiner Aufwendungen, die er bei der Geschäftsbesorgung hatte, von N erhalten. Aufwendungen sind freiwillige Vermögensopfer. Der B opferte den Feuerlöscher freiwillig, um den Brand zu löschen. Es handelt sich also dabei um eine Aufwendung. Diese durfte er auch den Umständen nach für erforderlich halten (§ 670 BGB).

▶ Der Feuerlöscher ist eine Aufwendung (= freiwilliges Vermögensopfer), die der B in Zusammenhang mit der Verhinderung einer Ausbreitung des Brandes getätigt hat. Da die Verhinderung des Brandes hier im Interesse des ansonsten haftbaren N liegt, kommt die GoA in Betracht. Die Scheune und das verstorbene Schwein sind ein Schaden (= unfreiwilliges Vermögensopfer) und stehen außerdem nicht in einem Zusammenhang mit der Geschäftsführung für den N. Sie dürfen deshalb hier nicht geprüft werden. ◀

46 *Sprau* in Palandt BGB § 677 Rn. 2 und § 662 Rn. 6.

VI. Ergebnis

B hat gegen N einen Anspruch auf Ersatz des Feuerlöschers nach §§ 677, 683 S. 1 BGB.

Literaturverzeichnis

Auer, Magnus: Das Europäische Beihilferecht und die Förderung erneuerbarer Energien – Praxis und Grenzen beihilferechtlicher Einflussnahme auf mitgliedsstaatliche Politik, 1. Auflage 2020.

Antweiler, Clemens / Nieberding, Felix: Rechtsschutz im neuen Energierecht in NJW 2005, 3673.

Bader, Johann / Ronellenfitsch, Michael: BeckOK VwVfG, 48. Edition 2020.

Becker, Ulrich: Die Betriebsaufnahmegenehmigung nach § 3 EnWG im Gefüge des neuen Energiewirtschaftsrechts in RdE 2000, 7.

Broemel, Roland: Netzanbindung von Offshore-Windkraftanlagen in ZUR 2013, 408.

Brox, Hans / Walker, Wolf-Dietrich: Besonderes Schuldrecht, 42. Auflage 2018.

Brucker, Guido / Baumbach, Antje: Energiewirtschaft in der Covid-19-Pandemie in EnWZ 2020, 195.

Burgi, Martin: Vergaberecht, 2. Auflage 2018.

Burgi, Martin / Zimmermann, Patrick: Der (künftige) EU-behilferechtliche Rahmen für die Förderung von grünem Wasserstoff in ZUR 2020, 212.

Calliess, Christian / Ruffert, Matthias: EUV/AEUV, 5. Auflage 2016.

Chatzinerantzis, Alexandros / Betram, Ute: Blockchain im Energiesektor – Herausforderungen und Chancen für Energieversorgungsunternehmen in EnWZ 2021, 65.

Dauses, Manfred / Ludwigs, Markus (Hrsg.): Handbuch des EU-Wirtschaftsrecht, 51. Ergänzungslieferung 2020.

Deichsel, Tamara: Verbraucherschlichtungsstellen – Ein Anwendungsfeld für Legal Tech? in VuR 2020, 283.

Detterbeck, Steffen: Allgemeines Verwaltungsrecht, 18. Auflage 2020.

Eder, Jost / Reiter, Anne: Die Zulässigkeit separierter Preisanpassungsklauseln in Energielieferverträgen in EnWZ 2020, 9.

Ennuschat, Jörg: Erdgas in der deutschen Energiewende und europäischen Energieunion – Rechtsrahmen und aktuelle Rechtsentwicklungen in NVwZ 2015, 1553.

Epping, Volker / Hillgruber, Christian (Hrsg.): BeckOK Grundgesetz, 43. Edition 2020.

Fehling, Michael / Franzius, Claudio / Schütte, Peter: Grüner Wasserstoff: Hoffnungsträger der Energie- und Verkehrswende? In ZUR 2021, 193.

Filthaut, Werner / Piontek, Jürgen / Kayser, Alke: Haftpflichtgesetz, 10. Auflage 2019.

Franke, Peter / Karrenstein, Fabian: Neue Instrumente zur Beschleunigung des Netzausbaus in EnWZ 2019, 195.

Germer, Christoph: Der Stromliefervertrag „All-inclusive" nach Inkrafttreten des Messstellenbetriebsgesetzes – Ist immer ein separater Messstellenvertrag erforderlich? in EnWZ 2017, 67.

Greb, Klaus / Boewe, Marius: BeckOK EEG, 10. Edition 2020.

Große, Andreas / Lehnert, Wieland: Power-to-Gas: Die Regelung des EEG 2021 zur Wasserstoffherstellung, EnWZ 2021.

Hakenberg, Waltraud: Europarecht, 8. Auflage 2018.

Haucap, Justus / Hoch, Holger: Praxishandbuch Energiekartellrecht, 1. Auflage 2018.

Haug, Volker: Öffentliches Recht für den Bachelor, 1. Auflage 2014.

Herdegen, Matthias: Europarecht, 21. Auflage 2019.

Hoffmann, Martin: Staatliche Wirtschaftsregulierung und grundrechtlicher Schutz der Unternehmensfreiheit durch Art. 12 Abs. 1 GG und Art. 2 Abs. 1 GG in BB 1995, 53.

Immenga, Ulrich / Mestmäcker, Ernst-Joachim (Hrsg.): Wettbewerbsrecht, 6. Auflage 2020.

Jacobs, Max: Europäischer Emissionshandel, Erneuerbare-Energien-Gesetz und das Recht der Umweltbeihilfen, 2016.

Jauernig, Othmar (Hrsg.): Bürgerliches Gesetzbuch, 17, Auflage 2018.

Junker, Abbo: Grundkurs Arbeitsrecht, 18. Auflage 2019.

Kühling, Jürgen / Rasbach, Winfried / Busch, Claudia: Energierecht, 4. Auflage 2018.

Kelly, Ryan: Das intelligente Energiesystem der Zukunft, 1. Auflage 2020.

Kment, Martin (Hrsg.): Energiewirtschaftsgesetz, 2. Auflage 2019.

Kolb, Angelika: Aktuelle Entwicklungen der europarechtlichen Vorgaben für die kommunale Daseinsvorsorge – Wettbewerb contra oder für das Gemeinwohl? in LKV 2006, 97.
Köhler, Helmut: BGB Allgemeiner Teil, 43. Auflage 2019.
Kreuter-Kirchhoff, Charlotte: Der künftige Ausbau der erneuerbaren Energien in der EU – Reformvorschläge der Kommission in EuZW 2017, 829.
Kreuter-Kirchhoff, Charlotte: Emissionshandel und Erneuerbare Energien Richtlinie in ZUR 2019, 396.
Lange, Werner / Möllnitz, Christina: Die Digitalisierung der Energiewende – Wie der Messstellenbetrieb künftig funktionieren soll in EnWZ 2016, 448.
Leidinger, Tobias: Netzausbaubeschleunigung zum Zweiten in NVwZ 2020, 1377.
Lepsius, Oliver: Normenhierarchie und Stufenbau der Rechtsordnung in JuS 2018, 950.
Logan, Carola: Energieunion, 1. Auflage 2020.
Lüke, Wolfgang: Zivilprozessrecht I, 11. Auflage 2020.
Manssen, Gerrit: Staatsrecht II, 17. Auflage 2020.
Maurer, Hartmut / Waldhoff, Christian: Allgemeines Verwaltungsrecht, 19. Auflage 2017.
Mergner, Tobias / Matz, Tobias: Gefahrenquellen und Verkehrssicherungspflichten in NJW 2015, 197.
Mestmäcker, Ernst-Joachim/ Schweitzer, Heike: Wettbewerbsrecht, 5. Auflage 2016.
Mitto, Lutz: Energierecht, 2. Auflage 2019.
Mohr, Jochen: Energienetzregulierung als Zivilrechtsgestaltung in EuZW 2019, 229.
Möller-Klapperich, Julia / Wormit, Maximilian: Die Verjährung von Zahlungsansprüchen des Energielieferanten aus Stromlieferverträgen in der Rechtsprechung des BGH – Eine Würdigung im Lichte der Grundsätze des EU-Energiebinnenmarktes in EnWZ 2021, 105.
Müller-Terpitz / Weigl, Michaela: Ownership Unbundling – ein gemeinschaftsrechtlicher Irrweg? In EuR 2009, 348.
Nückel, David: Rechtlicher Charakter des Pariser Übereinkommens – hard law oder soft law in ZUR 2017, 525.
Palandt, Otto (Hrsg.): Bürgerliches Gesetzbuch, 79. Auflage 2020.
Pielow, Johann-Christian: Öffentliche Daseinsvorsorge zwischen „Markt" und „Staat" in JuS 2006, 692.
Posser, Herbert / Wolff, Heinrich Amadeus (Hrsg.): BeckOK VwGO, 54. Edition 2020.
Pritzsche, Kai Uwe / Vacha, Vivien: Energierecht – Einführung und Grundlagen, 1. Auflage 2017.
Probst, Matthias Ernst: Auswahlkriterien bei der Vergabe energiewirtschaftlicher Konzessionsverträge, 2016.
Richter, Christoph / Brahms, Florian: Rekommunalisierung von Strom- und Gasnetzen in KommJur 2014, 6.
Ruffert, Matthias (Hrsg.): Europäisches Sektorales Wirtschaftsrecht, 2. Auflage 2020.
Ruge, Reinhard: Netzentwicklungsplan Strom – Aktuelle Gesetzesänderungen und Rechtsfragen der Bedarfsplanung von Höchtspannungsnetzen, EnWZ 2015, 497.
Ruttloff. Marc / Kindler, Lars: Redispatch – gestern, heute und morgen – Die Aufhebung der BNetzA-Vergütungsfestlegung und ihre Folgen in EnWZ 2015, 401.
Säcker, Franz Jürgen (Hrsg.): Berliner Kommentar zum Energierecht, 4. Auflage 2019.
Säcker, Franz Jürgen: Das Verhältnis von Wettbewerbs- und Regulierungsrecht in EnWZ 2015, 531.
Säcker, Franz Jürgen (Hrsg.): Münchner Kommentar zum Bürgerlichen Gesetzbuch, 8. Auflage 2019.
Salje, Peter: Rechtsweg bei Streitigkeiten aus Energielieferverträgen in NJW 2010, 2761.
Saurer, Johannes: Klimaschutz global, europäisch, national – Was ist rechtlich verbindlich? In NVwZ 2017, 1574.
Schäfer, Carsten: Gesellschaftsrecht, 5. Auflage 2018.
Schlacke, Sabine / James, Kröger: Die Förderung erneuerbarer Energien in Frankreich als staatliche Beihilfe – zugleich Anmerkung zum EuGH-Urteil in der Rs. Association Vent de Colère! (ZUR 2014, 226) in ZUR 2015, 27.

Schlacke, Sabine / Köster, Miriam / Wentzien, Helen / Thierjung, Eva-Maria: Kursänderung der EU: Verschärfung der Klimaschutzziele – Konsequenzen für das EU- und deutsche Klimaschutz- und Energierecht, EnWZ 2021, 7.

Schlacke, Sabine / Knodt, Michèle: Das Governance-System für die Europäische Energieunion und für den Klimaschutz, ZUR 2019, 404.

Schmidt, Christiane: Neustrukturierung der Bundesnetzagentur – Verfassungs- und verwaltungsrechtliche Probleme in NVwZ 2006, 907.

Schmidt-Preuß, Matthias: Kraft-Wärme-Kopplung und Beihilfe – Konsequenzen aus dem EuGH-Urteil v. 28.3.2019, 1. Auflage 2020.

Schoch, Friedrich / Schneider, Jens-Peter (Hrsg.): Verwaltungsrecht Band III - Verwaltungsverfahrensgesetz, Juli 2020.

Scholtka, Boris / Frizen, Frederike: Die Entwicklung des Energierechts im Jahr 2020 in NJW 2021, 906.

Scholz, Ulrich / Tüngler Stefan: Dauerschuldverhältnisse im Energiesektor in der Krise – Möglichkeiten und Grenzen flexibler Reaktionen auf veränderte Umstände in EnWZ 2020, 201.

Schroeder, Werner: Grundkurs Europarecht, 6. Auflage 2019.

Schulte, Martin / Schröder, Rainer (Hrsg.): Handbuch des Technikrechts, 2. Auflage 2011.

Schüler, Tracy / Tittel, Frank: Alles Jahre wieder – Die Identifikation des Grundversorgers in EnWZ 2018, 154.

Schulz, Thomas / Rösler, Katja: Der Leitfaden der BNetzA zur umlagefähigen Entschädigung von Offshore-Anlagen in EnWZ 2013, 531.

Stadtler, Astrid: Allgemeiner Teil des BGB, 19. Auflage 2017.

Stelter, Christian: Kernprobleme der novellierten Anreizregulierungsverordnung in EnWZ 2017, 147.

Stelter, Christian: Veränderte Rahmenbedingungen für die gerichtliche Kontrolle von Strom- und Gasnetznutzungsentgelten, EnWZ 2020, 51.

Stelter, Christian / Schieferdecker, Bernd / Lange, Moritz: Der Gesetzesentwurf zur Regelung reiner Wasserstoffnetze im EnWG, in EnWZ 2021, 99.

Storr, Stefan: Die Vorschläge der Kommission zur Verschärfung der Unbundling-Vorschriften im Energiesektor in EuZW 2007, 232.

Theobald, Christian / Gey-Kern, Tanja: Das dritte Energiebinnenmarktpaket und die Reform des deutschen Energiewirtschaftsrechts 2011 in EuZW 2011, 896.

Theobald, Christian / Kühling, Jürgen (Hrsg.): Energierecht – Kommentar, 105. Ergänzungslieferung 2020.

Unberath, Hannes / Fricke, Norman: Vertrag und Haftung nach der Liberalisierung des Strommarktes- Privatautonome Gestaltung im regulierten Schuldrecht, NJW 2007, 3601.

Wandt, Manfred: Gesetzliche Schuldverhältnisse, 9. Auflage 2019.

Weber, Klaus (Hrsg.): Creifelds, Rechtswörterbuch, 24. Edition 2020.

Weyer, Hartmut / Iversen, Thore: Grundzüge des Redispatch 2.0 in RdE 2021, 1.

Wieckowski, Matt: The state aid sector inquiry into electricity capacity mechanisms in EuZW 2015, 859.

Wiedemann, Gerhard: Handbuch des Kartellrechts, 4. Auflage 2020.

Winkler, Daniela / Baumgart, Max / Ackermann, Thomas: Europäisches Energierecht, 1. Auflage 2021.

Wolst, Dieter, Die Schlichtungsstelle Energie in EnWZ 2013, 455.

Wustlich, Guido: Ökonomisierung um Umweltrecht in ZUR 2009, 515.

Zippelius, Reinhold: Einführung in das Recht, 7. Auflage 2017.

Zenke, Ines / Telschow, Carsten: CO2-Bepreisung durch nationalen Emissionshandel – Das Brennstoffemissionshandelsgesetz (BEHG), EnWZ 2020, 157.

Stichwortverzeichnis

Die Angaben verweisen auf die Randnummern des Buches.